困境与出路

甘肃省社会组织发展研究

董志峰 等 著

社会科学文献出版社
SOCIAL SCIENCES ACADEMIC PRESS (CHINA)

序　言

作为第三部门的以社会团体、基金会和民办非企业单位为主体组成的社会组织，在我国经济社会建设与发展中与政府公共组织和市场企业组织鼎足而立，它不但能够弥补政府失灵与市场失灵的功能，而且在社会建设、社会服务和社会治理中具有不可替代的作用。因此，党和政府日益重视我国社会组织的健康发展及其在经济社会发展中的价值。2007年党的十七大提出"重视社会组织建设和管理"；2012年党的十八大提出"加快形成政社分开、权责明确、依法自治的现代社会组织体制"；2013年十八届三中全会提出"激发社会组织活力"；2016年中办、国办印发的《关于改革社会组织管理制度促进社会组织健康有序发展的意见》中提出"努力走出一条具有中国特色的社会组织发展之路"；2017年党的十九大提出"加强社区治理体系建设，推动社会治理重心向基层下移，发挥社会组织作用，实现政府治理和社会调节、居民自治良性互动"。

为响应党和国家的政策倡导，满足经济社会发展的迫切需要，我国社会组织如雨后春笋般在神州大地蓬勃发展，社会组织在为社会建设、社会治理和社会服务贡献力量的同时，也铸就着自身的不断成熟与壮大。

甘肃虽然地处西部欠发达地区，社会组织发展的经济基础不比东部沿海地区优越，但社会组织发展的步伐紧随其后，甚至有并驾齐驱之势。近年来，甘肃省委、省政府高度重视社会组织发展，认真贯彻国家相关法律法规，积极创新管理制度，努力推动政府购买服务项目，切实加强社会组织建设，有力地促进了各类社会组织快速发展。据统计，截至2016年年底，甘肃省全省注册的社会组织达到27714家。甘肃省社会组织在数量剧增的同时，社会组织分布的领域也不断拓展，类型趋于多元化。甘肃省社会组织在数量、领域和规模快速发展的过程中，也产生了一系列质量、结构和效益问题，而且这些问题已经成为目前制约社会组织进一步发展的瓶颈问题。因此，发现问题、梳理问题、分析问题、解决问题，清除影响甘肃省社会组织健康发展的问题障碍，已经成为横在实务界和学术界面前且急需合力协作、迫切解决的现实问题。

2017年2月，甘肃省委办公厅、省政府办公厅出台《关于改革社会组织管理制度促进社会组织健康有序发展的实施意见》，明确了当前和今后一个时期推进社会组织改革发展的总体目标，同时强调，要大力培育发展社区社会组织，支持社会组织提供公共服务，同时加强社会组织自身建设，并要求各级党委和政府要把加强和改进社会组织管理工作列入重要议事议程，列入地方党委和政府绩效考核内容和社会治安综合治理考评体系。而正值此时，甘肃省民政厅于2016年支持甘肃政法学院公共管理学院董志峰团队的项目——甘肃省社会组织发展研究结出了硕果，该研究团队奔赴省内12个市（州）实地走访考察社会组织登记管理部门和各类社会组织，召开座谈会、开展问卷调查、探访相关服务对象，掌握了大量的一手资料，为问题的研究、对策的提出、项目的完成和著作的付梓奠定了坚实的基础。

本著作内容分为五大模块，结构合理、内容丰富，有着很强的针对性和可操作性。第一部分为"导言篇"，着重阐述了课题研究背景与意义、课题研究目标与任务、主要研究方法、研究思路与内容、调查过程与实施，思路清晰可行。第二部分为"现状篇"，重点描述了甘肃省社会组织自身发展的基本情况、社会组织服务社会的基本情况以及登记管理部门的基本情况，内容翔实客观。第三部分为"问题篇"，从政府管理、社会组织内部治理、社会支持三个维度分析了甘肃社会组织发展中面临的内外部瓶颈问题，问题梳理精准。第四部分为"发展篇"，主要针对存在的问题，从政府管理角度提出了"引导驱动、孵化培育、赋予权力、监督评估"等策略，从社会组织内部治理角度提出"依法治理、顶层设计、能力为本、服务至上"等策略，从社会支持角度提出"宣传助力、网络健全、多方参与、社会监督"等策略，对策有可操作性。第五部分为"典型篇"，从全省选择了15家发展思路清楚、内部治理有序、工作业绩突出、公众形象良好的社会组织，这些典型社会组织具有很强的榜样性和标杆作用。

"长风破浪会有时，直挂云帆济沧海"。甘肃省社会组织发展起步晚，数量与质量、规模与效益、内部治理与外部支持之间还存在着不对称、不平衡的关键问题，但是，相信《困境与出路：甘肃省社会组织发展研究》的出版发行，不仅能够及时刺激利益相关者对社会组织发展高度关注的思想觉醒，而且能够积极汇聚社会各方面协力促进社会组织高质量发展的强大力量。不仅能够丰富甘肃省社会组织发展的理论研究，而且能够强化甘肃省社会组织管理及社会组织自身建设的实践指导。

苏联著名文学家高尔基说过"书是人类进步的阶梯"，但愿《困境与出路：甘肃省社会组织发展研究》的面世成为甘肃省社会组织成长的加速器和推进剂，促其数量、质量、结构与效益协调、健康、有序发展。

是为序！

时任甘肃省民政厅厅长

现任甘肃省人民政府秘书长

2018. 6. 21

目　录

第一章　导言篇

社会组织（又称非政府组织、非营利组织、第三部门、民间组织等）已成为全球社会政治经济生活中出现的一股新力量，它作为政府、企业之外的新角色广泛参与社会各领域的活动，其对社会发展的推动和影响已经与政府和企业并驾齐驱，成为社会经济、政治和环境等领域的"第三大支柱"。我国自党的十六大以来，伴随着"社会建设"事业的不断推进，社会组织日益受到党和国家的高度重视和大力支持，同时也引起了广大公民的广泛关注，并激发有识之士和热爱公益事业的组织和个人积极创办社会组织。近年来，甘肃省社会组织发展速度迅猛，发展成效显著，但社会组织发展过程中暴露出来的方方面面的问题也越来越明显，且对社会组织的健康发展构成了严峻挑战。

一　课题研究背景与意义

（一）研究背景

党在新时期非常重视社会组织发展，党的十七大郑重提出了"重视社会组织建设和管理"的新任务，党的十七届二中全会也提出了要"更好地发挥公民和社会组织在社会公共事务管理中的作用，更加有效地提供公共产品"。可以说，社会组织的发展状况是衡量社会发育是否成熟的一项重要标准。党的十八大以来，中央对社会组织改革发展做出了一系列重大决策部署，明确提出加快形成政社分开、权责明确、依法自治的现代社会组织体制。随着我国经济社会的长足发展，以及广大人民群众对美好生活的迫切向往与追求，作为第三部门的社会组织，在促进经济社会建设与发展，满足人民群众对美好生活的向往中具有极其重要的功能和作用，它不但具有弥补政府失灵与市场失灵的功能，有效提供公共物品，实现资源的最优配置。而且在社会建设、社会服务和社会治理中有着不可替代的作用。处于转型发展期的中国社会需要社会组织扮演"减震仪""润滑剂"和"稳定器"的角色。因此，社会组织的培育与发展、监督与管理已经成为政府职能部门和学界必须高度重视和深入研究的重要课题。

近年来，甘肃省在全面贯彻落实国家关于促进社会组织管理与发展方面的一系列政策法规的基础上，结合甘肃经济发展水平和社会组织发展实际，有针对性地出台了相关规定和办法。如中共甘肃省委办公厅、甘肃省人民政府办公厅印发的《甘肃省行业协会商会与行政机关脱钩实施方案》，甘肃省人民政府办公厅印发的《甘肃省加强社会组织执法监察工作意见》，甘肃省民政厅印发的《甘肃省四类社会组织直接登记管理办法》，甘肃省民政厅印发的《甘肃省全省性社会组织评估实施细则》等。这些制度的出台与实施有力地促进了甘肃省各级各类社会组织的快速发展。截至 2016 年 12 月底，全省社会组织达到 27714 家（社会团体 22335 家，民办非企业单位 5302 家，基金会 77 家），其中省级社会组织 1014 家、市级 3828 家、县级 22872 家，初步形成了门类齐全、层次分明、覆盖广泛的社会组织体系。与此同时，甘肃省社会组织分布的领域不断拓展，类型趋于多元化，已经由传统的行业领域向科技、文化、卫生、环保、特殊群体服务、社会福利、防灾减灾、公益慈善等诸多领域拓展。甘肃省社会组织在数量、领域和规模快速发展的同时，也派生出了一系列质量、结构和效益问题，而且这些问题已经成为制约社会组织长足发展的瓶颈问题。在发展的关键时期，发现问题、分析问题、解决问题、加强培育、正确引导、严格监督、科学管理社会组织，使其更加健康有序地发展、更加有效地服务于甘肃省社会建设和社会治理，已经成为政府部门与学术科研单位不可推卸的历史责任。同时，对于在社会治理范畴中发挥重要作用的社会工作组织进行重点探索研究，详细研究其发展状况也将对甘肃省民生事业发展产生重要意义。

从国内学者已有的研究来看，在开展社会组织发展研究时大多把研究视角放在了全国范围，在更宏观的层面和更广泛的场域内梳理现状、检讨问题、寻找对策。如廖红的《中国社会组织发展管理与改革展望》、严振书的《中国社会组织发展问题研究》、谭日辉的《社会组织发展深层困境及其对策研究》、文军的《中国社会组织发展的角色困境及其出路》，等等。从中观或微观层面、省市级范围内研究社会组织发展的相对较少。因此，本研究聚焦于甘肃省地域环境、经济水平、文化传统、行政体制等具体实际研究本区域内社会组织发展的相关问题。

（二）研究意义

理论意义：进入 21 世纪后，我国社会组织发展速度虽然迅猛，但是毕竟起步晚，其发展质量远远落后于发展的数量和规模，理论研究的步伐与发展实践相比也望尘莫及。课题组选择"甘肃省社会组织发展"进行研究，通过聚焦较小的范围，寻找、发现甘肃省社会组织发展过程中存在的更为具体、更为关键的瓶颈问题，更加透彻、详尽地分析影响社会组织良性发展的问题症结，提出有针对性的、能够有助于问题解决的应对措施。从而，一方面为指导、促进甘肃省本土社会组织健康发展探索出一些有益的管理理念、培育方法和服务模式。另一方面为国内其他研究者深入研究我国社会组织发展提供一手资料，为丰富我国社会组织发展理论贡献绵薄之力。

现实意义：近年来，甘肃省社会组织迎着国家促进社会组织发展的东风，与全国社会组织一道蓬勃发展，其发展速度、规模，以及每万人所拥有的社会组织数量，在某种程度上赶上甚至超过了全国平均水平。但是，受经济发展水平、组织管理能力、社会大众支持力度等因素的限制，甘肃省社会组织发展的质量与效益不及全国平均水平。因此，通过深入研究，探索出一些有利于促进本土社会组织发展的理论成果，对当地政府支持社会组织发展进行科学决策、社会组织登记机关或主管单位有效管理社会组织、社会组织内部治理与能力建设等方面具有重要的指导意义和实用价值。

二 课题研究目标与任务

（一）研究目标

本研究主要以实证研究的方法，深入甘肃省各市（州）、区（县），通过与社会组织登记管理机关负责人、社会组织负责人座谈、访谈、问卷，实地走访社会组织查看办公场所、规章制度、活动档案等，较为详尽地收集甘肃省社会组织发展的第一手资料，运用数据统计分析、一手资料材料归纳分析等，比较全面、精准地梳理出甘肃省社会组织发展过程中所存在的共性与个性问题，社会组织发展中面临的机遇与风险，寻找、推介发展较好的典型社会组织，比较深入、透彻地分析问题症结及其产生的原因，最终提出相关有针对性的对策措施与发展建议。从而为促进甘肃省社会组织发展政策的制定与出台提供现实依据，为社会组织登记机关有效管理与服务社会组织提供理念支持，为社会组织自身建设与管理献计献策，为发展较好的典型社会组织推介宣传。

（二）研究任务

描述本课题研究的背景、研究的理论意义与现实意义，确定研究目标和任务，运用实证研究方法，深入分析甘肃省境域内社会组织发展现状，社会组织服务开展情况，社会组织登记管理部门情况，积极探寻政府部门顶层设计与过程管理、社会组织内部治理与能力建设、社会支持网络等方面存在的主要问题；积极探索推动社会组织健康有序发展的政府策略、社会组织内部治理策略、社会支持倡导策略；挖掘甘肃省社会团体、民办非企业单位和基金会中在组织建设、人员配备与培养、资源链接、活动开展、社会影响等方面发展较好的社会组织，并以典型案例的形式进行分析、编辑并予以展示，以资借鉴。

三　主要研究方法

（一）实证研究方法

通过实地走访甘肃省所辖市（州）的社会组织登记管理机关，获取本地区社会组织相关数据、支持社会组织发展的政策规定，以及贯彻落实情况；采取半结构式访谈的方法，对全省各市（州）的社会组织管理部门主要负责人进行访谈，共同探讨社会组织培育、引导、监督、管理的路径与策略；选取部分社会组织负责人深度座谈，了解收集社会组织发展状况、遇到的主要问题，以及对政府职能部门的意见与建议；实地走访社会组织，直接观察社会组织办公场所、人员状况、组织建设、制度建设、档案管理、活动材料等；随机抽样发放问卷调查表，全面了解更多的社会组织的基本情况、存在的实际问题，以及对社会组织发展环境的看法等。

（二）文献研究方法

根据课题研究需要，运用文献研究方法，一是查阅国内外相关学者有关社会组织发展方面的研究成果，比较全面地了解他们对社会组织培育、监管、支持、服务等方面的主要见解。二是获取发达地区社会组织发展中遇到的关键性问题及解决的策略。三是搜集研究国家层面、发达省份层面支持社会组织发展的相关政策措施。四是搜集分析甘肃省及各市（州）政府出台的促进社会组织发展的相关制度文件。参阅相关文献资料，汲取科学养分，借鉴先进成功做法，促进甘肃省社会组织健康有序发展。

四　研究思路与内容

（一）研究思路

本研究坚持"以社会组织发展为宗旨、以田野调查研究为方法、以探究社会组织发展中的困境为突破，以解决社会组织面临的瓶颈问题为根本"的研究思路。在政府部门、社会组织自身、社会支持网络三个层面审视社会组织发展过程中面临的困境与瓶颈问题；从社会组织登记机关负责人、社会组织负责人的访谈，以及社会组织实地考察中透视社会组织发展的现实状况与潜在风险；以他山之石启迪社会组织强化内部治理的自觉性和能动力，激发当地政府和社会大众助力社会组织发展的责任心和担当精神。深入一线，通过实地走访、问卷调查、个别座谈等方法，广泛收集关于社会组织管理与发展、影响社会组织管理与发展的一手资料，通过数据统计与分析、资料归纳与推理、实地感观与研判、文献综合与比较，以第三方的目光、观爱者的心态、专业者的思维、批评家的言辞，对甘肃省社会组织望闻问切、精准诊断、对症下药。在着重发现问题、揭示问题、透析问题、解决问题的同时，极力挖掘在困境中坚忍不拔、奋力前行、成绩可观的典型案例，树立标杆、推介宣传，用先进带后进，实现共同进步。

（二）研究内容

本课题主要研究内容是"甘肃省社会组织发展的当前困境与未来策略"，拟选择一定数量的在省级、市级、县级层面登记注册的社会团体、民办非企业单位和基金会作为研究对象，通过对省内各市（州）的社会组织登记管理机关相关负责人或工作人员、各市（州）社会组织负责人进行深度访谈，对随机抽样的社会组织进行问卷调查，对个别社会组织进行实地走访。对政府出台的有关政策措施、社会组织现状（聚焦社会组织发展、社会组织服务、社会组织管理）、社会组织问题（聚焦政府管理、内部治理、社会支持）进行分析。从引导驱动、孵化培育、赋予权力、监督评估等方面提出政府管理的政策建议；从依法治理、顶层设计、能力为本、服务至上等方面提出社会组织内部治理的谋略方案；从宣教结合、政策导向、多方参与、社会监督等方面提出社会支持网络构建与助力的方式方法。同时，对甘肃省各级各类典型社会组织从基本情况、组织建设、开展的主要活动、获奖情况、SWOT 分析、改进建议等方面进行梳理与展示。

对各类社会组织拟从基本情况、人力资源、组织建设、财务状况、治理和运行情况、服务活动开展、政社关系、对外交流、面临的问题及对策建议 9 个方面展开研究。具体内容：（1）基本情况：包括组织名称、登记成立时间、成立形式、注册资金、成立缘由、办公场地与设施等。（2）人力资源：包括工作人员数量（专职、兼职、长期志愿者、志愿者）、年龄结构、学历构成、劳务合同签署、业务培训、人员流动、社会保障购买等。（3）组织建设：包括组织机构设置、任职情况、章程制定、章程执行、党组织建设等。（4）财务情况：包括资金收入（政府拨款、企业赞助、政府购买服务、服务性收入、会费收入、社会捐赠、经营性收入、投资性收入）、资产规模、收入类别、对外投资、资金支持、各类支出比例（业务支出、办公经费、员工福利、公益活动支出）、目前资金运行情况、财务专业化程度。（5）治理与运行情况：章程制定、会员管理（员工、志愿者）、决策制定、议事规则、员工制度、战略规划。（6）服务与活动开展：包括开展活动类别、受益人群、社会影响力、信息公开、活动备案等。（7）政社关系：包括与业务主管部门关系、与政府合作情况、承接政府项目，以及与政府合作困难、合作建议、对政府购买服务建议等。
（8）对外交流：国外交流、国内交流、行业内交流、与基金会交流、交流
经验与建议等。（9）面临的问题与建议：包括发展障碍、管理能力、能力
建设、行业竞争、行业自律等。

五　调查过程与实施

（一）调查过程

1. 调查方式

本次调查采取记名方式，以便后续的核实，为了有利于后期的数据分
析，抽样方法采取随机抽样调查与重点调查相结合的方式。

2. 问卷设计

问卷设计主要分为9个方面的内容：①基本情况；②人力资源建设情
况；③组织建设情况；④财务情况；⑤治理和运行情况；⑥政社关系；
⑦服务与活动开展情况；⑧对外交流；⑨面临的问题及对策建议。

3. 调查对象

甘肃省各市（州）民管局（科）负责人或工作人员，社会组织的负责
人或对社会组织的情况比较了解、能较好地代表社会组织发表意见的人
员，个别服务对象。

4. 调查地点

甘肃省各市（州）和社会组织发展较好的县区。

（二）调查实施

课题组由甘肃政法学院公共管理学院5名老师和10名研究生组成。采
取召开社会组织管理部门干部座谈会、社会组织负责人座谈会、赴社会组
织开展实地调研与观摩等方式获取一手资料和数据。首先，赴各市（州）
开展由民政局和社会组织负责人组成的座谈会，全面听取各市（州）负责
人对本地社会组织发展的整体情况的介绍，听取社会组织负责人对本组织
发展状况的介绍，同时与他们开展相关交流；其次，走访各地有代表性的
社会组织，主要目的是了解社会组织的办公场地、人员配置、组织建设、

活动开展等方面的具体情况，以及目前面临的瓶颈问题等；再次，对参加座谈的民政部门管理人员和社会组织负责人进行问卷调查、部分访谈，同时委托当地民政局随机选取一定数量的社会组织填写问卷；最后，课题组分工整理材料，分析研究相关内容，包括整理分析会议记录、问卷调查表、进行典型社会组织的 SWOT 分析等。

课题组从 2016 年 3 月 20 日开始调研，9 月 10 日结束，历时近半年时间，先后到定西市、临夏州、天水市、陇南市、武威市、张掖市、酒泉市、嘉峪关市、兰州市等市（州）进行了走访调研，同时发放调查问卷 350 份，收回 330 份，有效问卷 324 份。

另外，课题组于 2016 年 7~8 月借助承办甘肃省民政厅社会组织管理人员与社会组织负责人员培训或为其授课，组织开展了 3 场座谈会，同时随机抽取个别负责人进行了问卷调查和访谈，从中获得一些有研究价值的信息和资料。

第二章　现状篇

　　现状是事物发展到一定阶段所呈现出的基本水平或状态，对某一事物发展现状的研究和把控，不仅有利于对影响事物发展的各种因素及在其影响下的发展结果进行理性评判，而且更有利于精准把握事物发展的内在规律，校正事物发展的航向和轨迹，实现人们的预期目标。可谓"知己知彼，百战不殆"。毛主席曾说过"没有调查就没有发言权"，其实没有调查也没有决策权，马克思主义认识论告诉我们，正确的决策不是从想象中来，只能从社会实践中来，从调查研究中来，从问计于群众中来。习近平总书记于2011年11月16日在中央党校秋季学期第二批入学学员开学典礼上指出："调查研究不仅是一种工作方法，而且是关系党和人民事业得失成败的大问题。"

一　甘肃省社会组织发展：速度迅猛、数量激增

（一）社会组织数量、结构、发展状况与特点

1. 社会组织数量增多，涉及众多领域

　　从甘肃省民政厅统计数据来看，截至2016年12月底，全省社会组织达到27714家，其中，省级社会组织1014家，市级社会组织3828家，县级社会组织22872家，初步形成了门类齐全、层次分明、覆盖广泛的社会组织体系。同时，甘肃省社会组织分布的领域不断拓展，类型趋于多元化，已经在环境保护、交通运输、建筑房产、电力通信、文化教育、卫生医疗、文物旅游、商贸流通、公益慈善等行业及社会服务领域初步形成了完整的体系。社会组织在促进甘肃发展经济、繁荣社会事业、服务居民需

求等方面都发挥了重要的作用。

近年来，不论从全省总体情况来看，还是从各市（州）具体态势而言，社会组织发展速度非常快，每年的增长速度大概在10%以上，社会组织的总量已经达到了一个比较高的水准。

2. 社会组织结构分析

从社会组织构成来看，社会团体22335家，占总数的80.59%；民办非企业单位5302家，占总数的19.13%；基金会77家，占总数的0.28%。在社会团体中，行业协会约占总数的37%，学术类社团约占24%，农村专业协会约占22%，专业类社团约占14%，公益慈善等其他社团约占3%；在民办非企业单位中，劳动技能培训类约占总数的73%，学历教育类约占12%，科技研究类约占9%，医疗卫生、文化体育类约占6%。

从本次调查数据来看，在省市县三级民政部门登记注册的社会组织分布十分不均匀，大多数社会组织是在县（区）级民政部门登记的，占调查社会组织总数的81%，在市（州）级民政部门登记注册的相对较少，占调查总数的17%，在省级民政部门登记注册的社会组织很少，只占调查总数的2%（具体见图2-1）。需要说明的是社区社会组织与草根社会组织未统计在内。

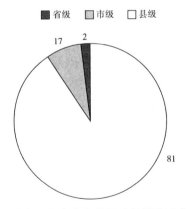

图 2-1　社会组织在省市县民政部门登记成立情况

3. 社会组织发展状况

（1）社会组织的办公场所

社会组织在数量增长的同时，办公设施远远不能满足机构发展的需要。本次调查的 324 家社会组织中，办公场所租赁的占到 61%，自有产权的较少，占总数的 13%，6% 的社会组织场地为临时借用，7% 的社会组织没有独立办公场所，与其他企业或社会组织合用办公场地（具体见图 2-2）。

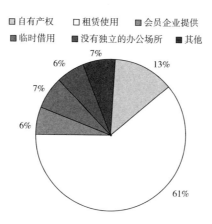

图 2-2　社会组织办公场所来源构成

（2）社会组织工作人员数量情况

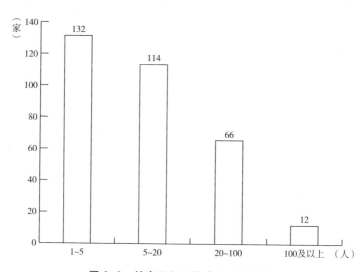

图 2-3　社会组织工作人员人数情况

从调查问卷分析得知，目前社会组织工作人员数量普遍较少，难以满足社会组织发展及服务社会的需求，其中，1~5 人的社会组织有 132 家，

5~20人的有114家。其实在访谈中发现，人数较多的主要是行业协会、农村合作社及民办学校。公益慈善类社会组织工作人员数量基本在10人以下（具体见图2-3）。

（3）社会组织人员流动与流失情况

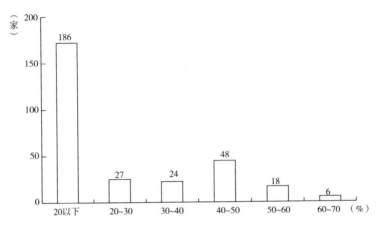

图2-4　社会组织人员流动与流失情况

人员稳定性是衡量一个行业发展的重要维度，本次调查对社会组织近三年人员流动情况做了统计分析，我们发现甘肃社会组织从业人员的人员流动与流失现象非常突出（具体见图2-4）。究其原因，主要由三个方面因素导致：其一，社会各界对社会组织普遍存在认识不清、宣传不够、支持不力等问题，对社会组织人员缺乏足够了解，认可度不高，有的甚至对他们抱有偏见。其二，社会组织人员的职业地位较低，严重影响了他们的工作热情和人才队伍的稳定。其三，一些优秀人才将社会组织视为不宜久留的"跳板"，在积累了一定的工作经验和人脉资源后，便离开社会组织到政府部门、企事业单位等谋求更好的职业发展。

（4）社会组织治理结构

从社会组织治理结构来看，甘肃社会组织治理结构不断趋于完善，在社会组织中建立了会员大会的占59.3%，建立了会员代表大会的占46.30%，建立了理事会的占66.70%，社会组织中建立常务理事会、监事会或监事、专家委员会的数量也在逐年增长（具体见图2-5）。从社会组织的会长（理事长）专兼职情况来看，社会组织的兼职会长（理事长），

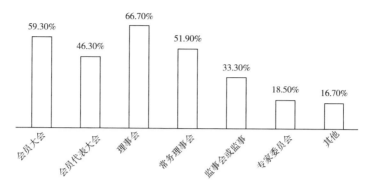

图 2-5 社会组织机构设置情况

占总数的 53%，专职会长（理事长）占 47%，这说明目前甘肃省社会组织会长（理事长）的兼职情况比较普遍。

（5）社会组织财务状况

表 2-1 社会组织会计人员任职情况

	频率	百分比	累积百分比
有专门会计人员，并具有专业资格	210	64.8	64.8
有专门会计人员，但不具有专业资格	36	11.1	75.9
无专门会计人员，由其他专职工作人员兼任	60	18.5	94.4
其他	18	5.6	100.0
合计	108	100.0	

据表 2-1 可知，64.8% 的社会组织有专门的会计人员，会计人员都具有专业资格；11.1% 的社会组织有专门的会计人员，但不具有专业资格；无专门的会计人员，由其他专职工作人员兼任的占 18.5%。

（6）社会组织与政府相关部门的关系

从问卷调查来看，社会组织与政府已经建立了合作关系的占 54%，未建立合作关系的占 46%；社会组织与政府所建立的关系，认为关系密切的占 68%，关系一般的占 12%，关系疏远且联系不多的占 20%。以尚有 46% 的社会组织与政府未建立关系而言，未来促进政府与社会组织建立信任、合作关系，实现互惠互利，携手创新社会治理的目标还有较长的路要走。

（7）社会组织承接政府项目的情况

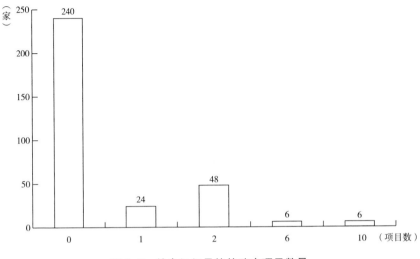

图 2-6　社会组织承接的政府项目数量

由图 2-6 可知，大部分社会组织没有获得过政府服务项目支持，324 家社会组织中，有 240 家社会组织没有获得政府项目，近三年获得 1 项政府购买服务项目的社会组织有 24 家，获得 2 项政府购买服务项目的社会组织有 48 家，数量与沿海和发达省份相比严重不足。

（8）社会组织曾接受过政府部门各类别资助的情况

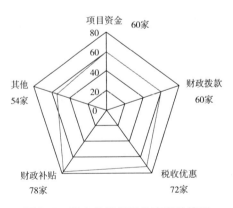

图 2-7　社会组织接受政府资助情况

由图 2-7 可知，调研的大部分社会组织接受过政府部门的相关资助，但数额极其有限。其中，接受过政府部门项目资金资助的有 60 家，接受过政府部门财政拨款资助的有 60 家，接受过政府部门税收优惠资助的有 72 家，接受过政府部门财政补贴资助的有 78 家，接受过政府部门其他资助的有 54 家。

4. 社会组织主要特点

（1）社会组织的数量增长与结构优化同步发展

2016 年底，甘肃省在民政部门登记的社会组织共有 27714 家，其中社会团体 22335 家，民办非企业单位 5302 家，基金会 77 家，与甘肃省 2015 年在民政部门登记的社会组织数量对比来看，总数增长了 47.28%，社会团体增长了 49.59%，民办非企业单位增长了 37.61%，基金会增长了 44.16%。在短短两年间，社会组织的数量和规模均有较大增长，一些社会组织之间的横向联系趋于紧密，社会组织合作的网络化趋势加强，在灾害救助、公益慈善等领域出现了一些全省性或区域性的网络平台。社会组织在省域内的数量分布与人口规模、经济发展水平、城市化率、市场化程度相关。如果不考虑其他因素的影响，社会组织的数量与人口规模存在显著的正相关，人口规模越大的市（州），各类社会组织的数量和总体数量都越大。各地社会组织的数量与 GDP 之间也存在非常高的正相关关系，说明经济发展水平越高的市（州），各类社会组织的数量也越大。

（2）社会组织参与社会治理和公共服务的作用逐步显现

政府向社会力量购买服务制度已经建立，中央财政支持社会组织参与社会服务项目和甘肃省级福利彩票公益金支持社会组织参与社会服务项目也正在有效推进。政府对社会组织正由泛化管控向支持参与服务转变。社会组织参与社会治理和公共服务的热情高涨，其助推社会建设的积极作用日益凸显。但是在个别市（州）社会组织承接政府职能转移项目有限。政府职能转移的步伐缓慢，与中央的要求尚存差距，对社会组织作用发挥不充分、支持不理想，以致部分社会组织对等级评估的认识不到位，法人治理结构长期以来得不到很好完善，财务及内部管理等运行机制不够协调。有些社会组织在政府的"呵护"下成长缓慢，不敢与行政机关脱钩，不脱不行、一脱就死，承接政府职能又变成了代行政府职权。社会服务机构服务范围有限，通过等估评级的社会组织太少，部分职能尚待拓展。

（二）社会组织发展比较

1. 社会组织数量比较

根据调研数据统计，甘肃省社会组织数量较多的是兰州市、天水市、张掖市、武威市、定西市，社会组织数量较少的是甘南州和临夏州（具体见表2-2）。

表2-2　甘肃省社会组织数量及地区分布

单位：家

地区	社会团体			民办非企业单位			基金会			合计
	市级	县级	合计	市级	县级	合计	市级	县级	合计	
省级			614			340			60	1014
兰州市	378	1201	1579	689	606	1295	0	0	0	2874
嘉峪关市	118	0	118	167	0	167	0	0	0	285
金昌市	133	285	418	63	78	141	0	0	0	559
酒泉市	151	811	962	72	235	307	7	1	8	1277
张掖市	124	2039	2163	49	186	235	1	0	1	2399
武威市	93	1875	1968	66	268	334	0	0	0	2302
白银市	111	873	984	45	245	290	0	0	0	1274
天水市	292	2808	3100	283	387	670	3	0	3	3773
平凉市	118	1223	1341	33	122	155	0	0	0	1496
庆阳市	109	1401	1510	69	258	327	0	1	1	1838
定西市	158	2153	2311	134	275	409	4	0	4	2724
陇南市	109	2847	2956	54	271	325	0	0	0	3281
甘南州	68	686	754	2	11	13				767
临夏州	58	1474	1532	9	252	261				1793
兰州新区	11		11	32		32	0			43
甘肃矿区	14		14	1		1				15
合计	2045	19676	22335	1768	3194	5302	15	2	77	27714

2. 社会组织结构比较

表 2-3　甘肃省社会组织结构

单位：%

地区	民办非企业	基金会	社会团体
兰州市	45.1	0	54.9
嘉峪关市	58.6	0	41.4
金昌市	25.2	0	74.8
酒泉市	24.1	0.6	75.3
张掖市	9.7	0.1	90.2
武威市	14.5	0	85.5
白银市	22.7	0	77.3
天水市	17.7	0.1	82.2
平凉市	10.4	0	89.6
庆阳市	17.8	0.1	82.1
定西市	15.0	0.1	84.9
陇南市	9.9	0	90.1
甘南州	1.7	0	98.3
临夏州	14.6	0	85.4
兰州新区	74.4	0	25.6
甘肃矿区	6.7	0	93.3
合计	19.1	0.3	80.6

从表 2-3 得知各市（州）社会组织结构情况，兰州市民办非企业单位占其总数的 45.1%，社会团体占总数的 54.9%；嘉峪关市民办非企业单位占其总数的 58.6%，社会团体占总数的 41.4%；金昌市民办非企业单位占其总数的 25.2%，社会团体占总数的 74.8%；酒泉市民办非企业单位占其总数的 24.1%，基金会占总数的 0.6%，社会团体占总数的 75.3%；张掖市民办非企业单位占其总数的 9.7%，基金会占总数的 0.1%，社会团体占总数的 90.2%；武威市民办非企业单位占其总数的 14.5%，社会团体占总数的 85.5%；白银市民办非企业单位占其总数的 22.7%，社会团体占总数的 77.3%；天水市民办非企业单位占其总数的 17.7%，基金会占总数的 0.1%，社会团体占总数的 82.2%；平凉市民办非企业单位占其总数的 10.4%，社会团体占总数的 89.6%；庆阳市民办非企业单位占其总数的 17.8%，基金会占总数的 0.1%，社会团体占总数的 82.1%；定西市民办非

企业单位占其总数的 15.0%，基金会占总数的 0.1%，社会团体占总数的 84.9%；陇南市民办非企业单位占其总数的 9.9%，社会团体占总数的 90.1%；甘南州民办非企业单位占其总数的 1.7%，社会团体占总数的 98.3%；临夏州民办非企业单位占其总数的 14.6%，社会团体占总数的 85.4%；兰州新区民办非企业单位占其总数的 74.4%，社会团体占总数的 25.6%；甘肃矿区民办非企业单位占其总数的 6.7%，社会团体占总数的 93.3%。总体而言，三类社会组织在各市（州）发展不尽平衡，结构性问题较为明显。

（三）社会组织党的建设工作

1. 党组织建设情况

从问卷调查来看，甘肃省社会组织大多按照规定建立了党组织，已经建立党组织的占 66%，没有建立党组织的占 34%，从实际访谈来看，党组织覆盖面增速较快，但主要以党小组形式存在，总体上存在党员数量少、流动性大、联系困难等情况。

2. 党组织工作情况

近年来，甘肃的社会组织在促进城乡经济繁荣、社会事业发展以及推动社会和谐方面做出了重要贡献，然而与快速发展的形势相比，社会组织党建工作存在发展较为滞后、党员人数少、党组织的覆盖率不高等问题。但是在调研过程中发现，凡是建立党组织的社会组织，都能够很好地开展党建工作。

第一，围绕社会组织战略发展开展党组织活动。已经建立的党组织能够积极与社会组织发展紧密结合，与社会组织的性质和特点结合，探索开展丰富多彩、行之有效的主题活动，党组织工作与社会组织执业活动、日常管理、文化建设等相互促进、相得益彰。

第二，突出社会组织特点开展党组织活动。各地社会组织在上级党委的领导下，积极开展党建主题活动。一是发挥社会组织及其从业人员中党员领导和普通党员的模范作用和专业特长，以习近平新时代中国特色社会主义思想为指导，把党的建设和社会组织的公益精神紧密结合，积极开展专业化的公益活动和志愿服务。二是发挥社会组织人才、信息物质等资源丰富的优势，主动与社区和其他社会组织党组织结对共建，实现资源共享、优势互补，提高社会组织党建质量。三是发挥社会组织联系广泛的优势，组织党员在从业活动中宣传党的路线方针政策，凝聚社会共识，促进社会和谐。四是针对从业人员流动性强的特点，充分利用现代信息技术手段开展活动，增强党组织活动的开放性、灵活性和有效性。

第三，贯彻从严要求提高组织生活质量。社会组织党组织紧密联系党员思想工作实际，严格落实"三会一课"、民主评议党员、党员党性定期分析等制度。经常听取群众对党组织和党员的意见，对存在的问题及时进行整改。按照规定召开党员干部民主生活会，定期召开党员组织生活会，积极开展批评和自我批评，教育引导党员守纪律、讲规矩。

二　甘肃省社会组织服务：关注民生、成效明显

（一）社会组织服务的业务范围

根据《社会团体登记管理条例》《民办非企业单位登记管理暂行条例》《基金会管理条例》规定，成立相关社会组织必须提交"章程草案"，章程要有明确的"业务范围"。《中华人民共和国慈善法》第三条规定公益慈善组织可自愿开展下列公益活动：①扶贫、济困；②扶老、救孤、恤病、助残、优抚；③救助自然灾害、事故灾难和公共卫生事件等突发事件造成的损害；④促进教育、科学、文化、卫生、体育等事业的发展；⑤防治污染和其他公害，保护和改善生态环境；⑥符合本法规定的其他公益活动。可见，每一个社会组织在成立伊始都确定了自己的业务范围。

从甘肃省的发展情况来看，社会组织提供服务的领域主要集中在"扶贫济困、扶老助残、医疗卫生、文体科普、妇幼保护、服务三农、法律援助、支教助学、生态环境、促进就业"等方面。而且，在这些方面已经涌现出了发展较为良好的典型社会组织。如庆阳市阳光志愿者协会积极开展扶贫、帮困、助残、助学、敬老、环保等公益活动；白银市社会助残协会，向残疾人提供专业服务，保障残疾人的身体健康和基本生活水平；临夏州生态环境保护协会以保护生态环境与推动社会公益事业发展为己任，关注黄河流域少数民族聚居地的生态环境问题；平凉市众益农村社区发展协会以"弘扬社会博爱理念，推动农村社区发展"为使命，积极参与农村

社区建设、环境保护、科普教育、扶贫开发、扶老助残、抢险救灾等工作；天水市秦州区仁瑞福老年日间照料中心以老年人日间照料为主，积极开展医疗保健、康复护理、紧急救援、心理咨询、体育健身、文化娱乐及精神慰藉等活动；甘肃鸿泽社会工作服务中心以农村地区为主，在减灾救灾、社会救助、社会福利、社区发展等方面提供专业社会工作服务；天水市和雨东社会矛盾化解工作室坚持"为群众代言解困，为政府建言献策"的使命，主要服务于"矛盾纠纷化解（包括医患纠纷、交通事故、信访案件等），困境人群权益维护（包括妇女儿童维权等），社会关怀（包括社会救助、心理援助等）和政策倡导"等领域。

（二）社会组织服务绩效

现代政治学认为，一个成熟的社会，是政府、企业和社会组织三种力量基本均衡的社会。"一个成熟的社会，离不开成熟的社会组织，因为社会组织提供的专业化服务可以有效弥补政府公共服务不足"。① 而且，能够有效促进社会治理创新，推进社区服务、社区建设和社区治理，满足广大社区居民的多样化需求。甘肃省社会组织虽然起步晚，但发展迅猛；虽然专职人员少，但做了大量卓有成效的公益性活动，并取得了社会各界的肯定和好评。特别是在各级党委和政府的引导、培育和有效管理下，甘肃社会组织呈现出快速、健康、有序的发展势头，成为提供公共服务的"生力军"，起到了党和政府联系人民群众的桥梁和纽带作用，在参与社会治理、维护社会和谐稳定等方面的独特功能和重要作用日渐凸显，效果显著。

1. 社会组织在维护社会稳定、促进社会和谐中勇于担当、积极作为

作为第三部门的社会组织，它不但具有弥补政府失灵与市场失灵，为公众提供公共物品和公共服务的功能，而且在社会建设、社会服务和社会治理中具有不可替代的作用，特别在创新社会治理、维护社会稳定、和谐社会的构建中能够发挥独特的积极作用。随着我国经济体制的变革和经济水平的提升，社会结构、人们的思想观念、社会利益格局随之发生了深刻变化与调整，社会不稳定因素大量增加，各种社会矛盾与冲突凸显，社会

---

① http://fj.people.com.cn/n2/2017/0226/c350390-29768553.html.

建设与社会治理的任务十分艰巨，传统的政府行政管理已经难以适应新形势，难以有效解决新问题、新矛盾。社会组织具有社会"稳定器""安全阀"的作用，有利于促进社会和谐稳定。在社会服务实践中社会组织能够引导各类利益群体以理性合法的形式表达利益诉求，把矛盾化解在萌芽状态，化解在初始阶段，避免局部性矛盾演变成全局性冲突，增强社会抗震荡能力。甘肃省许多社会组织在社会服务过程中上传下达、下情上传，积极发挥"稳定器""安全阀"的作用，密切政府与居民之间的关系。也有一些专门从事社会矛盾调解的公益性组织，积极致力于各种社会疑难问题的解决以及和谐社会的构建。如天水市和雨东社会矛盾化解工作室。自2013年成立以来，发挥网络优势，及时发现社会矛盾，运用法治思维，引导群众依法化解矛盾，发挥第三方作用，民主协商化解矛盾，彰显社会组织的公益性，为困境人群排忧解难。做了大量化解矛盾工作，赢得了政府和群众广泛赞誉，被当地政府授予社会组织矛盾纠纷调解"先进集体"、"维稳先进单位"、信访工作"先进集体"等称号，负责人被中华全国妇女联合会授予"全国维护妇女儿童权益先进个人"荣誉称号。除此之外，还有许多类似社会组织也活跃在化解社会矛盾、促进社会和谐的社会治理活动中。

2. 社会组织在承接政府职能转移、提供专业服务中奋力拼搏、大胆实践

社会组织是承接政府职能、增强社会自治的重要载体。当前，行政管理体制改革进一步加快，众多群众性、社会性、公益性、服务性的政府职能向社会分离和转移，"小政府，大社会"格局日益明显。2014年以来陆续出台《甘肃省人民政府办公厅关于政府向社会力量购买服务的实施意见》《甘肃省民政厅关于确定具备承接政府职能转移和购买服务资质的社会组织目录的指导意见》《甘肃省民政厅关于印发〈省级福利彩票公益金支持社会组织参与社会服务项目实施方案〉的通知》《甘肃省财政厅关于印发政府向社会力量购买服务指导性目录（第一批）的通知》等重要文件，为社会组织积极参与社会服务提供了良好的政策支持和经费资助。2014年7月，甘肃省财政拨款1065万元在省民政厅、省卫计委、省教育厅、省文化厅、省司法厅、省质监局、省农牧厅、省水利厅、省环保厅、省交通厅等10个行业主管部门开展政府购买服务试点工作。2015年，甘

肃省民政厅列支 200 万福利彩票公益金，2016 年起每年列支 500 万元资助社会组织参与社会服务项目，重点支持省、市（州）、县（市、区）三级社会组织开展扶老助老、扶残助残、关爱儿童、救助困难群体和农村低保工作第三方评估社会服务项目。2013～2017 年，甘肃太昊职业培训学校、甘肃益民城乡社区发展中心、甘肃博才职业培训学校、甘肃爱之星慈善公益中心、甘肃柏草木慈善义工服务中心、甘肃省科技教育促进会、甘肃惠群社会工作服务中心、甘肃简公益发展中心、凉州区黄羊康复医院、庆阳市西峰区鸿泰香包刺绣协会、张掖市希望儿童康复中心、嘉峪关市康怡圆养老公寓、甘肃省平凉市孤残儿童救助协会、甘肃省玛曲县"教热"教育扶贫基金会、定西市安定区幸福人家养老服务中心、兰州金宝贝特殊儿童教育中心、敦煌市爱心公益联合会、陇南市苦荞专业技术协会、文县爱心公益促进会、定西市残疾人康复训练中心、甘肃省金昌市金川区金阳里社区卫生服务站、麦积区天使幼儿园、靖远县南川灌区廿里铺用水者协会、玉门市康乐社区服务协会、民乐县慈善协会等 96 家社会组织获得中央财政支持社会组织参与社会服务项目（包括发展示范项目、承接社会服务试点项目、社会工作服务示范项目、人员培训示范项目），共争取到 3002 万元服务经费。其中，甘肃益民城乡社区发展中心、甘肃惠群社会工作服务中心、甘肃博才职业培训学校、甘肃省社会组织促进会、甘肃海钰心理文化研究院、兰州金宝贝特殊儿童教育中心、庆阳市西峰区鸿泰香包刺绣协会、甘肃省国泰老年服务中心、甘肃省玛曲县"教热"教育扶贫基金会、甘肃省心理咨询师学会、甘肃药业信息研究所、甘肃兴邦社会工作服务中心、定西市残疾人康复训练中心、甘肃长鑫职业培训学校、甘肃省职业经理人协会、武威市孤残儿童救助协会等社会组织两次以上获得中央财政支持。2017 年，甘肃兴邦社会工作服务中心、甘肃惠群社会工作服务中心、甘肃鸿泽社会工作服务中心、甘肃北辰社会工作服务中心等十余家社会组织列入参与甘肃省"三社联动"试点项目，共获得 1000 万元经费在全省20 个社区开展社区服务活动。上述社会组织均以良好的成绩完成了政府购买服务项目，获得了政府的肯定，赢得了社会的好评。

3. 社会组织在提供公共服务、救助弱势群体中秉持专业理念、心系服务对象

随着经济社会的快速发展，人民群众生活水平的提高，社会公众对社

会服务的需求趋向多样化且日益迫切。社会组织来自民间、了解民生、熟悉民情、关注民意，其提供的社会服务，具有较强的针对性和实效性，能够有效弥补政府公共服务的薄弱环节，扩大了公共服务供给，使社会的多样化需求得到进一步满足。社会组织不但能够通过政府购买服务的形式向社会公众提供专业服务，还能够链接社会资源、发动社会力量最大限度地提供公共服务、救助弱势群体。如白银市社会助残协会链接法律专家为残障人士提供无偿法律服务，维护残疾人的合法权利；为残疾人提供社区康复，使其更好地融入社会；发动志愿者，开展扎实有效的志愿助残活动。因其组织建设规范，活动开展效果显著，2015年被白银市民政局评为"AAAA级社会组织"，被甘肃省残联、团省委授予"全省志愿助残阳光团队"，被白银市委宣传部、市文明办、市民政局、团市委、市妇联、市残联评为"最佳志愿服务组织"。平凉市众益农村社区发展协会利用壹基金、甘肃公益救灾联盟、甘肃伊山伊水环境与社会发展中心出资的40万元支持实施"壹基金岷县灾后重建项目"，动员志愿者一道开展相关服务，受益人数达1200人。被甘肃伊山伊水环境与社会发展中心评为"金牌服务机构"，同时，也被平凉市民政局评为"AAAA级社会组织"。酒泉市春光爱心基金会向汶川、玉树、舟曲等地震灾区灾民捐款捐物达730万元；每天向困难群众发放爱心馒头700个，寒来暑往从不间断；开办春光"道德讲堂"，传播社会主义核心价值观。其公益行为得到社会的广泛好评，受助群众自发地向其送来了诸如"大火无情、春光有爱""心系民众、情暖人间"等数十面锦旗。类似的社会组织还有许许多多，其公益行为和感人事迹不胜枚举。

4. 社会组织在精准扶贫、精准脱贫中自觉行动、强力助推

甘肃省有58个集中连片特困县市区和17个插花型贫困县，23个深度贫困县、6220个建档立卡贫困村、100万贫困户和417万贫困人口。可见，2020年甘肃省与全国一道全面建成小康社会的任务十分艰巨，但必须义无反顾地努力实现国家的战略任务。显然，脱贫攻坚中的主体责任是政府，但社会力量的动员不可小觑。为此，2017年民政部、财政部、国务院扶贫办联合印发《关于支持社会工作专业力量参与脱贫攻坚的指导意见》，支持社会工作专业力量参与脱贫攻坚工作。2015年甘肃省人民政府办公厅印

发《关于动员和鼓励社会各方面力量参与扶贫开发的实施意见》，2016 年甘肃省民政厅印发《关于动员和鼓励全省社会组织广泛参与精准扶贫精准脱贫的通知》，2017 年印发《省级福利彩票公益金支持社会组织参与社会服务项目实施方案》《具备承接政府职能转移和购买服务资质的全省性社会组织名录》，为社会组织参与脱贫攻坚提供支持。广大社会组织自觉行动，积极参与。枢纽型社会组织牵头组织，开展培训。如甘肃省社会组织促进会于 2016 年 1 月 12 日主办社会组织参与精准扶贫系列讲座，"讲座以社会组织参与精准扶贫为主题，吸引了来自全省各市州五十余家社会组织负责人参加"。[1] "甘肃多识爱心基金会率先行动，带领志愿者及社会各界爱心人士多次下乡进村入户，帮助群众理思路、争项目、送物资、兴产业，为群众脱贫致富'把脉开方'、'传经送宝'，积极措办了一大批惠民实事，极大地鼓舞了甘肃贫困群众自我发展的信心和决心，也带动了全省社会组织助力精准扶贫工作的深入开展"。[2]

近年来，甘肃许多发展比较好的社会组织相继参与精准扶贫工作，在文化教育、生态环境保护、医疗卫生服务、科技支持、行业信息提供、劳务输出、职业技能培训、养老服务、贫困群体关爱救助、社区防灾减灾等领域，扎实有序地开展了一系列行之有效的扶贫工作，通过爱心捐赠、志愿服务、结对帮扶等形式，协助政府相关部门解决贫困群体脱贫致富的实际困难和问题。

《甘肃日报》报道："据不完全统计，2017 年仅全省性社会组织参与脱贫攻坚累计捐赠款物达 2000 万元以上，为打赢脱贫攻坚战发挥了积极作用。"[3]

三 甘肃省社会组织登记管理机关：机构健全、竭诚服务

（一）社会组织登记管理机关基本情况

1. 社会组织登记管理机关机构设置

甘肃省各市（州）民政局高度重视社会组织管理，均设置了专门负责

---

[1] 贾莉丽：《我省社会组织助推精准扶贫有序开展》，每日甘肃网，2016-01-12。
[2] http://baijiahao.baidu.com/s? id=15903732716182794838&wfr=spider&for=pc.
[3] 徐俊勇：《甘肃省社会组织积极参与脱贫攻坚工作》，《甘肃日报》2018 年 5 月 28 日。

社会组织登记与管理的职能部门。但是，从调研中发现负责社会组织登记管理机关的名称不统一，大概有两类，一类命名为民间组织管理局（个别改为社会组织管理局），一类命名为民间组织管理科（个别改为社会组织管理科）。目前，名为民间组织管理局或社会组织管理局的有兰州市、定西市、张掖市、酒泉市、金昌市、武威市、天水市、平凉市8个市，名为民间组织管理科或社会组织管理科的有庆阳市、陇南市、嘉峪关市、白银市、临夏州、甘南州6个市（州）。

2. 社会组织登记管理机关人员配备

从各市（州）民间组织管理局或社会组织管理局、民间组织管理科或社会组织管理科的人员配备来看，工作人员普遍偏少且专职化程度和稳定性水平不理想。工作人员数量基本上没有超过3人，一般而言，设置民间组织管理科或社会组织管理科的单位工作人员一般为1~2名，设置民间组织管理局或社会组织管理局的单位工作人员最多也只有3名。工作人员中具有社会工作专业或管理类专业的人员少，且许多单位多存在人员外借或人员外挂的情况。

3. 社会组织登记管理机关办公条件

社会组织登记管理机关的办公条件不能很好地满足工作需要，一是办公室面积普遍狭小，一般只有一间十几平方米的办公室，办公区与档案区融为一体；二是现代化的办公设备有待更新；三是信息化、便捷式的管理平台尚未完全建立。

（二）社会组织登记管理机关的管理现状

1. 社会组织登记管理机关的管理内容与手段

各市（州）的社会组织管理局或社会组织管理科的主要工作内容包括社会组织登记、社会组织年度检查、社会组织党组织建设、社会组织评估、技能培训、宣传示范等。具体职责为：（1）贯彻执行党和国家有关社会组织工作的法律、法规、规章和方针政策，制定当地社会组织发展规划、管理制度；（2）依法对社会团体、民办非企业单位、基金会进行登记管理和执法监察；（3）指导和监督下级相应部门对社会团体、民办非企业单位的登记管理工作；（4）依法实施年度检查工作，依法规范和监督社会组织的活动，查处非法组织和违法行为；（5）为社会组织依法开展各类活动提供综合协调和服务；（6）拟定社会组织培育发展规划，研究提出社团会费标准和财务管理办法以及民办非企业单位的收费和财务管理办法；（7）推动、支持社会组织参与社会管理和公共服务，促进社会组织依法、规范、有序地承接和履行政府部门转移或委托的有关职能等工作；（8）指导、推进社会组织党建工作。

社会组织登记管理机关的管理手段与方式主要包括以下几方面：（1）等级评估。如甘肃省民政厅社会组织管理局严格执行《社会组织评估管理办法》，并进一步细化了社会团体、民办非企业单位、基金会评估指标体系，于2011年开始对省级社会组织进行评估。2016年开始推进第三方评估。各市（州）也在一定范围开展了社会组织评估，但由于经费、评估机构等问题，做法参差不齐，效果不尽理想。（2）年检。根据《社会团体登记管理条例》和《民办非企业单位登记管理暂行条例》等规定，对社会组织遵守法律法规和有关政策的情况、登记、备案、核准事项履行相关手续情况、自身建设情况、开展业务活动情况、财务状况和资金来源使用情况、负责人和从业人员情况、作用发挥情况、党建工作情况进行年度检查。"年检基本合格"和"年检不合格"的社会组织，应当进行整改，对"年检不合格"的社会组织，登记管理机关将根据情况，责令其在整改期间停止活动。连续两年不参加年检，或连续两年"年检不合格"的社会组织，登记管理机关将予以撤销登记并向社会公告。（3）执法监察。由登记管理机关牵头、业务主管单位和有关部门参加，联合对社会组织实施执法监察，包括同级部门之间联合执法监察和上下级之间的联合执法监察。执法监察包括专项执法监察和联合执法监察。专项执法监察主要对社会组织某一领域或管理工作中存在的某一突出问题进行执法监察。2017年8月，甘肃省人民政府办公厅印发《甘肃省加强社会组织执法监察工作的意见》，对2010年出台的《甘肃省加强社会组织执法监察工作意见》进行了全面修订。执法监察尽管有规定依据，但执行困难。一位社会组织管理干部说："社会组织管理局人员极少，且没有执法资格，联合执法的协同单位有13家，但组织起来比较难，行动很少，对社会组织的管理仅限于登记和年检。"（4）约谈。民政部于2016年印发的《社会组织登记管理机关行政执法约谈工作规定（试行）》规定"社会组织登记管理机关对发生违法违规情形的社会组织，可以约谈其负责人，指出问题，提出改正意见，督促社会组织及时纠正违法违规行为"，并明确了约谈程序等内容。但是，此项工作在基层基本没有开展。

2. 社会组织登记管理机关的改革创新

（1）改革登记注册办法，推进社会组织健康发展

为便捷自愿成立社会组织的有识之士，加快培育、扶持社会组织成长，各地社会组织管理机关在贯彻国家和甘肃省相关规章制度依法登记注册的基础上，在以下方面积极改革。第一，简化登记程序，适当降低社会组织登记门槛。按照《国务院机构改革和职能转变方案》规定，除依据法律法规和国务院决定需要前置审批的，以及政治法律类、宗教类社会组织，境外非政府组织在华代表机构外，成立行业协会商会类、科技类、公益慈善类、城乡社区服务类等社会组织实行向民政部门直接登记，不再需要业务主管单位审查同意。积极贯彻落实中办、国办印发的《关于改革社会组织管理制度促进社会组织健康有序发展的意见》精神，对在城乡社区开展为民服务、养老照护、公益慈善、促进和谐、文体娱乐和农村生产技术服务等活动的社区社会组织，采取降低准入门槛的办法，支持鼓励发展。对符合登记条件的社区社会组织，优化服务，加快审核办理程序，并简化登记程序。对达不到登记条件的社区社会组织，按照不同规模、业务范围、成员构成和服务对象，由街道办事处（乡镇政府）实施管理，加强分类指导和业务指导。鼓励在街道（乡镇）成立社区社会组织联合会，发挥管理服务协调作用。四大类社会组织实行直接登记后，根据统一登记、各司其职、协调配合、分级负责、依法监管的原则，建立健全社会组织综合监管体系。各行业主管部门依法加强自身职能范围内的日常监管、行业指导与服务提供，协助民政和有关职能部门对社会组织的非法活动进行查处。第二，下放管理权限，创新组织形式。《国务院机构改革和职能转变方案》明确提出："加快形成政社分开、权责明确、依法自治的现代社会组织体制。" 2014 年甘肃省人民政府办公厅印发的《"三张清单一张网"工作方案》中提出："建立'三张清单一张网'（省政府部门行政权力清单、省政府部门责任清单、省级财政专项资金管理清单，推进政务服务网建设），是促进政府职能转变，推进政府治理现代化的一项重要举措。各

地、各部门要高度重视，运用法治思维、法治方式，坚持职权法定、权责一致、简政放权、便民高效、公开透明的原则……积极推进政府系统行政审批和服务事项的'一站式'网上办理和'全流程'效能监管。"甘肃省民政厅在开展"三张清单一张网"清理中，共清理出行政职权76项，其中许可4项、行政处罚21项、行政确认7项、行政强制5项、其他行政职权39项。按照"加快推进执法内容和执法力量向市县下移，省级政府部门的执法队伍，除食品药品、环境保护和知识产权监管外，都要逐步实现执法权下移和执法力量下沉，实现属地管理"的要求，将非公募基金会和异地商会的设立、变更和注销登记下放到了市州和县级民政部门，实行省市县三级属地管理。各市（州）也积极推进"网上行权"，社会团体、民办非企业单位和非公募基金会的成立、变更、注销登记等行政许可事项实现了进驻市政府大厅进行集中受理，真正做到履职尽责搞服务、高效快捷搞服务、积极主动搞服务、努力实现服务受理零推诿、服务方式零距离、服务质量零差错、服务结果零投诉，实现了"只进一个门、只找一个人、只跑一次腿"。第三，实行政社分开，推进自主办会。支持社会组织依法按章、独立自主开展活动，切实解决行政化倾向严重等问题。行业协会商会和工商经济类的联合性社会团体，一般只吸收企业会员，秘书长可通过聘任或向社会公开招聘等方式产生。现职公务员和具有行政管理职能的事业单位工作人员不得在行业协会商会、工商经济类的联合性社会团体、民办非企业单位和非公募基金会兼任领导职务；严格限制上述人员在其他类型社会组织兼任领导职务，确因工作需要兼任的，应按照干部管理权限从严审批。规范离退休人员在社会组织担任领导职务。各级党委、政府及部门、企事业单位要从职能、机构、工作人员、资产和财务等方面与社会组织脱钩，实行政社、社企分开。如酒泉市民政局简化办事程序，提高工作效率，切实转变职能积极为社会组织服务，成效明显。他们出台了《酒泉市民政局办事指南》，明确社会组织办事程序，严格执行"谁受理、谁负责和首问责任制"，强力压缩审批时限，合理减少审批要件，优化审批流程，社会组织三个《条例》规定60天办结许可登记，他们压缩到20天办结。根据《国务院关于取消和下放一批行政审批项目的决定》，取消了对社会团体分支机构、代表机构设立登记、变更登记和注销登记的行政审批项目。根据《民政部、财政部关于取消社会团体会费标准备案规范会费管理的通知》精神，取消了社会团体会费备案制度，社会团体通过的会费标准，不再报送业务主管单位、社会团体登记管理机关和财政部门备案。制定了社会组织档案管理示范和规章制度范本，为社会组织更好地加强内部管理和自身建设提供参照依据。[①]

（2）改革管理服务模式，提升社会组织服务管理水平

在改革登记管理体制，规范社会组织登记注册、自主发展的基础上，甘肃省社会组织登记管理机关积极探索管理服务模式，不断提升社会组织服务管理水平，增强社会组织管理效能。第一，提高社会组织党组织和党建工作覆盖率，注重在社会组织中强化党的领导。近年来，全省各地不断创新完善"党委统一领导、组织部门牵头抓总、民政部门负责落实、业务主管单位协同配合"的社会组织领域党建工作管理体制，坚持"应建尽建、应派尽派"的原则，采取单建、联建、挂靠组建、区域或行业统建等形式，在社会组织中积极建立党组织，积极开展党的建设工作，社会组织党组织和党建工作覆盖率不断提高。同时，还通过选派党建工作指导员或联络员，指导社会组织开展党建工作。不但增强了社会组织开展党建工作的针对性和质量，而且充分发挥了党组织和党员对社会组织健康发展的指导作用。第二，强化监督管理，提升监管效能。大力推进社会组织"多证合一、一照一码"改革，进一步深化行业协会商会与行政机关脱钩改革，妥善处理人员任职兼职、资产处置等事项，形成综合监管合力。制定随机抽查实施方案和工作细则，全面推行"双随机、一公开"，建立民政执法人员和抽查对象库，将社会组织、养老机构等检查事项纳入抽查范围，切实加强民政管理服务对象的监管。严格执行重大行政处罚法制审核制度，定期开展行政处罚案卷评查，组织开展民政执法专项排查整治，查找民政执法队伍、工作、体制、监督等方面存在的突出问题，全力抓好整改落实。第三，积极开展社会组织评估，不断提高社会组织规范化管理。甘肃省民政厅社会组织管理局严格执行民政部印发的《社会组织评估管理办法》，细化各类社会组织评估指标体系，按照"分级管理、分类评定、客观公正"的原则，实行政府指导、社会参与、独立运作的工作机制，积极引入第三方评估机构，评估专家实事求是、客观公正地对参评社会组织进

[①]　http://www.gsmz.gov.cn/station/gssmzt/sxxx/list/1.html.

行评估，并授予相应的等级及牌匾。评估等级在社会组织承接服务、开展对外活动和宣传时发挥了重要的信誉证明作用。社会组织由原先的"不参评、不愿评"逐渐转向"我要评、申请评"。

（3）健全管理制度，为社会组织发展奠定良好的政策基础

"不以规矩，不能成方圆"，社会组织的发展必须有科学规范的制度来约束，才能够得到健康有序的发展。近年来，甘肃省民政厅及各市民政局也非常重视制度建设，在全面贯彻落实民政部及国家层面印发的相关制度的基础上，积极建立符合本地实际的社会组织管理制度，在社会组织登记审核、年度检查、评估工作、党建工作、执法监督工作等方面制定出台一系列规范措施。如甘肃省民政厅及省级层面出台了《关于改革社会组织管理制度促进社会组织健康有序发展的实施意见》《甘肃省加强社会组织执法监察工作意见》《甘肃省人民政府办公厅关于政府向社会力量购买服务的实施意见》《关于确定具备承接政府职能转移和购买服务资质的社会组织目录的指导意见》《甘肃省四类社会组织直接登记管理暂行办法》《关于加强全省社会组织党的建设工作的实施意见》《甘肃省农民专业合作经济组织建设实施方案》《甘肃省全省性社会组织评估实施细则》《关于加快发展民办社会工作服务机构的指导意见》《关于加快发展社区社会工作服务的实施意见》等制度。各地也出台了一系列规章制度，如张掖市《关于加强全市社会工作人才队伍建设的实施意见》、庆阳市《关于加强社会组织党建工作的实施意见（试行）》、庆阳市《社会团体选举制度》、庆阳市《社会团体财务管理暂行办法》、平凉市《加强社会组织内部治理工作的指导意见》、定西市《关于推进城市社区治理工作的实施意见》、天水市《天水市四类社会组织直接登记管理规程》等。

（4）开展专项培训，加强社会组织能力建设

社会组织数量的激增为社区服务、社区建设和社区治理奠定了基础，但人们对优质的社区服务、科学的社区建设和良好的社区治理的期待和需求，反过来对社会组织的能力和水平提出了挑战。甘肃民政厅社会组织管理局、各市（州）民政局和社会组织自身都非常重视社会组织的能力建设。在加强规范化建设、制度建设、人才队伍建设，强化社会组织法人治理结构的基础上，围绕专业人员综合素质提升，在专项培训上开展了卓有成效的工作。一是开展社会组织党组织负责人培训，加强党组织负责人的党性修养及对党的

理论知识的系统学习与应用。如酒泉市采取专题讲座、疑问解答、成果分享及经验交流和现场观摩等形式开展社会组织党组织书记培训；平凉市华亭县社会组织党工委结合"两学一做"专项教育活动组织开展社会组织党建暨业务工作培训会，并在培训会上印发、学习《全县社会组织党组织开展"党员固定活动日"实施方案》，注重党建典型活动培育工作。二是开展社会工作人才培训，提高社会组织的专业化服务水平。近年来，甘肃省民政厅以"三社联动"试点工作为契机，明确要求"每个试点社区至少开展两期社会工作培训，普及社会工作知识"，各试点社区认真开展了社会工作人才培训及社会工作师资格证考试培训。非试点地方也积极组织开展社会工作人才培训活动。如"平凉市民政局于 2015 年 10 月 28 日至 30 日，组织七县（区）民政局和工业园区社会事业发展办社会工作管理人员、市县（区）养老机构护理员、儿童福利机构护理员、救助管理机构服务人员、殡葬管理机构服务人员、城市社区直接服务群众的工作人员共 100 余人参加了培训"[①]。三是开展相关业务培训，提高社会组织工作人员的综合能力。如白银市邀请省民政厅社会组织管理局领导和甘肃省社会组织促进会负责人，就政府购买服务、税收优惠、信用体系、社会组织会计制度、自身建设等内容进行社会组织业务培训。张掖市组织社会组织管理人员、社会组织负责人和社区工作人员赴广东省开展集中培训、现场参观，学习发达省份社会组织建设与发展的先进经验。同时，还遴选相关人员到深圳相关部门挂职锻炼。四是社会组织自身采取各种方式开展了大量的人员培训工作。如，渭源县林业种苗技术协会经常邀请专家来种苗协会开展技术讲座，讲授育苗和田间管理的新技术、新成果。多年来，种苗协会邀请省市专家、县乡林业技术人员对会员和群众共举办技术讲座、科技培训 40 期；组织会员及群众到林木育苗基地现场观摩育苗技术和管理过程，增强他们的实践能力；组织骨干或优秀会员赴省内外考察学习育苗、销售、管理等方面的新技术、新经验和新方法。庆阳市阳光志愿者协会先后选派 30 多名会员赴北京、兰州参与了各类培训会，学习掌握志愿服务知识和技能，学习社会组织能力建设知识，以及项目管理知识等。组织了 8 名理事会成员利用假期，自费赴陕西省汉中市汉中爱心义工协会进行了历时三天的学习交流，学习他们的先进

---

① http://www.gsmz.gov.cn/station/gssmzt/sxxx/list/1.html.

理念和管理协会的成功经验，探讨目前社会组织发展的机遇与挑战，实地考察观摩了他们的志愿服务活动，等等。

（5）建立健全监督体系，形成动态监督管理机制

为加强社会组织规范化管理，促进社会组织健康有序发展，甘肃省积极构建社会组织监督检查管理体系，并协同相关部门大力开展社会组织监管工作。坚持法律监督、群众监督和舆论监督相结合的原则，构建政府监管、社会监管与社会组织自律相结合的监管体系；建立社会监督员监督管理网络，强化信息报送和投诉举报处理的针对性和时效性；建立和完善民政、财政、税务、审计、物价、公安、司法、市场监管等部门信息共享、协同监督的联动工作机制；建立健全社会组织信息公开、信用建设、财务审计、行政约谈、分类管理、预警监管制度，以及社会组织法人治理、负责人管理、资金管理、年度检查、查处退出等制度。民政部门通过检查、评估等手段对社会组织负责人、资金、活动、信息公开、章程履行等情况进行严格监管。实行双重管理的社会组织的业务主管单位，对所主管社会组织的思想政治工作、党的建设、财务和人事管理、研讨活动、对外交往、接受境外捐赠资助、按章程开展活动等事项加强监管，每年组织专项监督抽查，协助有关部门查处社会组织违法违规行为。同时，还"建立社会组织负责人（法定代表人）约谈常态化工作机制，对存在问题、群众举报和信访事宜的相关社会组织负责人进行约谈，2017年共约谈10人次；对4家5年以上不参加年检和长期不开展活动的全省性社会组织依法做出撤销登记的行政处罚；责令44家年检不合格的全省性社会组织限期整改。今年，已向46家连续两年不参加年检的社会组织下发行政处罚事先告知书，下一步将依法予以撤销登记"①。

（三）社会组织登记管理机关的基本评价

1. 社会组织登记管理机关人员的自我评价

（1）积极作为，为社会组织发展提供有利条件

第一，积极学习、贯彻涉及社会组织发展的政策法规。从每个市

---

① http://www.chinanews.com/gn/2018/05-17/8516373.shtml.

（州）社会组织座谈会现场了解到，社会组织登记管理机关的工作人员对于国家、省市出台的关于促进社会组织发展的各项政策和法规都积极进行学习，了解政策内涵，把握政策意图，并通过各种途径对政策法规进行宣传。

第二，研究制定地方性社会组织管理制度和发展规划。绝大多数市（州）在社会组织管理方面都有比较严格的管理制度，部分市（州）也尝试制定社会组织发展规划等。各地社会组织登记管理机关的负责人如是说：

> JQS 对社会组织管理比较严格，管理程序也很规范。因此，在2014 年被评为全国社会组织建设创新示范区，2016 年被评为全国社会组织先进登记管理单位（引自 JQS1 访谈资料）。截至 2016 年 9 月，LZS 是全省唯——一个采取网络登记社会组织的市州，在具体管理过程中，要求每个社会组织都必须建立统一的基本管理制度，并且制度成册，制度上墙（引自 LZS1 访谈资料）。在制度建设层面，PLS 民管局已经草拟了一份《关于加强和创新社会组织建设与管理的意见》，目前正在等待市委市政府办公会讨论通过，这个制度对 PLS 社会组织的发展及管理进行了全面而详细的规定（引自 PLS1 访谈资料）。

关于各市（州）制定社会组织发展相关政策的重要性，甘肃省民政厅相关负责人如是说：

> 综合政策是专项政策的依据，专项政策对于促进社会组织发展有重要作用，如中央 18 部门联合印发的《关于加强社会工作专业人才队伍建设的意见》和 12 部门联合印发的《关于加强社会工作专业岗位开发与人才激励保障的意见》，都是此类典范，在此基础上再制定详细的执行性政策，才能体现政策的完整性。同时，省级政策不能一竿子插到底，需要各市（州）依据自身情况制定实施细则。这一举措在甘肃省的"三社联动"试点中有较好的体现，如各试点地的民政部门制定了符合当地实际情况的制度，保证了购买服务、经费管理、专业服务工作的顺利开展。（引自 GSS1 访谈资料）

第三，积极协调其他政府部门与社会组织的关系。各市（州）的社会组织管理局（科）针对社会组织开展活动时的需求，积极与其他政府部门进行沟通和联系，改变其他政府部门对社会组织的认识，密切双方关系，获取对社会组织发展的更多支持。同时，也组织社会组织参与各部门的精准扶贫行动。

TSS 浙江商会积极参与精准扶贫，近年来在助残、助学等领域共计提供公益资金支持达 483 万元，是全市社会组织参与精准扶贫的典范。（引自 TSS1 访谈资料）

第四，了解、熟知本市（州）社会组织的基本情况。在各市（州）的社会组织座谈会现场，社会组织登记管理机关的工作人员，尤其是登记管理机关的负责人，对于参会的社会组织及负责人了如指掌，对其基本情况、活动领域、主要成绩、存在的主要问题、社会组织负责人为促进社会组织发展所做的努力等情况十分熟悉。对本地的所有社会组织发展情况基本烂熟于心。同时，部分市（州）的社会组织登记管理机关在人员紧缺的情况下，基本全部实地走访和调查了本地的社会组织。

TSS××区民管局 2016 年对社会团体、民办非企业和基金会进行随机选择，深入基层走访和调查社会组织 60 多家，掌握本市社会组织发展中的需求和困难。（引自 TSS2 访谈资料）

第五，严格把关社会组织的登记。尽管国家政策要求，针对四类社会组织进行直接登记，但是，直接登记不等于无条件登记。

JQS 在社会组织直接登记时，相关工作人员要与拟成立的社会组织负责人进行沟通与交流，了解其成立社会组织的目的和计划。2015年，我曾接待过一个拟成立社会组织的负责人，其各种材料均准备齐全，来民管局进行登记时，我与其进行了面谈。他提到，现在国家特别重视社会组织的发展，也鼓励社会组织参与社会治理，社会组织可以从政府部门进行购买服务，有利于社会组织获利，应该是一个比较好的赚钱途径。了解到他成立社会组织的目的不纯，我直接劝其放弃成立社会组织，并拒绝为其进行登记。直接登记虽然有利于社会组织的发展，但是作为社会组织"入门"的第一把关人，一定要严把"入门关"（引自 JQS1 访谈资料）。

（2）服务不足，诸多方面急需改进

第一，服务精力和服务能力有限。各市（州）社会组织登记管理机关均存在工作人员紧缺的问题，但每个市（州）的社会组织发展速度快，数量多，使得登记管理人员的工作任务重，工作难度大，服务精力有限，难以全面关注全市（州）所有社会组织的发展状况，尤其是面对数量众多的农村社会组织，更是心有余而力不足。

> 甘肃省××市社会组织登记管理机关就一个工作人员，近半年时间均在基层村子里开展扶贫工作，根本没法走访和调研本市的社会组织。即便是没有进行扶贫工作，也无法进行社会组织的调研，一旦深入基层开展调研，办公室就得关门，一个工作人员无法顾及所有社会组织，服务精力有限（引自 JYG1 访谈资料）。

大多数市（州）登记管理机关的工作人员都提到，自身的服务能力有限，县区虽设立了社会组织登记管理机构，但缺编制、缺人员的状况十分普遍，工作力量与承担的工作任务不相适应的矛盾非常突出。部分地市由于缺乏经费支持，对社会组织的年检和评估工作都进行了简化。绝大多数市州的社会组织登记管理机关的工作人员均是从其他部门抽调过来的，在 LNS 各县（区）民政局，社会组织登记管理没有独立的机构和部门，都是由社会事务科临时抽调工作人员，LNSWDQ 则是由民政局扶贫办副主任兼职，一人身兼多职，因此，都会存在业务能力有限的问题，针对社会组织的登记管理，需要一个学习和熟知的过程，面对众多的社会组织，其服务能力也有限，可能会存在对政策理解不透彻的情况。

第二，无法有效解决本地社会组织发展中存在的瓶颈问题。各市（州）的社会组织都存在经费短缺、人才匮乏的问题，尤其存在专职人员少，兼职人员多的情况，经费和人才不足影响社会组织的成长与发展。部分社会组织工作人员未经过专业训练，素质不高，从业人员中高学历的不多，具有专业素质及职业能力的人才少，甚至基本没有，造成在经费筹措、活动组织、宣传沟通、资源整合和内部管理等方面能力欠缺。绝大多数市（州）的社会组织登记管理机关，即社会组织管理局（科）均是新成立的部门，新部门身单力薄，且没有固定的经费，无法直接为社会组织发展提供资金，也无法直接为社会组织提供人才支持，无论资金还是人才，都需要其他政府部门的支持，如财政、人事部门等。

第三，对社会组织的宣传不到位、不全面。绝大多数市（州）依据本地的社会组织网或者民政部门的网站对社会组织进行宣传，但是宣传范围小，信息更新不及时，除酒泉市外，其他市（州）没有针对社会组织的专门期刊，酒泉市民管局主办的《酒泉社会组织》（双月刊）与酒泉市社会组织网相呼应，对社会组织开展的活动、社会组织的典型人物等进行宣传。

> 官方宣传对社会组织的发展有极其重要的作用，但是受多种因素的制约，社会组织管理机关对社会组织开展的重大活动缺少宣传（引自 JQS1 访谈资料）。

第四，认识性矛盾与法规性矛盾突出。社会组织登记管理机关的工作人员一般为公务员或者事业编制人员，在具体的工作中，公务员或者事业编人员对法律法规的认识与社会组织工作人员存在一定矛盾。

> 公务员或者事业编人员认为"法无授权不可为"，但是社会组织的工作人员认为"法无禁止皆可为"，这就导致在具体的业务办理和活动开展中，双方会存在较大认识性矛盾。同时，不同层面的法律法规也存在一定的矛盾。不仅仅是在社会组织管理中存在上位法与下位法的抵触，部门法与部门法的抵触，法律与规章制度的抵触，这种现象在其他社会管理领域均存在。（引自 JQS1 访谈资料）

2. 社会组织对登记管理机关的评价

（1）正面评价

第一，服务态度好。调研发现，社会组织对登记管理机关的工作普遍比较满意。社会组织负责人普遍认为登记管理机关在人员紧张和办公经费有限的情况下，积极想办法为社会组织发展提供各种便利条件。在当前全社会对社会组织的认识不高，社会组织自身发展也不理想，到别的部门办事较为困难的情况下，唯有登记管理机关能够认真、勤勉地为社会组织提供服务，不存在"门难进、脸难看、事难办"的现象。社会组织普遍把登记管理机关称作社会组织的"娘家人"，社会组织登记管理机关的工作人员是社会组织的知心人，这是对登记机关的最好评价。

第二，积极配合相关组织对社会组织的调查研究，积极推动社会组织的长足发展。近年来，随着社会组织的发展，政界与学界高度重视对社会组织的调查研究，不同级别、不同部门对社会组织的调研与考察，既有利于促进社会组织的发展，也有利于提高社会组织的影响力。

> TSS 民政部门的人员经常会陪同或者带领其他党政部门、科研院所的人员对任瑞福老年日间服务中心进行调研与考察，调研过程中不但为本中心的发展出谋划策、提供支持，同时，多方调研也扩大了本中心的社会影响力。（引自 TSS2 访谈资料）

（2）负面评价

第一，没有很好地为本市（州）的社会组织搭建沟通和交流的平台。调研中，许多社会组织（如天水市浙江商会、天水市心理咨询师协会、天水市和雨东社会矛盾化解工作室、平凉市孤残儿童救助协会等）均提及本市（州）的社会组织管理机关没有建立本市（州）的社会组织微信群或者QQ 群或者其他的沟通和交流平台，社会组织之间缺少交流与沟通，无法进行有效合作，许多社会组织的负责人虽然在同一个地方开展服务，但相互间不认识。

> ××市成立了社会工作协会，本市浙江商会的多项活动需要专业社工的支持，但是无法联系到社会工作协会的相关人员，有交流学习、开展合作的愿望，但是建立联系较为困难。希望由社会组织登记管理机关牵头或者指导帮助，建立社会组织信息交流平台，促进社会组织之间的互助与合作。（引自 TSS2 访谈资料）

第二，针对社会组织的业务培训和交流学习工作有待加强。社会组织种类多、服务领域广泛、工作人员来源复杂，各市（州）在日常工作中，针对社会组织能力建设和规范管理的基础性培训较少。市（州）层面上缺少对社会组织管理人员的培训，尤其是相关法律法规的培训。

希望社会组织能够参与政府的信息交流，如由社会组织登记管理机关牵头，举办本区域的《慈善法》解读等活动。期待社会组织登记管理机关定期举办针对社会组织能力提升的培训班，省级层面的培训比较多，但是基层社会组织经费有限、人员紧缺，赴省城参会成本较高，而各市（州）的培训较少，建议市（州）一级的社会组织登记管理机关举办诸如社会组织财务人员培训班、项目策划能力培训班等（引自WWS2访谈资料）。民管局应该多组织一些交流考察活动，尤其是赴东南沿海地区的学习考察活动，以此来拓宽社会组织负责人的视野，学习发达地区社会组织的先进经验。（引自QYS2访谈资料）

第三，已经建立的协调机制不尽完善。部分市（州）建立了多部门联合促进社会组织发展的协调机制，但是机制运行不顺畅，需进一步完善。

LZS建立的促进社会组织发展圆桌会议比较好，但是希望圆桌会议能够长效化，也希望针对社会组织在圆桌会议中所提的需求，能够建立有效、及时的回应机制。（引自LZS2访谈资料）

第三章　问题篇

　　问题是人类社会的一种客观存在，它产生于人们的社会实践活动，并在社会实践中进一步彰显。毛泽东主席曾讲过："什么叫问题？问题就是事物的矛盾。哪里有没有解决的矛盾，哪里就有问题。"社会组织作为一种古老而又崭新的事物，当它急速出现并不断壮大，且强力介入人们的社会生活空间，参与社会公共事务和公益事业，作用于社会建设和社会发展的时候，其自身会面临许多无法回避的问题，也会带来许多新生或次生问题。有问题不可怕，可怕的是无视问题或发现不了问题。爱因斯坦说得好："提出一个问题往往比解决一个问题更重要。"德国物理学家海森堡也强调："提出正确的问题，往往等于解决了问题的大半。"本章试图用挑剔的目光透视甘肃省各地社会组织发展中存在的主要问题，并竭力用"苦口药"般的语言陈述所发现的主要问题。

一　政府管理：力不从心

　　社会组织作为政府、企业之外的第三部门，随着我国改革开放的全面深化，经济社会发展的长足进步，以及构建社会主义和谐社会步伐的不断加快，其在我国社会、经济、政治、文化、教育、科技等各个领域发挥着日益重要的作用，特别在有效配置社会资源、协调社会关系、化解社会矛盾、服务社会发展、满足社会需求等方面发挥着尤为独特的作用。社会组织已经成为沟通党和政府与人民群众的桥梁和纽带，成为我国经济社会建设与发展中一支不可或缺的重要力量。2016 年 8 月 21 日，中共中央办公厅、国务院办公厅印发了《关于改革社会组织管理制度促进社会组织健康有序发展的意见》，首次提出"社会组织是中国社会主义现代化建设的重要力量"。

改革开放以来，特别是进入21世纪，党和政府对社会组织的发展给予了高度重视和大力支持。1989年9月25日，国务院印发了《社会团体登记管理条例》（2016年1月13日国务院第119次常务会议通过部分修改内容）和《民办非企业单位登记管理暂行条例》，2004年2月11日，国务院印发《基金会管理条例》，这些规范性文件的出台为社会组织建设与发展提供了良好的制度保障。在制度保障的基础上，党和政府加大人力、财力和物力的支持，我国社会组织数量不断增加，规模不断扩大，可谓是雨后春笋、突飞猛进，有学者称其为"爆发式增长"①。截至2016年第四季度末，全国依法登记的社会组织达69.95万个，其中社会团体33.5万个，社会服务机构（民非）35.9万个，基金会5523个。② 同时，初步建立起以登记管理机关、业务主管单位为主，相关部门分工负责、共同配合的综合管理体制。2012年党的十八大明确提出要"加快形成政社分开、权责明确、依法自治的现代社会组织体制"，"引导社会组织健康有序发展"的要求。2013年2月党的十八届二中全会提出要"改革社会组织管理体制"。2013年11月党的十八届三中全会提出要"激发社会组织的活力"。2014年10月党的十八届四中全会提出要"加强社会组织立法，规范和引导各类社会组织健康发展"。2015年10月党的十八届五中全会提出"建设平安中国，完善党委领导、政府主导、社会协同、公众参与、法治保障的社会治理体制，推进社会治理精细化，构建全民共建共享的社会治理格局"。2016年，中共中央办公厅、国务院办公厅印发了《关于改革社会组织管理制度促进社会组织健康有序发展的意见》，进一步深入贯彻党的十八大和十八届二中、三中、四中、五中全会精神，切实加强社会组织建设，激发社会组织活力。由此可见，党和政府高度重视社会组织建设与发展，并把其作为治国理政的重要内容进行深入研究、科学论述、精准定位和周密部

---

① 崔玉开：《"枢纽型"社会组织：背景、概念与意义》，《甘肃理论学刊》2010年第5期，第76页。

② 2016年第四季度全国社会服务统计数据，来源于中华人民共和国民政部网站。

署，而且提出了支持社会组织建设与发展的指导思想、具体意见和措施。

2016 年，我们通过对甘肃省 14 个市（州）近半年的调查研究发现，甘肃省社会组织与全国社会组织呈现出基本一致的发展态势。进入 21 世纪后，特别是 2006 年以来，社会组织注册登记的数量与日俱增，社会组织总量成倍扩大，社会各界对社会组织的认知程度逐渐加强。特别是甘肃省委、省政府及其社会组织管理职能部门根据国家发展社会组织的宏观政策，及时出台了一系列配套政策，提出了更为具体的实施办法。如《甘肃省农民专业合作经济组织建设实施方案》（2008 年）、《甘肃省加强社会组织执法监察工作意见》（2010 年）、《政府购买社会工作服务实施办法（试行）》（2013 年）、《甘肃省人民政府办公厅关于政府向社会力量购买服务的实施意见》（2014 年）、《关于确定具备承接政府职能转移和购买服务资质的社会组织目录的指导意见》（2014 年）、《甘肃省四类社会组织直接登记管理暂行办法》（2015 年）、《关于动员和鼓励社会各方面力量参与扶贫开发的实施意见》（2015 年）、《关于加强全省社会组织党的建设工作的实施意见（试行）》（2016 年）、《甘肃省行业协会商会与行政机关脱钩实施方案》（2016 年）、《省级福利彩票公益金支持社会组织参与社会服务项目实施方案》（2016 年）等。同时，甘肃省民政厅本着“培育与监管相结合”的原则，通过开展各类培训和参观学习活动加强社会组织及其人员的能力建设，通过实施政府购买服务项目给社会组织提供公共服务的机会和持续发展的资金，通过年检、评估和执法监察促进社会组织规范、健康、有序发展。可以说，甘肃省级政府不论在政策导向、职业指导上，还是在项目设计、经费资助上，以及在党建引领、规范管理上，为甘肃省社会组织的培育和发展给予了比较大的支持。但是，通过认真调研，我们发现市（州）、县（区）级政府及相关职能部门对社会组织的培育发展、监督管理存在与中央政府和省级政府要求不完全一致的现象，或者对上级政府的政策规定执行不力的情形，具体体现在如下方面。

（一）对社会组织的认识不足、重视不够

随着社会组织数量的日益增加、活动范围的逐步扩大、服务质量的不断提高、自身影响力的持续上升，社会组织一步一步地走进经济欠发达地

区人们的视野，深入到陇原大地人们的现实生活，成为社会"三足鼎"结构中的重要方面，并对区域经济、政治、文化、社会等方方面面的发展发挥着其力所能及的作用。然而，在政府部门及其工作人员中还存在对社会组织的重要性认识不足、重视不够的现象，主要表现有以下几个方面。

一是一些地方和部门对社会组织的地位、作用的理解存在偏差，对新形势下社会组织发展的意义、趋势认识不到位，个别地方的个别干部还存有"社会组织对抗政府"的忧虑，甚至在内心隐藏着限制社会组织发展的想法。

二是对中央政府和省级政府提出的支持社会组织发展的战略决策学习不深入、领会不透彻，对上级部门出台的相关政策落实迟缓、贯彻不力，甚至存在观望思想和推卸态度。

三是结合地方实际自主出台的关于社会组织管理方面的政策少之又少，甚至没有，"等、靠、要"思想明显。

四是政府领导或者分管民政工作的政府领导很少赴本地社会组织专门进行调查研究、掌握发展现状，也很少组织相关部门的人员赴社会组织发达的省份考察学习，提高对社会组织的认识和管理水平。

五是政府常务会议的议题中很少有（甚至没有）涉及社会组织发展方面的专项内容，说明没有把社会组织发展真正纳入经济社会发展的总体布局，没有把社会组织培育发展工作纳入议事日程。

六是政府所属的相关职能部门（如财政、税务、民政、社会保障等）没有建立起共同管理、支持社会组织发展的协作机制，依然存在部门本位、意见分歧、相互掣肘、社会组织办事难的现象。

七是民政部门是社会组织登记管理的职能部门，他们对国家相关政策理解得比较透彻，与社会组织间建立起了比较好的关系，但他们对社会组织的管理和支持心有余而力不足。因此，许多有利于促进社会组织发展的政策的落实都受制于其他部门的制约。另外，其自身的发展也困难重重、步履维艰。例如，在社会组织管理机构的设置上，第一，名称不同、级别不一。有的地方是科级建制，称为"民间组织管理科"；有的是处级建制，称为"民间组织管理局"。不管是科级还是处级，无论叫什么名称，其实岗位职能基本一致，但对工作的开展势必会造成主客观方面的影响。第二，名称的变更比较迟缓，与上级部门的发展步伐不协调，民政部和省民政厅都已经将"民间组织管理局"更名为"社会组织管理局",但在市县级层面还沿用以前的称谓。在人员配备上,14个市(州)民间组织管理局(科)基本上都只有2人(有的只有一名科长或局长,从其他部门借调一名工作人员),县级社会组织管理机关的人员配备就可想而知。目前每一个市(州)的社会组织保有量都在2000家左右,1∶1000的比例,其工作量的多少、工作效率的优劣和工作满意度的高低不言而喻。一名社会组织干部(GYG1)谈到此话题时说:"民管局编制少、经费缺乏,对社会组织的指导、监督功能发挥不太理想。目前,只有一个科长,还被派遣到村上担任第一书记。"在经费预算上,民间组织管理局(科)大多数没有专项工作经费,只有日常运行费用(日常运行费用绝大多数地方被纳入民政局的整体预算之中),有的地方的日常运行经费也是捉襟见肘,工作条件难以满足工作需要。

八是政府购买服务项目凤毛麟角。通过调查发现,甘肃省各地社会组织承担的政府购买项目主要是中央财政购买项目,市(州)层面政府购买项目严重匮乏,甚至许多地方还没有购买过。这种情况虽然受地方财政收入限制较大,但与领导者的观念、简政放权力度、激发社会组织活力的认识不无关系。

九是没有给社会组织及其工作人员搭建起良好的发展平台。首先是没有科学设置社会工作岗位,也没严格地落实相关政策(2014年11月,甘肃省人社厅、民政厅联合印发《甘肃省民政事业单位社会工作岗位设置管理实施意见(试行)》,提出了"目的与原则、基本职责与设置范围、岗位名称与等级、聘用和晋升条件、岗位管理要求"五个方面的内容,但制度本身存在一定的问题,如从设置范围来看,它只包含了民政事业单位,范围太窄。所以,政策的出台没有引起社会的过多关注,也没有给社会组织人才队伍建设带来实实在在的好处)。目前,社会组织急需高水平的专业人才却难以引进,全国有300多所高校培养社会工作本科生,104所高校培养专业社会工作硕士研究生,每年有2万多名专业社会工作人才毕业。甘肃省目前有6所普通本科院校设有社会工作本科专业,4所院校具有社会工作专业硕士授予权,每年约300名毕业生。但是,他们却就业无门。主要原因是政府没有设置正规的、充足的工作岗位,没有出台应有的薪酬机制和社会保障政策。其次是社会组织间缺乏有效交流的渠道。各地的社会组织发展如雨后春笋，已经具有相当规模，但是区域内社会组织形如散沙，社会组织间合作网络和机制没有形成，各自处于单兵作战、散兵游勇的状态，社会组织间很少交流，甚至相互间不知晓、不来往，有些社会组织的负责人因我们在调研期间组织座谈会才相互认识。再次是政府与社会组织间缺少良好的交流与合作基础。一方面政府还没有建立起较为健全的问政于民、问计于民的长效机制，也很少把事关广大群众的民生问题或者政策通过公开渠道向社会广泛征求意见。另一方面社会组织中的党代表、人大代表、政协委员的比例很低甚至没有，参政议政的代表性程度不高、作用发挥有限。最后，政府没有向社会组织赋予类似于一些国际社会组织所具有的联合国咨商地位。①

（二）社会组织法治建设相对滞后

社会组织是我国社会建设的重要组成部分，也是社会建设和社会治理的重要主体。在"建设中国特色社会主义法治体系，建设社会主义法治国家"② 的国家战略和宏伟目标的大背景下，社会组织大有所为且不可或缺，但是社

---

① 联合国咨商地位根据联合国经社理事会有关决议，授予非政府组织的咨商地位有三种不同情况："全面咨商地位""特别咨商地位""名册咨商地位"。"咨商地位"的不同种类决定该非政府组织可参与的联合国活动的领域范围。一般情况下，都授予"特别咨商地位"。按照联合国的有关规定，获"咨商地位"的非政府组织在履行定期向联合国非政府组织委员会提交工作报告义务的同时，享有一系列参与联合国及其下属委员会的活动的权利，例如：有权派代表以观察员身份列席经社理事会及其下属有关委员会的公开会议和联合国其他会议，有权根据各类联合国会议议事规则参加会议并发言，有权按规定通过联合国有关会议秘书处在联合国会议会场散发书面材料，或租用联合国设施举行吹风会、记者会和图片展览等活动。联合国经社理事会"咨商地位"是一个非政府组织得到国际承认的重要标志。联合国通过其经社理事会以授予联合国经社理事会"咨商地位"的方式，承认国际上的重要的非政府组织，同各类非政府组织建立工作关系，并发挥这些组织在国际事务中的作用。目前国际上有2816个非政府组织获得该地位。其中，我国（大陆）有20个组织已获得联合国经社理事会"咨商地位"（18个组织为特别咨商地位）。
② 《中共中央关于全面推进依法治国若干重大问题的决定》提出，全面推进依法治国，总目标是建设中国特色社会主义法治体系，建设社会主义法治国家。这就是，在中国共产党领导下，坚持中国特色社会主义制度，贯彻中国特色社会主义法治理论，形成完备的法律规范体系、高效的法治实施体系、严密的法治监督体系、有力的法治保障体系，形成完善的党内法规体系，坚持依法治国、依法执政、依法行政共同推进，坚持法治国家、法治政府、法治社会一体建设，实现科学立法、严格执法、公正司法、全民守法，促进国家治理体系和治理能力现代化。

会组织如何依法参与实施社会治理和社会建设？有学者指出："与我国经济社会发展需要和社会组织发展趋势相比，当前的社会组织法制建设相对滞后，还存在相当多的困境。"①

1. 社会组织法律缺失、行政法规陈旧、地方规章匮乏

法律是规范人们行为、维护社会秩序的重要手段，俗话说，"没有规矩，不成方圆"。德国哲学家、社会学家哈贝马斯曾说过："立法是社会整合之首要场所。"② 我国社会组织正处于发展的快车道，为了保障其在正确轨道上健康有序发展，科学完善的社会组织法律法规的建立至关重要，也迫在眉睫。

在社会组织法律制度建设上，我国最大的问题是尚未出台《社会组织法》，虽然这是国家层面的立法问题，但是它直接影响着地方层面的立法和社会组织的健康发展。值得期待的是，2014 年 10 月 23 日，中国共产党第十八届中央委员会第四次全体会议通过的《中共中央关于全面推进依法治国若干重大问题的决定》中明确提出："依法加强和规范公共服务，完善教育、就业、收入分配、社会保障、医疗卫生、食品安全、扶贫、慈善、社会救助和妇女儿童、老年人、残疾人合法权益保护等方面的法律法规。加强社会组织立法，规范和引导各类社会组织健康发展。"可喜可贺的是，中华人民共和国第十二届全国人民代表大会第四次会议于 2016 年 3 月 16 日通过，并印发了《中华人民共和国慈善法》，且自 2016 年 9 月 1 日起施行。依据该法，慈善组织是指依法成立、符合该法规定，以面向社会公众开展慈善活动为宗旨的非营利性组织。慈善组织可采取基金会、社会团体、社会服务机构等组织形式。毫无疑问，《慈善法》的出台对我国《社会组织法》的立法进程具有积极的推动作用。全国政协委员、清华大学公共管理学院副院长王名在接受央广网记者采访时说道："它将整个把中国的公益慈善事业和社会治理推向新的一个时代，我把它称为里程碑"，"慈善法正式颁布以后，会为整个公益慈善事业的发展在全面深化改革，建构整个社会认知方面提供一个空间。更关注的是政策方面、改革方面和

① 柴振国、赵新潮：《社会治理视角下的社会组织法制建设》，《河北法学》2015 年第 4 期，第 33 页。
② 〔德〕哈贝马斯：《在事实与规范之间：关于法律和民主法治国的商谈理论》，童世骏译，生活·读书·新知三联书店 2003 年版，第 39 页。

立法方面的推进，所以我这次有个提案叫‘《慈善法》后的社会组织法’，加快推进社会组织法，进入这个全国人大的立法，我觉得还是非常乐观的。"①

目前，各地管理社会组织所依据的办法主要是国务院颁布的行政法规和民政部出台的部门规章。国务院在 20 世纪 90 年代后期开始先后颁布了《社会团体登记管理条例》（1998 年）、《民办非企业单位登记管理暂行条例》（1998 年）和《基金会管理条例》（2004 年）等 3 个行政法规。民政部在 21 世纪以来出台了《取缔非法民间组织暂行办法》（2000 年）、《基金会名称管理规定》（2004 年）、《民办非企业单位年度检查办法》（2005 年）、《基金会年度检查办法》（2005 年）、《基金会信息公布办法》（2005 年）、《社会组织评估管理办法》（2010 年）、《社会组织登记管理机关行政处罚程序规定》（2012 年）、《慈善组织认定办法》（2016 年）、《慈善组织公开募捐管理办法》（2016 年）等部门规章。客观地讲，这些法规对规范管理社会组织发挥了积极的作用，但法规本身存在的问题也受到了理论界和实务界的诟病。有学者指出社会组织立法上存在的问题比较多，如立法指导思想的偏差（我国现行社会组织立法多为 20 世纪 90 年代中后期制定，其出发点以及管理目标是建立在严格管理、限制发展的思路之上的，这种"管控型"或者说"父爱型"的立法思想，表现为：重管理轻权利、重审批轻监督、重行政手段轻经济制约）、立法层级偏低（目前我国还没有社会组织的专门法律，对社会组织的性质、职能、权利义务等缺乏严格的界定，调整社会组织的法律规范主要是行政法规和一些单行地方性法规、部门规章）、立法内容存在的问题（在内容上现行立法存在的问题主要表现在：以登记管理的程序性规定为主，缺乏实体性规范；监督管理的规定多，培育扶持的内容少；对社会组织能力建设和发挥作用缺乏有效的引导和必要保障）。② 在立法内容上，"三个条例均属登记管理条例，重心在于规范社会组织的登记行为，对于社会组织的政策支持、组织机构、活动规则、财务制度等核心内容几乎没有涉及，这就导致在执法过程中缺乏具体

---

① 詠雯：《2016 年慈善法出台有何意义？》，http：//www.cnrencai.com/zengche/335733.html，2016.3.17.

② 柴振国、赵新潮：《社会治理视角下的社会组织法制建设》，《河北法学》2015 年第 4 期，第 33 页。

依据或难以操作，在现有法规中，法规之间的相互冲突现象也比较突出。如《民办教育法》与《民办非企业单位登记管理暂行规定》存在许多冲突的内容，严重制约了社会组织的发展。"① 另外，有学者还指出："按照现行法规规定，一方面使得大量既没有向民政部门登记，也没有挂靠在任何单位或合法登记团体名义之下的社会组织长期处于非法状态，存留下管理的盲区及可能由此产生的诸多隐患；另一方面，导致那些即便登记注册的社会组织，也有可能因为违反法律、法规的规定而开展活动法律依据不足，合法性难以保证。"②

在对甘肃省各市（州）的调研中，我们几乎没有发现关于社会组织的地方性法律法规。通过浏览各市（州）民政局网站的主要内容，就可以判断地方性法律法规以及支持社会组织发展的政策极其有限，且体系性不强。14 个市（州）民政局的官网中，6 个市（州）的无法登录浏览，2 个市（州）可以登录但无相关内容③，6 个市有相关内容，其中兰州市出台了《兰州市经常性社会捐助管理暂行办法》（2002 年）、《关于大力推进我市社会福利社会化工作的意见》（2011 年）、《关于加强社会工作人才队伍建设的意见》（2016 年）、《兰州市社会工作骨干人才队伍选拔管理办法》（2016 年）；嘉峪关市出台了《社会组织评估实施方案》（2011年）、《加强社会组织执法监察工作的意见》（2012 年）、《加快发展养老服务业的实施意见》（2015 年）；白银市出台了《关于政府向社会力量购买服务的实施意见》（2014 年）、《社会福利机构消防安全管理规定》（2016年）；张掖市出台了《关于加强全市社会工作人才队伍建设的实施意见》（2016 年）、《关于推进城市社区治理工作的实施方案》（2016 年）；平凉市出台了《加快发展养老服务业实施方案》（2014）、《鼓励民间资本参与养老服务业发展的扶持政策》（2016）、《关于推进城市社区治理工作的实施方案》（2016）、《关于推进农村社区建设试点工作的实施方案》（2016）。

---

① 王义：《对农村社会组织成长问题之思考》，《中共山西省直机关党校学报》2010 年第 2 期，第 37 页。

② 程芳：《我国社会组织发展面临的主要问题及其对策》，《陕西社会主义学院学报》2016 年第 1 期，第 7 页。

③ 上述 8 个市（州）也许有相关内容，只是没有链接在网上。

上述 5 个市出台的文件基本上属于地方性规章，文件的制定印发时间绝大多数发布于 2014 年、2015 年和 2016 年，说明地方政府对促进社会组织发展的政策支持刚刚起步，而且在这些举措中大多没有提出明确而具体的支持政策。不过，我们在平凉市的调研中发现了些许希望，平凉市民间组织管理局草拟了《关于加强和创新社会组织建设与管理的意见》，目前正等待相关会议通过。

2. 对国家现有法规的执行不力，法规的既有效力大打折扣

我国对社会组织的管理及社会组织内部治理的主要依据是国务院印发的三个条例。三个条例虽然存在一些问题，但毕竟还是目前级别最高、最具权威、各方面相对认同、对社会组织的规范与发展起着积极作用的行政规章。其中，1998 年印发的《社会团体登记管理条例》，2016 年 2 月 6 日修订，并以国务院令第 666 号发布。然而，从调研中我们发现，在法规执行方面存在以下主要问题：一是对国家的法规宣传不及时，在一定程度上影响了法规的知晓率、导向性和落实效果。例如《社会团体登记管理条例》已经发布了修订版，但是从市（州）网站上链接的内容仍然是旧版本，许多人不知道修订版的相关内容。二是对三个条例的执行不到位，在很大程度上影响了法规的权威性、严肃性和规范化作用。例如，在《社会团体登记管理条例》的"成立登记"章节中，明确规定："社会团体的法定代表人，不得同时担任其他社会团体的法定代表人。"但是，在调研中我们发现存在"一套人马、两（多）块牌子"的现象。也就是说，有的社会团体的法定代表人，同时担任了其他社会团体的法定代表人，甚至存在交差担任的情况。在《社会团体登记管理条例》的"成立登记"章节中，明确规定：成立社会团体，应当"有固定的住所"。但是，在调研中我们发现有的社会组织没有固定的住所。说明这些社会组织在申请登记时弄虚作假，欺骗了登记管理机关。同时也反映出登记管理机关把关不严，有放任自流的情形。在《社会团体登记管理条例》的"监督管理"章节中，明确规定了登记管理机关和业务主管单位的监督职能，但在实践中执行不力。例如，要求登记管理机关"对社会团体实施年度检查"，但由于各地民间组织管理局（科）人员少、社会组织多的缘故，致使年度检查工作不全面、不深入，有蜻蜓点水之嫌。要求业务主管单位"负责社会团体年度

检查的初审"，其实许多业务主管单位根本没有履行此职能，或者只是应付差事，在相关材料上不负责任地签字以示履职。在《社会团体登记管理条例》的"罚则"章节中，明确规定："社会团体在申请登记时弄虚作假，骗取登记的，或者自取得《社会团体法人登记证书》之日起 1 年未开展活动的，由登记管理机关予以撤销登记。"事实上，各地登记管理机关履职不理想。因为从各地的官网上难以发现有此方面的内容来展示其执法结果。①

3. 运用法治思维、法治方式监管、引导社会组织健康发展的程度较低

2012 年，党的十八大报告首次提出，要"提高领导干部运用法治思维和法治方式深化改革、推动发展、化解矛盾、维护稳定的能力"。党的十八届四中全会决议对此思想做了系统化的阐释，并明确提出运用法治思维和法治方式的前提是党员干部要做好学法、懂法、守法、用法的表率。通过调研得知，地方社会组织登记管理机关和业务主管单位运用法治思维、法治方式监管、引导社会组织健康发展的程度较低。一是对社会组织相关法规和管理政策的学习不全面、不深入，甚至有些干部根本不了解相关规定或者对管理规定一知半解。二是在处理相关问题时我行我素、没有法治理念、无视法律规则，甚至滥用权力、粗暴执法。三是对社会组织发展的外部环境分析、研判迟钝。例如，伴随经济全球化进程，国外社会组织进入我国并和国内社会组织开展国际合作已成为一种新常态，我国社会组织与境外社会组织交流与合作中存在许多新情况新问题，如何以法治思维和法治方式加强涉外社会组织法治化建设和管理，引导社会组织健康、规范、有序发展已成为必须面对的重要课题。虽然甘肃省地处西部，属于欠发达省份，但省内社会组织与境外组织交流与合作的频次不可谓不少，但相关部门对此方面的监管难以达到全面、深入和细致的要求。

（三）对社会组织的培育扶持力度不够

进入 21 世纪，甘肃省社会组织在数量和规模上，可以说发生了巨大变化，各类社会组织如雨后春笋般地在陇原大地诞生。"据统计，甘肃省现

---

① 甘肃省社会组织网首页中设置了"行政许可公告""年检结果公告""评估结果公告""查处结果公告"等内容，而且，不间断地连续滚动，全面展示监督管理结果。

有社会组织2万多家，从业人员20多万，已成为全省经济社会发展的一支重要力量"。① 尽管社会组织数量发展非常迅速且达到了一定的规模，但比较而言，甘肃省社会组织发展的数量和质量均不理想，其中一个比较重要的因素是政府对社会组织的培育扶持力度不够。

1. 甘肃省社会组织的数量还不能满足社会建设和社会治理的需要

从甘肃省民政厅社会组织管理局获得的数据得知（见表3-1），截至2016年12月，甘肃省各类社会组织总数为27714家。"据统计，甘肃省2016年末常住人口为2609.95万人。"② 按照以上数据计算，2016年甘肃省每万人所拥有的社会组织为10.62个。显然，这个比例不符合实际。因为，甘肃省的社会组织中包含大量的涉农类社会组织。涉农类社会组织是我国特定时期的产物，它的产生无疑有助于经济社会的发展，特别是能够促进农村经济发展，有利于扶贫脱贫国家攻坚任务的完成，有利于确保甘肃省与全国同步进入全面小康社会。然而，甘肃省各市（州）涉农类社会组织的性质、产生方式、管理制度等不尽相同，涉农类社会组织的发展水平参差不齐，而且大多数有名无实，没有发挥应有的作用。如果不包括涉农类社会组织，2016年甘肃省每万人所拥有的社会组织为4.56个。国际上，万人拥有社会组织的数量已成为衡量社会文明程度的一个指标。这个比例虽然与我国的平均水平接近（我国2016年人口总数为138271万人，共有699523个社会组织，每万人5.06个），与东南沿海地区省份的发展水平相比较也不算太差。③ 但问题的关键是，如果去除15809个涉农类社会组织后，剩余的11905个社会组织中，仍然有许多还不达标的社会组织，

---

① 靳生喜：《我省着力推进社会组织"两个覆盖"》，《甘肃日报》2016年10月6日。
② 张磊磊：《2016年甘肃省人口变动数据：兰州常住人口达370.55万人》，《兰州晚报》2017年2月18日。
③ 据2014年2月19日《南方日报》报道，国际上，万人社会组织的数量已成为衡量社会文明程度的一个指标。在万人社会组织数量方面，深圳4.2个虽然高于全国平均值的3.3个，但仍然低于国内的上海（7个）、青岛（6.5个）等城市，与世界发达国家每万人拥有社会组织数一般超过50个的标准，差距更大。《财经》杂志总编辑王波明表示，数据表明，日本2008年每一万人就拥有97个社会组织，美国是63个，中国香港是28个，就连新加坡也有13个。他认为，中国万人社会组织数偏少，最主要的原因还是政府未转变职能，没有充分放权给社会，放权给市场。2015年7月2日中新网宁波电，宁波每万人拥有法人社会组织数量达到7.6个，高于全国每万人3.7个的平均水平。2014年3月16日新华网北京频道，2014年北京万人拥有登记备案社会组织11.1个。

这些社会组织与东南沿海地区省份的同类社会组织相比仍然有较大的差距。另外，这个比例与 2016 年 6 月 13 日甘肃省民政厅印发的《甘肃省开展"三社联动"试点方案》的通知也不相符合。① 所以，甘肃省每万人拥有社会组织的数量，充其量只是一种含金量不高的数字。广州市的社会组织发展水平相对较高，但是，2016 年 12 月 24 日，广州市民政局印发的《广州市社会组织发展第十三个五年规划（2016—2020 年）》中提出："到 2020 年，广州将实现平均每万人拥有社会组织数 8 个。"② 2016 年 6 月 24 日，民政部、国家发展和改革委员会联合印发的《民政事业发展第十三个五年规划》中提出："到 2020 年每万人拥有社会组织数达到 6.5 个。" 2017 年 2 月 14 日，上海市民政局、上海市社会团体管理局联合印发的《上海社会组织发展"十三五"规划》中提出："到 2020 年每万人拥有社会组织数达到 11 个。"③

可见，甘肃省真正意义上的社会组织数量偏少。出现此种情况的原因，一方面与甘肃省的经济发展水平直接相关；另一方面与甘肃省各级政府对社会组织的培育扶持力度密切相连。从目前已经登记注册的社会组织来分析，很大一部分是"政社交融"的产物，可以说是政府直接孕育的结果，但此类社会组织的"自主性"极其有限，与名副其实的社会组织还有一定的差距。近年来登记注册的绝大多数社会组织都是在其他社会组织的影响下、在自愿自发的基础上，按照三个条例的相关规定注册成立的。在成立时登记管理机关和业务主管单位只是被动地履行了其管理职能，或者是很正常地行使了其管理权力，对社会组织的发展数量持无所谓态度。这种管理态度，在现实中有意无意地给许多有志成立社会组织的人传递了一种政府不支持社会组织发展的错误信号，减弱了他们成立社会组织的热情。当然在管理实践中，也存在一种更为消极的、不利于社会组织发展的管理现象。即，在管理队伍中偶尔会出现少数无端地或有意地挑刺、难为或限制社会组织成立的行为。这种消极行为虽然是极个别的、偶发的，但它的破坏性却是强大的、持久的。一方面会严重影响政府为政为民的公信

---

① 《方案》提出："力争到 2020 年每万人拥有各类社会组织 10 家。"
② 黄艳：《广州社会组织发展目标：平均每万人拥有 8 个社会组织》，《信息时报》2016 年 12 月 30 日。
③ 数据来源：http://stj.sh.gov.cn/node2/node3/n5/n53/u8ai12701.html。

力和外部形象；另一方面会严重阻碍社会组织正常的登记注册进程，甚至导致许多社会组织不愿意办理登记注册手续，从而沦为体制外的"非法社会组织"。久而久之，对甘肃省社会组织数量和规模的健康有序发展构成了一定程度的影响和限制。

表3-1　甘肃省社会组织统计（数据截至2016年12月）①

市（州）	人口总数（万人）	社会组织总数（个）	社会团体（个）	民办非企业（个）	基金会（个）	涉农社会组织（个）	每万人拥有组织数（个）
省级		1014	614	340	60		
兰州市	370.55	2874+43	1579+11	1295+32	0	765	7.87/5.81
嘉峪关市	24.59	285	118	167	0	18	11.59/10.86
金昌市	46.98	559	418	141	0	134	11.9/9.05
白银市	171.64	1274	984	290	0	712	7.42/3.27
天水市	332.3	3773	3100	670	3	2555	11.35/3.67
武威市	181.98	2302	1968	334	0	1720	12.65/3.2
张掖市	122.42	2399	2163	235	1	1117	19.6/10.47
平凉市	210.31	1496	1341	155	0	1033	7.11/2.2
酒泉市	111.94	1277	962	307	8	585	11.41/6.18
庆阳市	224.19	1838	1510	327	1	992	8.2/3.77
定西市	278.98	2724	2311	409	4	1797	9.76/3.32
陇南市	260.41	3281	2956	325	0	2523	12.6/2.91
临夏州	202.64	1793	1532	261	0	1323	8.85/2.32
甘南州	71.02	767	754	13	0	535	10.8/3.27
甘肃矿区		15	14	1	0	0	
合计	2609.95	27714	22335	5302	77	15809	10.62/4.56

　　数据来源：甘肃省民政厅社会组织管理局（表中"每万人拥有组织数"中加粗的数字为去掉涉农社会组织数后的比例）。

2. 甘肃省社会组织的质量尚未达到承担社会建设和社会治理的要求

　　从社会组织的发展趋势来看，甘肃省社会组织正处于快速的量变过

---

① 数据来源：http://gs.people.com.cn/n2/2017/0220/c183283-29737073.html。

程，在这个发展过程中人们对社会组织数量的关注度远胜于质量的提升。然而，在社会组织数量还不能满足社会建设和社会治理需要的关键时刻，社会组织质量问题日益凸显，而且在很大程度上又反作用于社会组织数量的增加、社会组织公共服务的水平和公众对社会组织的认同。质量问题集中表现在如下方面：一是基础条件差。筹集经费的能力低下，活动资金捉襟见肘；办公场所紧张，有时会出现居无定所的现象；章程的科学性不强，且存在不照章办事的情况。二是内部治理能力弱。社会组织的内部治理问题有专篇论述，这里不再赘述。三是工作绩效低。服务行业和会员、服务政府和社会的活动少，且不系统、不深入、不稳定；行业自律不强、权益维护不力、社会宣传不到位；四是社会评价不高。社会组织内部成员的满意度不高，登记管理机关、业务主管单位和政府有关部门对社会组织的满意度不高。

虽然质量问题产生的原因是多方面的，但就政府部门的外部推力来讲，以下方面不容忽视。

（1）政府部门服务社会组织发展的意识不强，只注重社会组织成立时的程序性审核，忽视成立前和成立后的管理服务。例如，成立前的宣传、鼓励、孵化、指导等前置性服务几乎没有。在各市（州）调研时，我们没有发现一家社会组织孵化机构（或枢纽型的社会组织），没有一个市（州）为社会组织提供协作交流的活动中心（场地），也没有听说一家登记管理机关和业务主管单位深入基层、积极宣传、主动上门、细心指导、耐心帮助将要成立的社会组织完善条件、备齐材料、有序登记、顺利注册。成立后的经费支持、人员培训、能力提升、组织培育、党的建设、执法检查等后续管理职能的发挥也非常不到位、不理想。

（2）政府扶持社会组织发展的工作体制不健全。主要问题有：①许多地方没有把发展社会组织工作纳入政府的重要议事日程，政府领导没有把社会组织的培育、发展作为其工作的重要内容，有些领导甚至不知道社会组织、社会工作是何物。②与社会组织发展相关的政府职能部门之间协调运作机制缺失，没有建立起共同管理、推进社会组织健康发展的制度措施，没有形成促进社会组织发展的整体合力，有时还会出现不同部门对同一政策的不同理解和执行上的相左，甚至会出现相互推诿扯皮，给社会组织传递出一种负面的信息，以及对政府管理产生一种悲观失望的情绪。

③政府职能转移还不到位，社会组织缺乏磨炼能力与品质的"练兵场"，参与社会建设与治理的职能发挥受限。其中，最为关键的问题是政府购买服务制度尚未完全建立起来，而且落实不到位，许多市（州）根本没有开展政府购买服务活动，绝大多数社会组织从来没有承担过政府购买服务项目。

（3）社会组织参政议政的渠道不畅通，制约着社会组织参与社会治理的广度、深度和效度，也影响了社会组织的健康成长，以及它的社会声誉和影响力。

（4）政府扶持社会组织发展的政策制度体系不完善。具体表现为：①实体性法律法规不健全，社会组织的合法权益得不到很好保障。当然，这个问题主要受国家宏观环境的限制，许多地方也不愿意尝试创新。②符合当地实际且有利于社会组织发展的个性化的、倾斜性政策缺乏。

（5）扶持社会组织发展的资源支持系统也非常薄弱，特别是没有建立起稳定的公共财政专项投入保障机制，社会组织发展资金极其困难，也严重影响了社会组织的能力建设。于是，就出现了许多有数量无质量、有机构无能力，甚至有名无实的"僵尸型"社会组织。

我们承认，没有社会组织的一定数量和规模，就谈不上社会组织的质量，但是，如果没有公众满意的社会组织的质量，社会组织数量会顿然失色、毫无意义。因此，全省各地既要追求社会组织发展的"甘肃速度"，更应打造社会发展的"甘肃质量"。

3. 甘肃省社会组织发展呈现不平衡状态，各地社会组织发展水平参差不齐

由表3-1得知，甘肃省社会组织发展呈现出一种很不平衡的状态，具体表现在如下四个方面。

一是社会组织类型发展不平衡。目前，全省27714家社会组织中社会团体有22335个，占社会组织总数的80.59%，民办非企业单位5302个，占社会组织总数的19.13%，基金会77个，占社会组织总数的0.28%。甘肃省的现状与全国相比既有相同之处，也有特殊之别。相同的是基金会占比很低，而且甘肃省大多数市（州）还没有一个基金会，基金会数量的不足会直接限制和影响社会捐赠的比例和数量，从而窄化了社会组织资金来

源的渠道。比较特殊的问题是甘肃省的民办非企业单位与社会团体的发展相比差距很大，即全省的社会团体占比高，民办非企业单位发展堪忧，这说明事业单位、社会团体和其他社会力量以及公民个人利用非国有资产举办社会组织的积极性不高，民间资本进入社会事业领域成效比较差。

二是社会组织在区域分布上不平衡。以每万人所拥有的社会组织数来衡量，经济发展水平比较好的河西地区社会组织登记注册数量明显高于省内其他地方，特别是嘉峪关市、张掖市、金昌市、酒泉市 4 个市每万人所拥有的社会组织数（除涉农社会组织外）远远超过了甘肃省平均水平。平凉市、陇南市、临夏州 3 个市（州）每万人所拥有的社会组织数均低于 3个，尚处于一个低水平的发展状态，其余 6 个市（州）每万人所拥有的社会组织数介于 3~4 个之间，也就是说甘肃省近一半的市（州）每万人所拥有的社会组织数低于全省平均水平。兰州市作为甘肃省省会城市，其每万人所拥有的社会组织数也只有 5.81 个。

三是社会组织服务领域不平衡。社会组织服务领域不但在社会团体、民办非企业单位和基金会三大组织中发展不平衡，而且在每一种组织中发展也极其不平衡。这既是甘肃省的弊端，更是全国的通病。根据 2015 年民政部关于社会组织的统计数据，社会服务类的社会团体和民办非企业单位分别有 4.8 万个、4.9 万个，分别约占各类总数的13.6% 和 14.7%，比例相对较少。在民办非企业单位中教育类 18.3 万个，占 55.6%。[1] 总体而言，在那些政策相对宽松、获得资源比较容易、进入门槛较低的领域，社会组织已经形成一定规模，在那些存在一定社会问题、迫切需要公民参与，而且需要一定资金扶持和专业技术难度较大的领域，社会组织发展比较缓慢。甘肃省各市（州）社会组织在服务领域存在的问题与全国基本一致，教育培训类、生活服务类等带有市场化运作性质，具有微利的社会组织发展快、数量较多。在城乡社区开展为民服务、养老照护、公益慈善、促进和谐、文体娱乐和农村生产技术服务等活动的社区社会组织比较少，以社会工作者为主体的社会工作专业机构奇缺，目前全省共有 39 个。

---

[1]　民政部：《2015 年社会服务发展统计公报》，http://www.mca.gov.cn/article/zwgk/mzyw/201607/20160700001136.shtml。

四是城乡社会组织在数量上与城乡人口总数的比例基本持平，但农村社会组织的数量与质量极不匹配。据甘肃省统计局发布的 2016 年全省人口变动主要统计数据，"甘肃省 2016 年末常住人口为 2609.95 万人，城镇人口 1166.39 万人，占 44.69%，农村人口 1443.56 万人，占 55.31%"。[①] 截至 2016 年 12 月，甘肃省共有社会组织 27714 个，其中涉农社会组织 15809 个，占社会组织总数的 57.04%。20 世纪 80 年代初，我国农村社会组织才开始萌芽，90 年代迅速发展，据统计，1996 年年底全国农民专业协会发展到 150 万个。进入 21 世纪，随着"三农"问题的凸显及国家战略的侧重，以及国家"精准扶贫"工作的纵深推进，农村社会组织得到了"爆发式增长"。甘肃省农村社会组织数量之所以庞大，是因为有全国大环境的外部作用，以及欠发达地区干群急于摆脱贫困的文化心理和行政权力的助推。因此，各地农村社会组织快速应运而生，且以农村专业经济协会、村民互助合作社、村扶贫资金协会、水协会居多，基本此类合作社或者协会，都呈现出数量多但质量不高的情形。而且，农村社会组织的"空壳化""僵尸化"现象更为严重。

（四）对社会组织的管理不尽科学

管理是一门科学，"'现代管理'，它给人类带来的效益并不亚于科学技术。人们已经认识到：管理是一种经济资源，并把科学、技术、管理称为现代化文明社会的'三鼎足'"[②]。法国著名管理学家亨利·法约尔指出："管理是由计划、组织、指挥、协调及控制等职能为要素组成的活动过程。"[③] 通过调研发现，各地对社会组织的管理基本上是一种没有经验的"经验式管理"、没有目标的"目标式管理"和以年检为主的"管控型管理"，而且，管理效果比较差。具体而言，以下方面的问题较为突出。

1. 社会组织的管理主体缺乏多元性且专业化程度低

按照现行管理体制，社会组织基本上实行"双重管理"制度（尽管四

---

① 张磊磊：《2016 年甘肃省人口变动数据：兰州常住人口达 370.55 万人》，《兰州晚报》2017 年 2 月 18 日。

② 于敏：《知识管理——现代企业经营管理的创新点》，《辽东学院学报》2004 年第 2 期，第 50 页。

③ 亨利·法约尔：《工业管理与一般管理》，迟力耕、张璇译，机械工业出版社 2014 年版。

类社会组织已经实行直接登记，但毕竟刚刚开始，且数量不太多），即社会组织有两个直接管理者，但在现实中，业务主管单位的管理主体角色和职能发挥得非常有限，主要管理工作其实由各市（州）社会组织登记管理机关承担。对社会组织的管理职能不论由登记管理机关肩负，还是由登记管理机关与业务主管单位两家承担，实质上，他们都代表政府行使管理职能。在整个管理过程中忽视或割裂了社会监督和行业自律，从而使本该为多元化管理主体变成了一元化管理主体，导致管理效率大打折扣。

另外，登记管理机关的管理者不但数量很少，而且管理者的专业化程度比较低。一是管理者中具有管理学、社会工作、社会学等专业背景的人员很少。他们对社会组织管理岗位的认识、对社会组织发展的理解、对社会组织管理权力的履行等核心内容主要依靠其上级或前任领导者、同事等手耳相传式的经验接力和行为模仿。因此，许多管理者的管理方式自然就会成为没有经验的"经验式管理"。二是对现有管理者职业培训跟进不够。许多管理者自工作以来很少参加过有组织的专门职业培训，常年被禁锢在一个地方闭门造车，从事着简单的、重复的、毫无创造性的成本大于产出的"生产劳动"。因此，许多管理者的管理方式自然就会成为没有目标的"目标式管理"和以年检为主的"管控型管理"。

2. 登记管理机关的管理内容单一、不全面

综观《社会团体登记管理条例》《民办非企业单位登记管理暂行条例》两个行政法规，其对登记管理机关赋予了一定的管理权限，但还存在着一些关键性问题。

一是管理权限配置不具体。两个条例基本上都侧重于对社会团体和民办非企业单位的成立登记、变更登记、注销登记、年度检查和行政处罚等五项内容。其中，登记管理和年度检查占据管理内容的比重较大，变更登记、注销登记和行政处罚相对较少。其实，社会组织登记注册后，登记管理机关的管理者把主要的管理精力都投入到年度检查上了。在实地调研中，许多管理者都为年度检查任务繁重而叫苦连天。但是，问题的核心是，"两个《条例》虽然侧重于登记管理工作，但是内容却不具体、不全面，两个《条例》中对于社会组织年度检查、财务管理、执法查处等事项没有具体要求，罚则也不健全，这就导致在社会组织管理过程中虽然有法

可依，却又是有法难依，有些问题只能靠平时的工作经验和个人理解去解决"。①

二是管理权限的设定不全面。对社会组织的管理除了监督控制外，更重要的管理内容还有社会组织的发展规划、社会组织的行为引导和社会组织内外关系的协调运行、社会组织执法监察和评估等，两个条例却未曾涉及。民政部出台的《社会团体年度检查暂行办法》（1996年）和《民办非企业单位年度检查办法》（2005年）对两类社会组织的年度检查也仅仅包括执法情况、业务活动、经营活动、财务管理和经费收支、机构变动和人员聘用等情况。但是，对自身建设情况、党的建设情况没有提及。近年来，虽然有些地方的年度检查内容中对这些内容给予了一定的重视。然而，由于多年形成的惯性思维和习惯致使社会组织对自身建设和党的建设依然重视不够，应付差事或敷衍了事的现象显而易见。

3. 社会组织执法监察和评估工作有待加强

从社会组织执法监察方面来看：一是社会组织登记管理机关的执法监察意识不强。尽管甘肃省民政厅多次开展社会组织集中执法监察行动②，但是各地对社会组织的执法监察意识还是不强，没有将执法监察和日常管理有机结合，受理的执法案件少、行政处罚案件少、查处非法社会组织效果不明显、对年检不合格的社会组织责令整改的力度不大、对"僵尸型"社会组织的清理不力。二是执法力量薄弱。许多地方既没有组建相对独立的执法监察机构和人员，也没有形成相关部门组成的联合协作执法监察机制。在调研中我们只发现酒泉市肃州区制定印发了《2012年社会组织执法监察工作实施方案》，组建了由民政、公安、税务、工商、教育、人社等相关部门分管负责人组成的执法监察队伍，建立社会组织执法监察联席会议制度。三是执法能力不强。在执法监察过程中，一方面执法人员心怀"多一事不如少一事"的思想，存在"不愿为""不敢为"的现象。另一

---

① 肖蕾：《浅谈社会管理工作中存在的几个问题和建议》，http：//zyzx. mca. gov. cn/article/lgxd/201210/20121000366480. shtml。
② 2013年11月9日，中国甘肃网、《甘肃日报》联合报道，省民政厅近日在全省范围内组织开展了社会组织集中执法监察行动，重点查处有违法违规现象的社会组织和未经登记擅自以社会组织名义开展活动的非法社会组织。同时，省民政厅指定兰州市、天水市、定西市为全省社会组织执法监察观察区。

方面执法人员因缺乏必要的法律知识存在"不会为"的情形。四是查处效果不明显。从各市（州）民政部门的官网上难以搜索查寻到对非法社会组织的取缔、对拒不参加年检的社会组织的处理、对违法违规的社会组织予以行政处罚等内容。

从社会组织的评估来看：一是社会组织参与评估的积极性不高。各地对社会组织的评估采取自愿性申请参评办法，因此积极申请参评的社会组织比较少。尽管 2007 年民政部印发了《民政部关于推进民间组织评估工作的指导意见》、2010 年民政部又印发了《社会组织评估管理办法》，但是办法中没有对社会组织参加评估进行刚性规定，所以，各地对拒绝参评的社会组织束手无策。二是第三方评估制度尚未建立，对社会组织评估的数量很少，效果不佳。"据统计，截至 2015 年 4 月底，参评率超过 70% 的有北京、福建、西藏、青海等 4 个省区市；参评率超过 30% 的有厦门、甘肃、宁波、天津、山西、黑龙江、安徽、宁夏、大连、青岛等 10 个省市区"。① 这一组数据进一步佐证了甘肃省的社会组织评估率不高。2015 年民政部印发了《关于探索建立社会组织第三方评估机制的指导意见》，明确要求"各地要把第三方评估工作作为推动社会组织管理制度改革创新和政府转变职能的重要内容，列入重要工作日程，稳妥有序推进"。从调研中发现，各市（州）对意见的落实还有很大的差距。一方面缺乏对社会组织进行评估的总体规划和具体办法；另一方面缺乏社会组织第三方评估机构和资金保障。三是对评估结果的综合利用不高。《关于探索建立社会组织第三方评估机制的指导意见》中指出："加快建立社会组织评估结果综合利用机制，扩大评估结果运用范围。各地要制定与评估结果挂钩的激励政策，提倡把评估结果作为社会组织承接政府转移职能、接受政府购买服务、享受税收优惠、参与协商民主、优化年检程序、参加表彰奖励的参考条件，鼓励把评估结果作为社会组织信用体系建设的重要内容。"但是，在基层的管理实际中，上述提出的参考条件几乎没有表达和体现，评估结果的利用率十分低下，从而导致社会组织对评估工作的漠视。

---

① 《〈民政部关于探索建立社会组织第三方评估机制的指导意见〉解读》，社会组织网. 2015年 5 月 20 日。

4. 对社会组织的管理服务手段相对落后

管理手段和方式是实现管理理念，落实管理制度和政策，服务、促进社会组织健康发展的有力保证。但从调研中我们发现，各市（州）政府及相关部门对社会组织的管理服务手段相对落后。一是主要依靠行政手段管理社会组织。政府依靠行政组织的权威，运用命令、指示等强制性的方式，对社会组织施加直接影响。很少通过经济手段（即通过调节各方面利益关系，如通过政府购买服务、补贴、奖金、罚款、福利等手段，刺激社会组织行为动力的管理手段）、法律手段（包括法制建设、法律思维和法律方式管理社会组织、法律惩治、法律救助等）和思想教育工作手段来规制社会组织。二是运用现代信息技术管理社会组织的能力不足。主要表现在许多地方没有建立起科学的社会组织管理信息系统和社会组织信用信息管理平台，大多数地方的民政部门没有建立社会组织网，部分地方的门户网站要么无法打开，要么空洞无物。社会组织登记注册、行为活动报告、学习交流等还停留在只能到民政部门"登门拜访"或"召开现场会议"的传统管理阶段。政府及相关部门监管社会组织的方式也主要依靠亲眼看、亲耳听，处于现场操作的传统式、低水平层面。社会组织间也没有正式交流沟通的信息平台，绝大多数社会组织处于闭门造车、单打独斗的工作状态，只有极个别社会组织凭借个人关系构筑起有限的关系网络。

（五）对社会组织及其成员的保障政策不完备

社会组织产生与发展的初衷是其社会责任担当使然，保障社会组织及其成员享有充分的权力是各级政府应尽的职责。因为，只有社会组织及其成员在享有充分的权益保障的前提下，才能更好地发挥作用、履行义务和担当社会责任。由于甘肃省社会组织的发展历史短、内部治理能力和公信力不足等自身因素，区域内经济发展水平不高、政府重视不够、社会支持有限等外部因素的制约，甘肃省乃至全国社会组织发展的生态环境还有待进一步改善。

1. 因"双重管理"制度的限制，公民享有的法定结社权和社会组织独立的自治权受到不同程度的挤压

我国《宪法》第35条规定："中华人民共和国公民有言论、出版、集

会、结社、游行、示威的自由。"但我国在 20 世纪 90 年代以来出台的三个条例规定，公民举办社会组织必须经业务主管单位和登记管理机关的双重审批，这就给公民举办社会组织增加了一定的难度。有些社会组织有明确的业务主管单位，有些却找不到业务主管单位；有些开明的业务主管单位会支持公民举办社会组织，有些保守的业务主管单位畏首畏尾阻碍公民举办社会组织。没有业务主管单位的支持，公民依法举办社会组织的愿望就难以实现，其法定结社权利就会受到挤压，权利挤压的后果有两种：要么不办，要么偷着办。"据调查，我国有近九成的社会组织没有登记，成为法律意义上的非法社会组织，除了部分有益于社会公益发展的组织外，包括黑社会性质组织、恐怖组织、邪教组织在内的非法社会组织，已经对国家利益与公共利益造成了严重影响，因而，认定、取缔并严惩非法社会组织，以保护合法社会组织的发展，是公民合法结社自由行使的宪法权利"。[①] 可喜的是，2013 年开始，我国对行业协会商会类、科技类、公益慈善类和城乡社区服务类四类社会组织实施直接登记。直接登记是对"双重管理"制度的突破与革新，也是对公民结社权被挤压后的让渡与释放，毋庸置疑，对四类社会组织实施直接登记是我国社会组织管理制度改革的一大进步。然而，对四类社会组织以外的其他大多数组织依然实行"双重管理"，对于它们的依法管理、健康成长将何去何从，还值得期待与研究。

社会组织是自治性组织，自治性是其显著特点，但由于"双重管理"制度的约束，特别是政社不分的官办社会组织的存在，许多社会组织的自治性不够，依赖性十足。2016 年 4 月，甘肃省政府办公厅印发了《甘肃省行业协会商会与行政机关脱钩实施方案》，明确提出，2016 年先行选择 10 家以上的省级行业协会商会开展第一批试点，2016 年 11 月底前完成第一批试点评估，并形成报告上报国务院联合工作组，各市（州）行业协会商会脱钩工作于 2017 年展开。政策的出台和实施理应为社会组织的自治提供广阔的空间，但实践效果如何？广大社会组织和社会公众将拭目以待。

总之，"双重管理"制度在我国社会组织发展过程中发挥了也将继续发挥积极的、强大的规范与约束作用。但是，任何管理制度也并非是完美无缺

---

① 李凤梅、孙胜涛：《非法社会组织认定中的相关问题研究》，《辽宁行政学院学报》2016 年第 4 期，第 56 页。

的，"双重管理"制度的负面影响也是不可忽视的，因为管理不仅仅是对对象的控制和约束，导向与扶持、服务与激励也是管理的应有之义。所以，社会组织管理体制的改革、管理制度的完善也是大势所趋、人心所向。

2. 社会组织税收优惠政策不完善

征税是许多国家对非政府组织（社会组织）进行管理的重要手段。由于社会组织不以营利为目的，他们从社会中取得资源是无偿的，他们向社会提供的服务也基本是无偿的，因此社会组织在世界各国都是税收优惠的对象。政府在这个领域内的管理理念、法规制度、政策措施和执行水平的高低，对非政府组织的健康发展会产生最直接和最深远的影响。

甘肃省各地执行的社会组织税收优惠政策的主要依据是我国在2008年1月1日开始实施的《企业所得税法》《营业税暂行条例》中的相关规定。有学者指出："社会组织税收优惠政策存在的缺陷主要有：一是社会组织的独特地位不够突出。体现在税法上，就是到目前为止我国并未确立一套适用于社会组织的独特制度，其有关规定往往是散见于各类法律、法规、规章之中，这种立法状况与社会组织迅速发展的现实是不相适应的。二是对社会组织的税收优惠规定的不够细致、不够明确。比如，对民办教育，无论是营利性的还是非营利性的，只要是从事学历教育的就可以免税。如果是从事知识技能培训的民办学校，则无论是营利性的还是非营利性的，都不能免税。"① 在甘肃省比较突出的问题是，许多地方不但没有出台符合当地实际的税收优惠政策支持社会组织的发展。反而，对散见于国家相关法规中的社会组织税收优惠政策的落实也不是很到位。在调研中我们发现，市级及以下社会组织对社会团体、基金会公益性捐赠税前扣除资格认定，以及非营利组织免税资格认定事宜的意见非常大。他们反映，省属社会组织早就落实了这方面的优惠政策，但市属及以下社会组织迟迟不能解决，他们开展了活动无法开具税票。这种身处同一个地区的社会组织，由于其所属登记管理机构的级别不同而享受不到同一优惠政策的待遇，不但对许多社会组织开展公益性活动的积极性带来了沉重打击，而且为其健康成长和能力提升构成了严重威胁。

---

① 李占乐：《我国社会组织管理政策存在的缺陷分析》，《社会工作》2011年第7期，第25～26页。

3. 社会组织成员的权益保护与救济制度不健全

在日常生活中，大家关注的是社会组织在社会保障中所发挥的作用或发挥什么样的作用，但对社会组织成员的权益保障却鲜有人问津。如，社会组织从业人员的编制、职业资格认定、职称评定、工资待遇、社会保险等关系到其切身利益的保障问题。目前，甘肃省各市（州）社会组织专业人才严重匮乏，但社会组织引进优秀专业人才却极其困难（许多社会工作专业毕业生不愿意选择社会组织或投身公益事业）。而且，现有的专业人才流失十分严重。造成这种结构性人才困境的主要原因与社会组织成员的社会地位、工资待遇、权益保护与救济制度不健全密切相关。近年来我国社会组织的重要性和社会地位日益受到党和政府及社会各界的高度重视，但社会组织工作人员的社会地位和经济待遇与其他"五大主体人才"相比自惭形秽、相去甚远。社会组织成员的权益不但保障不力，而且社会组织成员的权利救济制度也不健全，当社会组织成员在提供公共服务或开展公益性活动时，其权利受到侵害时，得不到及时、充分、有效救济。久而久之，这种现状会阻碍我国"构建宏大的社会工作人才队伍"的整体步伐，同时也会导致"宏大的社会工作人才队伍"难以发挥其应有的效用。

另外，"在社会组织使用志愿者方面，我国目前对志愿者工作的激励政策十分缺乏，没有一部专门的法律法规对志愿者的权利、义务及志愿者管理做出专门的规定，影响了人们从事志愿工作的积极性"。① 其实，许多省市都制定了志愿服务条例等地方性法规，但是，甘肃省及所属市（州）至今还是空白。

（六）社会组织党建管理尚存差距

社会组织是我国社会主义现代化建设的重要力量，是党的工作和群众工作的重要阵地，是党的基层组织建设的重要领域。2015 年 9 月 28 日，中共中央办公厅印发的《关于加强社会组织党的建设工作的意见（试行）》中指出："随着改革开放不断深入，我国社会组织快速发展，已成为社会主义现代化建设的重要力量、党的工作和群众工作的重要阵地。加

---

① 李占乐：《我国社会组织管理政策存在的缺陷分析》，《社会工作》2011 年第 7 期，第 25~26 页。

强社会组织党建工作，对于引领社会组织正确发展方向，激发社会组织活力，促进社会组织在国家治理体系和治理能力现代化进程中更好发挥作用。"同时，还对"社会组织党组织功能定位、党建工作管理体制和工作机制、推进社会组织党的组织和党的工作有效覆盖、拓展社会组织党组织和党员发挥作用的途径、加强社会组织党务工作者队伍建设、加强对社会组织党建工作的组织领导"等重大问题进行了明确界定和要求。2016 年 1月，中共甘肃省委办公厅印发《关于加强全省社会组织党的建设工作的实施意见（试行）》，意见依据中央精神，结合甘肃实际，进一步提出了加强社会组织党的建设的实施办法。

诚然，国家和甘肃省高度重视社会组织党的建设，但从实际走访和调研中发现，各地社会组织党的建设不尽如人意，建设成效与国家和甘肃省的要求相去甚远。

1. 社会组织党建工作管理体制和工作机制不完善

根据中央和省委相关文件精神，中共甘肃省委依托省委组织部成立了非公有制经济组织和社会组织工作委员会，各市（州）县（区）两级地方党委也成立了非公有制经济组织和社会组织工作委员会。可见，甘肃省已经建立起省、市、县三级社会组织党建工作管理机构，但是尚未形成科学的管理体制。一是工作队伍弱小，制度不健全。社会组织党建工作刚刚起步，尽管机构成立起来了，但缺乏强有力的专门化的工作队伍，没有形成健全的工作制度和协调运行的工作机制，业务主管部门、行政审批部门、社会组织党组织隶属的党委本身在社会组织党建工作方面的经验不足，因而社会组织党建工作得不到有效指导和支持。二是管理对象特殊性强，管理规范化不够。社会组织党组织机构过于松散，党员组织关系难以把握，特别是党员基础性资料变化大，给党建工作也带来了一定的不确定性。从社会组织本身状况来看，有的成员是在岗在职人员，党关系在原单位且不能转出；有的成员是离岗离退休人员，组织关系在原单位且不愿意转出；有的社会组织成员党员很多，虽然能建立起党组织但组织内部没有党员关系；有的社会组织内无一名党员无法建立党组织，而且区域内社会组织数量很少或其他原因也无法成立联合党组织，等等，目前对于这些纷繁复杂的问题尚未有效解决，城乡社会组织党建工作还存在许多盲区，不少社会组织离"围绕中心、服务大局"的总体要求还相差甚远，党组织的领导力、战斗力、凝聚力有待进一步增强。

2. 社会组织党的组织和党的工作有效覆盖未能达标

由于各地社会组织呈现"多、小、散、杂"的局面，从业人员少，党员数量不足，每个社会组织平均不到2名党员，达不到每个社会组织要有3名或3名以上正式党员的组建要求。因此，按单位建立社会组织党组织的数量有限。另外，由于各地同类或业务范围相近的社会组织数量很少、办公地点分散、区域内社会组织形如散沙，所以联合建立党组织的条件不具备，所以社会组织党组织的覆盖率受到了比较大的冲击和影响。因为社会组织党的组织的覆盖率不高，加之社会组织党建工作管理体制和工作机制不完善，自然而然地影响了社会组织党的工作有效覆盖。中共甘肃省委办公厅印发的《关于加强全省社会组织党的建设工作的实施意见（试行）》中提出："暂不具备组建条件的社会组织，可通过选派党建工作指导员、联络员或建立工会、共青团组织等途径开展党的工作，条件成熟时及时建立党组织。"但是，各地基本上没有落到实处。

（七）农村社会组织的发展与管理任务艰巨

近年来，随着我国农村社会结构的日益变化、农村社会治理不断推进、农村经济发展的现实需要，中央政府和地方政府出台了相关支持农村社会组织培育与发展的倾斜性政策，促使了农村社会组织的蓬勃发展。甘肃省农村社会组织的数量充分说明了迅猛的发展速度和政策的巨大推动力量，当然也体现了农村经济社会发展的强大内在需求。但是，当我们在为全省快速发展的农村社会组织欢欣鼓舞的同时，如果细心甄别、冷静思考的话，不论从政策设计层面，还是从实践操作层面，都会发现甘肃省农村社会组织管理上所存在的问题。

1. 从政策设计层面来看，管理思路是粗放式的，缺乏精细化

农村社会组织是指由民政部门（主要由县级民政部门）注册登记，以服务"三农"、助推经济发展、促进社会稳定、维护农民权益为宗旨，以农民为参与主体，以农村为活动领域，介于政府和企业之外的农村服务性、公益性和互助性社会组织。宏观上它包括社会团体、民办非企业单位和基金会三大类，微观上有人把它概括为"农村专业经济协会、农村民办非企业单位、农民自发组织团体"三种类型①，有人把它分为"经济型社会组织、民办非企业组织、自治型社会组织、传统型社会组织"四大类②，也有人把它细化为"红白理事会类组织、文体健康类协会、农民自教育类组织、寺庙类宗教组织、教会类宗教组织、生产互助性组织、维权组织、民间纠纷调解组织和公共治安维护组织等九类社会组织"③。根据甘肃省社会组织管理局对甘肃省社会组织数的统计来看，把农村社会组织归纳为"农村扶贫互助协会、农村水协会和农村专业经济协会三种"。总之，统计数据表明，甘肃省的农村专业经济协会、农村扶贫互助协会是农村社会组织的主力军，占有很大的比重。另外根据许多学者的研究和我们的调研发现，农民自发组织团体（如老年协、计生协会、红白喜事协会、文化体育协会等）也占有较大的数量，不过其中存在很多没有登记注册的现象。此处以农村专业经济协会为例查找政策设计层面的主要问题。

农村专业经济协会是从事农产品生产、加工和销售的市场经营主体为维护和增进共同利益、在自愿基础上成立的一种新型互助合作性社会组织。农村专业经济协会适应市场，植根于农村本土，是广大农民在生产实践中创造出来的一种新型组织形式，是市场经济条件下农村生产力的有效组合。对优化农村产业结构，推动农业产业化进程，促进农业科技开发、拓宽农产品的市场销路，推动农村经济发展，增加农民收入，发挥着越来越大的作用。2003年民政部印发的《关于加强农村专业经济协会培育发展和登记管理工作的指导意见》中明确指出，要充分认识农村专业经济协会培育发展和登记管理工作的重要意义，并用"六个有利于"④加以概括。

---

① 董明：《浅析当前中国农村社会组织发展中存在的问题》，《湖北经济学院学报》（人文社会科学版）2011年第7期，第17页。

② 常纯：《促进农村社会组织建设的几点思考》，《经济研究导刊》2014年第13期，第28页。

③ 周春霞：《湛江农村社会组织的发展：现状、治理结构与组织功能》，《南方论刊》2014年第1期，第33页。

④ 有利于农业结构调整和农业市场化、产业化的发展；有利于农业科技成果的示范推广和农产品、农业技术的对外交流；有利于引导农民合法经营、勤劳致富，提高农民的科技、文化素质；有利于提高农民进入市场的组织化程度，实现小生产与大市场的对接，提高经济效益，抵御市场风险；有利于加快农村城镇化进程和我国现代化建设步伐。

而且，还明文规定："在不违背《社会团体登记管理条例》基本精神的基础上，可以适当放宽登记条件，简化登记程序。"同时，进一步明确了登记范围、业务主管单位和登记管理机关、登记条件和登记程序等内容。可以肯定，这些政策的出台确实有利于加强农村专业经济协会培育发展和登记管理工作。但任何事情都具有两面性，"适当放宽登记条件，简化登记程序"的思想虽然能尽快培育发展一定数量的农村专业经济协会，但数量的过快发展势必会影响质量的提升。更重要的是《关于加强农村专业经济协会培育发展和登记管理工作的指导意见》中没有对协会的法人治理、经营方式、收入分配、资产管理等重要管理内容进行规制。"边发展、边规范、边登记"的原则似乎很有柔性管理的科学化味道，但它给一些投机钻营分子留下了政策的空子，使一些条件不具备或不成熟的所谓"农村专业经济协会"跻身农村社会组织行列。文件中规定的登记条件也很难精准把握，如"注册资金应不低于2000元、一定数量的会员、相应的组织机构、与其业务活动相适应的专职或兼职人员"，这些问题均暴露出对农村社会组织粗放式管理的弊端。这种粗放式的管理思路和制度，催生了农村社会组织在短期内"爆发式增长"的喜人成绩，从而促使全省农村社会组织数超过了城镇社会组织数、每万人所拥有的社会组织数超过了全国平均水平（甚至超过了东南沿海省份的发展水平），这些诱人的数字在客观上为人们褒奖政府的社会组织发展政绩提供了充分的逻辑推演依据。但是，可怕的是这些数字在主观上也为政府部门评价社会组织发展状况、加大培育发展社会组织步伐注入了不客观、不使力的"迷魂汤"。因为，这些数字是缺乏含金量的假象。

2. 从实践操作层面来看，管理效果不理想，满意度不高

在调研中发现，农村专业经济协会虽然得到了较快发展，但总体上还处于起步阶段，无论是数量还是质量，都远远不能适应农村经济社会发展的需要，管理效果不理想，各方的满意度也不高。主要问题有：一是地方政府缺乏科学的宏观引导和强有力的政策扶持。以农村专业经济协会为主的农村社会组织属新生事物，一方面政府没有培育发展农村社会组织的管理经验，因此，也就谈不上科学引导的宏观管理。另一方面地方政府及管理人员对农村社会组织的认识还不深入。民政部印发的《关于加强农村专

业经济协会培育发展和登记管理工作的指导意见》中明确要求："各省
（自治区、直辖市）民政部门可以根据当地的实际情况制定补充规定。"但
甘肃省各地都没有出台相关的补充规定，只是对上述文件进行了转发。没
有把农村专业经济协会的管理和发展纳入地方经济和社会发展的总体规划
和议事日程。二是在资金上没给农村经济协会给予帮助和支持。2006 年
国家出台了《农民专业合作社法》，对农村专业合作社给予了一定的资金
支持和其他优惠政策。① 但对农村专业经济协会没有类似的支持政策，致
使农村专业经济协会的发展步履维艰，甚至出现了退出协会、注销协会的
现象。三是存在村支部或村委会办协会（即"党支部或村委会+协会"模
式）和各类农业服务机构主导创办农村专业协会（即"农业服务机构+协
会"模式）的情况。村支部或村委会干部是协会的法人，直接担任协会的
领导，或者农业服务机构的领导担任协会的负责人，这些运行模式虽然具
有先导性、示范性作用，在一定程度上能促进农村社会组织的发展，但在
具体管理中还存在诸如类似"政社不分"、村支书或村主任、农业服务机
构领导直接干预农村社会组织自治的弊端，农村社会组织陷入了受制于
人、缺失自治权的泥潭。自然而然其管理效果不理想，村民的满意度不
高。四是一些地方存在大量的有名无实的"空壳社会组织"或"僵尸社会
组织"。但是，登记管理机关对此种现象视而不见、心照不宣。虽然按照
国家和省上的文件精神成立农村社会组织，从表面上看促进了社会组织数
量的快速攀升，提高了地方社会组织的保有量，但是实际上这些社会组织
的成立毫无意义。

二 内部治理：任重道远

"治理"一词英文源于古希腊文和拉丁文，原意是控制、引导和操纵。
1989 年世界银行首次用"治理危机"来概括当时非洲非常糟糕的发展情

---

① 《农民专业合作社法》第二条规定："农民专业合作社是在农村家庭承包经营基础上，同
类农产品的生产经营者或者同类农业生产经营服务的提供者、利用者，自愿联合、民主
管理的互助性经济组织。"第八条规定："国家通过财政支持、税收优惠和金融、科技、
人才的扶持以及产业政策引导等措施，促进农民专业合作社的发展。"第十三条规定：
"设立农民专业合作社，应当向工商行政管理部门提交下列文件，申请设立登记。"

形。此后，"治理"一词在社会科学领域被广泛使用。"正如研究治理问题的专家鲍勃·杰索普（Bob Jessop）所说的那样：过去 15 年来，它在许多语境中大行其道，以至成为一个可以指涉任何事物或毫无意义的'时髦词语'"。① 也有专家认为社会组织内部治理这一概念源于 20 世纪 60 年代的高等教育例子中。② 当时，所谓内部治理是指教授团队与高校行政人员二元一体的组织，在这样的组织结构下，两个团队各有分工，教授团队负责专业设置、教学课程安排、科学研究等学术事务的管理，而行政人员负责学校教学基础设施建设、教学秩序维护、教学经费保障等日常事务的管理。可见，"治理"存在来源与领域之争，但"治理"风靡全球、广泛作用于社会经济领域已经成为不争的事实。而且，把人们使用了成百上千年的"管理"一词逐步取而代之。社会组织内部治理除了具备治理的一般特征外，还有如同企业法人治理结构的要求。如果用内部治理的标准衡量社会组织的经营能力，特别是甘肃省社会组织发展状况，毫无疑问，甘肃各地社会组织健康有序的发展还任重道远。

（一）社会组织负责人综合素质参差不齐

社会组织负责人一般为社会组织的会长、副会长、监事长、秘书长、法定代表人、分支（或代表）机构主要负责人等，负责人是社会组织内部治理的关键，他的水平在一定程度上决定或影响社会组织内部治理的水平。下面主要从负责人的专业化程度、年龄结构、任职情况、领导班子、对公益事业的认识等方面进行梳理和检讨。

1. 社会组织负责人专业化程度比较低

社会组织负责人一般要行使"代表理事会领导社会组织的全面工作，召集、主持理事会、常务理事会和会长办公会议，检查会员代表大会、常务理事会决议和年度工作计划落实情况，审核、批准本协会财务开支情况，代表社会组织对外联系，维护会员合法权益，塑造社会组织整体形象，处理突发事件等"职能，这些职能的有效履行关系着社会组织的健康

---

① 俞可平：《治理和善治引论》，《马克思主义与现实》1995 年第 5 期，第 37 页。
② 联合国全球治理委员会：《我们的全球伙伴关系》（*Our Global Neighborhood*），牛津大学出版社 1995 年版，第 2~3 页。

有序发展，及其社会组织的公信力和社会声誉。当然，其职能的履行还有赖于社会组织负责人的专业化水平。

地处西北欠发达的甘肃省，经济、社会、文化等方面的发展水平均相对落后，社会组织的发展也受到了相应的制约，一方面社会组织发展起步晚，负责人对社会组织的发展方向把握不准，相当一部分社会组织是从"草根组织"成长而来的，其成员主要是基于一种理想、目标或爱好走到一起，没有社会组织专业管理和运作的经验、理念；另一方面，社会组织的发展状态不良，专业人员数量匮乏，发展经费捉襟见肘，工作业绩平平，社会公信力不足。从负责人方面分析，以下问题较为突出：一是社会组织的负责人普遍存在专业化程度较低的现象。社会组织负责人不仅文化程度偏低，绝大多数为专科以下的人员，接受过本科、硕士及以上教育的人寥寥无几，而且社会组织负责人中具有社会学、社会工作、社会保障、管理学、法学等相关专业背景的人凤毛麟角。相对而言，全省14个市（州）中兰州市市区社会组织负责人专业化程度略高一些。也就是说，全省绝大多数地方社会组织负责人没有社会组织发展所要求的专业背景，专业知识和技能极其匮乏，同时也没有发展社会组织的相关经验，基本上处于"摸着石头过河"或"低水平相互模仿"的状态。二是社会组织负责人的来源及产生方式有待改善。根据调研的324家社会组织负责人来源显示（见图3-1），33%的社会组织主要负责人来自于企业、事业单位、党政机关和其他领域，负责人的这种来源情形表面上具有多样性，但从本质上影响其专业性，因为他们对社会组织的理解和认知不深入、不透彻，对社会组织的管理缺乏科学性和规范性，社会组织的发展缺乏战略性和全局性。从社会组织负责人的产生方式来看，存在由业务主管单位直接任命、根据会费或赞助费缴纳数额多少排序决定的现象，一定程度上影响了社会组织负责人的专业性，阻碍了有专业性人才进入社会组织促进其发展的通道。三是负责人数量严重不足。调研显示，多数社会组织中仅仅只有1名负责人，81.1%的社会组织负责人在3人以下（见表3-2）。这种状况严重影响了社会组织负责人的专业化程度，以及社会组织的健康有序发展。

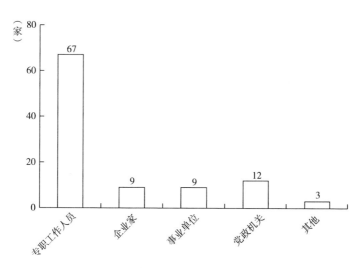

图 3-1　社会组织主要负责人来源情况

表 3-2　社会组织负责人数据统计

		频率	百分比（%）	有效百分比（%）	累积百分比（%）
有效	1	113	34.9	39.5	39.5
	2	71	21.9	24.8	64.3
	3	48	14.8	16.8	81.1
	4	6	1.9	2.1	83.2
	5	6	1.9	2.1	85.3
	6	6	1.9	2.1	87.4
	7	12	3.7	4.2	91.6
	8	12	3.7	4.2	95.8
	9	6	1.9	2.1	97.9
	13	6	1.9	2.1	100.0
	合计	286	88.3	100.0	
缺失	系统	38	11.7		
合计		324	100.0		

数据来源：甘肃省社会组织调查问卷统计。

2. 社会组织负责人年龄存在两极化现象

年龄是一种具有生物学基础的自然标志。一个人的年龄不仅标志着他出生后流经岁月的长度，而且也基本体现着一个人的阅历、经验、思想、知识、技能等要素的丰富性与成熟程度。社会组织的负责人是社会组织航行的引领者、发展的指导者、公益活动的组织者、内外关系的协调者、活动经费的筹措者、组织形象的塑造者，对社会组织的健康发展至关重要。因此，社会组织负责人的经验、思想、知识、技能等关系其发展水平和成熟程度的要素应必须处于一个较高的水平。然而，甘肃各地社会组织负责人年龄状况上存在较为严重的两极化现象。具体表现为：负责人年龄在 50 岁以上的居多，主要集中于官办社会组织之中；另外，负责人年龄分布在 25~35 岁之间的也占有相当比例，这部分年轻人主要集中在民办社会组织里面。据调研显示有 43 家社会组织负责人由离、退休机关工作人员担任，其中有 90% 左右的社会组织负责人中至少有 3 人是离、退休人员（见图 3-2）。

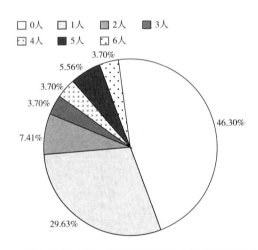

图 3-2　社会组织中离、退休机关工作人员担任负责人情况

"两极化"现象，一方面导致社会组织人力资源在知识层面和经验阅历层面二者无法相互融合，呈现出经验丰富者缺乏理论更新，而理论充足者缺乏经验指导的尴尬局面，特别是在专业知识和专业经验方面存在更为突出的问题；另一方面，两个年龄段的人员分别在不同性质的社会组织中，官办社会组织人员存在退休问题，而民办社会组织人员存在跳槽问

题，这两种形式的离职都导致社会组织人力资源缺乏稳定性，发展后劲不足。

　　3. 社会组织负责人任职存在"脚踩多只船"现象

　　社会组织负责人是组织的核心，肩负领导组织协调组织各项工作的重任，既要应对烦琐的政务工作，又要为组织策划活动，还要在各种培训、会议现场来回奔波。从调研中发现，各地社会组织中负责人身兼数职的情况较为普遍。具体表现为：一是交叉任职、相互支撑。甲社会组织的会长，兼任乙社会组织的副会长、兼任丙社会组织的监事，乙社会组织的会长、兼任甲或丙社会组织的副会长，丙社会组织的会长，兼任甲或乙社会组织的副秘书长，等等。二是一个人举办两家或两家以上社会组织，担任或兼任其中的领导职务。一种情况是以自己为法人举办了一家省级社会组织，又以他人为法人在市级民政部门登记注册了一家社会组织，但实质由他"垂帘听政"、掌控市级社会组织。还有一种情况是一个人先发起举办了一家社会团体，并任会长，然后，因为近年来社会工作发展比较好，国家和省上出台了许多促进社会工作发展的政策，所以他又成立了一家社会工作机构。三是国家机关公职人员或企事业单位负责人兼任社会组织领导或管理职务比较多，有些是以"名誉会长"或"执行会长"的形式履行其职责。尽管《社会团体登记条例》规定："社会团体的法定代表人，不得同时担任其他社会团体的法定代表人。"但是，"脚踩多只船"、交叉任职的情况依然比较普遍。

　　在对324家社会组织的调研中发现，社会组织的会长（理事长）是专职人员的占49%，社会组织的会长（理事长）是兼职人员的占51%，兼职数量大于专职数量。兼职会长（理事长）的职业来源主要分布在三个领域：一是来自于事业单位（包括行政和公益一类事业单位）工作人员，以教师、医生、民政部门直属的事业单位人员为主；二是来自于现职国家机关工作人员，以政府各部门人员、司法系统工作人员、民政部门人员为主；三是来自于企业工作人员，以国有企业人员、私营企业人员为主。

　　社会组织负责人兼职情况，虽然在一定程度上优化领导集体的结构，如果政府部门的工作人员兼职社会组织的负责人，那么社会组织就有可能比较顺利地获得更多的发展资源。但是，这种现象带来的问题也是明显的，一方面兼职负责人在时间、精力、能力等方面对社会组织的投入就会大打折扣，另一方面会致使社会组织与政府间形成"工具性互惠"关系，影响社会组织的公益性，挤压社会组织的独立性和自主性。

4. 社会组织领导班子结构不尽合理

社会组织领导班子是社会组织实施内部治理、开展集体领导的基础和前提，是推进社会组织健康有序发展的关键。一个社会组织发展的好与坏不仅受社会组织发展的外部环境影响和制约，而且与社会组织的负责人和领导班子结构有很大的关系。在调研中发现，甘肃各地社会组织的领导班子结构不尽合理。一是社会组织负责人数量不足，难以形成领导班子结构。绝大多数社会组织的负责人在 3 人以下，社会组织的负责人只有 1 人的占 39.5%，这种情形不具备构建领导班子的条件，集体领导无从谈起。二是有些社会组织负责人的数量尽管具备构建领导班子的条件，但难以形成合理的领导班子结构。调研中得知，社会组织负责人数量在 5~13 人之间的达到 16.8%，虽然在数量上可以构成一个领导集体，但是年龄结构、学历结构、学科结构、性别结构显然不合理。年龄上呈两极化、缺乏中坚力量；学历上许多人没有本科及以上经历；学科上缺乏社会工作、社会学、法学、管理学等学科背景的人员；性别上以女性居多、男性偏少。三是内部治理结构不健全，特别是绝大多数社会组织没有监事会或者监事会形同虚设，没有发挥应有作用。在调研中发现，很多社会组织中领导班子的作用发挥极其有限，会长（理事长）依然按照传统的"家长制"模式管理社会组织，集权式管理非常明显，社会组织的许多决策实质上是一个人说了算，集体领导、民主管理基本上流于形式。这种"家长制"管理模式与社会组织负责人的产生方式有着密切的相关性，据调查统计显示，甘肃各地社会组织负责人由业务指导单位直接任命，业务指导单位提名、等额选举产生，前任会长（理事长）或理事会提名、会员大会或理事会等额选举产生，根据会费或赞助费的缴纳数额等方式产生的占到调查总数的51.9%。① 负责人由指导单位直接任命或指导单位提名的这类社会组织一般行政化色彩更浓，用行政化的方式管理社会组织便成为一种必然，因为负责人一般会倾向于注重服务权力来源之处的业务指导部门，或只听从业

① 甘肃省社会组织调查问卷统计。

务指导部门的指挥和意见，对于不影响其权力来源的其他利益相关者视而不见或颐指气使。根据会费或赞助费的缴纳数额多少获得社会组织负责人地位的人，则多来自于企业家、社会知名人士等，这些名流的加盟无疑加强了社会组织管理主体多元化，虽然有利于"内部治理"的客观要求，但由于他们对社会组织的认识偏差、专业化程度不高、企业化运营习惯等，在很大程度上会影响社会组织的民主化管理，背离社会组织发展的初衷。

从表 3-3 得知，一半左右的社会组织的理事会中有专职管理人员。理事会是会员（代表）大会的执行机构，在闭会期间负责开展社会组织的日常工作。理事会有专职管理人员说明这些社会组织重视日常工作，对会员（代表）大会是负责的。但是，在访谈中发现，专职管理人员存在"一人多岗"或"一人多职"现象，以及内部成员分工不明、责任不清的问题。

表 3-3　社会组织理事会内部管理人员占比

	频率	百分比	有效百分比	累积百分比
是	165	50.9	50.9	50.9
否	159	49.1	49.1	100.0
合计	324	100.0	100.0	

5. 社会组织负责人对社会组织的公益性理解不够

公益性是社会组织产生与发展的灵魂，是其在社区服务、社区建设与社区治理中竭力践行与弘扬，永续传承、并以一贯之的核心价值与终极目标。"公益"指社会公众的公共利益，"公益性"是指为社会公众谋取利益，以实现公共利益为目的的非营利性行为。经济学家吴敬琏对"公益性"的内涵曾概括为"非营利性"和"以促进公众福利为宗旨"。美国约翰·霍普金斯大学政策研究所教授、公民社会研究中心主任、政府行为和非营利部门研究的国际专家和代表性人物莱斯特·萨拉蒙曾提出社会组织具有五个共同特征，其中包括非营利性（即不以营利为目的，不分红）和志愿性（即组织的成员并非受某种外在强制，而是秉持志愿精神自愿组成，其活动经费也来自志愿捐赠）。可见，社会组织一旦失去公益性就不成其为社会组织。在调研中和日常观察中发现，甘肃各地的部分社会组织负责人对公益性的理解和践行存在差距。一是对成立社会组织的目的、宗旨认识不清，对社会组织的性质理解不深，或者成立社会组织的动机不纯。《社会团体登记条例》《民办非企业单位登记管理暂行条例》《基金会管理条例》都分别对其规制为"从事公益事业为目的""从事非营利性社会服务活动"，三个法规明确地指出了社会组织的"公益性"，但有些社会组织负责人内心深处存有营利的思想，把社会组织当成个人谋取利益和赚取社会认可度的工具。特别在当下经济发展不尽景气的情况下，有些企业负责人转变观念、跨界发展，通过成立社会组织弥补企业发展的不利境遇。二是在实际运营中存在营利和分红现象，一些社会组织以"公益"之名搞"营利（分红）"之实。虽然，社会组织可以营利，但营利必须要用于公益事业，社会组织的相关人员不能进行分红。然而，一些违纪违法的社会组织中就存在营利和分红的事实，还有个别社会组织虽然没有被发现，但营利和分红的行为在隐秘中进行着。

对社会组织公益性理解不够或者以营利和分红为目的，这种认识不明，甚至错误思想的存在，一方面与社会组织负责人文化程度偏低、专业性不强有直接的关系，另一方面与社会组织负责人兼职过多、年龄存在两极化现象有一定的关联。同时，与社会事业大发展，社会组织快速增长期间社会组织登记管理机关把关不严、监管不力、日常教育不够也有很大的关系。

其实，社会组织负责人对公益性理解不够是非常可怕的一件事情，它不但破坏社会组织的性质和形象，严重影响社会公众对社会组织的认可和支持，而且会把自己引向违法犯罪的深渊，把社会组织带入消亡的不归之路。

（二）社会组织管理机构不健全、运作不理想

1. 社会组织法人治理结构有待健全

社会组织法人治理结构是其进行内部治理的前提条件，否则，社会组织的内部治理便成为"无渊之水、无本之木"，社会组织的健康有序发展将会成为纸上谈兵，社会组织的公益职能就难以充分发挥。甘肃各地社会

组织法人治理结构方面存在的主要问题论述如下。

（1）治理结构设置不健全

社会组织法人治理结构是指以章程为核心，依法依规制定并落实内部管理制度，按照固定的议事规则协调权力决策机构、执行管理机构、监督机构及其他利益相关者之间的关系，促进自身健康有序发展的运行模式。社会组织法人治理结构是社会组织管理机构中最重要的组织架构，《社会团体登记管理条例》《民办非企业单位登记管理暂行条例》《基金会管理条例》均规定成立相应的社会组织都必须"有规范的名称、章程和相应的组织机构"。《中华人民共和国慈善法》规定，"慈善组织应当根据法律法规和章程的规定建立健全内部治理结构，明确决策、执行、监督等方面的职责权限，开展慈善活动"。社会组织章程一般要求，开展内部治理应该建立健全会员（代表）大会、理事会、常务理事会、监事会、党组织等机构。但是，在调研中发现，甘肃省各地社会组织法人治理结构尚不尽完善。一是法人治理结构中理事会、常务理事会、监事会设置不健全。大约有 30% 以上的社会组织未设置理事会，50% 以上的未设置常务理事会，70% 以上的未设置监事会（见图 3-3）。监督机构的缺位，导致日常事务、重大事务以及财务管理缺少监督，必然产生组织决策被少数领导控制、财务混乱、行为不规范、独断专行等现象，更严重的还可能导致工作人员腐败、损害会员利益和组织声誉。二是理事、常务理事、副秘书长、秘书长、副会长、常务副会长、会长等重要岗位领导配备不全、配备不力，有一人多岗、家庭包揽等现象。社会组织重要岗位的缺位或者交叉重叠，其实也是治理结构不健全的体现。三是会员（代表）大会、理事会、常务理事会、监事会不按章程规定召开会议，没有充分发挥决策、执行、监督等方面的职责权限，为"家长式""集权式"和不民主管理铺垫比较厚重的基础。四是党组织不健全、党建工作覆盖率和有效性较差，党对社会组织的全面领导不到位、不理想。五是日常的行政管理机构不健全且工作人员不足、专业性不强、流失性较高。

在走访过程中发现，大部分社会组织成立之初按登记管理机关的要求均建立了会员大会、理事会、监事会等内部机构，但是随着组织的运营发展，由于会员（代表）大会、理事会、监事会的许多成员不在本组织承担日常工作，时间一长这些人便远离了社会组织的中心工作，弱化了其应尽

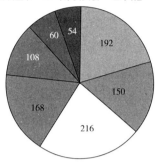

图3-3　社会组织机构设置情况

的工作职责，也导致相应的内部机构功能逐渐地弱化和法人治理结构的消失。在此基础上，本来集权意识较为浓厚的会长（理事长）顺理成章地变成了社会组织的全权代表，组织的管理运营便成为他们的个人事务。另外，一些"半路出家"的社会组织负责人不懂社会组织的规范化管理，没有建立法人治理结构和设置组织管理机构的意识，甚至有些负责人因害怕健全的法人治理结构会限制其集权管理或个人权威而不愿意推行法人治理结构。当然，也存在一些家族式社会组织或非常弱小的草根社会组织，由于无专职工作人员，所以他们也无法建立法人治理结构。

（2）治理主体产生方式欠科学

按照社会组织章程规定，执行机构的产生、负责人的条件和产生、罢免都有一定的程序，并严格执行相关程序。也就是说负责人的产生必须通过民主选举和法定程序，这样产生的负责人才符合登记管理机关的规定和要求，才能赢得社会组织成员的认可和尊重，也才有可能科学地开展内部治理、带领社会组织向着健康有序发展的方向前进。但通过考察甘肃各地社会组织负责人产生的方式，其欠科学的做法值得警惕和防范。在调研结果中发现，324家社会组织中有12家是业务主管单位直接任命的；有54家是业务主管单位提名后，通过会员大会等额选举产生的；有72家是前任会长（理事长）或理事会提名后，由会员大会或理事会等额选举产生的；有84家是通过会员大会或理事会差额选举产生的；有24家是根据会费或赞助费的缴纳数额多少排序决定的；有36家是其他方式产生；有12家是说不清楚产生方式的（见图3-4）。从上述社会组织负责人产生的方式来看70%以上的不符合章程规定和相关要求，由此足以说明社会组织内部治理的规范性和科学性程度。

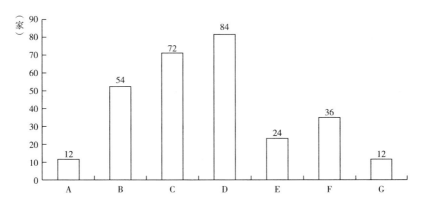

图3-4　社会组织的负责人（会长、副会长、理事长、副理事长）的产生方式

另外，个别社会组织还存在不按时换届，换届后不及时交接的问题，这种情况严重影响社会组织的内部治理与正常运行。在对社会组织是否按规定按期换届的问卷调查中显示，大部分社会组织都能依照章程按期换届，但仍有20%左右的社会组织不能按期换届（见表3-4）。

表3-4　社会组织按期换届情况统计

		频率	百分比	有效百分比	累计百分比
有效	是	240	74.1	78.4	78.4
	否，请说明原因	66	20.4	21.6	100.0
	合计	306	94.5	100.0	
缺失	系统	18	5.5		
合计		324	100.0		

2. 社会组织内部管理机构的岗位职责不明确

岗位是因分工而产生的为完成组织某项任务的不同工种、职务、职称和等级的统一体。职责是指任职者在某一岗位为履行一定的组织职能或完成工作使命，所负责的工作范围和承担的一系列工作任务，以及完成这些工作任务所要承担的相应责任。可见，岗位职责对社会组织的内部治理十分重要，法人治理建立健全的同时，必须高度重视岗位职责的规范化建设，否则，科学的法人治理仍然是镜中月、水中花。

一般而言，在社会组织内部治理结构中会员和会员（代表）大会是社会组织存在的根本，是会员制组织的最高权力机构。主要职能是制定和修改组织章程、理事会选举办法和规则、监事会规则、选举和罢免社会组织负责人、决定工作方针和工作任务目标、审议和批准组织年度财务报告、否决或撤销理事会决定、对组织重大事宜变更、终止等事项做出决议的职责和权力。理事会是会员（代表）大会的执行机构，主要负责选举或罢免社会组织主要负责人等人选；执行会员（代表）大会的决定；领导其他机构开展日常活动；制定组织内部管理制度，并对违反章程的人员做出处分以及决定组织其他重大事项等等。监事会监事对会员（代表）大会负责，是专职行使监督职能的机构。对组织做出决定和计划的执行情况进行监督；监督组织日常业务活动的开展以及会费的收缴和使用，对财务收支情况进行监督；对内部机构的设立、运行及会议召开、选举任职人员的程序等进行监督；对违犯组织章程和有关规定的人员提出处理意见，监督执行。

但是，从调研中发现，一些社会组织内部管理机构的岗位职责不明确，管理比较混乱。具体来说，一是会长（理事长）的权力超过了会员代表大会。按规定会员（代表）大会是社会组织的最高权力机构，其职责是制定和修改章程、选举和罢免理事、审议理事会的工作报告和财务报告、决定终止事宜、决定其他重大事宜等，但在实践中，一些社会组织很少召开甚至不召开会员（代表）大会，这些重大决策权集会长（理事长）于一身。二是理事会的执行职能发挥非常不到位。理事会是会员（代表）大会的执行机构，在闭会期间领导本社会组织开展日常工作，对会员（代表）大会负责。但在具体工作中发挥作用极其有限，有权选举会长（理事长）、副会长（副理事长）、秘书长，但基本上无权罢免他们；有权筹备召开会员（代表）大会，但很少组织召开会员（代表）大会；有权领导本社会组织各机构开展工作，但此项工作基本上由会长（理事长）或秘书长代劳；有权制定内部管理制度，但社会组织管理制度建设明显滞后。三是监事会的监督功能缺失。监事会是会员（代表）大会的监督机构，在（代表）大会闭会期间监督理事会，对会员（代表）大会负责。其职责是：监督理事会、常务理事会执行会员（代表）大会决议的情况；检查财务和会计资料，向登记管理机关、业务主管部门以及会计主管部门反映情况；监督理事会、常务理事会遵守法律和章程的情况。当会长、常务副会长、副会长、常务理事、理事和秘书长等管理人员的行为损害本社会组织的利益时，要求其予以纠正，必要时向会员大会、业务主管单位及登记管理机关报告；监事列席理事会、常务理事会、会长办公会议及本团体其他会议；向代表通报监事会年度工作情况等。但现实中监事会基本上没有履行好这些关键职责，有形同虚设之嫌，当然，也存在没有建立监事会的社会组织。

3. 社会组织与行政机关脱钩工作任务艰巨

政社不分是我国社会组织发展过程中在特定的历史时期形成的一种特殊现象，有人指出："出现'政社不分'现象与政府重视行政管控、忽视发展社会组织的'大包大揽'惯性思维不无关系。"① 但是，"政社不分"现象还与我国社会组织起步晚、无发展经验、自身能力弱小有着密不可分的关系，其实，作为新生的社会组织在发展的初级阶段有政府的呵护和溺爱，也有助于其成长、壮大。然而，任何事物和行为都有两面性，政社不分使不少公务人员以兼职的身份进入社会组织负责人的行列左右社会组织的发展；政社不分使社会组织非常容易地在人、财、物、办公场所等方面获得政府的无偿支持甚至与有关部门合署办公；政社不分使社会组织以政府部门下属机构的面目出现并处于半官半民的模糊状态，给社会组织染上浓烈的行政色彩；政社不分使社会组织与政府形成了"暧昧"关系、结成利益共同体，滋生了权力寻租和公益腐败；政社不分致使公共产品供给不足，也影响了一些民间社会组织的健康发展。2015 年 7 月，中共中央办公厅、国务院办公厅印发了《行业协会商会与行政机关脱钩总体方案》，要求各级行政机关（参照公务员法管理的单位）与其主办、主管、联系、挂靠的行业协会商会脱钩，具体包括"五分离、五规范"，即机构分离，规范综合监管关系；职能分离，规范行政委托和职责分工关系；资产财务分

---

① 马喜生、黄伟：《广州近 400 社团政社不分 民间社会组织仅 200 家》，《南方日报》2012 年 12 月 17 日。

离，规范财产关系；人员管理分离，规范用人关系；党建、外事等事项分离，规范管理关系。2016年7月，甘肃省民政厅印发了《关于做好省级行业协会商会与行政机关脱钩第一批试点工作的通知》，提出各业务主管单位按照主管省级行业协会商会数量的1/10推荐参加2016年第一批脱钩试点名单，主管数量不足10个的推荐1个，主管数量只有1个的本着自愿原则参加试点。文件的印发标志此项工作在甘肃省全面启动。但是，据报道，"截至去年（2016年）底，甘肃省第一批脱钩试点的16家业务主管单位所属31家全省性行业协会商会脱钩工作全面完成，行业协会商会与行政机关脱钩试点改革进展取得了阶段性成效。第二批将有39家业务主管单位所属的120家行业协会商会脱钩"。① 从社会组织与行政机关脱钩情况来看，虽然取得了一些阶段性成果，但总体而言此项工作还需要大力推进，第一批脱钩的31家加上第二批计划脱钩的120家省社会组织共是151家，占符合脱钩条件的全省性社会组织总数的62%，意味着还有38%社会组织的脱钩事宜尚未提上议事日程。另外，各市（州）、县（市、区）行业协会商会脱钩试点工作还没有启动，社会组织与行政机关脱钩工作任务依然很艰巨。社会组织与行政机关脱钩不力存在多种原因，一些社会组织定位不准、发展缓慢、独立性差，对政府部门有较强的依赖性，常常依靠政府财政拨款运行，一旦政府"断奶"，将无法生存，因此，这类社会组织不愿脱钩。另外，由政府发动和倡议成立的社会组织占调查总数的三成以上，社会组织与政府部门有着密切的关系，甚至是"暧昧"的利益关系，因此，双方对脱钩均有抵触情绪。从调研统计数据来看，社会组织与政府的关系非常密切的高达68%，关系一般的占13%，联系不多和不好说的占19%。这种关系的密切程度或多或少也从一个侧面反映了社会组织与政府脱钩的难度。

4. 社会组织存在"多块牌子，一套人马"现象

社会组织"多块牌子，一套人马"现象是指一家社会组织为了对接不同资源，使用不同名称多次注册，但其负责人和工作人员不变的现象。这种现象国家相关法规明确禁止，如《社会团体登记管理条例》第十四条规

---

① 徐俊勇：《甘肃31家全省性行业协会商会完成脱钩工作》，《甘肃日报》2017年4月19日。

定"社会团体的法定代表人，不得同时担任其他社会团体的法定代表人"。"多块牌子，一套人马"现象既违背了国家的法律法规，而且有损于其他社会组织的利益，是一种既违规又不诚信的做法。

从调研中发现，在甘肃各地存在社会组织"多块牌子，一套人马"现象。尤其以省会城市兰州居多，一些社会组织要么在登记管理机关先注册了社会团体，后来又注册了社会工作服务机构（即民办非企业单位）或又成立了助残组织、志愿服务组织等；要么在民政厅先注册成立一家省级社会组织，然后又在民政局注册成立一家市级或县级社会组织；要么在兰州市注册成立一家社会组织，然后又在兰州以外地区注册成立一家社会组织。这种多点开花的做法，虽然法人代表从表面上看不是同一个人，但实质上由同一个人控制或指使。从个别访谈中得知，他们的终极目的是利用不同等级、不同类别、不同地区的社会组织，通过相应的平台或渠道，对接不同的项目、获取不同的资源。

这种现象的形成主要有两方面的原因：一是政府对社会组织的属地化管理不符合社会组织发展要求。参照《社会团体登记管理条例》第九条规定：社会团体不得设立地域性的分支机构，因此社会组织只能在本地区行政范围内开展活动，以社会工作机构为例，目前来看，在政府购买服务力度不足，民间项目缺少的情况下，仅在本地区行政区划范围内开展活动对于组织的生存还是比较困难的，而采取跨区域承接与组织愿景相符的项目，进而采取此种方法以期获得组织长期生存发展。二是地域分布不均。甘肃省各地市级、县级社会组织虽然近年来发展迅速，但是甘肃省社会组织在地域的横向分布上与省市县的纵向分布上均不平衡，经济发展较好的地市成立的社会组织较多，而在经济发展较为落后的县区社会组织则寥寥无几，这种地域上分布不均为社会组织跨区域承接项目提供了机会，也是当地社会服务发展的一种需求。

（三）社会组织专业人才匮乏

人才是任何一类组织发展的第一资源，第一部门、第二部门、第三部门的发展对人才特别是高水平专业人才的需求都是不可或缺的。在经济社会快速发展的今天，人才争夺已经成为世界各国、各个行业的竞争对象，而且竞争的态势愈演愈烈。社会组织的生存和发展离不开高素质的专业化人才队伍。没有丰富的人力资源，没有高质量的专业人才，社会组织的管理、运作及发展也必然存在问题。

社会组织专业人才指具有社会学、社会工作专业理念、专业价值观、专业知识和专业技能的高级专门人才，在学历上应该是本科和本科以上的专门人才，在能力上应该具备公益项目策划、组织、执行、评估和资金链接的本领，在品质上具有奉献精神、创新意识、吃苦耐劳、乐于为他人为社会的个性心理特征。目前，甘肃省社会组织发展的速度、规模与其所拥有的专业人才极不相称。在甘肃各地的座谈中，社会组织负责人反映最为普遍、最为集中、最多的问题之一就是缺乏专业人才。甘肃省社会组织缺乏专业人才主要表现在以下几个方面。

一是专职人员严重不足。甘肃各地社会组织总数及每万人所拥有的社会组织数与全国相比应名列前茅，但每个社会组织发展的质量与效益远远落后于全国的平均水平。其中一个关键要素就是社会组织的专职人员的数量非常少，难以满足社会组织发展的需要和开展日常工作的要求。从调查问卷统计得知，目前社会组织专职工作人员数量大多在 5 人以下，其中有 1~5 名专职工作人员的社会组织为 132 家，占调查总数的 40.07%，5~20 人的有 62 家，占调查总数的 19.13%。其实在访谈中发现，专职工作人员数量较多的主要是行业协会、农村合作社和民办学校，公益慈善类社会组织工作人员数量基本在 10 人以下。更为严重的是个别社会组织中没有专职工作人员，平时的工作由负责人承担，负责人身兼数职，既是管理者又是被管理者。一位社会组织负责人（QYS2）说："机构没有一名专职人员，紧缺专业人才，地处偏远地区，没办法吸引专业人才来这边开展工作。"专职工作人员严重不足的窘境与社会组织中负责人少、负责人对社会组织本质认识不清、非理性地成立社会组织、社会公众对社会组织支持不力等因素有着直接的关系，也是社会组织发展初期存在的普遍现象，以及为加快社会组织发展亟待解决的问题。

二是具备社会学、社会工作学科背景的专业人员奇缺。对社会组织开展活动和持续发展而言，社会学和社会工作专业人才，特别是社会工作专业人才对于促进社会组织开展公益事业是不可或缺的人才。据民政部 2017 年 8 月报告，全国持证社会工作者达 28.8 万人。甘肃省当前持证社会工作者只有 1783 人，只占全国的 6‰。尽管甘肃各地的持证社会工作者人数量很不充足，但就这些屈指可数的持证社会工作者在社会组织中从事专业工作的人员数量却极其有限，因为持证者大多是各地的街道和社区工作人员。在职业选择上他们首选的是街道和社区，而不是社会组织，因为社会组织是体制外行业，其社会地位不高。在与个别社会工作者访谈时，他们把社会组织或公益事业作为退休后的第一选择。另外，甘肃省高等院校中有 8 所学校开办社会工作本科专业、4 所学校开办社会工作专业硕士教育，每年大约毕业 400 名社会工作专业人才，但毕业后赴社会组织从事社会工作事业的不到 10%。即使有学生在无奈之下选择了社会组织，但他们每天都在准备公务员考试、待机跳槽、脱离社会组织，从事梦寐以求的所谓能光宗耀祖的公务员工作。这种情形不但无济于专业人员的补充，反而加剧专业人才流失。

三是会计人员比较匮乏。从调研中得知，64.8% 的社会组织有专职会计，其中具有会计资格证的约占 11.1%。会计人员中兼职情况比较普遍，部分社会组织中会计、出纳全部由机构负责人或其他工作人员兼任。这种情况不但不符合财务管理规定，而且导致社会组织财务管理比较混乱，甚至助长社会组织负责人"家长制"意识和"一言堂"作风，以及滋生公益腐败行为。

四是具有法学、心理学、管理学等专业背景的人员较少。与社会学和社会工作相比法学、心理学、管理学人才不十分对口，但相对社会组织的工作性质和内容，这些专业人才也算比较内行的人才，他们的加盟有助于促进社会组织的发展，增强社会组织的工作效益。

五是社会组织从业人员中没有接受过正规高等教育的占有相当比重。没有接受过正规高等教育人员对社会组织的专业化要求了解不深，无论从工作理念、工作程序、工作方法，还是从业人员职业意识、综合素质等方面，都未达到专业化程度。从问卷调数据显示，324 家社会组织中专职人员具有高中及中专以下学历的占 30.42%（见图 3-5）。

甘肃各地社会组织中专业人才匮乏的原因，除了社会工作、社会学等专业人才问题严重不足、传统的学而优则仕思想浓厚、社会组织的社会地位低下外，社会组织中从业人员的薪酬待遇低也是一个非常重要的原因。调研发现，甘肃省社会组织中专职人员月收入普遍在 3000 元以下（见图

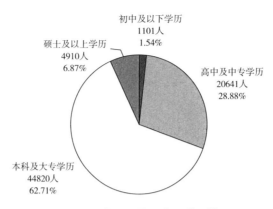

图 3-5　社会组织从业人员学历情况

3-6），这种较低的工资待遇与兄弟省份相比、与本地区不同行业的从业人员相比都没有人才竞争的优势。另外，许多社会组织的专职工作人员往往没有相应的社会保障（五险一金）和岗位晋升制度，公益性社会组织最多也只能为工作人员提供精神上的慰藉和满足。所以，这种状况致使许多专业人才放弃了学习多年的专业另辟蹊径，要么远离社会组织和社会公益事业，要么"孔雀东南飞"。

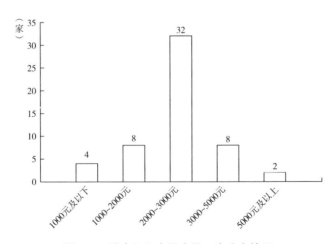

图 3-6　社会组织专职人员工资分布情况

另外，社会组织中工作人员面临压力比较大，也是制约专业才匮乏的原因之一。社会工作为一种新兴专业和职业尚未得到广大民众认可，职业地位和声望远不及公务员、教师等其他职业，随着社会问题的复杂化、社会工作者的服务对象也日趋多元化。目前实际压力来源于很多方面，一是工作中资源的缺乏和服务标准的提高；二是民众对社会工作者认可度低导致社会工作者与服务对象建立专业关系的难度加大；三是社会政策和福利政策不完善，社会工作者无法协助案主解决实质问题，只能进行情绪疏导与支持；四是转介服务和督导不到位，社会工作者对于自身无法解决的工作难题，无法转介给其他机构或专业人士，也无法获得督导的及时指导。从而使得社会工作者在这样的环境中会感到压抑，当不能承受这种压力，必然选择离开。

（四）社会组织硬件设施欠缺

硬件建设是社会组织建设与发展的物质基础，也是支持内部治理，提升社会组织工作效益的前提条件。社会组织硬件设施状况在某种程度上也反映着一个社会组织的实力与工作水平，社会组织提供服务的前提是除了有坚强的领导班子、法人治理结构、充足专职专业工作者以外，还必须具备满足社会组织发展和工作的硬件设施。甘肃省各地社会组织的硬件设施建设普遍欠缺，主要表现在以下两个方面。

1. 办公场所十分紧张

办公场所是举办社会组织的最为基础的前置条件，也是形成社会组织的标志之一，没有办公场所就不具备成立社会组织的条件。社会组织的三个条例均明确要求，如《社会团体登记管理条例》第十条规定，成立社会团体要"有固定的住所"。《条例》第十一条规定，发起人应当向登记管理机关提交"验资报告、场所使用权证明"。《民办非企业单位登记管理暂行条例》第八条规定，申请登记民办非企业单位，应当"有必要的场所"。《条例》第九条规定，举办者应当向登记管理机关提交"场所使用权证明"。

由于各种原因所致，甘肃各地社会组织的办公场所非常紧张，极个别社会组织没有办公场所，根本不具备成立社会组织的条件。各地社会组织的办公场所的所有制形式主要包括自有产权、租赁使用、会员企业提供、临时借用等形式。在调研的 324 家社会组织中，办公场所是自有产权的仅占 13%，租赁使用的占 61%，会员企业提供的占 6%，临时借用的占 7%，联合租用的占 6%，办公无定所的占 7%。在走访中还了解到多数社会组织没有独立的会议室，租来的一套房子集办公室、会议室、员工宿舍、厨房、员工餐厅等功能于一体的情况比较普遍，仅负责人一人有自己独立的办公室，办公场所狭小，由此导致办公场所内功能区划不清，组织中一些团队活动无法开展。这种情况不但制约社会组织正常活动的开展，而且影响登记管理机关的监管。另外，在调研走访中发现，个别行业协会、促进会、科协学会等社会组织成立由于政社不分，与政府部门有着密不可分的关系，所以其办公场所非常宽敞，现在尽管与政府部门脱钩了，但由于先天的良好"出身"与政府部门的丰厚"陪嫁"，其办公场所丝毫未受到影响，其他社会组织与其无法比拟。

2. 办公设施比较紧缺

举办社会组织既需要必需的办公场所，还需要桌椅板凳、笔墨纸砚等基础办公条件，以及电脑、打印机、传真机、扫描仪、投影仪、摄影摄像机、互联网络等现代设施和图书资料、制度汇编等文献。否则，社会组织的正常活动和内部治理依然是一句空话。在对甘肃各地社会组织的调查以及访谈中了解到，各地社会组织办公设施比较紧缺。一是桌椅板凳、沙发等家具设施较为陈旧，有的甚至达到破烂程度。由于经费紧张以致无力更新。二是现代化的办公设施缺乏，电脑、打印机、传真机、扫描仪、投影仪、摄影摄像机等较为普遍通用的现代办公设施许多社会组织配备不齐全，个别社会组织的工作人员没有专用电脑，存在数人使用一台电脑的现象，从而不能很好地满足工作需要。三是部分社会组织的办公场所尚未接通互联网，无法进行网上办公，信息往来不畅通，信息化水平低下。四是绝大多数社会组织缺乏文献资料库，对图书资料、制度汇编等文献资料的收集、积累很不重视。

（五）社会组织经费来源渠道狭窄、困难重重

经费是社会组织本身产生、生存与发展的物质基础，也是社会组织维持机构运转、履行职能、提供公益服务、进行"助人自助"的先决条件。社会组织是为公益事业而产生的，但是本质上社会组织又是经济发展的产物。如果没有工业革命助推经济的大发展，也许就不会有社会组织的出现

及其蓬勃壮大。如果没有充足的经费支持，社会组织所从事的公益事业也许就会无所作为、黯然失色。因此，社会组织经费来源及其经费充足与否对社会组织的发展及其公益事业的开展极其重要。

一般而言，社会组织的经费来源主要包括七个方面，一是政府补助收入，二是捐赠收入，三是会费收入，四是提供服务收入，五是投资收益，六是商品销售收入，七是其他收入（如固定资产处置净收入、无形资产处置净收入等），其中前六项为主要业务活动收入。在调研中发现甘肃各地社会组织的经费来源渠道狭窄，发展经费困难重重。据问卷调查得知，70%以上的社会组织缺乏政府补助收入，也就是说政府对社会组织财政支持非常不足（见表3-5），2016年社会组织总收入不足10万元的社会组织占到调查总数的45%以上，而这些经费仅够维持机构工作人员的日常工资和办公经费。

表 3-5 社会组织发展瓶颈问题统计（经费）

		频率	百分比（%）	有效百分比（%）	累积百分比（%）
有效	是	252	77.8	77.8	77.8
	否	72	22.2	22.2	100.0
	合计	324	100.0	100.0	

综合分析甘肃各地社会组织经费来源及经费总体状况，政府支持、社会捐赠、自身创收等方面存在的问题不可忽视。

1. 政府支持十分有限

政府是社会组织的管理者和合作伙伴，因此，政府有义务有责任通过各种方式出资支持社会组织的发展。考察世界各国社会组织发展的经费来源，政府的财政支持是社会组织最为主要、最为稳定的经费来源。如果缺失了政府充足而稳定的财政支持，社会组织的健康发展也就难以实现。从西方发达国家社会组织的经费收入来看，政府的财政支持均在40%左右甚至更多，荷兰"高达59%的比例是来自政府财政支持"[①]。甘肃各地社会

---

① 刘伟、吴秋丽、林秀丽：《地方政府向社会组织提供财政支持模式分析》，http://www.chinanpo.gov.cn/700102/92559/newswjindex.html。

组织处于初步发展阶段，其各方面的能力相对不足，因此，在其发展的重要阶段政府的财政支持显得尤为重要而迫切。"政府资助社会组织一般采取两种方式，一种是直接的方式，即政府拨出部分税收收入或财政资金用于资助社会组织，包括资金的整体资助和专项资助；另一种是间接的方式，包括政府购买社会组织服务、给予社会组织税收优惠以及一些其他的创新支持措施"。①在调研座谈中了解到，甘肃各地对社会组织的经费支持很不理想。一是整体资助和专项资助资金非常少、覆盖面非常小。很多地方没有把促进社会组织发展列入重要的议事日程，没有把对社会组织的支持纳入财政预算。个别地方政府虽有对社会组织的财政支持，但随机性比较大、稳定性差、数额有限，财政支持与否、支持额度多与少皆与地方财政收入、经济社会发展水平和领导人的重视程度有很大的关系。在调研中得知，各地社会组织接受过政府部门财政拨款资助的有60家，接受过政府部门财政补贴资助的有78家，占调研总数的42.6%。二是政府购买服务政策落实不到位。尽管国家和甘肃省相继出台了一系列推进政府购买服务的文件，但是受管理者思想认识、地方财政等因素制约，甘肃各地政府对政策的落实不力，个别地方还没有开展政府购买服务。在问卷调查的324家社会组织中，近三年获得政府购买服务项目1个的有24家，2个的有48家，有240家社会组织没有获得过政府购买服务项目，占调查总数的74%。三是给予社会组织税收优惠不够。我国政府对社会组织税收优惠制度主要散见于《公益事业捐赠法》《企业所得税法》《个人所得税法》等法律条文中，包括对非营利组织自身的税收优惠、企业对非营利组织捐赠时的税收优惠和个人对非营利组织捐赠时的税收优惠等。但我们发现，各地由于对政策的理解存在偏差，所以在执行上也存在很大的差别。如"非营利组织免税资格""公益性捐赠税前扣除资格"等资质的办理，省城兰州市与其他市（州）、省级社会组织与市、县级社会组织执行的标准与办理的顺利程度存在一些差别，相关社会组织负责人意见比较大。另据调研，76%的社会组织从来没有享受过政府部门税收优惠政策。

---

① 刘伟、吴秋丽、林秀丽：《地方政府向社会组织提供财政支持模式分析》，http://www.chinanpo.gov.cn/700102/92559/newswjindex.html。

2. 社会捐赠微不足道

社会捐赠是社会组织获得经费的一个重要途径，但由于"我国公益捐赠的社会文化还没有形成，与发达国家相比，来自企业和个人的捐赠都还比较少。美国 2006 年捐赠额达到 2950 亿美元，占 GDP 的 2.5%，有 1 亿多人作为志愿者参与公益活动。同年，我国 GDP 为美国的 17%，但我国社会捐赠仅占美国社会组织的 0.24%。平均而言，私人捐款占社会组织的收入通常不会超过 1/3"①。甘肃各地社会捐赠情况也不容乐观，社会组织接受企业捐赠和个人捐赠的比例非常小（具体在"社会支持"章节论述）。

3. 自身创收能力不强

社会组织的自身创收是社会组织经费来源的最重要的渠道，"根据约翰·霍普金斯政策研究所的研究显示发达国家（美、英、法、德、日、意等）非政府组织的收入 49% 来自服务收费和销售"。②自身创收主要包括会费收入、服务性收入、投资性收入、创办经体的经营性收入等，从这几个方面看甘肃各地的社会组织均不乐观。一是会费收入微乎其微。会费收入只有社会团体才有此收入，虽然甘肃各地的社会团体占相当的比重，但绝大多数社会团体因规模小、会员少，地方经济欠佳等原因，几乎没有收取或很少收缴。有一些商会、联合会、促进会之类的社会组织有此收入，但数额不多。调查显示，社会组织的会费收入最多为 45 万元，75.9% 社会组织会费收入在 3.1 万元以下，有 8 家社会组织没有会费收入。二是服务性收入非常少。服务性收入指社会组织按照章程开展的信息咨询与服务、科技开发、技术转让、办学、医疗、举办培训、展览、展销会、比赛和编辑出版刊物等所得的合法收入。由于社会组织专业性、公信力不强、社会公众购买服务意识薄弱、相关规章制度不健全等，致使甘肃各地社会组织很少开展有偿性服务。在此方面民办非企业单位的情况相对良好，如技能培训学校、民办医院等。三是投资性收入少之又少。根据《民间非营利组织会计制度》规定，社会组织的投资分为短期投资和长期投资，两者均属于社会组织的资产范畴。短期投资是指能够随时变现并且持有时间不准备超

---

① 刘伟、吴秋丽、林秀丽：《地方政府向社会组织提供财政支持模式分析》，http://www.chinanpo.gov.cn/700102/92559/newswjindex.html。

② 何增科：《公民社会与第三部门》，社会科学文献出版社 2000 年版，第 8 页。

过一年（含一年）的投资，包括股票、债券投资等；长期投资是指除短期投资以外的投资，包括长期股权投资和长期债权投资等，指社会组织按有关规定购买的各类有价证券、银行存款利息，经国家批准发行奖券、彩票等合法收入。许多社会组织本身的运行经费都捉襟见肘，所以投资性收入就无从谈起。调查显示，甘肃各地89%以上的社会组织没有以股票、债券、基金、房产等形式的投资（见图3-7）。四是创办经济实体的经营性收入更是微不足道。虽然甘肃各地社会组织的负责人有来自企业，按理说他们应该有创办经济实体的经验和能力，但在调研中很少发现社会组织创办经济实体进行经营的现象。

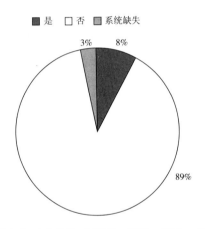

图3-7　社会组织对外投资（股票、债券、基金、房产等）情况

（六）社会组织内部管理不尽科学、效率不高

社会组织内部管理的科学化程度是其健康有序发展、大力彰显慈善公益能力的重要指标。由于甘肃省社会组织起步晚、发展快、人力资源不足、经费紧张等原因，所以，许多社会组织的内部管理科学化程度较低、工作效率不高。主要表现在以下方面。

1. 管理的民主化程度不高

民主是中国特色社会主义的核心价值之一，各行各业都应贯彻民主原则。社会组织的民主集中表现在民主选举、民主决策、民主管理和民主监督等方面，上述四方面甘肃各地社会组织均存在着不成熟、不完善、不到位的地方或薄弱环节。许多社会组织由于内部法人治理结构不健全，在民主选举方面，会员的主导作用发挥有限，治理主体产生方式不完全是通过会员（代表）大会产生或不完全是会员的意愿。在民主决策方面，议事、决策机制不健全，"集权式""家长制"管理突出，民主化管理意识淡漠。在民主管理方面，内部管理机构的岗位职责不明确、责权利不对等、无序管理的情况时有发生。在民主监督方面，缺乏监事会和监事无内部监督机构，或者有监督机构，但监事形同虚设。会员或组织成员的集体无意识，无人主动参与社会组织的内部监督，无视组织负责人的为所欲为和不作为现象。从调研来看，甘肃各地社会组织的民主化程度存在一定的问题，重大决策由负责人个人决定或由业务主管单位决定的情形占到调研总数的20%左右（见图3-8）。另外，有些社会组织长期不召开会员（代表）大会，致使会员（代表）大会的决策功能难以发挥。

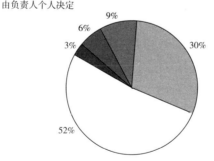

图3-8 社会组织重大决策制定方式

2. 内部管理制度不完善

管理制度是规范社会组织自身发展及其组织有序开展公益活动的行为指南，对组织行为和成员个人行为均有很强的导向性和约束性。因此，社会组织的科学发展应紧扣其章程建立健全各环节各层面的管理制度，保障其内部治理和外部活动的规范性和有效性。然而，在走访调研中发现，甘肃各地许多社会组织的内部管理制度不完善。一是每一个社会组织均有章程，但章程的格式和内容不尽规范，同一类社会组织的文本五花八门，有些还存在语句不通和错别字现象。二是配套制度不齐全、不完善。许多社会组织缺乏理事会议事制度、监事会制度、薪酬制度、保障制度、专业人员聘用制度、项目评估制度、培训制度及专业服务规范等。绝大多数社会组织都建立了财务管理制度，但由于缺乏专业的专职会计，财务管理没有严格履行相关制度，所以显得比较混乱，有些获得"3A"及以上的社会组织账务依然存在许多问题。调查显示社会组织没有制定理事会议事规则的社会组织有162家，占调查总数的50%；没有制定监事会议事规则的社会组织有278家，占调查总数的85.8%（见图3-9）。俗话说"没有规矩不成方圆"，社会组织没有制定议事规则，规章制度不健全、不完善，意味着在内部管理过程中无章可循、无规可依，势必造成组织成员的无所适从，以及社会组织管理的杂乱无序和效率低下，同时还会助长"集权式"领导的个人主义行为。

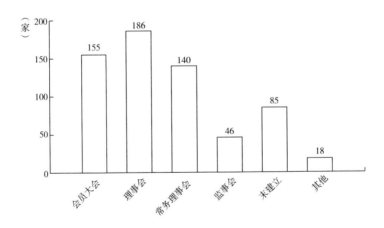

图3-9　社会组织议事规则建立情况

另外，在调研走访时还发现，甘肃各地社会组织在员工的激励方面存在尚须改进的地方，特别是奖惩制度的制定与执行。奖惩制度是对员工有效管理的重要制度，一套完善有效的奖惩制度既关系着组织内员工的个人发展又关系着社会组织整体的良性发展。通过公平、公正、公开的奖惩活动的开展，既能够有效地为员工指明组织的发展方向和行为规范，同时还有利于优秀人才的脱颖而出。针对是否设置员工奖惩制度的调查统计显示，超过一半的社会组织尚未制定员工奖惩制度（见表 3-6）。

表 3-6　社会组织建立奖惩制度情况统计

		频率	百分比（%）	有效百分比（%）	累计百分比（%）
有效	是	130	40.12	40.88	40.88
	否	188	58.02	59.12	100.0
	合计	318	98.15	100.0	
缺失	系统	6	1.85		
合计		324	100.0		

3. 缺乏科学的发展规划

社会组织在登记注册时按规定均草拟了组织章程，成立时均通过会员（代表）大会通过了章程，同时，也明确了组织的服务领域。但绝大多数社会组织没有形成实现章程要求和服务宗旨的较为科学的中长期发展规划。一是缺乏顶层设计。顶层设计是运用系统论的方法，从全局的角度，对某项任务或者某个项目的各方面、各层次、各要素统筹规划，以集中有效的资源，高效快捷地实现目标。社会组织的顶层设计是对社会组织科学发展所提出的具有全局性、战略性、统领性指导思想和发展方略，一般通过社会组织的宗旨、价值观和发展愿景来描述。许多起步早发展好的社会组织一般都比较重视顶层设计，也都有自己的宗旨、价值观和发展愿景，当然其中不乏存在凝练不准确、表达不完善的情况。二是绝大多数社会组织没有中长期战略规划。中长期战略规划是一个社会组织对经济社会发展的积极反映，是对其顶层设计的具体化，是自身健康发展的行动纲领和战略布局。在调研走访中，我们非常注重对社会组织发展规划的考察，其结果令人失望，基本上所有的社会组织均无发展规划，大多数社会组织也没有年度计划，能看见的计划只有项目计划。这种现象充分说明甘肃各地社会组织的负责人缺乏专业性，对社会组织认识不透彻，对社会组织的发展目标不明确，凭借经验管理，内部管理的随意性、无序性特点明显。

（七）社会组织能力堪忧

能力是心理学研究范畴的一个重要概念，指"人顺利完成某种活动所必须具备的那些心理特征"①。社会组织的能力是指社会组织拥有的实现其章程规定的宗旨、目标和愿景，满足社会公众需求的能力。史柏年教授认为："社会组织的能力是一个综合性的概念，即：组织所拥有的实现组织目标的能力，它是组织所拥有的有利于实现其目标的各要素之间的整合，以及可以借助的外部力量的综合。"②社会组织的能力是一个综合能力，社会组织的综合能力也是由所有组织成员的能力汇聚而成的。那么，社会组织的能力具体包括哪些呢？对于这个问题仁者见仁、智者见智，不同的学者从不同的角度提出了不同的观点。如史柏年教授认为"将社会组织的能力结构分为要素能力、协调能力、获致能力、影响能力"③。高成运提出了"五种能力"（即可持续发展能力、自我管理能力、开展活动能力、竞争能力、社会参与能力）。④ 汪力斌认为"中国的 NPO 应具备以下几种能力：领导能力、执行任务能力、人力资源管理能力以及交流和建立联系的能力"⑤。不论是"四能力说"还是"五能力说"，都给我们认识社会组织能力结构问题提供了一种宝贵的思路。经过调研分析，我们认为甘肃各地社会组织的领导能力、人力资源管理能力、项目策划与执行能力、公共关系与人际交往能力需要高度重视，大力建设。

1. 领导能力难以满足社会组织发展的需要

领导能力也称领导力，是把握组织的宗旨和使命，充分调动、利用人力资源和客观条件，以最小的成本办成所需的事，提高整个组织的办事效率的能力。领导能力其实是一种影响力（权力影响力和非权力影响力），具体指顶层设计能力（包括设计组织使命、目标、愿景、战略规划、制度建设和文化建设等）、人力资源管理能力和社会组织党组织的领导能力。

在顶层设计方面，关于组织使命、目标、愿景、战略规划、制度建设等问题上文已有论述，此处专门探讨甘肃各地社会组织的文化建设。组织文化是社会的灵魂，是推动社会组织发展的不竭动力。组织文化是社会组

---

① 黄希庭：《心理学导论》，人民教育出版社 1991 年版，第 615 页。
② 史柏年：《社会组织能力建设刍议》，《大社会》2017 年第 12 期，第 40 页。
③ 史柏年：《社会组织能力建设刍议》，《大社会》2017 年第 12 期，第 40 页。
④ 高成运：《民间组织能力建设的视角与路径》，《学会》2006 年第 5 期，第 15~19 页。
⑤ 汪力斌：《提高非营利组织的生产力——非盈利组织能力建设探索》，《生产力研究》2007 年第 17 期，第 49 页。

织在长期发展过程形成的具有独到特色的精神财富和物质形态。一般包括文化观念、价值观念、组织精神、道德规范、行为准则、历史传统、规章制度等。这方面的主要问题有：一是对社会组织的性质、特征认识不清楚，部分人打着"公益"的幌子，着力实现营利目的，这种文化观念、价值观念影响着许多人的思想和行为；二是对社会组织的宗旨、价值、精神、制度宣传教育不到位，既没有内化于心，也没有外化于形，严重影响了社会组织成员的公益行为和组织形象的树立。

人力资源管理能力是社会组织能力建设的重要内容，在人力资源管理能力方面存在的主要问题是：一是不注重人才的招聘和选拔。大多数社会组织没有人力资源管理部门，对专业人才的招聘和选拔无规划、无目标、无人才储备思想，存在家族或熟人帮助办机构的倾向；二是薪酬管理不科学。薪酬问题是劳动力市场和人力资源管理的核心问题，对人才的引进、稳定和使用至关重要。但是绝大多数社会组织负责人对薪酬管理体系认识不足，既不进行薪酬调查和岗位评估，也没有设计恰当的薪酬结构、薪酬等级和范围，更没有制定薪酬的调整政策。薪酬管理没有理论指导，没有制度约束，无视员工绩效，仅凭个人想法随心所欲；三是考核、激励机制不完善。在考核方面，部分社会组织没有建立绩效考核制度，员工干好干坏一个样、干多干少一个样。个别社会组织建立了相关的考核制度，但形同虚设，执行乏力。在激励机制方面，前面已经提及，"超过一半的社会组织尚未制定员工奖惩制度"。已有的奖惩制度也热衷于物质和金钱激励，而对员工的专业学习和职业发展置若罔闻。另外，由于社会组织的管理层级过于"扁平化"，大多由领导者与被领导者两级构成，致使员工职务晋升空间十分狭小，从而不但难以引进优秀人才，反而加速了优秀人才的流失。

在党组织的领导能力方面，各社会组织的发展情况不理想。一是认识不到位。许多社会组织负责人没有深入领会党中央"加强社会组织党建工作的重要意义和总体要求"，认为党组织建设可有可无，或者以各种理由为借口没有成立党组织。二是部分成立了党组织的社会组织，党建工作活动开展不认真，存在敷衍塞责、搞形式主义的情况。三是党组织负责人的权威性受到社会组织负责人的挤压，影响了党对社会组织的领导地位，难以很好地承担"引领社会组织正确发展方向，激发社会组织活力，促进社会组织在国家治理体系和治理能力现代化进程中更好发挥作用"的功能。在组织文化建设方面，很多社会组织有待进一步加强。

2. 项目策划和执行能力难以满足政府购买服务的要求

政府购买服务是指通过发挥市场机制作用，把政府直接提供的一部分公共服务事项以及政府履职所需服务事项，按照一定的方式和程序，交由具备条件的社会力量和事业单位承担，并由政府根据合同约定向其支付费用。2014年12月，财政部、民政部、工商总局联合下发《政府购买服务管理办法（暂行）》通知后，全国各地相继出台文件，贯彻落实政府购买服务制度。政府购买服务是社会组织参与社会管理和公共服务的主要途径，彰显社会组织专业服务能力的重要举措。今后，政府购买服务将会呈常态化，基本公共服务、社会管理性服务、行业管理与协调性服务、技术性服务、政府履职所需辅助性事项等内容将纳入政府购买服务范围，并以项目的方式，采用公开招标、邀请招标、竞争性谈判、单一来源采购、竞争性磋商等方式确定承接主体。政府购买服务是社会组织专业能力和综合实力的竞争，竞争中谁能赢得机遇，其项目策划和执行能力将会成为核心要素。在调研走访中发现，甘肃各地社会组织承担的政府购买服务项目比较少，其原因不外乎有两点：一是地方经济落后，政府购买服务的资金严重不足，政府部门无法拿出更多的服务项目实施购买；二是社会组织弱小、专业服务能力严治强，公信力不足，政府部门担心社会组织的实力不能担当重任，因此，不敢实施购买服务项目；三是社会组织的项目策划和执行能力不强。许多社会组织的负责人和工作人员不了解公开招标、邀请招标、竞争性谈判、单一来源采购、竞争性磋商的内涵、要求和程序，不懂得相关标书文件的制作和投标细节，所以，在竞争中把握不住机会。还有一些社会组织获得了政府购买服务项目，但由于专业人员数量有限，特别是缺乏专业督导，项目执行过程的监督指导、阶段性评估跟进不力，严重影响了服务的专业性和项目绩效，以及政府部门和社会公众的满意度。

3. 财务管理能力难以满足业务发展的需要

社会组织参与社会管理和公共服务的前提是必须要有较强的专业服务能力，以及财务管理能力。专业服务能力是开展社会管理和公共服务的基础，财务管理能力是做好社会管理和公共服务的保障。随着我国经济社会的长足发展，以及人民对美好生活的迫切需要，社会组织承担的社会管理和公共服务的责任日益加重，履行好此项职责离不开良好的筹资和财务管理能力。但综合评价甘肃各地社会组织的财务管理情况，其能力堪忧。一是没有建立内部会计制度。尽管财政部于2004年颁布了《民间非营利组织会计制度》，但仍然有很多社会组织不了解或不严格贯彻《民间非营利组织会计制度》，还有一些社会组织采用《行政事业单位会计制度》或者采用《小企业的会计制度》，不符合社会组织财务管理制度。二是财务管理不规范。主要表现在：记账不规范，对财务往来没有进行客观核算；票据使用不规范，部分社会组织对取得的会费收入、捐赠收入、服务收入开具收据，未按规定使用相应的专用票据，有些将非会费收入违规使用免税的会费收入票据，混淆类别，涉嫌偷逃税款；科目设置不规范，科目的设置不符合《民间非营利组织会计制度》，会计科目设置及会计处理存在很大随意性；资金管理不规范，不符合《现金管理暂行条例》的有关规定；有很多发展不规范的社会组织不设置财务机构，也没有专门的从业人员，更多是由社会组织的管理人员兼任。负责人缺乏现代财务管理理念，把财务管理变成了财务控制；部分社会组织对发放的工资、津贴、劳动报酬等个人收入未代扣代缴个人所得税。三是存在会计、出纳没有分设，账、钱、物没有分人管理的现象。经费开支的审批制度、物资的收发和领取制度执行不严格。四是没有建立信息披露制度，财务透明度低。基本上所有的社会组织没有建立信息披露制度，没有公开财务报告，财务管理透明度很低，使得资源提供者无法获得组织运行的具体情况，严重影响了资源提供者的积极性，降低了其对社会组织的信任度，也阻碍了社会公众的有效监督。

另外，甘肃各地社会组织的筹资能力也亟待提升，目前存在的主要问题：一是筹资能力差。绝大多数社会组织没有专门的筹资机构和专业人员，缺乏专业素养和业务知识以及筹资经验，使筹资能力和效果大大降低。二是筹资结构不合理。在筹资方面过分依赖政府的财政拨款或补贴，会费收入、营业性收入、企业赞助、个人捐赠等方面所占比重非常低。三是存在筹资失范现象。个别社会组织在资金筹集过程中采取不正当方式进行筹资，甚至进行非法集资、违规筹款等违法乱纪行为。

4. 公共关系与人际交往能力难以获得更多更好的发展机会

公共关系是社会组织运用传播沟通手段，加强自身与公众（包括社会群体、社会个体和社会组织）的相互了解，从而建立、发展、改善、协调与公众之间的关系，促进组织目标的实现。人际交往能力是社会组织在一定的地理环境中妥善处理内外关系的能力，包括与周围环境建立广泛联系的能力，对外界信息的接收、处理和转化的能力，以及正确处理上下左右关系的能力。人际交往能力是衡量一个公共关系人员能否适应现代社会需求的标准之一，也是判别社会组织能否在复杂的社会环境中开创良好局面，链接丰富资源的重要因子。人际交往能力由人际感受能力、人事记忆力、人际理解力、人际想象力、风度和表达力、合作能力与协调能力六方面构成。

公共关系与人际交往既有联系又有区别，两者是相辅相成的。从工作内容上看，公众关系中包含许多人际关系；从工作方法上讲，公共关系工作需要运用人际沟通的手段，要求公关人员具备较好的人际关系能力，良好的个人关系有助于建立良好的公共关系。但是，公共关系的行为主体是组织，人际关系的行为主体是个人；公共关系的对象是公众，人际关系的对象是个人；公共关系是组织的管理职能，人际关系是个人的交际技巧；公共关系强调运用大众传播，人际关系局限于人际传播。社会组织是由组织中的个体构成的，社会组织的职能必须通过其成员来履行。所以，公共关系与人际交往能力是社会组织及其成员能力的重要组成部分。

甘肃各地社会组织发展的质量与数量不同步，效率和效益不理想，这与社会组织的公共关系与人际交往能力不高有着一定的相关性。其存在的主要问题有4个。一是社会组织负责人及工作人员的人际感受和人际理解能力不强。他们对他人的感情、动机、需要、思想等内心活动和心理状态的感知、理解能力不高，对自己言行影响他人程度的感受能力偏低。虽然各地社会组织的知名度和社会地位逐步提升，但还没达到与政府、企业平起平坐的地位，不平等的地位不但影响了其作用的发挥，也直接影响了社会组织负责人和工作人员的心理状态。在与政府官员、企业领导的日常交往中，心中总有"低人一等"的观念，于是便引起"不自然、不正常"行为的产生，要么无视他们不与其交往或浅尝辄止，要么惧怕他们，会面时过度紧张，对他人的感情、动机、需要、思想等内心活动和心理状态难以全面感知、精准把握，也从未有用公益思想和自己言行影响他人的想法，或者对其影响程度的感受能力低下。二是社会组织负责人及工作人员的人际想象力不强。在日常交往中从对方的地位、处境、立场思考问题，评价对方行为的能力欠佳，践行专业价值、设身处地为他人着想本应是社会组织工作人员的专业优势，但由于专业人才匮乏，人际想象力便成为他们的劣势，以致影响了其专业服务效果和与公众良好关系的建立。三是社会组织负责人及工作人员的表达能力较差。一方面与他人面对面交谈时，不能很好地将自己内心的思想表达出来并让他人准确了解自己的想法；另一方面他们的书面表达能力普遍不高，社会组织负责人及工作人员大多倾注于低头工作，忽视抬头宣传，绝大多数社会组织中也极其缺乏优秀的"笔杆子"。四是社会组织负责人及工作人员的合作能力与协调能力有待提高。社会组织在履行其职能的过程中，要与政府、企业、社区、社会组织和居民进行广泛的合作与互助，因此，加大与内外部间的协调互动极其重要。但是在调研中发现，社会组织承担政府购买服务项目非常少、向政府部门建言献策非常少、政府部门向社会组织委托的事务非常少，说明双方的合作非常有限。社会组织工作人员深入企业开展活动的情况不多见，企业向社会组织捐赠极其少，说明企业大力支持社会组织开展公益事业的局面还没有打开。区域内社会组织联盟不多、无交流平台、"闭门做公益"现象突出，说明社会组织间的合作也十分缺乏。社区居民对社会组织的认同度不高、公益活动参与度不够，甚至在救助活动中受助对象不配合、怀疑社会组织及其工作人员的行为，也说明社会组织与社区居民的关系也不亲密。另外，社会组织内部关系也存在一定的问题，如必要的会议缺失、民主化管理程度低、骨干成员流失严重等。"'退社潮'折射人际交往能力不足"。[①]各种迹象表明社会组织与公众间尚未建立起良好的公共关系。

（八）社会组织党建工作浮光掠影

在社会组织中开展党建工作，加强对党员的教育管理，发挥党员的先锋模范作用，就能够为社会组织健康发展提供人才支持；在社会组织

---

① 肖纲要：《"退社潮"折射人际交往能力不足》，《中国教育报》2016 年 10 月 26 日。

中建立党组织反映社情民意，协调关系和化解矛盾，就能够为社会组织健康发展创造良好的内外部环境；党组织还能认真贯彻党的路线方针政策，引导和监督社会组织遵守国家法律法规，为社会组织健康发展提供组织保证。

目前甘肃省社会组织党建工作问题较多，从社会组织层面来看存在下列问题。

1. 对社会组织党建工作的重要性和紧迫性认识不足

思想上对新型社会组织党建工作的必要性认识不够全面。长期以来，一些新型社会组织，在组织中建立党组织的观念比较淡薄。从调查情况来看，有相当一部分人，包括一些业务主管单位的负责人，认为在社会组织建立党组织并无必要，调查数据显示在 324 家社会组织中仍有 37 家社会组织未建立党组织。同时，部分业务主管单位对社会组织党建工作认识不足，认为新型社会组织是以开展学术性或专业性业务为主，没有必要建立党组织。这就影响了新型社会组织党建工作的开展。同时，又引发了管理部门对抓新型社会组织党建工作的"组建难、把握难、指导难、协调难、管理难"等"五难"心态。

2. 党组织功能定位明确，组织能力不足

中共中央办公厅印发《关于加强社会组织党的建设工作的意见（试行）》不仅明确了加强社会组织党建工作的意义、总体要求、地位作用、基本职责，还对健全工作机构、理顺管理体系提出了详细要求。但就甘肃省社会组织而言，目前基层党组织弱小，能力明显不足，无法达到党委要求的工作高度。

3. 党组织权责不对等

实践中人们对社会组织中党组织的作用普遍寄予了较高的期望值。总起来说，主要希望社会组织中的党员和党组织能够发挥以下十大作用：一是模范带头作用；二是桥梁纽带作用；三是监督维权作用；四是协调服务作用；五是引导培育作用；六是人才聚集作用；七是推进社会和谐作用；八是建设基层民主作用；九是巩固执政基础作用；十是推进政党现代化作用。社会组织中的党组织能否承担起这样的重任呢？目前，甘肃省社会组织中的党组织对人、财、物没有实际控制力，不少党组织活动经费尚且

存在困难，一个自身都难以正常运转的党组织又如何能发挥如此重要的作用呢？权责关系失衡必然导致执行不畅、效能低下，影响党组织作用的发挥。

4. 党建工作的管理体制不顺

2015年中共中央办公厅印发的《关于加强社会组织党的建设工作的意见（试行）》特别提出要"理顺管理体系，完善工作机制，落实党建责任，形成党委统一领导、组织部门牵头抓总、社会组织党建工作机构具体指导、有关部门齐抓共管的工作格局"。在现实情况中，由于社会组织涉及面广、种类繁多、性质各异，并且在社会组织的认定上存在一定的分歧，导致部分单位难以"对号入座"。党组织隶属关系不明，使得一些社会组织的党建责任难以落实。

另外，从社会组织的党组织设置来说，存在的主要问题有两个。

一是党员发展困难。社会组织中党员人数较少，且流动性大，党组织和党员的覆盖面较低。对于未建立党组织的原因调查中有151家社会组织是因为组织中专职人员党员人数未达到3人（见表3-7）。在社会组织中发展党员一直是社会组织党建工作的一个瓶颈问题。只有积极稳妥地做好在新型社会组织中发展党员工作，不断壮大党员队伍，才能扩大社会组织中党组织的覆盖面。目前，各地、各业务主管单位十分重视在社会组织当中发展党员，把工作重点放在规模较大、人数较多、具有较大社会影响的社会组织中。但是，在规模较小、人数较少、社会影响不大的社会组织中，党员的发展模式需要根据实际情况加以探索。

表 3-7　社会组织未建立党组织的原因

		响应		个案百分比（%）
		N	百分比（%）	
未建立党组织的原因	专职人员党员人数未达到3人	151	46.6	76.5
	工作人员少，没有条件	93	28.7	47.1
	工作较忙，没有时间顾及	48	14.8	23.5
	成立手续烦琐，不熟悉党务	32	9.9	17.6
总计		324	100.0	164.7

二是组织活动开展难，党建工作氛围不够浓。随着中国经济社会的发展，当今社会呈现出一系列的新特点，多元利益主体并存，多元社会思潮涌动，多元价值观激荡碰撞，人们需求和思想的差异性越来越明显地体现出来。社会组织比较松散，成员流动性大，对组织的依赖程度较低，党组织活动开展较少，大多数社会组织党组织都是偶尔或很少开展活动。社会组织又是群众的自治性组织或者社会的自我服务组织，代表着不同阶层和社会群体的一定利益与要求，社会发展的这些新特点尤其在社会组织中表现得更加明显。这些给包括社会组织在内的各个领域党建工作带来了新的挑战。据调查显示，社会组织党员开展活动次数很少，每月 1 次的组织仅占三分之一，有 42 家社会组织甚至每年只开展 1~2 次党员活动（见表3-8）。

表 3-8 社会组织的党员活动开展情况

		频率	百分比（%）	有效百分比（%）	累积百分比（%）
	每月 1 次	129	39.81	39.81	39.81
	每季度 1-2 次	153	47.22	47.22	87.03
	每年 1-2 次	42	12.97	12.97	100.0
合计		324	100.0		

三是党组织发挥作用的功能弱。由于对党建工作认识不到位的影响，一些党组织根本无能力去开展活动，其作用自然难以发挥。党建工作氛围不浓厚。很多社会组织从业人员表现出对传统的"三会一课"、党员外出活动、读书读报等活动兴趣不大，认为这些方式对社会组织党员和员工的吸引力有限，这也在一定程度上削减了他们参与党组织活动的积极性。如何适应社会组织成员思想差异性和需求多样性，是基层党组织在工作方式方面遇到的新挑战。从党建的角度来看，这就是新形势下基层党组织工作方式方法的创新问题。

四是社会组织党员先锋模范作用发挥不够。由于社会组织结构松散，独立性强，人员构成复杂，成员之间经济利益关系薄弱，这些特点使得社会组织在人事和业务方面对其成员的约束普遍较低，因而党的工作的开展在很大程度上要取决于党员个体的素质和作为。但是在社会组织中，党员发挥先锋模范作用却面临着一些全新的环境限制和许多新的问题：其一，社会组织的发展更多体现在业务上，党员模范作用的发挥也更多需要社会组织成员在业务水平上的提升。其二，随着市场经济体制的成熟和经济社会的发展，人们的生活方式发生了重要变化，闲暇时间增多，社会角色也变得多样化。这种情况下，单位党组织要像计划体制下那样对党员进行全方位的监督、教育和管理，已经变得越来越不可行。其三，在社会组织中，党员发挥作用的方式、途径尚未制度化，开展党的工作主要利用业余时间，党组织对党员的约束力也比不上其他基层党组织的约束力强。

三 社会支持：不容乐观

通过文献梳理不难发现，关于社会支持理论的应用，主要集中于疾病患者、城乡老年人、大学生、失业者、农民工以及残障人士的社会支持研究等方面。从研究领域来看，社会支持研究主要与弱势群体相结合，即支持客体是具体的社会人，已有研究显示，社会团体是社会支持的主体，是支持的供给者。社会组织是创新社会治理、促进和谐社会建设的一支公认的、最有力的社会支持主体，但是社会组织健康有序发展也需要有效的社会支持系统。然而，从调研情况看，甘肃省社会组织在发展过程中得到的社会支持不容乐观。

（一）社会支持意识淡薄

意识具有指导、控制人的行为和生理活动的作用，意识包含着价值观、判断力及分辨力等。社会对社会组织支持意识的强弱，直接决定着社会组织获得社会支持的程度，从调研过程看，甘肃省社会力量对社会组织的支持意识比较淡薄。具体表现为：社会支持文化氛围不浓厚，社会支持主体的主动性不强。

1. 社会支持文化氛围不浓厚

文化氛围是一种软环境，也是一种文化气息，是在社会发展过程中逐渐形成的，是具有双向影响功能的一种精神力量。社会支持文化氛围在我国正在初步形成，但是支持客体主要是弱势群体，而针对"组织性"的客体——社会组织的支持，相对比较弱。社会支持文化氛围不浓厚主要表现在以下方面：一是在中国传统文化中缺乏支持社会组织的文化元素。中国是文明古国、礼仪之邦，在灿烂的中国传统文化中蕴涵着丰富的"助人为乐"的思想和"集体主义"精神。但是，"助人为乐"中的人多指邻里、公众和社会组织等个体和团体对弱势群体提供的情感、物质、信息等方面的帮助和支持。"集体主义"指个体对组织的服从和支持，而且这里的"集体"多指国家或个人所在单位或组织，一般不包含社会组织。二是社会组织长期处于弱势地位难以引起公众的关注和支持。"长期以来，我国的中央集权制行政传统也造就了'全能型政府'，传统的行政文化促使社会过分依赖政府"①，受传统行政文化的影响，"公众在社会生活中更倾向于相信和依赖政府，其社会生活的各个领域都深深地打上了政府的烙印"。② 正是政府在公众中的绝对权威和公众对政府的依赖心理导致社会组织的存在感不强，从而也难以引起公众的关注和支持。其实，社会组织与政府、企业等相比，属于"弱势组织"，也需要社会支持。三是现代社会公众把社会组织仅当作"助人自助"的第三部门。随着经济社会的发展，社会组织的地位逐渐崛起，社会作用日益凸显，但公众无限地放大了社会组织的"助人"功能，面对社会组织只知"索取"、无心"奉献"。四是公众对社会组织心存疑虑、信任度不高，社会组织的公信力不足。欠发达地区的甘肃省，新生的社会组织各方面发展不充分、不成熟，在开展公益性活动时暴露出种种令公众不满意的问题，甚至存在一些不按章程办事或违纪行为。因此，公众自然而然地会对社会组织持怀疑态度，有时会敬而远之，至于支持社会组织可能会更加谨慎或吝啬。社会组织公信力不足产生的原因除了发展不成熟、不充分外，在制度层面，主要表现在"合法性不足、诚信度下降、公益性偏离、自主性缺乏"③，合法性问题也是社会组

---

① 徐莉：《非政府组织与社会支持体系的构建——以艾滋病防治领域为例》，中国社会科学出版社 2012 年版，第 9、78 页。
② 徐莉：《非政府组织与社会支持体系的构建——以艾滋病防治领域为例》，第 9、79 页。
③ 张杰：《我国社会组织公信力不足的制度成因探析》，《青海社会科学》2014 年第 2 期，第 90 页。

织公信力不足的一个重要因素。在现实中，社会组织由于种种原因无法在民政部门登记注册获得合法身份，却以社会组织名义开展活动的现象比较多，并且有些社会组织存在挪用善款、追逐利益的倾向和公益腐败问题。这些负面事件严重破坏了社会组织的公益性，以及自身的社会声誉和公信力。从甘肃社会组织网获悉，甘肃省 2013 年 1 月 7 日撤销社会组织 131家，2014 年 6 月 20 日撤销社会组织 131 家，2015 年 5 月 28 日撤销社会组织 71 家，三年时间共计撤销社会组织 333 家。这些被撤销的社会组织均存在不同程度的违法违纪行为。

2. 社会支持主体的主动性不强

社会组织作为一种新生力量，在参与社会治理、提供社会支持的同时，也应该成为社会支持的"组织性"客体。社会组织发展的社会支持主体，广义上主要包括政府、企业、媒体、社会组织、公众，狭义上仅指除政府之外的其他社会力量。支持主体可以分为正式支持和非正式支持，其中以政府为主的支持属于正式支持，以企业、媒体、社会组织和公众为主体的支持属于非正式支持。社会组织的发展离不开政府、企业、媒体、其他社会组织以及公众的支持，但是，从调研过程看，无论是正式主体还是非正式主体，其对社会组织的支持都比较少，支持的积极性和主动性有待提高。

（1）正式支持主体的理念转变较为困难、支持不理想

政府是社会组织的正式支持主体，政府与社会组织之间具有双重关系。①管理与被管理。就管理对象而言，正如相对丁市场主体，政府有责任提供制度、维护交易秩序与规则一样，对于社会组织，政府也扮演了同样的角色。"一方面，基于宪法的主张，公民结社是自由社会的基本人权之一，如非特殊原因，政府不能限制民间的此种自由；另一方面，各国政府以不同形式承担着对社会组织的管理责任"。① ②合作伙伴。政府与社会组织合作伙伴关系的形成，源于社会治理和社会需求多元化，也与政府体制改革有较大关系，即在"大政府、小社会"向"小政府、大社会"转变过程中产生的，合作伙伴关系从理论上而言，应该是政府与社会组织的平

---

① 冯俏彬：《政府管理与支持社会组织的国际经验及对我国的启示》，《财政研究》2013 年第 7 期，第 70~74 页。

等合作、互助互惠，但是在实际运作中，由于社会地位、资源禀赋等各方面因素的影响，社会组织与政府依然无法实现基本的平等合作。

从新中国成立到现在，我国社会组织的发展大致经历了四个阶段，这一过程体现了政府对社会组织管理理念的转变。起步阶段（1949～1978年），此阶段的社会组织主要分为政治倾向强的社会组织，如九三学社、中国民主同盟会；商会、工会、农会等社会组织；具有反动性质的社会组织。三类社会组织的发展呈现出不同的结果，政治类的社会组织，被赋予了参政议政的主要职能，成为社会政治生活的重要组成部分；工商农会等社会组织经过了改造，其性质和目的有较大的变化；同时，也取缔了一大批具有反动性质的社会组织，尤其是伪宗教组织等。对于这一阶段的社会组织，主要以清理、改造和管控为主。恢复阶段（1978～1989年），改革开放初期，社会管理制度、机制不完善，政府对社会组织的管理相对松懈，同时由于改革开放政策的推行，使得这一时期的社会组织迅速恢复，比较典型的是各种学会、研究会相继恢复成立。调整阶段（1989～1998年），在经历了社会组织恢复阶段的井喷式发展之后，以1989年新的《社会团体登记管理条例》和《民办非企业单位登记管理暂行条例》的颁布和实施为标志，我国社会组织进入调整阶段。这一时期的主要特点是加强社会组织的监管，实行双重管理体制。提高阶段（1998年至今），1995年世界妇女大会在北京召开以后，我国的社会组织迅速发展，尤其是环境保护、扶贫开发、妇女儿童权益保护、教育支持、公共卫生、社会福利等领域的社会组织如雨后春笋般发展壮大，这一时期政府与社会组织的关系，主要体现为引导、促进、合作和支持。

政府与社会组织之间虽然具有管理与被管理、合作伙伴的双重关系。但是，从我国社会组织发展历程来看，社会组织长期是被管理的对象，政府与社会组织之间的平等合作、互助互惠的关系尚未形成。新中国成立后，国家百废待兴，经济社会建设及其发展的方方面面均需要各级政府的强力推动，计划经济体制为国家建设发挥了举足轻重的作用，但是也助推了"全能政府"的形成，以及政府官员"管控"思想的固化，从而在新形势下对新生的社会组织发展的自觉服务、主动支持的意识难以树立，支持力度也很不理想。一是支持社会组织发展的地方性政策少；二是对国家的相关政策落实不力；三是工具性支持（包括引导、协助、有形支持与解决问题的行动等）不足，表达性支持（包括心理支持、情绪支持、自尊支持、情感支持、认可等）更少。另外，政府对社会组织的宣传报道也非常少，部分市（州）在民政部门的门户网站中设有"社会组织动态"专栏，但信息量极少（具体见表 3-9）。

表 3-9　甘肃省部分市（州）社会组织管理网站信息统计

单位：条

市	信息分类		
	党建学习类	监察管理类	活动项目类
兰州	5	15	3
嘉峪关	5	9	4
白银	4	30	15
张掖	14	11	4
酒泉	4	6	4
金昌	0	0	0
陇南	3	5	1
平凉	3	7	0
总计	38	83	31

注：此处的活动项目类，仅指由各级各类社会组织开展的活动和项目。

数据来源：笔者通过民间组织管理网站以及社会组织网整理统计所得，网站查阅、统计时间为 2016 年 7 月 27 日 21：14，本次统计不包含各网站转发的国家级的政策法规信息。甘肃省的 14 个市（州）中，能够查询到民政系统官网或者社会组织网的共计 8 个市，其余 6 个市（州）无法找到官方网站的链接，分别是：庆阳市、临夏州、甘南州、武威市、天水市、定西市。

　　甘肃省社会组织管理的官方宣传网站一般有两种：民政厅（局）门户网站和社会组织网，省级层面上，社会组织的官方宣传渠道主要有甘肃省民政厅网站和甘肃省社会组织网，市（州）层面上，只有白银市既有民政信息网，又有白银市社会组织网。其余市（州）有关社会组织的信息均来自民政系统的官方网站。从统计数据看，金昌市民政局网站上，除去各种省厅及国家的政策法规及条例外，共有信息 68 条，其中，涉及社会组织的共计 0 条。民政系统管理网站的信息主要以监察管理类和党建学习类的为主，其中党建学习类占 25%，监察管理类占 54.6%，而对各级各类社会组织开展的活动及项目的报道宣传仅占 20.4%。统计数据显示，各市（州）

社会组织管理部门对社会组织开展活动的宣传比较少，部分市（州）在民政部门的网站中设有"社会组织动态"专栏，但信息量极少，同时，现有信息的更新不及时，"突击式"信息堆积现象突出，如甘肃省民间组织管理局网站中关于社会组织活动项目类信息更新时间基本集中在 2006 年 5 月 18~22 日期间，在甘肃省社会组织网的"社会组织动态"板块中，共计 14 条信息，信息发布时间集中在 2014 年 7 月 3 日至 12 月 5 日；在兰州市民政局网站中，关于社会组织的信息，在"基层动态"板块可查询至 2011 年 12 月 27 日，在"媒体关注"板块可查询至 2016 年 3 月 10 日。

（2）非正式支持主体的积极性不高、支持不大

第一，企业支持极其有限。企业对社会组织的支持，主要以提供财力、物力和人力，财力支持是以资金捐赠的方式进行，为社会组织开展相关活动提供必要的资金支持；物力支持是以企业的产品为主，为社会组织捐赠其开展活动所需要的公益物资，如衣物、药品、学习用品等，也包括企业向社会组织捐赠办公用品，如企业为社会组织免费提供办公场所，或者电脑、打印机等；人力支持指企业员工作为志愿者积极参与社会组织的公益活动。

企业是营利性组织，其所有行为都有较强的功利目的。随着经济社会的不断发展，企业家的思想也日益进步，企业在获取最大效益的同时向社会奉献的责任意识也逐渐加强。但总体而言，甘肃省的企业对社会组织的支持极其有限。一是向社会组织捐资的意识淡漠。企业家一般热衷于在大型募捐活动中把大笔的资金捐赠给政府或代表政府组织募捐的相关机构，或者直接捐赠给某些个人及家庭，而不愿意捐赠给社会组织支持其开展公益活动。二是向社会组织捐资的企业为数不多，捐资额比较少，捐资行为不连续。在调研中发现，甘肃省各地有个别企业直接向社会组织捐赠，但受各种因素影响，捐赠效果不理想。从访谈结果看，所有受访的社会组织没有得到省内大型企业的资金和物资资助，可见，省内大型企业针对社会组织的捐赠行为较少。三是企业负责人或员工向社会组织提供人力资源支持的现象不多见。其实向社会组织提供人力资源也是对社会组织的一种大力支持，但在各种公益活动中很少有以企业为单位有计划有组织地向社会组织提供志愿服务的情形。四是企业的慈善文化建设滞后。甘肃省的 500 强企业虽然不多，但是资产过亿的企业家不少。然而，他们中有些人宁可无度挥霍，也不愿从事公益慈善事业。这是造成企业支持社会组织极其有

限的重要原因。"企业慈善文化是企业文化的重要组成部分，是反映企业经济德行、企业社会责任意识，以及回报社会状况的一种重要方式，其本质特征体现为企业法人公民文化"。① 当然，无可厚非，企业的社会慈善文化意识的养成，也与企业的发展状况有关，受经济形势整体性下滑的影响，当前甘肃省大型企业还处在初创期或者努力提高自身经济效益的时期，其对慈善的关注比较少。另外，"受传统慈善理念的影响，当前不少的慈善行为体现出一种'宣扬的慈善'的特点。当慈善被看成是企业责任的时候，对慈善行为的考量则主要不在于捐赠多少，而在于有没有同情和善良之心，有没有社会责任感"。②

第二，媒体支持软弱无力。媒体对社会组织的支持主要表现为对社会组织的正面宣传和积极报道。但是从走访调研的情况看，媒体支持的积极性不高、力度不够。

从图 3-10 可以看出甘肃省相关媒体对社会组织支持无力的种种表现，一是甘肃省社会组织接受媒体报道的总次数有限，尤其是被平面媒体和电视媒体报道的次数非常有限，传统媒体在社会组织的宣传方面依然关注较少，尤其是一些官方媒体，如《甘肃日报》、各市（州）党报等在社会组织宣传方面没有起到很好的引领作用。二是传统媒体对社会组织进行宣传时，覆盖面比较小。在访谈中得知，由于社会组织所处的地域以及登记部门不同，其所面对的媒体资源也有较大区别，总体而言省级社会组织和兰州市社会组织获得的高级别媒体报道的概率比较大、频率也比较高，市（州）级及兰州以外的社会组织得到省级及以上媒体报道宣传的机会相对较少，而县区级社会组织被此类媒体报道的机会则是少之又少。三是媒体对社会组织的宣传缺乏规划性。各种媒体虽然偶尔对社会组织及其开展的活动进行报道，但没有特定的栏目、没有稳定的板块、没有固定的时间等，说明媒体对社会组织宣传报道的随意性很大、规划性很弱、稳定性较差。四是媒体间联合宣传社会组织的事例较少，相比较而言，针对政府部门的行为，一定区域内的平面媒体和电视媒体均会联合宣传，但是针对社

① 倪建文：《中国企业慈善文化发展问题探讨——基于中美企业慈善文化比较的视角》，《齐鲁学刊》2014 年第 3 期，第 101 页。
② 倪建文：《中国企业慈善文化发展问题探讨——基于中美企业慈善文化比较的视角》，《齐鲁学刊》2014 年第 3 期，第 102 页。

会组织，宣传缺少协同行为，即媒体间的互动少，无法形成连锁效应。

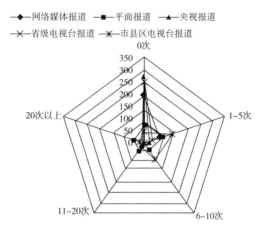

图 3-10　2015 年甘肃省社会组织媒体报道情况

　　此外，新闻发言人制度也有助于对社会组织进行宣传，民政部 2016 年 6 月印发《关于推动在全国性和省级社会组织中建立新闻发言人制度的通知》，计划建立社会组织发言人制度，"为加强社会组织信息公开工作，将推动建立社会组织新闻发言人制度，就本组织的重要活动、重大事件或热点问题，通过定期或不定期举行新闻发布会、吹风会等形式主动回应社会关切，确保公众的知情权……社会组织的新闻发言人制度将分级分类逐步实施：提倡全国性行业协会商会和具有公开募捐资格的基金会于 2016 年年底前普遍建立该制度；提倡在民政部登记的其他各类社会组织和省级民政部门登记的各类社会组织在 2017 年年底前建立该制度；提倡市、县民政部门登记的各类社会组织有条件的也应建立这一制度"①。但在调研中发现，甘肃省社会组织在新闻发言人制度建立方面无相应举措。

　　第三，社会组织之间的相互支持极其欠缺。社会组织之间的相互支持是最直接、最具亲和力、最有促进性的社会支持，这种来自同行之间的支持其实是一种强大的内生动力，它不但能够有效聚合社会组织间分散弱小的力量，而且能够有效激发社会组织的自信心和潜能进而产生强大的作用力，同时还能够有效获取其他支持主体的更多更大的外在支持。然而，在

———————
① 参见人民网，2016 年 6 月 14 日。

甘肃各市（州）的调研访谈中我们没有发现这种理想状态。一是缺乏信息共享渠道和相互支持平台。区域内几乎没有强大的枢纽型社会组织，同类社会组织之间也没有形成联盟关系、没有建立起相互交流的平台，各地社会组织登记管理机关也很少组织本地各类社会组织开展相关活动（参见表3-10），各地业务主管单位也很少把本领域的社会组织召集在一起开展交流活动。因此，区域内社会组织的负责人之间大多数互不认识，认识的也基本上老死不相往来。在调研中发现，许多社会组织的负责人通过我们组织的座谈会才相互认识，而且通过他们对本组织服务领域的介绍后，面面相觑、恍然大悟，原来各社会组织都有比较优势，相互之间完全可以取长补短、互相支持。二是社会组织缺乏抱团发展的理念。新生的社会组织由于其产生的背景、产生的方式、成长的环境等因素的影响，一经成立便开始闭门造车、单打独斗，"闭门做公益"的现象突出，缺乏抱团发展的理念，甚至存在"同行相轻"的思想和"恶性竞争"的现象。

表 3-10　2015 年甘肃省社会组织参加国内同类组织交流、互访情况统计

	频率	百分比（%）	有效百分比（%）	累积百分比（%）
每季度 1~2 次	33	10.19	10.19	10.19
每半年 1~2 次	96	29.63	29.63	39.82
基本没有	195	60.18	60.18	100.0
合计	324	100.0		

　　第四，公众支持有待加强。公众既是社会组织服务的主要对象，更是社会组织发展依靠的重要力量和强大支持后盾。但是在甘肃省各地公众对社会组织的支持还存在很大的问题。一是对社会组织的认识存在偏见。由于受经济社会发展、社会慈善文化和公众志愿精神等因素的制约，欠发达地区的公众既怀疑社会组织对其提供的专业服务，又不愿意向社会组织提供应有的支持。或者在逐渐认知了社会组织以后，产生了社会组织只是无偿服务公众的主体，而不是接受公众支持的客体的错误认识。二是对社会组织提供的公益活动或服务的配合不到位。由于思想认识问题所致，作为公益服务的主要对象，公众对社会组织专业人员的服务配合度有待提高，

尤其在社区进行入户调查、评估时，经常会遇到服务对象不信任、不配合的情形，甚至存在刁难工作人员的现象。三是公众参与志愿服务活动的积极性严重不足，除大学生群体外，其他社会公众参与志愿服务的次数非常有限，没有参与过任何志愿服务活动的公众占有相当比重。四是向社会组织提供的财物捐赠极少。"一方有难、八方支援"的中华民族优秀传统文化已经根植于每个公众的思想深处，当某地或某人突遇灾难时，社会公众一般都会慷慨解囊，以现金或衣物等加以帮助，但专业济贫扶困、践行慈善的社会组织在爬坡过坎的发展阶段或者开展专业服务的时候却得不到公众的鼎力相助。五是社会组织的公信力下降，严重影响了公众对社会组织的支持。近年来，我国社会组织尤其是具有政府背景的社会组织经常发生影响其公信力的事件，如中国红十字会的"郭美美事件""万元帐篷"事件、中华慈善总会的"尚德诈捐门"事件等，这些负面因素使社会组织的形象遭到破坏，从一定程度上加重了公众对社会组织的偏见，从而直接影响了社会支持主体的积极性，特别是公众的捐资积极性。在"郭美美事件"之后，《新周刊》在网络上发起一项捐款意愿调查，结果显示，高达82%的调查对象表示不会再向中国红十字会捐款，15%的网友表示有待考虑，但需要调查中国红十字会的每一笔善款，并且向社会公众公布，仅仅只有2%的调查对象表示会继续向中国红十字会捐款。

（二）社会支持体系不完善

社会组织社会支持体系具有综合性和动态性，完善的支持体系涵盖多个元素，如政府、企业、媒体、社会组织以及公众，并且关注这些元素之间的有效整合和链接，通过调查发现，甘肃省社会组织的社会支持体系不完善，主要体现在以下方面：

1."点线面"的联合支持体系不完善

社会组织发展的社会支持体系，从"点"的层面上看，社会公众是最主要的支持个体，但是，个体支持总是处于"单兵作战"的状态，自主联合性较差。在对社会组织的活动和项目提供支持的时候，散落于社会各个领域的个体支持者受信息共享度和信任度的影响，也会做出不同的行动选择。在信息共享度方面，尽管随着互联网的迅速发展，公众的信息获取途径不断扩大，但是，随之而来的还有海量的信息，海量信息可能会淹没社会组织的相关信息，使公众在获取源头已经与支持信息失之交臂。同时，由于个体关注度不同，社会组织的支持需求可能无法直接与作为信息接收点的个体公众直接联系起来，即支持信息的通达性较差。从"线"的层面上看，以职业为主的团队支持也是社会组织的主要支持主体，尤其是各行各业的志愿者团队，如高校学生、医务人员、律师等。

> 我们服务站的志愿者涉及本区域各行各业的人，在一些单位还建立了专门的志愿者团队，如医疗志愿者队伍、检察院的志愿者队伍、法院的志愿者队伍、武警志愿者队伍、公安志愿者队伍，每次活动时，会邀请一个单位或者一个行业的志愿者队伍参加，一般各个行业同时出动的可能性比较小。[①]

从行业内部而言，行业支持的凝聚力更强，团队工作的效果更好，但是在总体的行业支持中，行业的相互隔离性较强，无法形成以专业知识为基点的联合性行业支持团队。从访谈中获知，"点"支持和"线"支持的有机组合性较差，无法形成"面"支持，即个体社会支持和行业社会支持无法有效联合，形成具有网格特征的平面联合支持体系。

2. "一体化"的动态支持体系不完善

"一体化"的动态支持体系主要包括社会支持动员、社会支持过程、社会支持反馈。动态支持体系涉及人、物、技术、信息等各方面的要素。社会支持动员方面，"社会动员是社会实践的重要前提，是领导能力的主要体现，也是时代发展的呼唤，社会动员具有目的性、参与性、协同性和反复性"。[②] 社会组织的社会支持动员能力，是指"社会组织不仅要在组织内部进行人力、物力和财力的动员，还要在全社会范围内进行各种资源的动员，鼓励各方参与和支持社会组织的活动及项目"[③]。徐莉的社会动员更多地以社会组织为主，但与此同时，我们认为，在现阶段，社会组织的社

---

① 引自 QYS3 访谈资料。
② 甘泉：《社会动员论》，武汉大学，2010，第 42 页。
③ 徐莉：《非政府组织与社会支持体系的构建——以艾滋病防治领域为例》，中国社会科学出版社 2012 年版，第 9、173 页。

会动员能力还比较弱，社会支持动员中政府也有责任。一方面，政府的支持动员意识和动员行动都有待加强；另一方面，社会组织自身的支持动员能力有限，这与社会组织的地位、资源禀赋、形象及活动领域有关。社会支持过程方面，存在支持政策落实不到位的问题。近年来，国家关于社会组织发展的政策涉及各个方面，具体为综合改革类、登记管理类、购买服务类、发挥作用、信用建设类、党群党建类、内部治理、政社分开、分类扶持、财税支持、就业扶持类等，如财政部出台的《关于非营利组织免税资格认定管理有关问题的通知》（2014年1月）、国务院办公厅出台的《关于政府向社会力量购买服务的指导意见》（2013年9月）、中共中央办公厅、国务院办公厅出台的《关于改革社会组织管理制度促进社会组织健康有序发展的意见》（2016年8月）等。甘肃省也出台了相关的政策，具体见表3-11。

表3-11　甘肃省促进社会组织发展的政策

类别	名称	发文部门	发文时间
登记管理类	《甘肃省四类社会组织直接登记管理暂行办法》	甘肃省民政厅	2015年9月
	《甘肃省党员领导干部在职及离职后从业限制暂行办法》	甘肃省委办公厅、省政府办公厅	2012年6月
	《甘肃省省级行业协会商会负责人任职管理办法（试行）》	甘肃省民政厅	2016年10月
行业发展类	《关于促进慈善事业健康发展的实施意见》	甘肃省政府	2015年8月
	《关于进一步促进全省展览业发展的实施意见》	甘肃省政府办公厅	2015年7月
	《关于鼓励民间资本参与养老服务业发展的扶持政策》	甘肃省民政厅等	2015年8月
	《关于加快发展民办社会工作服务机构的指导意见》	甘肃省民政厅	2013年7月
	《甘肃省养老机构设立许可办法》	甘肃省民政厅	2013年9月
	《甘肃省养老服务评估暂行办法》	甘肃省民政厅	2015年6月

续表

类别	名称	发文部门	发文时间
扶贫开发类	《关于动员和鼓励社会各方面力量参与扶贫开发的实施意见》	甘肃省政府办公厅	2015 年 5 月
政府购买类	《关于确定具备承接政府职能转移和购买服务资质的社会组织目录的指导意见》	甘肃省民政厅	2014 年 9 月
	《关于政府向社会力量购买服务的实施意见》	甘肃省政府办公厅	2014 年 5 月
	《关于印发政府购买社会工作服务实施办法（试行）》	甘肃省民政厅、财政厅	2013 年 9 月
	《具备承接政府职能转移和购买服务资质的省属社会组织名录（第一批）》	甘肃省民政厅	2016 年 8 月

资料来源：笔者依据甘肃省民政厅官网信息和甘肃省社会组织网站的信息整理制作，主要包含 2012 年 1 月至 2016 年 10 月的政策类信息。

国家和省上关于社会组织发展的政策相对比较多，应该说是密集出台，可是好政策总是难以落实，尤其是购买服务类的政策，我们社会组织真是盼星星盼月亮，盼着购买政策能够落地，但是，对于市（州）一级的社会组织而言，购买政策显得有些"雷声大、雨点小"，我们拿着国家和省上的政策文件去找市（州）的相关部门，得到的答复基本上都是：市上政策不明朗，还没有具体的实施办法等。[1]

国家和省级层面出台的有关社会组织发展的政策相对比较多，但从访谈过程来看，登记管理类的政策落实比较到位，而促进行业发展以及政府购买类的政策执行力度比较小，此类政策的宣传力度大，但是难以落地。社会组织扶持政策不能单一化，要善于使用综合化的政策工具，即政策组合拳，如购买服务类的政策要与政府职能转变的政策同时实施，且用后者保障前者的实施。另外，是支持资源的整合度不高，支持行为缺乏长效性。受社会组织自身能力的影响，尤其是初创期的社会组织，在活动过程中，对参与活动的各种资源的整合能力有限。支持主体在支持行为方面，缺乏稳定性、持续性和长效机制，如政府购买服务项目有时安排、有时断

---

[1]　引自 ZYS2 访谈资料。

线，有时是这类项目、有时是那类项目。

> 我们组织的有些活动，有时候来的志愿者比较多，但是由于大家都有各自的工作，不能提前聚集进行活动前的培训。因此，在活动过程中，往往存在社会组织的工作人员无法有效组织志愿者，人力资源的整合能力有限，那些积极主动的志愿者会很快融入活动之中，比较被动的志愿者，则需要工作人员的安排、引导，导致活动效率比较低。[1]

社会支持反馈方面，反馈机制不健全，主要表现在社会组织的反馈意识不强，部分社会组织比较注重各项活动的前期动员，而忽视后期的效果反馈，尤其是社会组织开展的系列活动，在活动结束后，参与支持的主体无论是个体公众还是行业主体，几乎很难获得活动及项目的开展效果和成效信息。同时，在访谈过程中，我们发现，对于一部分自愿、主动支持社会组织发展的公众，社会组织为了鼓励其参与支持的行为，会进行相应的服务记录、评优等，但是在支持者的职业发展和晋升过程中，这些服务记录、评优等都"派不上用场"。

（三）社会捐资微不足道

近年来，随着我国经济社会的不断发展，社会慈善捐资逐年增长，总量增长比较快，但是，甘肃省社会组织获得社会捐资的情况并不乐观，受经济发展水平的影响，社会捐资渠道不畅，社会捐资区域不平衡、行业不平衡等现象比较突出。

1. 社会捐资渠道不畅

（1）传统捐资渠道形式单一、程序复杂

社会捐赠不乐观的主要原因，除社会公众对社会组织的认识不足、对公益事业参与不高、社会捐赠文化缺失之外，也与我国的社会捐赠渠道单一、程序复杂息息相关。从受赠渠道来看，《中华人民共和国公益事业捐

---

① 引自 QYS3 访谈资料。

赠法》（1999 年）规定："自然人、法人或者其他组织可以选择符合其捐赠意愿的公益性社会团体和公益性非营利的事业单位进行捐赠。"这说明捐赠人选择受赠对象必须限于公益性的社会团体和公益性非营利的事业单位两类主体。在现实中，这两类主体因发展不良，其受赠主体的主体性不强，往往被政府或带有"官办"性质的社会组织所垄断（如各级慈善总会）。"政府的干预不仅有悖于非营利组织分担政府职能，促进政府机构改革的初衷，而且有可能改变社会捐赠事业独立性和自发性的性质，背离捐赠者的意愿，阻碍捐赠事业的发展"。[①] 同时，民间的社会捐赠管理组织不发达，难以履行受赠者的权利和义务。这种情况的存在显然窄化了社会捐赠的渠道，使有捐赠意愿的公众找不到便捷、放心的捐赠渠道和捐赠方式。从捐赠渠道而言，传统的社会捐赠方式有现场捐款、银行汇款等方式。现场捐款主要针对自然灾害、个体突发情况，此种捐款方式的组织成本较高。银行汇款的方式程序烦琐，尤其是大额捐资程序比较复杂：①捐资者只有在精确了解和掌握社会组织基本情况和信息的前提下，才会进行大额捐赠，而了解和掌握社会组织的基本情况，需要较长时间和精力；②大额捐资需要在银行柜台办理相关手续，留存捐资资料和凭证等。在银行柜台办理相关手续，留存捐赠资料和凭证的要求及程序复杂麻烦，在一定程度上会影响捐赠者的捐赠行为。从募捐方式来说，传统的社会募捐主要包括以下几个方面：①广场募捐。广场募捐的优势主要在于人流量大、捐赠概率高，通过"广场效应"获得较多的捐赠。②寄信募捐。寄信募捐是比较传统的纸质书信募捐形式，这种募捐的针对性更强，但需要较为细致的前期准备工作，即要详细了解募捐对象的基本情况。③邮件募捐。邮件募捐和传统的寄信募捐有相似性，但比寄信募捐更便捷，适合针对企业进行募捐。④面对面募捐。此种募捐方式需要参与劝捐人员有较强的心理素质、语言表达能力和沟通能力。上述募捐行为，对于劝募者来说是主动性的，对于捐赠者来说，是被动性的，因此，捐赠实效较差。

（2）实物捐赠不顺畅

实物捐赠指捐赠的标的物是实物，如汽车、药品、电器、衣服、鞋

---

① 夏子坚：《中国现行社会捐赠机制的制度困境与政策选择》，《南方论刊》2006 年第 7 期，第 8 页。

帽、书籍、字画等。随着人们生活水平的不断提高，社会公众尤其是城市居民七八成新的闲置衣物比较多，弃之可惜，捐之无门。从甘肃高校的实物捐赠情况来看，高校志愿者团队的积极性比较高，动员在校大学生进行实物捐赠，志愿者团队负责衣物、书籍等的收集，但是，由于高校志愿者团队无法有效对接相关的政府部门和社会组织，因此，大学生所捐赠的衣物和学习用品绝大多数堆积在库房，无法到达受益人的手中。可见，实物捐赠的渠道不畅通。究其主要原因，实物捐赠的操作程序多、成本高，影响了政府部门和社会组织接受实物捐赠的积极性。比如旧衣物的处理程序比较繁杂，一般包括分拣、消毒、整理、运送等环节，每一个环节都不能少。但是，我们看到互联网在实物捐赠方面却有新创举，如百度贴吧中的"旧衣吧"和"捐旧衣服吧"，其慈善宣传口号是"想扔掉的旧衣服，是他们需要的新衣服"；"你从力所能及的做起，给公益一个最低的门槛"。"明星公益网站'爱心衣橱'网 2012 年 4 月下旬在北京市试水民间闲置衣物捐赠，开通'香港拓铺洗衣'和'荣昌洗衣'位于北京市的 31 处营业门店作为收衣点，两家机构将衣物免费统一消毒，并把每件衣物单独装袋打上'已消毒'标签。同时，'德邦物流'提供全国无条件免费运送"。[1]但是甘肃在实物捐赠方面，缺少创新和尝试。在社区实物捐赠方面，虽有所尝试，但是步履艰难。2016 年兰州豪泽商贸有限公司与兰州市慈善总会建立合作关系，主要开展社区实物捐赠活动，具体做法是在兰州市的居民小区中设立"爱心衣物捐赠箱"，"回收的衣服首先进行筛选分类，将八成新以上的衣物通过清洗、消毒、补扣、包装后，送到贫困地区，为慈善事业做贡献。剩余的衣物形成再生资源，进行二次利用，如再生纤维布块、工程保温保湿毡、农用保温棉被、汽车坐垫等"。[2]但是在具体设置爱心箱时，却遇到较多困难，绝大多数小区的物业表示认同此类做法，但是实际执行时，却寻找各种理由和借口拒绝在本小区内设立爱心箱，如建议设置方与街道和社区沟通，但在沟通过程中，街道与社区工作人员强调小区设置爱心箱应由对应的物业公司做主，街道办事处、社区居委会和物业公司

---

① 《慈善捐助传统渠道对阵新兴模式　捐旧衣官方渠道不畅》，文汇网山西频道，http://sx. wenweipo. com/? action-viewnews-itemid-20049，2012 年 5 月 8 日。

② 《兰州爱心衣物回收箱遇尴尬》，每日甘肃网，http://lz. gansudaily. com. cn/system/2016/04/14/016004448. shtml，2016 年 4 月 15 日。

相互推诿，导致爱心箱在设立初期就遭遇困境，与居民积极的捐赠心态相反，爱心企业由于无法设置投放点使旧衣物数量有限，难以进行二次生产再利用。

（3）新兴捐资模式开发不足

随着互联网技术、移动传媒的迅速发展以及非公募基金会的不断成长壮大，以互联网为主的捐资渠道正在兴起。其一，社会捐资与网络支付方式相结合，如壹基金可以通过财付通、支付宝、paypal、快钱等流行的网上支付方式接受捐赠。其二，社会捐资与交友软件相结合，采用交友软件的支付方式，如QQ钱包支付、微信红包支付等。上述两种新兴的捐资渠道有较快发展，并且方便、时效性强，根据腾讯官方消息，截至2015年8月，腾讯网络捐赠平台当年的善款总额超过了5亿元，其中90%以上来源于移动端捐款。但是，社会组织基于捐赠的基础性工作不到位，如为捐赠人和受助对象搭建共享平台、提供困难群体的相关资料等，让热心慈善的人有更多的选择权，使捐赠更便捷、更透明，此类工作比较滞后。另外，公募平台建设比较滞后，我国公募平台建设工作2016年才开始启动，2016年8月31日民政部正式公布13家具有募捐资格的互联网平台，政府关于公募平台资格及标准的确定是受民间公募行为的推动而进行的，因此，平台建设落后于募捐行为。美国2012年的一份研究报告将捐赠者分为三类：传统渠道捐赠、互联网渠道捐赠、二者兼而有之的捐赠，从总体来看，第一类捐赠者居多，约占84%；第二类只占3%；其余13%属于第三类。早在2009年发布的《慈善蓝皮书：中国慈善发展报告（2009）》中就指出，我国慈善捐赠资源出现多元化趋势，而支付宝便捷、即时到账、免手续费等优点弥补了传统银行、邮件捐款方式的不足，从而逐渐成为现代捐款的主要方式之一。政府和社会组织对新兴的募捐渠道的认识不足，思想观念转变缓慢，没有认识到新兴募捐渠道的开发和宣传的重要作用。

（4）捐资信息反馈不足

捐资信息反馈不足主要是指接受捐赠的社会组织没有及时有效地向社会公布接受捐赠人向其捐赠的基本情况、捐赠财物的使用情况、捐赠财物的使用效果等。从调研情况来看，社会组织反馈捐资信息及其善款去向情况不理想（见图3-11）。从社会组织反馈的方式或渠道来讲，61.17%的社会组织采取在内部刊物上发布信息，27.71%的社会组织采取在内部网站上发布信息，只有 11.12% 的社会组织采取在报刊上发布信息。可见，绝大多数社会组织反馈捐资信息的方式公开性不足、知晓率不高（见图 3-12）。

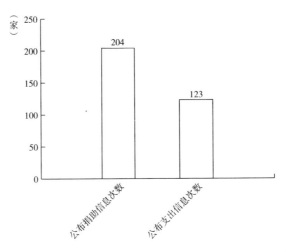

图 3-11　2015 年甘肃省社会组织公布捐助信息和支出信息次数

□内部刊物方式　▨内部网站方式　▩报刊方式

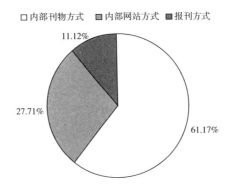

图 3-12　2015 年甘肃省社会组织公开信息方式构成情况

2015 年，甘肃省 59% 的社会组织没有对外公布接受捐助的信息，一方面，是社会组织没有接受社会捐助，另一方面，在接受了社会捐助的社会组织中，一部分是主观因素没有对外公布捐助信息。与此同时，61.17% 的社会组织没有对外公布公益支出情况。可见，社会组织的信息透明度，尤其是公益资金使用情况的透明度较差。同时，捐资管理的信息化发展落后，缺乏以计算机信息技术为主的互联网管理体系。在互联网中，能够查询到的关于甘肃省企业捐赠和个人捐赠的统计信息极少，比较详细的是2008年汶川地震后，甘肃省商务厅公布了一批集中捐赠的信息，主要是甘肃省外商投资企业向灾区的捐款捐物，共公布了四期。同时，甘肃省慈善总会也公布了接受的本省和外省向地震灾区捐款的统计名单。在甘肃省慈善总会的网站"慈善捐赠爱心榜"专栏中，只有1条信息，即于2011年7月8日公布了一批爱心捐赠名单，其中涉及的企业有7家，个人有24人，但是，信息显示，这些捐赠都集中于2007年和2008年。在"慈善项目"专栏中，2011年7月10日集中发布了7条信息；2015年12月1日发布了1条信息，涉及本省的主要慈善项目及其捐赠情况。在"慈善扫描"栏目中，2011年7月4日共发布了4条信息；2013年5月23日，发布了1条信息，涉及企业和个人的捐款信息。此外，在甘肃省慈善总会的官方网站上无法查询到其他捐赠信息，我们发现，慈善总会的信息公开缺乏时效性，网站信息陈旧，而且是非动态性发布，属于集中发布，不利于社会公众了解社会捐赠的最新情况。

2. 社会捐资区域不平衡、行业不平衡

首先，社会捐资存在东西部不平衡现象。甘肃省作为西部省份中较为贫困的地区，在整体不平衡的社会捐资中，能够获得的社会捐资相对更少。从《2014年度中国慈善捐助报告》中获悉，整体捐资额超过10亿元的省份有4个（广东省、北京市、浙江省、福建省），不难看出，上述四个省份中，除北京之外，其余三个均位于东部经济发达地区。整体捐资额超过1亿元的省份更是多达20个，西部地区的整体捐资规模比较小，部分省份的捐资额甚至低于5000万元，在企业的大额捐赠中，捐赠最多的100家企业平均捐赠超过1亿元，上榜企业多为中国500强企业，华东、华北、中南三地的企业捐赠最为活跃。从2014年慈善捐资看，个人和企业慈善榜单均显示，北上广以及东部等经济发达地区仍是我国慈善捐赠的主要来源地。其中，总部在广东省的企业，以10.228亿元的捐赠总额再次位居榜首（见图3-13）。从全国历年的统计数据来看，东部沿海地区捐赠活跃度和慷慨度高于西部地区，地区间严重不平衡。

其次，甘肃省社会组织总体接受社会捐助少。从调研资料可以看出，

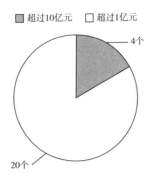

图 3-13　2014 年社会捐资额过亿的省份

数据来源：《2014 年度中国慈善捐助报告》。

2015 年大部分社会组织除接受政府部门的资助外，很少接受其他社会捐助，接受社会捐助的社会组织所占比例比较低，在已经接受过社会捐资的社会组织中，除政府专项拨款、公共服务购买项目、服务性收入等资金之外，企业和个人的社会捐助总额比较低，总计为 127.5874 万元，这也成为甘肃省社会组织资金短缺的一个主要影响因素（见表3-12），政府对社会组织提供资金支持，在甘肃省各市州情况并不一致，部分市州的财政支出中包含支持社会组织发展的专项资金，如酒泉市社会组织管理局每年有 20 万至 30 万元的专项资金。但从整体资助情况来看，2015 年甘肃各地社会组织通过公共服务购买项目获得政府资金资助的占社会组织收入的绝大部分，获得公共服务购买项目经费的总数为 182.7426 万元，这些公共服务项目主要包括中央财政支持社会组织发展项目、甘肃省福利彩票支持社会组织发展项目以及各市州的其他公共服务项目，通过数据对比显示，企业和个人的捐资比例比较低。

表 3-12　2015 年甘肃省社会组织资金收入情况

资金来源	数额（万元）
政府专项拨款	24.6
公共服务购买项目	182.7426
企业和个人捐资	127.5874
服务收费	19.134

最后，公益类社会组织接受社会捐资少。此处所指公益类社会组织是指社会组织主要以提供各类公共服务为目标，以项目实施为纽带，开展实质性和操作性公益活动的社会组织。如各种志愿服务中心、社工服务机构、养老服务机构等，这类社会组织主要以开展公益活动和项目为目的，几乎没有创收资金，活动经费主要依靠社会捐助和公共服务购买项目，但是，调研数据以及访谈结果显示，公益类社会组织在发展中存在的经费难题较其他社会组织更为突出。

> 创办机构的前三年，没有任何外来资金的资助，我基本都是自己垫钱，自掏腰包，到处贷款和借钱来发展组织，非常期待企业和社会公众的捐资，但实际上对于绝大多数社会组织而言，这类捐资少之又少，能够在新闻报道中看到的大额社会捐资基本上都流向具有官方背景的社会组织或者是基金会，比较典型的是流向各地区的慈善总会，而草根类社会组织，尤其是草根公益类社会组织的经费都是发展中的最突出问题。①

社会捐资流向官方背景的公益类社会组织的现象在甘肃仍比较突出，如 2016 年 "辽宁永康生物技术有限公司携手甘肃众慈健康管理有限公司向甘肃省关心下一代工作委员会和兰州市慈善总会捐赠总价值 1500 万元的视力矫正产品，用于甘肃青少年视力恢复。当日，捐赠方还承诺，将在未来 5 年内，陆续向甘肃省近两千所中小学再捐赠总价值 8500 万元的同类产品"②。2017 年 5 月，"深圳万泉来科技有限公司向甘肃省慈善总会捐赠总价值 249 万元的净水机 500 台，用于改善甘肃省部分人群的饮用水条件，每台价值 4980 元，市场总价值近 249 万元"。③ 全国也存在此类情况，"2014 年全国各类基金会所接收的捐款有 67.6% 流向非公募基金会。部分个人大额捐赠者更倾向于成立专门的基金会（或设立基金），

---

① 引自 LZS4 访谈资料。
② 《甘肃获赠 1500 万元视力矫正产品》，甘肃法制网，http://www.gsfzb.com/index.php?a＝show&c＝index&catid＝12&id＝8954&m＝content，2016 年 8 月 31 日。
③ 《爱心企业向甘肃省慈善总会捐赠 500 台净水机》，中国中小企业兰州网，http://www.smelzh.gov.cn/qyxw/show.php? itemid＝16996，2017 年 5 月 12 日。

再开展公益慈善活动。总体来讲，政府部门或带有官方背景的机构或组织接收捐赠占到 61.4%，而民间慈善组织接收社会捐赠的比重相对较小"。①

综合分析，社会捐资地区不平衡、甘肃社会组织总体接受捐资少、公益类社会组织接收捐资少等现象的出现，主要是基于以下原因：其一，甘肃社会组织的知名度有限，而且募捐能力较差，无法吸引和获得更多的社会捐资；其二，受甘肃经济社会发展水平以及当地对于社会组织发展的支持不够，本地的捐资量较少；其三，尽管网络捐赠已经成为潮流，也占据了我国社会捐资的半壁江山，但是，网络捐资或者指尖捐资也带来了较多的问题，对于西部地区本就不成熟的慈善生态环境造成了较大的影响。以"9·9"公益日为例，网络捐资的发起人利用移动终端和聊天软件，轰炸式地进行宣传和募捐，在三天时间里，各种公益项目让公众应接不暇，出现了"道德绑架捐款、情感强迫捐款"等现象，影响公众捐资的积极性。

（四）志愿者队伍发展不理想

志愿者是社会组织重要的人力资源，也是社会组织提供志愿服务的主体，甘肃省志愿者队伍发展存在的主要问题是：志愿服务文化氛围不浓厚、志愿者队伍人员构成较为单一、志愿者队伍规模较小、注册志愿者的捐赠率较低、志愿者流失率高、专业性不强、志愿者管理不规范、志愿活动保障机制不健全等。

1. 志愿服务文化氛围不浓厚

20 世纪 70 年代以后，"国际社会的志愿服务活动迅速发展，志愿服务队伍不断壮大，志愿文化也逐渐形成。志愿文化不但承载着志愿活动的精神价值，而且还成为一个国家软实力的主要构成要素，一个国家的文化价值能否体现出对所有生命个体的关怀和爱护，成为衡量其是否具有现代性

---

① 李泽伟：《中国慈善捐助去年破千亿 红会受捐减少近 2 成》，中国网（北京），2015 年 9 月 20 日。

特征，能否获得其他文明国家、民族认可的重要因素"。① 我国志愿服务起步比较晚，1989 年全国第一个社区服务志愿者协会在天津市和平区新兴街朝阳里社区诞生。1994 年，在共青团系统形成了一支志愿者队伍，并在此基础上产生了全国性的志愿者组织——中国青年志愿者协会。至此，我国志愿者服务得到不断发展。但是，甘肃省志愿服务相对滞后，志愿服务氛围不浓厚。一是省级层面没有出台"志愿服务条例"或"志愿服务实施办法"之类的法律法规，与其他省份相比志愿服务的法律制度文化尚未形成。二是志愿服务协会和注册志愿者相对较少。据甘肃省民政厅统计，截至 2017 年底，全省有注册登记志愿团体 6618 个、志愿者 78 万人。志愿组织占全省社会组织总数的 23.9%，志愿者占全省人口的 2.99%。尽管在许多社区、小区的公共场所张贴了宣传画，大力弘扬"奉献、友爱、互助、进步"的志愿服务精神，但志愿服务精神尚未内化于公众之心，自愿、主动参与志愿服务的公众还非常少。

2. 志愿者队伍人员构成较为单一

志愿者队伍建设是开展志愿服务活动的主要人力保障，也是提供志愿服务活动的主体，从甘肃省社会组织志愿者队伍发展来看，志愿者队伍构成比较单一，主要体现在以下方面：

第一，从职业角度看，社会组织的志愿者主要以大学生为主，尤其兰州市的社会组织，为了有效开展活动，与多个高校的学生社团建立了志愿服务合作关系。在具体的活动中，其他行业的志愿者参与比较少，如法律、心理、医疗、教育、艺术等行业的志愿者比较少。

第二，从性别角度看，女性志愿者较多。从人口性别比例来看，男性高于女性，2016 年 5 月，甘肃省统计局发布了《甘肃省 2015 年 1%人口抽样调查主要数据公报》，据抽样调查显示，"2015 年 11 月 1 日零时，全省常住人口中，男性人口为 1326.07 万人，占 51.04%；女性人口为 1272.02 万人，占48.96%。人口性别比（以女性为 100，男性对女性的比例）为 104.25"。②

---

① 《志愿文化、社会组织和社会建设》，南方网，http://theory.southcn.com/c/2012-05/23/content_ 46109685_ 2. htm，2012 年 5 月 23 日。

② 《甘肃省 2015 年 1% 人口抽样调查主要数据公报》，甘肃省统计局网站，http://www.gstj. gov. cn/w/Default. htm。

表 3-13　甘肃省志愿服务数据（2016 年 10 月 28 日数据）

单位：%

市（州）	女性	党员
兰州	49.25	4.21
嘉峪关	55.50	22.94
金昌	47.66	17.39
白银	49.47	4.83
天水	53.13	1.94
武威	48.45	4.28
张掖	51.85	6.04
平凉	48.54	11.76
酒泉	50.88	4.57
庆阳	51.43	4.96
定西	52.03	10.59
陇南	62.38	4.99
临夏州	49.88	12.79
甘南州	50.38	5.41

数据来源：甘肃省青年志愿者网"甘肃省志愿服务数据"。

表 3-13 数据显示，从甘肃省 14 个市（州）一日志愿服务数据随机抽取结果看，其中有 8 个市（州）的志愿者中，女性志愿者比例高于男性志愿者，具体是嘉峪关市、天水市、张掖市、酒泉市、庆阳市、定西市、陇南市、甘南州，其中陇南市的女性志愿者比例更是高达 62.38%，人口性别与志愿者性别不成正比。同时，2015 年的《中国慈善发展报告》也显示，在志愿者中，以 26～40 岁来自商业技术领域的女性居多，月收入主要为数千元的工薪阶层，其中，69% 的志愿者还参与社会捐赠。

第三，党员参与志愿服务活动比例低。从甘肃省志愿服务数据统计表可以看出，在 2016 年 10 月 28 日的统计数据中，党员志愿者比例超过 20% 的只有嘉峪关市，比例在 10%～20% 之间的有金昌市、平凉市、定西市和临夏州，其余的 9 个市（州）党员参与志愿服务活动的比例均低于 10%，而天水市的比例仅为 1.94%，党员在志愿服务活动中的模范带头作用没有发挥出来。

第四，从年龄角度看，志愿者队伍的年龄结构不合理。2015 年，"甘肃省常住人口中，0~14 岁的人口为 455.60 万人，占 17.54%；15~59 岁的人口为 1753.14 万人，占 67.47%；60 岁及以上的人口为 389.35 万人，占 14.99%，其中 65 岁及以上的人口为 255.39 万人，占 9.83%"。[①] 但是，在调研访谈过程中发现，社会组织的志愿者以青年人为主，尤其是 25 岁以下的志愿者为主，这与甘肃省的常住人口比例是吻合的，但是，30 岁以上的志愿者比较少。

3. 注册志愿者的捐赠率较低

注册志愿者的捐赠反映了注册志愿者对志愿服务活动的实际投入情况，也是志愿者服务价值的重要体现，世界各国均以它来衡量志愿者服务的贡献程度。志愿服务的实际贡献参考要素主要是志愿者捐赠率、志愿服务时间、志愿服务总价值。从全球范围看，我国的志愿者捐赠率比较低（见表 3-14）。

表 3-14 2013~2015 年中国志愿服务贡献情况

年份	注册总人数	实际参与服务人数	捐赠率	服务时间	总价值
2013	7435 万人	—	6.5%	8.3 亿小时	83 亿元
2014	1.091 亿人	9007 万人	6.6%	14.82 亿小时	535.9 亿元
2015	1 亿人	9488 万人	6.9%	15.59 亿小时	600 亿元

注：志愿者捐赠价值＝平均最低小时工资×志愿服务小时数。
数据来源：《中国慈善发展报告》（2013~2015）。

从全球范围看，我国的志愿捐赠率依然非常低，英国慈善援助基金（CAF）在 2013 年发布的《全球捐助指数 2013 报告》中显示，"在全球被调查的 160 个国家和地区总排名中，中国慈善捐助总体比例为 16%，排名全球第 133 位，是倒数第 3 位。其中，志愿者捐赠时间比例是 4%，与希腊、突尼斯、也门等国并列倒数第一。美国继续以 61% 的捐助比例雄居榜首，而中国的香港和台湾地区的慈善捐赠分别名列全球第 17 和第 52 位"。[②] 究其原因，除了实际的志愿捐赠量少之外，我国总体志愿捐赠率在国际上排名靠后也与志愿服务的认知和开发有关，我国志愿者的捐赠价值

① 《甘肃省 2015 年 1% 人口抽样调查主要数据公报》，甘肃省统计局网站，http://www.gstj.gov.cn/w/Default.htm。
② 《公益时报》：《"世界捐助指数"：中国倒数第四》，http://www.gongyishibao.com/html/xinwen/8753.html。

并没有纳入国家发展统计体系之中，这一部分巨大而潜在的社会志愿资本的价值未被有效开发。

表 3-15　甘肃省志愿项目志愿者网络招募情况

项目名称	目标人数	报名人数	招募时间
"春"满陇原 随手拍	10000	371	2016-09-01 至 2017-08-31
网络文明	1000	150	2016-02-16 至 2016-12-30
义务理发	60	33	2016-03-10 至 2016-10-30
日常志愿服务	10000	5	2016-01-01 至 2016-12-29
防范和处理邪教问题青年志愿者	10000	3323	2016-03-19 至 2017-03-19
赴枣林路社区之服务进社区	10	20	2016-09-01 至 2016-12-01
日常事务	100	38	2016-04-26 至 2016-12-31
天水市麦积区孤寡老人、留守儿童一帮一扶助活动	80	34	2016-05-10 至 2017-04-01
灾害勘察救援	100	28	2016-06-22 至 2016-11-30
静宁县禁毒志愿者	120	0	2016-06-26 至 2016-12-31
兰州大学-远程支教	40	2	2016-09-24 至 2016-11-01
"1+1"关爱农民工子女义务支教、亲情陪伴活动	100	6	2016-10-11 至 2016-11-15
"暖冬有你"志愿服务行动	315	0	2016-10-28 至 2016-11-12
灵星特殊儿童教育中心	85	13	2016-10-24 至 2017-01-15
慧灵基地日常志愿服务活动	12	0	2016-09-20 至 2017-06-30

数据来源：甘肃青年志愿者网中的志愿项目志愿者招募，从正在招募的46个项目中随机选取15个项目。

随着互联网技术的发展，志愿者招募网络化已经成为志愿者招募的一种重要方式，表3-15的统计数据是从甘肃省青年志愿者网正在招募的46个项目中随机选取的15个项目，将志愿者招募目标人数和实际报名人数进行对比，我们发现，注册志愿者的捐赠率普遍低下，如义务理发项目的招募期是2016年3月10日至2016年10月30日，目标志愿者是60人，截至2016年10月29日，实际报名人数为33人，招募率为55%。除赴枣林路社区之服务进社区项目的招募率为200%，其余项目的招募率均未超过50%，静宁县禁毒志愿者项目中，招募日期是2016年6月26日至2016年12月31日，目标人数是120人，截至2016年10月29日，实际报名人数为

0，类似的项目还包括"暖冬有你"志愿服务行动、慧灵基地日常志愿服务活动，招募率均为0。可见，由社会组织发起的志愿者网络招募活动中，实际参与率极低。

4. 志愿者专业性不强、流失率高

由于志愿者队伍的构成上缺乏具有法律、心理、医学、教育、艺术等学科背景的人群，加之社会组织能力建设滞后，所以在很大程度上影响了志愿者的专业化程度，也造成了志愿服务专业性不强的瓶颈问题。志愿者的专业化程度低，是影响社会组织项目和活动成效的主要因素，究其原因，一方面，社会组织的资源有限，难以吸引到高素质的专业志愿者参与其中。另一方面，从志愿者发展状况看，参与志愿服务的多为普通民众，尤其是缺乏专业技能的普通工作者。"但志愿服务对象往往是一些需要特殊照顾的群体，服务内容通常专业性很强，要求志愿者具备一定的专业知识和实践技能"。[①] 专业化程度低的原因与志愿者的培训不足不无关系，尤其是以高校学生为主的青年志愿者，在开展服务活动之前应该进行必要的培训，但是，由于各种原因所致，志愿者培训跟进不到位或者培训效果不好。

　　　志愿者队伍建设除了强调广泛性和规模化之外，最重要的还是专业性，在一些特殊领域，不是人人都能参与志愿服务活动，如医疗卫生、特殊儿童教育、科技普及、应急救援以及法律救助等方面，就需要大量具有专业知识和技能的志愿者，但从目前本市的情况看，上述专业类志愿者比较少，参与者的积极性也比较低，这与行业的工作特性有关。[②]

志愿者队伍建设除了专业性不强以外，志愿者的流失率比较高也是制约志愿者组织发展与影响志愿服务效果的一个重大问题。

　　　志愿者的服务周期比较短，尤其是高校志愿者，一般大学前两年参

---

① 孙婷：《中国式"志愿失灵"表象剖析——以北京志愿服务为例》，《中国青年研究》2011年第10期，第56页。
② 引自 LZS2 访谈资料。

与志愿活动较多，比较活跃的志愿者，其志愿服务周期也基本是一年，因此，我们对志愿者的招募都是非长期的，基本上都是招募项目志愿者或者具体活动的志愿者，志愿者流失率大，我们自身也难以解决。①

在一些政府主导的大型活动中，如文化博览会、马拉松赛等，由于政府对社会各种资源的拥有量以及强大的动员能力，使得在这些大型活动中能够招募到足够数量的志愿者。相比较政府的志愿动员能力，社会组织的动员能力有限，"人力不足的问题非常突出。这是因为志愿文化尚未完全扎根于社会，志愿精神并没有真正内化为公众志愿服务行为的动机"。② 同时，由于志愿者协会服务项目少、活动不持续、管理能力较弱、组织的凝聚力不强，致使志愿者流失率比较大。

5. 志愿者管理不规范

首先，缺乏志愿者管理的法律法规。从全国来看，团中央根据《中国青年志愿者行动发展规划（2014—2018）》的要求，新修订了《中国注册志愿者管理办法》，但是主要针对对象是青年志愿者。从各省区市的情况看，2012 年 12 月，北京市人民政府颁布了《北京市志愿者管理办法（试行）》；2008 年 8 月，浙江省颁布了《浙江省志愿者管理条例》；2008 年 6 月，江苏省颁布了《江苏省志愿者管理办法（试行）》；2015 年 12 月，又印发了《江苏省志愿服务记录办法实施细则（试行）》；2016 年 5 月，陕西省印发了《陕西省志愿服务记录办法实施细则（试行）》。截至目前，甘肃省没有相关的志愿者管理办法或条例。从甘肃省各市（州）的情况看，2014 年 4 月，金昌市颁布了《金昌市志愿服务管理办法》，其余市（州）无法查询到相关资料。从社会组织层面看，在各市（州）受访的社会组织中，有组织内志愿者管理办法的只有庆阳市西峰区北街心连心志愿者服务站和庆阳市阳光志愿者协会。

其次，志愿者"多头"管理现象突出。在政府层面上，涉及志愿者管理的部门主要有各级文明办和团委，各级团委主要管理的是青年志愿者，

① 引自 LZS2 访谈资料。
② 孙婷：《中国式"志愿失灵"表象剖析——以北京志愿服务为例》，《中国青年研究》2011 年第 10 期，第 56 页。

文明办管理本辖区的所有志愿者，因此，二者的管理具有重复性。同时，志愿者管理的各个环节衔接不到位，包括志愿者的登记注册、服务记录等情况，缺乏有效的管理程序。从社会组织的层面上看，各省市均有本级志愿者协会，以甘肃省为例，有甘肃省青年志愿者协会，各市（州）也有相应的志愿者协会，如武威志愿者协会，除这类以"志愿者"为关键词命名的社会组织之外，还有大量的其他社会组织，也涉及志愿者管理事务，如邻里互助、社区服务、秩序维护、文体服务、环境保护、敬老助残、儿童教育、扶危济困、心理疏导、精神抚慰、支教支医、科学普及、应急救援、便民服务、民事调解、文明引导、网络文明等方面的社会组织，在日常活动中，均需要大量的志愿者，志愿者管理也成为其日常管理的一个重要组成部分，志愿者管理影响着整个项目的实施和成效。

6. 志愿活动保障激励机制不健全

在对甘肃省青年志愿者网正在招募的 46 个志愿项目的统计中我们发现，进行网络招募志愿者的项目，对参与志愿服务的志愿者提供的保障主要有 9 类（见图 3-14），分别是专项培训、服装工具、集中乘车、安全保险、服务证书、饮用水、餐饮或食物、其他和交通补贴，其中提供超过 4 类保障的项目有 8 个，保障内容主要是志愿者保险、专项培训、集中乘车、服装工具。提供 3 类保障的项目有 5 个，保障内容主要是集中乘车、服装工具、专项培训。提供 2 类保障的项目有 9 个，保障内容主要是志愿服务证书、餐饮或食物。只提供 1 类保障的项目有 20 个，此类保障以集中乘车或者饮用水为主。有 4 个项目在保障方面显示"其他"，内容无从判定，但从项目目的和过程来看，基本上是不提供任何保障的。从排在前三名的保障内容看，专项培训是为了有效实现项目目标，促进项目顺利开展而提供的知识和技能保障。服装工具在志愿服务活动中可以重复利用，同时，统一的服装也有助于增强团队意识、集体外出时具有较好的辨识性，工具是开展一些服务的必备品，如义务理发、植树活动等所需工具。集中乘车是为了项目开展的有序性和一致性而提供的保障，是指统一的时间、地点、交通工具等，一般分两种情况，一是免费集中乘车，二是项目组织方统一支付费用。从统计数据可以看出，绝大多数项目不提供安全保险和服务证书的保障，这是志愿活动保障机制的短板。

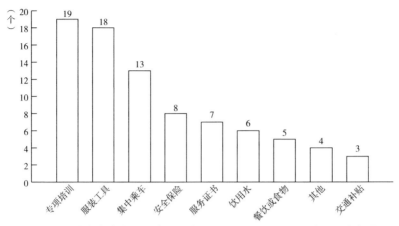

图 3-14　甘肃省青年志愿者网招募志愿者项目所提供的基本保障条件

数据来源：甘肃省青年志愿者网招募志愿者项目所提供的基本保障条件。

从图 3-15 可以发现，在 2015 年，132 家社会组织没有举办过内部的表彰奖励活动，举办过 1 次或 2 次表彰的分别为 72 家、46 家，社会组织的内部表彰对象除了组织成员之外，主要是面向志愿者，但是从调研情况来看，社会组织对志愿者的激励不到位。

在志愿者的激励方面，社会组织能做的比较少，一般提供志愿服务证书，也以季度或年度志愿服务活动为主，评选本组织的优秀志愿者，当然，也有一种隐形的激励和引导，如通过参加志愿服务活动，会引发志愿者对社会问题的思考、对弱势群体的关注，甚至可以改变志愿者的价值观和奋斗目标，一部分志愿者参加了我们组织的活动以后，成长速度比较快，也有从此走上公益慈善道路的案例，这是令人欣慰的事情。但政府部门的志愿服务激励机制不完善，我们需要政府对志愿者提供大环境的激励和认可。①

晋级激励和先进表彰的方式只能鼓励一部分志愿者，并不能满足所有志愿者的需求，并且，晋级激励和先进表彰的覆盖范围小，个别性的表彰

———————

①　引自 LZS3 访谈资料。

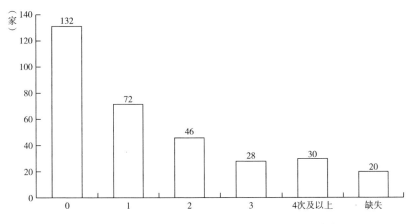

图 3-15　2015 年甘肃省社会组织举办评比表彰活动次数

活动无法带动大规模的志愿服务活动，志愿者在提供志愿服务活动时缺乏人文关怀以及各方的认可和肯定，这些精神性的激励比较缺乏。同时，志愿服务活动也缺乏相应的物质激励，如基本的交通补贴、住宿补贴等，一部分志愿者本身经济条件有限，如果因为参与志愿活动，提供志愿服务的同时，还要承担相应的物质成本，无形中会影响志愿者的积极性。受传统观念的影响，一般认为提供志愿服务就不应该获得物质激励，但实际上，只要参与志愿服务活动的目的不是以获取物质回报为前提，那么应该为志愿服务活动提供必要的物质支持。

第四章　发展篇

　　我国改革开放的总设计师邓小平于 1992 年南方讲话中提出"发展是硬道理"。国务院总理李克强在 2016 年政府工作报告中讲道："牢牢抓住发展第一要务不放松。发展是硬道理，是解决我国所有问题的关键。"治国理政如此，强国富民如此，促进社会组织健康有序发展更是如此。社会组织面临的问题或者自身带来的新问题都是发展中的问题，发展中的问题必须通过发展来解决。那就是要寻找有效的方法破除当下的"拦路虎"问题，促进甘肃省社会组织长足发展，逐步消解由它自身带来的新生或次生问题。大发明家爱迪生说得好，"任何问题都有解决的办法，无法可想的事是没有的。要是果真弄到了无法可想的地步，那也只能怨自己是笨蛋，是懒汉"。

一　政府管理：引导驱动、孵化培育、赋予权力、监督评估

（一）引导驱动——使社会组织正确定位、明确方向

　　甘肃省社会组织在短期内获得了突飞猛进的发展与各级政府的大力支持和自身的不懈努力分不开，社会组织在发展中暴露出的诸多问题也与各级政府的管理和自身的自治欠佳不无关系。十八大报告把社会组织体制改革作为社会建设和社会体制改革的四大重要目标之一，这充分说明各级政府必须要引导驱动社会组织的发展，使社会组织明确自身在经济社会发展中的地位，明确自身发展的方向，科学制定自身的发展规划和长远目标。世界行销大师、定位之父杰克·特劳特指出："定位就是与众不同""不实现差异化，就是死路一条"。因此，通过各级政府对社会组织的引导驱动，

一方面要保证社会组织选择正确的发展道路和奋斗目标，高举中国特色社会主义伟大旗帜，充分发挥社会组织的公益性特征，以及其独特的社会治理能力和扶弱济困、服务社会公众的正能量。另一方面要增强社会组织的自治能力，促进其根据自身特色和社会需要走差异化发展的道路，打造品牌、树立形象，增强自身持续发展的能力。

1. 高度重视社会组织的健康发展

2016 年 8 月 21 日，中共中央办公厅、国务院办公厅印发了《关于改革社会组织管理制度促进社会组织健康有序发展的意见》，文件开宗明义提出了改革社会组织管理制度促进社会组织健康有序发展的"重要性和紧迫性"问题，这也是国家对社会组织发展重要性和紧迫性的最新论述，其中蕴含着丰富的管理思想和服务理念，以及对社会组织发展所面临的问题分析和对各级政府促进社会组织发展的政策要求。一是高度肯定了社会组织在经济社会建设和发展中的重要地位。文件指出，"以社会团体、基金会和社会服务机构为主体组成的社会组织，是我国社会主义现代化建设的重要力量"。可见，我国社会主义现代化建设的重要力量，不仅包括第一部门——政府的宏观领导，第二部门——企业的直接投入，还把社会组织这个生长期被忽视的第三部门也纳入其中，这充分体现了中央高层对社会组织的高度认同。二是高度评价了社会组织的重要作用。文件中明确提出社会组织不但具有"提供服务、反映诉求、规范行为、促进和谐"的重要作用，而且在"促进经济发展、繁荣社会事业、创新社会治理、扩大对外交往等方面发挥了积极作用"。三是对社会组织工作中存在的问题进行了透彻剖析，即"目前社会组织工作中还存在法规制度建设滞后、管理体制不健全、支持引导力度不够、社会组织自身建设不足等问题，从总体上看社会组织发挥作用还不够充分，一些社会组织违法违规现象时有发生"。这充分说明党和政府对我国社会组织的发展现状了如指掌，对促进其健康有序发展迫不及待。四是对改革社会组织管理制度、促进社会组织健康有序发展的意义给予了高度概括，即提出了三个"有利于"（即有利于厘清政府、市场、社会关系，完善社会主义市场经济体制；有利于改进公共服务供给方式，加强和创新社会治理；有利于激发社会活力，巩固和扩大党的执政基础）。五是对各级政府部门支持、推动社会组织健康有序发展提出了明确要求，即"各地区各部门要站在战略和全局高度，充分认识做好这项工作的重要性和紧迫性，将其作为一项重要基础性工作来抓，主动适应新形势新任务要求，全面落实相关政策措施，扎扎实实做好各项工作"。中共中央、国务院对社会组织健康有序发展给予了如此高的重视，并提出了掷地有声的具体意见，各地政府更应以时不我待、高度负责的精神，一丝不苟地投入到改革社会组织管理制度，促进社会组织健康有序发展的洪流中来。我们认为，当下甘肃省各市（州）应重点做好如下工作。

（1）充分认识社会组织的社会功能和价值，注重发展社会组织

各地党委和政府部门要充分认识社会组织在地方经济和社会发展中的重要作用，以科学的价值观和认识论来看待社会组织的经济、政治、文化和社会建设功能。同时，要深入理解社会组织不仅是"政府失灵"和"市场失灵"后有效的补充者，而且是促进第一部门和第二部门健康发展的重要力量。社会组织既是经济社会发展的产物，也是提升社会服务质量、增强社会治理能力的产物。社会组织的产生是历史必然，社会组织的发展是大势所趋。国务院原副总理马凯曾强调说，"党的十八大提出，中国特色社会主义是亿万人民自己的事业，要最广泛地动员和组织人民依法管理国家事务和社会事务、管理经济和文化事业。让人民群众依法通过社会组织实行自我管理、自我服务和参与社会事务管理，有利于更好地发挥人民主人翁精神，推动社会和谐发展"。①

因此，扎实贯彻国家关于社会组织发展的顶层设计和宏观政策，切勿忽视社会组织存在的价值和功用，切勿忽视对社会组织的引导、培育和管理，切勿错失社会组织发展的良好机遇。

（2）把发展社会组织作为各级政府工作的重要内容，并纳入政府绩效评价之列

各级政府要把社会组织发展真正纳入当地经济社会发展的总体布局和重要的议事日程，既要制定社会组织科学发展的长远规划，又要建立和完善保障社会组织健康有序发展的规章制度，更要建立有利于促进社会组织长足发展的体制机制。各级政府领导或者分管民政工作的领导要定期或不

---

① 王晓易：《马凯：成立政治法律类社会组织仍需主管单位审查》，http://news.163.com/13/0310/13/8PK0RVPA00014JB6.html。

定期地赴本地社会组织专门进行调查研究，及时了解社会组织发展的第一手资料，掌握现状、发现问题，政府常务会议专题研究问题、提出对策。同时，领导者还要注重组织相关部门的人员赴社会组织发达的省份考察学习，提高对社会组织的认识和管理水平，增强管理和服务的有效性。各级政府部门一定要建立起共同管理、支持社会组织发展的协作机制，民政部门牵头抓总，组织、人社、财政、税务、教育、公安、审计等相关部门各司其职、各负其责、分工协作，力克目前在一定范围内存在的部门本位、意见分歧、相互掣肘、社会组织办事难的现象，保证国家的政令畅通，保证地方政府的政策规划贯彻落实，保证社会组织健康有效发展。

（3）注重社会组织党建工作，加强党对社会组织的领导

高度重视社会组织党的建设工作，充分发挥社会组织党组织的政治核心和战斗堡垒作用，用科学的发展观和党的政治路线指引社会组织的发展，引导社会组织用正确的方法做正确的事，使社会组织沿着中国特色社会主义道路奋勇前行。目前，应针对存在的主要问题着力做好如下工作：一是健全社会组织党建管理机构，统筹推进社会组织党的建设和党的工作。严格遵照2015年9月中共中央办公厅印发的《关于加强社会组织党的建设工作的意见（试行）》和2016年1月中共甘肃省委办公厅印发的《关于加强全省社会组织党的建设工作的实施意见（试行）》，在市（州）、县（区）依托组织部门成立非公有制经济组织和社会组织工作委员会，统筹指导本区域内非公有制经济组织和社会组织党建工作。各级民政部门也应建立社会组织党建工作机构，专门负责本区域内社会组织党建工作。党委组织部门对同级社会组织党建工作机构进行指导。上级社会组织党建工作机构对下级社会组织党建工作机构进行指导。二是完善党建管理体制和机制，夯实党建管理工作，促进社会组织党组织实现全覆盖。从实地调查得知，大部分地方已经成立了社会组织党建管理机构，但存在社会组织党建管理机构（或"两新"组织党工委）"空壳化"的问题。因此，我们认为各地一方面要配备能够满足社会组织党建管理工作需要的专职人员，保证每一级每一个社会组织党建管理机构有一支数量充足、机构合理、党性修养好、政治水平高、工作能力强的管理队伍。同时要建立健全各项党建管理制度，规范管理人员的工作行为，保证管理人员用法律思维、法律方式和科学方法管理党建工作，服务社会组织党的建设。另一方

面要建立科学的社会组织党建管理体制和工作机制，落实党建工作责任，保证社会组织党的工作有序有效推进。中共中央办公厅印发的《关于加强社会组织党的建设工作的意见（试行）》和中共甘肃省委办公厅印发《关于加强全省社会组织党的建设工作的实施意见（试行）》均对管理体制和工作机制提出明确的规定，对"管理体制"的规定是"地方社会组织党建工作由省、市、县级社会组织党建工作机构（非公有制经济组织和社会组织工作委员会）统一领导和管理。……城乡社区社会组织党建工作由街道社区和乡镇村党组织兜底管理。有业务主管单位的社会组织党建工作，由业务主管单位党组织领导和管理，接受社会组织党建工作机构（非公有制经济组织和社会组织工作委员会）的工作指导。社会组织中设立的党组织，对本单位和直属单位党组织的工作进行指导"。对"工作机制"的规定是："各级党委组织部门和社会组织党建工作机构要加强统筹协调，定期召开有关部门参加的社会组织党建工作会议，及时研究有关重要问题。注重上下联动，及时沟通社会组织党建工作动态信息，研究部署重点任务，运用基层经验推动面上工作。县级以上党委组织部门和社会组织党建工作机构应直接联系一批规模较大、人员较多、影响力强的社会组织党组织，及时了解情况、听取意见、加强指导"。甘肃省还强调，"各级党委党建工作领导小组要把非公有制经济组织和社会组织工作委员会纳入成员单位，将社会组织党建工作与其他各领域党建工作同部署、同推动"。根据中央和甘肃省委的文件精神，我们以为甘肃省各地应在贯彻落实文件的基础上，应构建形成"党委统一领导、组织部门牵头抓总、非公经济组织和社会组织党工委具体统筹协调指导、业务主管单位协同配合，各司其职、齐抓共管"的党建管理体制；建立完善"统筹协调、上下联动、直接联系"的党建工作机制。三是创造性地推进社会组织党的建设和工作，实现"两个全覆盖"。"两个全覆盖"是国家对社会组织党的建设的刚性要求，也是社会组织党建工作成效的重要标志。目前，各级非公经济组织和社会组织党工委及民政部门社会组织党建管理机构首先要做到"三清楚"，即认真开展社会组织党建摸底调查工作，做到社会组织数清楚、党员数清楚、党组织数清楚。其次要着力实施"四同步四同时"措施，从源头入手促进有效覆盖，即紧紧依托民政部门在社会组织申请登记时同步告知申请人党建工作有关要求，同步采集从业人员党员信息，同步指导把党建工作写入社会组织章程，同步明确党组织隶属关系和党建指导员。在培育孵化社会组织的同时孵化社会组织党组织，在登记成立的同时指导符合条件的社会组织建立党组织，在年检年审的同时检查社会组织党建工作，在等级评估的同时把党建工作作为重要评价指标。再次要创新社会组织党组织组建方式。根据社会组织业务的特点，分类推进社会组织党组织建设，即按单位建立党组织、按行业建立党组织、按区域建立党组织，通过单独组建、联合组建、挂靠组建、地域相近联建、产业相通联建、同村共建、派员组建等方式，成熟一个组建一个，确保符合建立党组织条件的应建必建。对暂不具备组建条件的社会组织，通过选派党建工作指导员、联络员或建立工会、共青团组织等途径开展党的工作，条件成熟时及时建立党组织，确保没有建立党组织的实现党的工作全覆盖。同时，要强力推动社会组织党组织紧紧围绕社会组织健康发展，根据上级党委的要求开展丰富多彩的党建主题活动，严格落实"三会一课"、民主评议党员、党员党性定期分析等制度，把党和国家的大政方针贯穿于社会组织活动的始终，注重入党积极分子培养和党员发展工作，保证社会组织党组织建设和工作的严肃性、常态化和规范化。最后要加大社会组织党建工作保障力度。建立多渠道筹措、多元化投入的党建工作经费保障机制，特别要加大财政补贴，对社会组织新建党组织一次性补助启动经费和已建立党组织每年补助一定工作经费。为社会组织党组织开辟、提供活动场所，解决党组织无处活动的困难。

　　总之，各地应按照中共中央办公厅于 2016 年 9 月 28 日印发的《关于加强社会组织党的建设工作的意见（试行）》精神，深刻理解社会组织党建工作的重要意义和总体要求，明确社会组织党组织功能定位、健全社会组织党建工作管理体制和工作机制、推进社会组织党的组织和党的工作有效覆盖、拓展社会组织党组织和党员发挥作用的途径，加强社会组织党务工作者队伍建设、加强对社会组织党建工作的组织领导。引领社会组织向正确方向发展，激发社会组织活力，促进社会组织在国家治理体系和治理能力现代化进程中更好地发挥作用，把社会组织及其从业人员紧密团结在党的周围，不断扩大党在社会组织的影响力，增强党的阶级基础、扩大党的群众基础、夯实党的执政基础。

2. 引领社会组织平衡发展、百花齐放

社会组织数量不足、质量不高、发展不平衡，是制约甘肃省社会组织健康有序发展的重要问题。因此，就平衡发展而言，从各级政府管理的层面来讲，应坚持"宏观规划、注重引导、积极培育、整体推进"的原则，引领社会组织均衡发展、健康发展。尽管社会组织的发展与一个地方的经济发展水平、民主政治程度、公民社群意识紧密相连，其中经济发展水平与民主政治和公民意识之间存在着很强的正相关。但是作为经济欠发达的甘肃省绝对不能坐等经济水平发展后对社会组织发展产生的自觉推动力，因为经济建设与社会建设已经成为推动我国迈向小康社会的不可或缺的两个车轮。所以，各级政府就像抓物质文明与精神文明建设一样，"两手都要抓、两手都要硬"。怎么抓、怎么硬抓？我们以为必须省市（州）两级政府齐抓共管、协力推进，通过宏观规划、科学引导的方式来实现。

（1）贯彻落实国家政策、学习借鉴先进经验、结合甘肃实际，制定甘肃省社会组织战略发展规划

省政府及其职能管理部门在深入贯彻国家和甘肃省《民政事业发展第十三个五年规划》精神的基础上，学习我国发达地区的社会组织管理经验（如《上海社会组织发展"十三五"规划》《安徽省"十三五"社会组织发展规划》《广州市社会组织发展第十三个五年规划（2016-2020年）》等），密切结合省情，科学制定省级层面支持社会组织发展的具体政策措施，如《甘肃省社会组织发展"十三五"规划》，通过规划明确全省社会组织发展的指导思想、基本原则、发展目标、主要任务、保障措施等核心内容，促使各地社会组织健康有序、均衡稳定发展。各市（州）政府及其职能部门在大力贯彻落实省级政府出台的支持社会组织发展政策的基础上，要因地制宜地制定出台本地社会组织发展规划，以及相关的配套制度，用科学的发展规划引导社会组织发展，用完善的规章制度保障社会组织发展。保证社会组织数量与本地人口总数相对平衡、社会组织种类上的相对平衡、社会组织区域分布上的相对平衡、社会组织服务领域上的相对平衡，以及社会组织能力与服务质量上的基本一致。

（2）正视现状、剖析问题、对症下药，强力解决全省社会组织发展的不平衡问题

首先，积极鼓励、大力支持民办非企业单位（社会服务机构），特别是基金会的持续发展，保证不同性质社会组织发展格局的基本平衡。就民办非企业单位而言，各市（州）要制定民办非企业单位发展的导向政策，积极鼓励、培育、扶持和支持政府有需要、群众有需求的公益性、志愿性、服务性民办非企业单位（如文化类、体育类、科技类、社区服务类、慈善类、社会福利类等），促使民办非企业单位合理布局、均衡发展。民进上海市委会提出的《关于大力扶持本市民办非企业单位发展的建议》值得我们学习借鉴，"要对民办非企业单位的发展进行准确定位并进行总体规划，对民办非企业单位的发展要立法建制并进行政策和财政的扶持（抓紧制定培育发展和规范管理民办非企业单位的地方性法规、尽快形成促进民办非企业单位发展的扶持政策、抓紧建立扶持基金并完善财政补助框架），在认识民间组织社会服务职能的基础上加快服务中心的建设和评估机制的建立，积极引导民办非企业单位均衡发展和合理布局。"[1] 另外，有人在研究孝感市民办非企业单位登记管理工作时提出：

> 建议加快修改《民办非企业单位登记管理暂行条例》，出台扶持民办非企业单位的优惠政策。第一，尽快修订和完善《民办非企业单位登记管理暂行条例》。一是取消双重管理体制，参照企业实行直接登记制的办法进行，按照法律法规规定设立民办非企业单位必须报经有关行政部门批准的，民办非企业单位应当在获得批准后，到同级的登记管理机关申请登记；其余的民办非企业单位可直接到登记管理机关申请登记。二是应该明确给投资民办非企业单位的举办人以合理的回报，鼓励和引导非国有资产进入民办非企业单位中来，可将"回报"的比例明确规定下来。三是允许民办非企业单位设立分支机构。四是明确规定民办非企业单位注销、撤销登记等情况后的财产处理。将开办投资资金与盈余资产、国家资助区分处理。五是明确界定营利

---

[1] 民进上海市委员会：《关于大力扶持本市民办非企业单位发展的建议》，http://shszx.eastday.com/node2/node1721/node2215/node2314/node2317/userobject1ai11016.html。

性和非营利性范围，方便实际操作。第二，出台扶持民办非企业单位发展的优惠政策。一是针对民办非企业单位出台税收政策，参照事业单位的税收管理，对民办非企业单位税收进行减免。二是在资金上进行扶持，财政每年安排一定的经费扶持民办非企业单位。三是在用电、用水、用地等方面给予优惠，使民办非企业单位与事业单位享受同等优惠政策。①

庆幸的是，2016 年 5 月 26 日，民政部已经面向社会公开征求《社会服务机构登记管理条例》（《民办非企业单位登记管理暂行条例》）修订草案意见。

基金会是助力公益事业发展的非营利性社会组织，我国《基金会管理条例》中把基金会分为公募基金会和非公募基金会。其中"非公募基金会成为基金会的主要增长点"②，2011 年"非公募基金会数量首次超过公募基金会"③。基金会的发展与经济发展水平密切相关，不论从国家层面，还是地区层面，均存在"两极化"现象。甘肃省各市（州）在鼓励、支持基金会发展方面应积极学习发达地区的做法和经验（如上海市和江苏省）。一是正确导向，科学发展。各市（州）要通过引导性、倾斜性的政策，充分调动各方面的积极性，成立本市（州）的基金会，特别要鼓励企业投入资金成立公益性基金会，保证每一个市（州）保有一定数量的基金会。上海的做法值得借鉴，他们提出"坚持与上海经济社会发展全局相适应和培育监管并举的原则，重点培育发展城乡社区助老、文化等服务类、公益慈善类、科技类、社会组织支持类、金融现代服务类基金会，鼓励发展医疗、环保类基金会，优先培育非公募基金会，适度合理控制公募基金会，努力做到布局合理、结构优化、规范运作和科学发展"④。二是健全制度、规范发展。如"2010 年，江苏省人大颁布了《江苏省慈善事业促进条

① 《民办非企业单位发展现状浅析——对孝感市民办非企业单位登记管理工作的思考》，http://www.hbmzt.gov.cn/xxgk/ywb/mjzz/jyjl/201204/t20120413_ 125216. shtml.
② "中国基金会发展独立研究报告"课题组：《中国基金会发展的两极化》，《社会科学报》2015 年 1 月 22 日，第 002 版。
③ 高一村：《〈基金会蓝皮书：中国基金会发展报告（2012）〉发布、解读未来中国基金会发展三大趋势》，《中国社会组织》2013 年第 4 期，第 20 页。
④ 安然：《基金会发展的上海样本》，《社会科学报》2015 年 1 月 22 日，第 002 版。

例》，明确了政府部门应制定具体的政策措施，扶持慈善事业发展。为配合上述《条例》的贯彻实施，该省相继制定了配套管理办法。如《江苏省社会组织评估管理办法》《江苏省慈善募捐许可办法》《江苏省公益性社会团体捐赠税前扣除资格认定办法》，上述慈善法规政策的相继出台，调动了先富人群的积极性，激发了其投身慈善捐赠的热情，促进了该省慈善事业的有序发展"①。

其次，以每万人所拥有的省内平均社会组织数为评价标准，促进社会组织在地区分布上的平衡。甘肃省各市（州）社会组织在地区分布上极不平衡，经济发展水平比较好的河西地区与经济发展水平欠佳的陇中、陇东、陇南地区相比差距较大，每万人所拥有的社会组织数（除涉农社会组织外）差距在 3~6 个之间。鉴于此，一方面省政府应把社会组织发展列为对市（州）政府政绩考评的重要内容，把每万人所拥有的社会组织数作为评估的重要指标体系，通过严格评估，促进各市（州）社会组织发展水平。另一方面，各市（州）政府及其职能部门，特别是发展水平较低的市（州）要秉持"时不我待，只争朝夕"的精神，以 2020 年我国每万人所拥有的平均社会组织数为目标，采取有效措施急起直追，确保到 2020 年实现国家级目标。

再次，以国家需要和社会需求为导向，登记管理机关积极宣传、主动引导社会组织注册登记，保证社会组织在服务领域分布上的平衡。目前，各市（州）应严格落实民政部、国家发展和改革委员会联合印发的《民政事业发展第十三个五年规划》精神，一是支持发展公益性、慈善性、志愿性和服务性的社会组织，特别是在城乡社区开展为民服务、养老照护、公益慈善、促进和谐、文体娱乐和农村生产技术服务等活动的社区社会组织。通过政府购买服务、设立项目资金、活动经费补贴等措施，重点培育为老年人、妇女、儿童和残疾人、服刑人员未成年子女等其他特定群体服务的社区社会组织。二是适度控制教育培训类等具有市场运营性质的社会组织。"一般来讲，生活服务属于便民利民的微利服务，而教育培训基本上是属于市场化运作的性质。实践中，不少地方更愿意发展这两类社会组

---

① 田振华：《我国地方级非公募基金会发展模式探析——以江苏省为例》，《学会》2014 年第 11 期，第 7 页。

织，而这两类社会组织的'自助能力'也远远大于其他活动领域的社会组织。虽然，这三类组织对于社会建设和民众的需求来讲，都是非常重要的。但是，社会服务与公益慈善类的社会组织应当是当前我国发展的重点。"①

总之，社会组织的平衡发展要从类别平衡、区域平衡和服务领域平衡抓起，在省级层面上统筹规划，在市（州）层面上着力落实。

3. 完善社会组织法律制度、优化社会组织成长环境

习近平总书记曾指出："小智治事，中智治人，大智立法。治理一个国家、一个社会，关键是要立规矩、讲规矩、守规矩。法律是治国理政最大最重要的规矩。"② 党的十八届四中全会决议提出了全面推进依法治国的总目标和具体任务，并且强调："法律是治国之重器，良法是善治之前提。建设中国特色社会主义法治体系，必须坚持立法先行，发挥立法的引领和推动作用，抓住提高立法质量这个关键。"③ 社会组织法律法规是以宪法为核心的中国特色社会主义法律体系中的重要内容之一，因此，建立健全社会组织法律法规是保障我国社会组织健康有序发展的关键所在。如果没有良好的社会组织法律法规，社会组织的科学治理也就无法实现。

党的十八大明确提出"加快形成政社分开、权责明确、依法自治的现代社会组织体制"，"引导社会组织健康有序发展"的要求；十八届二中全会提出要"改革社会组织管理体制"；十八届三中全会提出要"激发社会组织的活力"；十八届四中全会更是明确而直接地提出要"加强社会组织立法，规范和引导各类社会组织健康发展"。这些重要且明确的要求，为加快社会组织立法提供了权威指引。全国人大代表、中国人民大学郑功成教授坦言，"制定《社会组织法》已经具备了较好的现实基础，只要对社会组织立法给予应有的重视，就能够适时制定一部较好的社会组织基本法。"④

我们期待国家层面尽快出台《社会组织法》，通过国家立法对社会组

---

① 夏建中：《我国社会组织的现状与未来发展方向》，《湖南师范大学社会科学学报》2014年第1期，第28页。
② 《在中共十八届四中全会第二次全体会议上的讲话》（2014年10月23日）。
③ 见《中共中央关于全面推进依法治国若干重大问题的决定》。
④ 郑功成：《制定〈社会组织法〉时机已经成熟》，《新京报》（电子版）2015年3月13日。

织的法律地位、主体资格、权利义务、管理体制、运行机制、监督管理、经费来源、内部治理、权利保障与救济等重要内容进行严格界定，内容既要有程序性规定，也要有实体性规范；既要有监督管理的规定，也要有培育扶持的内容；既要保障社会组织依法自治，也要规制政府部门依法管理。同时，我们也更希冀地方层面的社会组织立法，通过地方立法完善社会组织法律法规体系。甘肃省关于社会组织的地方性立法不仅数量少，而且缺乏支持社会组织发展的具体措施。因此，不论省级层面，还是市（州）级层面，应该充分运用地方的立法权力，为社会组织的健康发展提供良好的法制保障。建议各级政府积极贯彻十八大以来国家对社会组织法治建设的权威要求，深入分析研究《社会团体登记管理条例》等3个行政法规的利弊得失，全面总结近10年来社会组织发展遇到的瓶颈问题，认真汲取《慈善法》《公益事业捐赠法》《律师法》《注册会计师法》等已有法律中的相关规定和立法精髓，学习借鉴发达国家丰富的社会组织立法内容，建立具有地方特色的符合社会组织发展的法律法规，包括社会组织税收优惠政策等，形成完备的法律规范体系、高效的法治实施体系、严密的法治监督体系、有力的法治保障体系。有学者提出："首先，尽快起草制定专门的《社会组织管理条例》，针对新社会组织的登记成立、管理体制、监管方式、政府补助、税收优惠、信息发布、财务收支等在法律法规层面进行规范明确，条件成熟时，起草制定《社会组织法》。其次，要分类制定行业协会商会法、志愿服务法、慈善事业法、境外非政府组织法等专项法律法规，从社会组织的组织管理、募捐与捐助、财务及收支管理、评价与监督等方面加以规范，切实为社会组织发展提供法律保障和依据。"① 这些好的建议各级政府及立法机构应该高度重视，并在社会组织法制建设中加以应用。

总之，不论是《社会组织法》的出台，还是国家层面、地方层面行政法规的制定，以及相关配套制度的面世，都必须遵守一定的原则和标准。"第一，良法必须是体现广大人民意志的法，它保护的是人民的利益，维护的是有利于人民的社会秩序。第二，良法应该是顺应世界潮流、符合时

---

① 叶凡:《我国社会组织发展的现状、问题及对策思考》，http://www.xzbu.com/6/view-6793994.htm。

代要求的法律规范。第三，良法应该是可以操作的法律规范。第四，良法应该是联系实际的。第五，良法不仅可以'护航'，而且可以'导航'"。①

4. 厘清政府与社会组织的关系，实现社会组织与政府的良性互动

社会组织不是政府的附属物，也不是政府绝对的管理对象，更不是个别部门获取利益的"摇钱树"和"掩护神"，两者是公共服务和社会建设的合作伙伴。

2013 年，党的十八届三中全会做出的《中共中央关于全面深化改革若干重大问题的决定》中提出："正确处理政府和社会关系，加快实施政社分开，推进社会组织明确权责、依法自治、发挥作用。适合由社会组织提供的公共服务和解决的事项，交由社会组织承担。支持和发展志愿服务组织。限期实现行业协会商会与行政机关真正脱钩，重点培育和优先发展行业协会商会类、科技类、公益慈善类、城乡社区服务类社会组织，成立时直接依法申请登记。"

2016 年，中共中央办公厅、国务院办公厅印发的《关于改革社会组织管理制度促进社会组织健康有序发展的意见》提出，把大力发展社会组织事业、规范社会组织建设作为政府工作的重要任务，并纳入经济社会发展的规划中，积极建立"政社分开、权责明确、依法自治"的社会组织制度，尽快形成"结构合理、功能完善、竞争有序、诚信自律、充满活力的社会组织发展格局"。

"政社分开"是我国做出的战略决策，"政社合作"是社会组织健康发展的国际经验。从甘肃省的实际出发，我们在建立政府与社会组织良性合作伙伴关系时，一要充分肯定社会组织的主体地位。社会组织具有独立法人资格，具有民事权利能力和民事行为能力，依法独立享有民事权利和承担民事义务的组织。它与政府部门、企事业单位有着平等的法律地位，作为人类社会发展中的一个独立部门，它的生成需要政府部门的登记认可，它的发展需要政府和企事业单位的指导和支持。但这并不必然意味着它就是政府的附属物。西方发达国家长期的实践证明，社会组织与政府部门是合作伙伴关系，两者相辅相成。因此，必须通过法律法规的方式固化政府

---

① 李龙：《法律是治国之重器，良法是善治之前提》，《湖北日报》2014 年 11 月 3 日。

与社会组织的合作伙伴关系，确立社会组织与政府之间平等的主体地位。二要强力保障社会组织的主体地位。实现这一目标，必须加快推进政府简政放权、转变职能的步伐，还权于社会组织，还责于社会组织，保障社会组织的主体地位，践行政府与社会组织间的良性合作伙伴关系。目前，政府简政放权、转变职能，加强与社会组织合作的比较好的途径就是积极向社会组织购买服务。尽管甘肃各地的经济发展水平不高，但地方政府及领导人一定要转变观念，秉持"人一之我十之，人十之我百之"的甘肃精神，没有条件也要创造条件，努力实施政府购买服务项目，千万不能因为部门（或个人）利益变通或阻挠国家的政府购买服务政策。三要积极促进社会组织不断成熟壮大。在社会组织的发展过程中，政府要树立"扶上马、送一程"的思想，一方面要给社会组织搭建磨炼和展示能力的平台，使它们有可能成熟壮大。另一方面，要给社会组织赋予磨炼和展示能力的公共服务项目，使它们成熟壮大。另外，政府要帮助社会组织开掘多元化的经费筹措渠道，最大限度地满足社会组织的经费开支，保证社会组织经费开支的独立性，克服因政府经费投入的非制度化和不稳定性而形成的不平等的依附关系。

5. 健全社会组织管理机构，满足社会组织管理需要

（1）统一社会组织登记管理机关的名称

2013 年，九三学社安徽省委参政议政部部长卢明霞反映："随着社会经济的发展和政府职能的转变，社会组织在促进经济发展、繁荣社会事业、参与公共管理、开展公益活动和扩大对外交往等方面显示出越来越重要的作用，已成为党和政府联系人民群众的桥梁纽带，成为社会建设的生力军。但我们在基层调研中发现，社会组织的管理机构和力量配备已明显不能适应社会组织的迅猛发展和有效管理的要求……目前，我国登记管理社会组织的机构名称从中央到地方都称为'民间组织管理局'……目前，民管局登记管理的对象都称之为'社会组织'，'民间组织'已成为了历史。"① 自十六届四中全会决定中使用了"社会组织"一词以来，以后所有

---

① 九三中央信息中心：《关于将"民间组织管理局"统一更名为"社会组织管理局"并加强力量的建议》，http：//www. 93. gov. cn/html/93gov/lxzn/czyz/sqmy/130412085454014017. html。

的领导讲话、有关文件、十七大、十八大报告都使用"社会组织"一词。以此为契机，广东、江苏等省份率先将"民间组织管理局"更名为"社会组织管理局"，此举可以有效强化管理部门对社会组织的管理，也为社会组织的管理创新提供了空间。2016 年 8 月 31 日，民政部民间组织管理局（民间组织执法监察局）正式更名为社会组织管理局（社会组织执法监察局），对外称为国家社会组织管理局。这是对《关于改革社会组织管理制度促进社会组织健康有序发展的意见》和《慈善法》的回应和落实，是健全社会组织管理机构的基础性举措。截至目前，甘肃省许多地方的社会组织登记管理机构仍然使用"民间组织管理局"或"民间组织管理科"的称谓，没有与国家和省上（甘肃省民政厅民间组织管理局已于 2016 年年底更名）接轨或保持一致。本着与时俱进和有效促进社会组织管理工作的原则，各市（州）应抓紧将"民间组织管理局（科）"更名为"社会组织管理局（科）"，尽快与国家和省上接轨，为有效管理社会组织奠定组织基础。

（2）增加社会组织登记管理机关的人员编制

从调研的情况得知，甘肃省各市（州）社会组织登记管理机关的人员总编制（含各县区）不超过 100 个，绝大多数市（州）社会组织登记管理机构是"一人制"，即只有一名科长或局长来担任社会组织的管理工作，工作不堪重负时个别地方采取"借调人员"的方式来解决。"借调人员"只能救一时之急，不能解长久之需，而且"借调人员"也不利于对社会组织的有效管理和优质服务。社会组织的数量在逐年增加，登记注册、日常监管任务日益加重，社会组织的宏观引导、能力建设、质量管理任务艰巨。基于此，一是建议省民政厅积极会同省机构编制部门深入调查研究，本着促进社会组织健康有序发展，构建和谐社会的宗旨，科学核定各市（州）社会组织登记管理机构人员数量，在不违反原则的基础上，适当增加社会组织登记管理机构人员编制。同时，省民政厅要严格督查，促使各市（州）不折不扣地执行落实，用好有限的人员编制名额。二是建立科学的人员准入机制，必须保证管理人员的专业化程度，使有限的管理人员发挥最大化的管理功效。三是在现有人员无法满足工作需求的情况下，采取购买岗位、购买项目等政府购买服务的方式，解决当下难以解决的燃眉之急，或者通过简政放权的策略，把不该由自己做的、自己做不好的事交由社会组织去办，或者改革工作方式方法，充分利用现代科学技术，提高工作的信息化水平，提高工作效率，社会组织管理局重点做好社会组织发展的规划、设计、监管和服务工作。

（3）给社会组织登记管理机构提供较为充裕的专项工作经费

目前，甘肃省绝大多数市（州）的民间组织管理局（科）没有专项工作经费，民间组织管理局（科）的日常经费是从民政部门的总经费中开支的，由于总经费不足的限制，绝大多数市（州）都无法开展社会组织的培训、评估等专项工作。在调研中发现，全省 14 个市（州）中仅酒泉市民间组织管理局的专项工作经费有所保障，每年有 20 万~30 万元的专项经费。常言道，巧妇难为无米之炊，钱不是万能的，但没有钱是万万不行的。因此，要实现社会组织的健康有序发展，必须给社会组织管理部门划拨较为充足的管理工作经费。甘肃是一个欠发达省份，各市（州）经济发展水平不尽一致，但总体上不理想。那么如何保障社会组织管理部门的经费问题？一是建议各市（州）财政部门在每年的财政预算中科学规划，为社会组织培育和管理划拨专项经费，保证社会组织管理工作的有序有效运行。二是财政部门划拨给民政部门的社会组织管理运行经费，民政部门应不折不扣地用于社会组织培育与管理工作，即专款专用，发挥好每一分钱的效用。三是民政部门广开财源、多方融资，通过设立"社会组织发展基金"的方式，为社会组织发展提供源源不断的资金流。如 2012 年广东省印发《关于进一步培育发展和规范管理社会组织的方案》，要求在"省和地级以上市实施社会组织扶持发展专项计划……省、市、县（市、区）设立孵育专项资金"。2015 年 2 月 11 日，中国新闻网报道："广东首个社会组织发展专项基金成立。"[①] 2017 年 1 月 20 日，中山市民政局、财政局联合印发了《中山市社会组织扶持发展专项资金管理办法》，对市财政设立用于扶持社会组织发展的资金进行规范管理。

6. 注重社会组织登记管理机关的能力建设，增强管理效率

（1）提高社会组织登记管理机关工作人员的专业化程度

《孙子兵法》曰："故君之所以患于军者三：不知军之不可以进而谓之

---

① 蔡敏婕、印锐：《广东首个社会组织发展专项基金成立》，http：//www.chinanews.com/df/2015/02-11/7056368.shtml。

进，不知军之不可以退而谓之退，是谓縻军；不知三军之事而同三军之政，则军士惑矣；不知三军之权而同三军之任，则军士疑矣。三军既惑且疑，则诸侯之难至矣。是谓乱军引胜。"其核心思想告诉我们，领导人所做的决定一定要专业化、有前瞻性。改革开放的总设计师邓小平同志曾提出："我们需要建立一支坚持社会主义道路的、具有专业知识和能力的干部队伍，而且是一支宏大的队伍。"① 著名的马克思主义者，无产阶级革命家、政治家、理论家、思想家列宁也说过，"要管理就要内行"。20世纪80年代后期至90年代初期席卷发达国家和发展中国家的公共部门管理变革运动（又称"新公共管理运动""企业型政府"等），其核心内容就包括"专业化管理"。可见，管理的专业化早已成为古今中外、古往今来许多仁人志士的真知灼见，它是增强管理效率的充分必要条件。

社会组织登记管理机关工作人员的专业化是指社会组织登记管理机关工作人员经过系统的教育、培训和实践，掌握社会组织管理知识和技能，能够践行专业伦理、遵循管理规律、实施专业自主，逐步达到与社会组织管理岗位相适应的过程和状态。针对目前甘肃省各市（州）社会组织管理人员的现状，应采取以下措施加速管理人员专业化进程。第一，通过强化培训提高专业化程度。美国著名企业管理学教授沃伦·贝尼斯提出："员工培训是企业风险最小，收益最大的战略性投资。"加强对现有管理人员的培训不但收益最大，而且对全省各市（州）而言也最现实、最经济。加强培训社会组织管理人员的具体建议包括两个方面。一方面，通过"请进来"的方式开展管理干部培训。一是在本地举办管理干部培训班，邀请国内外社会组织管理专家来培训班讲授社会组织管理理论，丰富、深化培训内容，提升学员的管理理论和水平。二是邀请国内外社会组织管理实务人员来培训班专门讲述实务操作内容和鲜活的管理案例，增强管理干部理论联系实际的能力、运用理论解决实际问题的水平。三是邀请省内外社会组织管理人员在辖区内开展沙龙活动、学术会议、座谈会等多种形式的交流活动，分享各地的管理经验和主要做法，增强对社会组织的管理效果。另一方面，通过"走出去"的方式创新培训形式。一是省民政厅分期分批组织各市（州）社会组织管理人员到省外高校开展有针对性的理论培训，增

---

① 《邓小平文选》第2卷，人民出版社1994年版，第264页。

强理论学习的系统性。二是各市（州）民政局组织县（区）社会组织管理人员到社会组织发达省份的管理机构和社会组织去考察学习，学习先进管理理念和方式，开阔管理人员的视野，提升管理人员的实务能力。第二，通过引进专业人才提高专业化程度。各地在人员编制许可的情况下（或者积极争取编制），为社会组织管理岗位引进新员工时，必须排除一切干扰，坚决遴选具有社会管理专业背景的本科生、研究生（如社会工作、公共事业管理专业等），通过科班出身的专业管理人才来改善现有人员的专业结构和管理的专业化程度。

（2）深化社会组织管理制度改革

我国社会组织管理的主要依据是三个条例，一是《社会团体登记管理条例》（2016年修订版）赋予登记管理机关的管理职责包括：①负责社会团体的成立、变更、注销的登记；②对社会团体实施年度检查；③对社会团体违反本条例的问题进行监督检查，对社会团体违反本条例的行为给予行政处罚。二是《民办非企业单位登记管理条例》（1998年）赋予登记管理机关管理职责有：①负责民办非企业单位的成立、变更、注销登记；②对民办非企业单位实施年度检查；③对民办非企业单位违反本条例的问题进行监督检查，对民办非企业单位违反本条例的行为给予行政处罚。三是《基金会管理条例》（2004年）赋予登记管理机关管理职责有：①对基金会、境外基金会代表机构实施年度检查；②对基金会、境外基金会代表机构依照本条例及其章程开展活动情况进行日常监督管理；③对基金会、境外基金会代表机构违反本条例的行为依法进行处罚。可见，社会组织登记管理机关的主要职责是登记、年检、执法监察和行政处罚。然而，不论审视兄弟省份还是甘肃省各市（州）的社会组织管理实践，绝大多数地方的登记管理机关均按上述条例，进行着程式化、任务式的管理。表面上看似规范有加，实则问题颇多。诸如刚性过度、柔性不足，重登记、轻监督，监督多、处罚少，重管理、轻服务，管理手段落后、管理效率不高，等等。现行管理制度中蕴含着浓郁的"控制"思想，这种控制型社会组织管理战略已经难以适应经济社会发展和社会组织自身发展的需要。因此，必须深化社会组织管理制度改革。

第一，建立科学的社会组织管理体制。中办、国办印发的《关于改革社会组织管理制度促进社会组织健康有序发展的意见》中明确地提出了社会组织管理体制的"总体目标"，即指出"到 2020 年，统一登记、各司其职、协调配合、分级负责、依法监管的中国特色社会组织管理体制建立健全"。"统一登记"是指严格执行三个条例中提出的"国务院民政部门和县级以上地方各级人民政府民政部门是本级人民政府的社会团体（民办非企业单位、基金会）登记管理机关"之规定。目前应坚持"直接登记与双重管理有机结合"的"双轨制"，即依法做好社会组织登记审查，稳妥推进行业协会商会类、科技类、公益慈善类、城乡社区服务类社会组织直接登记；对政治法律类、宗教类等社会组织和境外非政府组织在华代表机构，要按职责规定实施双重管理，做到发展有序、管理到位、作用有益。在登记管理上一定要做好社区类社会组织的"备案管理"，同时要防止"无登记、转登记（在工商部门登记）"行为。"各司其职、协调配合、分级负责"指要明确登记管理机关、行业管理部门、业务主管单位以及相关职能部门的社会组织管理职责，切实履行各自的监管责任，相互之间应协作配合、合作共治，实现分级管理、上下联动、齐抓共管。"依法监管"就是要全面推进科学立法、严格执法、公正司法、全民守法进程，保证有法必依、执法必严、违法必究，建立多部门联合执法机制，加强执法监察，依法查处社会组织违法行为，依法取缔非法社会组织，实现"良法善治"的法治目标。目前，在国家层面首先要加快修订《基金会管理条例》和《民办非企业单位登记管理暂行条例》，尽快出台《社会组织法》。在地方层面甘肃省各市（州）应制定地方性法规制度，为社会组织健康有序发展保驾护航。

第二，"'放、管、服'三管齐下"[①]，深化社会组织管理体制改革。《关于改革社会组织管理制度促进社会组织健康有序发展的意见》中提出了"一手抓积极引导发展，一手抓严格依法管理"的指导思想和"坚持放管并重、优化服务"的基本原则，为深化社会组织管理体制改革进一步明确了方向，提供了抓手。接下来的任务就是落地生根、开花结果。

在"放"的方面：①各级社会组织登记管理机关要下放行政权，取消

①　2015 年 5 月 12 日，李克强在全国推进简政放权放管结合职能转变工作电视电话会议上首次提出"当前和今后一个时期，深化行政体制改革、转变政府职能总的要求是：简政放权、放管结合、优化服务协同推进，即'放、管、服'三管齐下"。

没有法律依据和法律授权的行政权，厘清多个部门重复管理的行政权。②降低准入门槛，大力培育发展社区社会组织，对符合登记条件的社区社会组织，加快审核办理程序，并简化登记程序。对达不到登记条件的社区社会组织，按照不同规模、业务范围、成员构成和服务对象，由街道办事处（乡镇政府）实施管理，加强分类指导和业务指导。③登记管理机关应树立"以社会组织发展为本"的理念，主动深入基层、深入民众，广泛宣传国家有关支持社会组织发展的政策和制度，主动向有意向、有需要成立社会组织的团体和个人，以及对达不到登记条件的社区社会组织提供大力帮助。

在"管"的方面：一是抓规范管理。规范化管理就是要依制度管理、按规矩办事，重点是要依法做好社会组织登记审查、日常管理，既要重视入口管理，也要重视过程管理。具体做好以下工作：①稳妥推进行业协会商会类、科技类、公益慈善类、城乡社区服务类社会组织的直接登记，以及行业协会商会与行政机关脱钩，厘清行政机关与行业协会商会的职能边界，促进政社分开。②加强业务主管单位前置审查。即对直接登记范围之外的其他社会组织，业务主管单位要健全工作程序，完善审查标准，切实加强对社会组织名称、宗旨、业务范围、发起人和拟任负责人等关键环节的前置审查，把好入口关。③民政部门严格登记审查。民政部门要会同行业管理部门及相关党建工作机构，加强对社会组织发起人、拟任负责人资格审查，名称审核、业务范围审定，从严审批跨区域活动的社会组织。④加强对社会组织负责人的管理，强化社会组织发起人责任。建立社会组织负责人任职、约谈、警告、责令撤换、从业禁止等管理制度，落实法定代表人离任审计制度。建立负责人不良行为记录档案，强化社会组织负责人过错责任追究，对严重违法违规的，责令撤换并依法依规追究责任。推行社会组织负责人任职前公示制度、法定代表人述职制度。社会组织发起人应当对社会组织登记材料的合法性、真实性、准确性、有效性、完整性负责，对社会组织登记之前的活动负责。⑤规范社会组织涉外活动。引导社会组织参与国际非政府组织间的活动，有序开展对外交流，展示中国社会组织形象。同时，应依法参加国际非政府组织，参与国际标准和规则制定，发挥社会组织在对外经济、文化、科技、体育、环保等交流中的辅助配合作用，以及在民间对外交往中的重要平台作用。二是抓质量管理。美国著名质量管理学家约瑟夫·朱兰博士指出："20世纪是生产率的世纪，

21 世纪是质量的世纪。"质量管理是一个系统工程，也是一个漫长的过程，只有调动各方面的积极因素和合力，长抓不懈，才有可能获得满意的结果。①成立以分管民政工作的政府负责人为组长，民政、发改委、教育、公安、国安、监察、财政、人社、卫生、审计、外事、国税、地税、工商、新闻出版、人民银行等相关职能部门组成的社会组织管理领导小组（或委员会），承担本地区社会组织的宏观规划和管理工作。②社会组织登记管理机关牵头成立本地区社会组织联合会（已成立的地区需进一步加强），承担本地区社会组织的行业自律、组织孵化、组团发展等管理职能，促进社会组织的能力建设。③引入第三方社会组织评估机构，加强对社会组织的外部评估，促进社会组织的健康发展。三是抓执法监察。在执法监察方面，2010 年 11 月，甘肃省人民政府办公厅关于印发《甘肃省加强社会组织执法监察工作意见的通知》（2017 年 4 月 26 日，民政厅在门户网站上，发布《关于公开征求〈甘肃省加强社会组织执法监察工作意见（修订稿）〉意见的公告》），文件中明确了执法监察的基本要求和主要形式、执法监察的范围和内容、执法监察协同部门的责任分工、执法监察工作保障体系等核心内容，各市（州）应全面贯彻落实。

在"服"的方面：首先，要树立"管理就是服务"的理念。社会组织登记管理机关、业务主管单位始终应牢记与社会组织之间的关系是合作伙伴关系，千万不能把管理变成强制性的管治、高高在上的统治。"管理"的本质就是"服务"，服务必须通过管理来表达，因此，管理者应以温和的、贴心的、入微的、利他的引导和帮助体现优质的服务。其次，创新服务管理手段。①管理者要主动深入基层、贴近社会组织了解需求、发现问题、研究问题、帮助社会组织解决问题；②改变传统的只让办事人到处跑、多次登门办事的方式，管理部门实行"一个窗口办结""一站式办理""一条龙服务"等方便群众办事的管理方式；采取网上办理和现场确认相结合的办事方式，网上能办理的坚决不要求在现场办，确需现场办理的事项应尽量简化程序、方便群众；③登记管理机关应充分利用报刊、广播、电视、网络等多种方式，广泛宣传社会组织在参与社会建设和社会治理中的积极作用，及时总结、宣传、推广社会组织先进典型，加强社会组织理论研究和文化建设，提高公众对社会组织的认识，为社会组织改革发展营造良好社会氛围；④作为政府的职能部门和社会组织的登记管理机关，各级民政部门应充分发挥沟通协调作用。一方面要强力贯彻落实各个层面的关于促进社会组织健康有序发展的政策和法规,另一方面要着力解决困扰社会组织发展的瓶颈问题,维护社会组织的合法权益,例如税收优惠问题、政府购买服务问题、社会保障问题等等。

总之,"'放'的核心不是'放任',而是'放活'。厘清和理顺政府、市场、社会三者之间的边界及其角色定位,市场能做的放权给市场,社会可以做好的还权给社会,把错装在政府身上的手换成市场的手和商协会的手;'管'的核心不是'管死',而是'管好',通过'放管'结合,建设现代政府,为政府'定好位'、'防越位'、'补缺位',更好发挥政府作用,使政府的管理更好适应新常态;'服'的核心是通过优化服务、优质服务、精准服务,在'放'与'管'的基础上形成新的治理机制"。①

在"放、管、服"方面,甘肃省民政厅一方面积极贯彻落实中央和省上的相关政策,另一方面研究下发了《甘肃省民政厅2016年推进简政放权放管结合优化服务改革工作要点》,《甘肃省民政厅关于进一步做好民政"放、管、服"工作的通知》(2016年12月5日)。目前,各市(州)应深入学习领会文件精神,创造性地贯彻落实文件要求,切实加强组织领导,优化审批流程、简化办事环节、压缩办理时限、提高行政效率。

(二) 孵化培育——使社会组织由少变多、由弱变强

在促进社会组织发展方面,各级政府不仅有登记注册、引导驱动的职责,而且还有孵化培育的责任。目前,甘肃省现有的社会组织中不论是官办的,还是民办的,可以说没有一家社会组织是通过孵化器专门孵化培育的,绝大多数社会组织是因个人兴趣驱使或别人的诱导下创立的,其本身存在很大的盲目性和不规范性,缺乏发展理念、长远目标和治理能力,这也正是甘肃省社会组织有数量缺质量的症结所在。因此,各级政府应高度重视对社会组织的孵化培育工作。

1. 建立社会组织孵化基地

社会组织孵化培育基地是快速培育、大力发展社会组织的重要途径,

---

① 王报换:《落实"放管服"更好发挥商协会组织作用》,2017年2月17日,http://www.rmzxb.com.cn/c/2017-02-17/1347748.shtml。

是推动社会组织成长和公益事业发展的"发动机""加速器"。不同的地方有不同的称谓，一般有"社会组织孵化器""社会组织孵化园""社会组织培育中心""社会组织培育基地"等名称。其实它是社会组织培育、发展的支持系统。社会组织孵化基地，"是借用企业孵化器的理念而建立，旨在为初创期和中小社会组织提供服务场所、寻求资金项目等全方位的支持，一般由专业团队运营。支持和服务的具体内容一般包括办公场所、办公设备、能力建设、政策辅导、注册协助等，通过这些措施促进优秀的社会组织和公益项目尽快成长、发挥作用"。①

2010 年以来，我国许多地方建立了社会组织孵化培育基地，并挂牌运营，一些省市为规范孵化培育行为，提升孵化培育效果还出台了相关管理办法，如陕西省《关于加强全省社会组织孵化基地建设的指导意见》（2015 年）、《珠海市社会组织孵化基地暂行管理办法》（2011 年）、《黔南州州级社会组织孵化基地管理办法》（2016 年）、《坪山新区社区社会组织孵化基地管理办法（试行）》（2014 年）等。管理制度明确规定了社会组织孵化方方面面的内容，也为甘肃省社会组织孵化基地的创建和社会组织的培育提供了有效的借鉴。如《佛山市社会组织孵化培育基地管理暂行办法》（2012 年），明确孵化培育基地将遵循"政府资金支持、专业团队管理、政府公众监督、社会民众受益"的运营模式，实行"进驻—孵化培育—评估—出壳"的工作方式，着力在社会管理领域、社会公益事务领域扶持和孵化培育有行业影响力、有发展潜力、社会急需的社会组织，重点为孕育型、萌芽型、初创型、支持型社会组织提供专项服务、硬件服务、后勤服务、小额活动补贴等服务，如通过聘请社工及专家为入驻社会组织提供个性化辅导和培训，无偿使用办公场地，协助开展项目申报、项目策划、活动举办、财务托管等。已登记和未登记的社会组织都可申请入驻孵化培育基地，入驻孵化原则为 2 年。

清华大学 NGO 研究所社会组织孵化培育课题组通过网络检索和行业交流群中滚雪球的方式，于 2015 年 8 月公布了首份全国社会组织孵化器名单（不含港澳台，142 家）。

---

① 孙燕：《社会组织孵化器——实现公益事业可持续发展的助推器》，《社团管理研究》2001 年第 6 期，第 48 页。

表 4-1　首份全国社会组织孵化器名单①

单位：家

省份	总数量	省级	地市级	县区级	街道级
北京	8		1	5	2
天津	5			5	
河北	1		1		
山西	1		1		
内蒙古	5		4	1	
辽宁	3			3	2
吉林	4		1	3	
上海	14		2	9	3
江苏	34		7	26	1
浙江	16		12	4	
安徽	3		1	2	
江西	5		1	4	
山东	4		1	3	
河南	3		1	1	1
湖北	1			1	
湖南	3		2	1	
广东	14		8	6	
四川	3		1	1	1
贵州	1		1		
陕西	7	1	4	2	
宁夏	2	2			

注：笔者依据《全国社会组织孵化器名单》进行了分类整理。

从全国的情况看，只有黑龙江、福建、海南、重庆、云南、西藏、新疆、青海和甘肃没有检索到社会组织孵化器，其余各省区市均有社会组织孵化器，尤其以江苏、浙江、上海和广东居多。通过表 4-1 的统计数据可以看出，各省份的社会组织孵化器绝大多数都来自基层，县（区）级以及街道级占据了绝大多数。社会组织孵化器比较多的省份，也正好是社会组

① 山东省社会组织发展服务中心：《全国社会组织孵化器名单（142 家）》，http：// www.sdfuwu.org/nd.jsp？_ np = 0_ 561_ 27&id =156。

织发展比较好的地方。可见，社会组织的健康有序发展离不开社会组织孵化培育基地的加速培植。因此，就甘肃省及各市（州）而言，应睡狮猛醒、急起直追。

第一，充分认识社会组织孵化培育基地对社会组织健康有序发展的巨大推动作用，认真学习借鉴发达国家和我国发达地区社会组织孵化培育基地建设的成功经验，学习周边省份（如陕西、宁夏）的做法，全面掌握社会组织孵化培育基地的内涵、功能和运作模式。

第二，在省级、市（州）级层面及时制定建立社会组织孵化培育基地的指导意见或实施办法，用制度的方式规定社会组织孵化培育基地建设的指导思想、服务领域、方法途径、建设标准、组织保障等重要内容，并大力推动社会组织孵化培育基地建设步伐，力争每一个县（区）至少成立1家社会组织孵化培育基地进行试点，为辖区内初创期或实力弱小的社会组织提供专业指导、资金项目等全方位的支持和服务。

第三，通过试点，获得实践经验后，依托公共资源优势，以基层为主，建立符合当地实际情况的社会组织孵化培育基地。①建立乡镇（街道）社会组织培育中心。乡镇（街道）要广开渠道，采取多种方式，充分利用闲置的校舍、厂房和社区用房（资源）等场所进行改造、整修，作为社会组织孵化器的场地。②依托村（社区）服务中心，引导建立村（社区）社会组织服务平台。整合社工站、卫生站、文化站和老年人活动中心等构筑社会组织服务平台，成立基层社会组织服务活动中心（站），为村（社区）各类社会组织提供活动场所等方面的服务，促进村（社区）社会组织的培育发展。③依托优质社会组织，引导培育发展相关的基层社会组织。引导各区县、镇（街道）、村（社区）已经具备一定资质、规模和较大影响力的公益慈善组织，如慈善会、老年人协会等基层公益慈善社会组织，孵化培育发展义工（协会）、志愿者协会、老年人服务中心等基层公益慈善社会组织。

第四，创新社会组织孵化培育基地的发展模式。目前，我国社会组织孵化器的发展模式可以分为三种：即，"政府主办——政府运营模式、民间主办——民间运营模式、政府主办——民间运营模式"①。各地应在学习

---

① 王世强：《社会组织孵化器任重而道远》，《中国社会报》2012年5月17日。

现有发展模式的基础上，密切结合各自实际情况，选择或创建利于本地社会组织发展的运营模式。

2016 年 11 月，民政部、发改委等 16 部门联合印发的《城乡社区服务体系建设规划（2016—2020 年）》中明确提出："积极扶持城乡社区服务类社会服务机构……力争到 2020 年，城市社区平均拥有不少于 10 个社区社会组织，农村社区平均拥有不少于 5 个社区社会组织。"这一目标的完成必须借助社会组织孵化基地才能得以实现。

2. 完善社会组织人员培训教育活动

近年来，甘肃省各地政府层面对社会组织的培训日益重视，陆续开展了社会组织负责人培训、社会组织社会工作人才培训、社会组织党组织书记培训、社会组织筹资与资源动员能力培训、社会组织参与社会服务项目培训、社会公益组织财务管理和公信力建设培训等。毫无疑问，这些培训在一定程度上提高了社会组织工作人员的工作能力，促进了社会组织的成长与发展。但是，与发达省份相比，甘肃省政府层面组织开展的社会组织工作人员教育培训活动，尚处于起步阶段和初级水平。一是不连续，二是不全面，三是不系统，四是不深入，五是理论联系实际不紧密。因此，各级政府应加大改革力度，不断完善社会组织人员培训教育活动。

第一，要把对社会组织人员培训教育活动工作纳入到政府管理社会组织的内容中来，并且要制定科学的教育培训制度、培训大纲和培训目标，保证教育培训的持续性和目的性。2008 年，国家民间组织管理局印发的《关于加强社会组织培训工作的通知》中指出："将社会组织培训工作作为登记管理工作的一项重要内容，使社会组织培训工作制度化、规范化。"

第二，强力落实"社会组织人员任职培训制度"。《关于加强社会组织培训工作的通知》中指出："社会组织法定代表人应在任职后六个月内参加任职培训；社会团体、基金会正、副会长（正、副理事长）、分支机构负责人和民办非企业单位负责人应在任职后一年内参加任职培训；社会团体、基金会正、副秘书长和社会组织财务工作负责人任职前应参加任职培训，任职前因故未参加培训的应在任职后六个月内参加培训；社会组织日常办事机构负责人、会计、出纳和其他专职工作人员应在任职后六个月内参加相关培训，并每两年至少参加一次业务培训。"对于不按规定组织培训工作的登记管理机关和不按规定参与培训的社会组织人员应进行严肃处理。

第三，精准确定培训内容和培训人员。①教育培训活动要分层次进行。在省级层面上，要注重对社会组织的负责人进行教育培训，培训内容要以国家、省级相关法律法规、政策解读为主，同时，邀请经济发达地区的社会组织负责人对本地的社会组织负责人进行实践类培训。在市（州）层面上，要分批次对社会组织的秘书长、项目专员等进行培训，市（州）层面的培训要扩大范围，尽可能地涵盖所有社会组织。②根据情况进行分类培训，如农村社会组织、教育类社会组织、卫生类社会组织等，依据不同的类型分批次培训，分类培训的优点是能够有针对性地进行本类组织的相关理论和实践的深入学习。再者，无论是层次化的培训还是类别化的培训，都要常态化，即形成届次，每年举行，定期举行。③加强项目管理培训。随着政府向社会组织购买公共服务制度的落实和推进，社会组织越来越多地要开展项目撰写、策划、申报、执行、经费管理、评估、结项等工作。目前，甘肃省基层社会组织承接的基本上是中央财政支持的社会组织发展项目，省属社会组织也承接了一部分本省的公共服务项目，但是社会组织在项目运作过程中，还存在许多困难和问题，因此，对社会组织人员进行项目运作培训是极其必要的，通过培训能够有效提升社会组织项目执行能力。④鼓励支持区域内社会组织自发组织的各种培训，以及自觉参与的省内外各种学习活动。此类学习是社会组织人员当前学习所采取的主要方式，也取得了比较好的效果，其优势是自由度高、选择性大、针对性强，也有利于与业内专家学者和同行们建立良好的协作互助关系。

3. 发展枢纽型社会组织

从已有的文献资料得知，"枢纽型社会组织"概念首次出现在 2008 年 9 月北京市社会工作委员会出台的《关于加快推进社会组织改革与发展的意见》中，文件中提出："加快推进政社分开、管办分离，构建'枢纽型'社会组织工作体系"。2009 年，北京市又出台了《关于构建市级"枢纽型"社会组织工作体系暂行办法》，此办法中对"枢纽型社会组织"概念进行了界定，"枢纽型社会组织是由负责社会建设的有关部门认定，在对同类别、同性质、同领域社会组织的发展、服务、管理工作中，在政治上发挥桥梁纽带作用，在业务上处于龙头地位，在管理上承担业务主管职能的联合性社会组织。"2012 年，《广东省社工委关于构建枢纽型组织体系的意见》中提出枢纽型社会组织"是指通过政府部门认定的，在现有社会组织体系中处于枢纽地位，通过健全的组织系统和有效的服务支持，加强统筹协调与纽带联系，实现同类型、同性质、同领域社会组织的孵化培育、协调指导、合作发展、自治自律、集约服务、党团管理的联合性社会组织"。由此可见，两地政府对枢纽型社会组织的定义在表述上尽管有差异，但主要还是依从功能定位，北京市提出枢纽型社会组织应具备"三大功能"，广东省则扩展为"六大功能"[①]。"枢纽型社会组织"有利于创新社会组织管理模式（加快政社分开、管办分离的步伐，把业务主管职能从行政部门分离出来，交给枢纽型社会组织，采取"以社管社"的方式，实现社会组织自主发展的宗旨），有利于发挥人民团体固有的桥梁纽带作用和自身优势（枢纽型社会组织处于政府和社会组织中间，上联政府下通其他社会组织形成枢纽关系，向上承接国家的政治信任，向下凝聚社会认同），有利于促进各类社会组织发展（包括孵化培育、政治引领、业务指导、服务提供、承担管理等）。

目前，北京、上海、广东等地已经建立了一定数量的枢纽型社会组织，并初步探索出较为成熟的运作模式。而甘肃省各级政府部门还没有正式认定一家枢纽型社会组织，虽然在现实中已经存在类似的社会组织，且发挥着枢纽型社会组织的部分功能，但毕竟名不正言不顺，且数量很少能力欠佳，发挥作用也极其有限。因此，各级政府，特别是市（州）政府应本着更有效地培育壮大全省社会组织的宗旨，积极发展枢纽型社会组织。

第一，制定、出台促进枢纽型社会组织建设的相关办法，明确其发展目标和功能定位，为枢纽型社会组织发展提供良好的制度保障。如，北京市社工委在 2009 年颁布的《关于构建市级"枢纽型"社会组织工作体系的暂行办法》，广东省社工委在 2013 年印发的《关于构建枢纽型组织体系的意见》等。

第二，构建一套完整的枢纽型社会组织工作机制，保证其充分发挥功能作用、实现其预定目标。在工作机制的设计上，在学习借鉴北京、上海、广东等地的做法和经验，科学研判本地实际情况的基础上，扬长避

① 石晓天：《我国枢纽型社会组织的功能特征、建设现状及发展趋势——文献综述的视角》，《理论导刊》2015 年第 5 期，第 85 页。

短，创造性地设置符合本地实际的枢纽型社会组织工作机制（如，"枢纽型"社会组织联席会议制度、重要事项通报制度、信息沟通和工作联系机制等）。在认定标准的设计上，应有科学的、可量化的、可操作性的指标体系，防止过于柔性的、没有边界的、可以寻租的认定标准。不同的思想和标准会产生不同的"枢纽型"社会组织，北京市模式是以人民团体为骨干构建"枢纽型"社会组织。2009 年 4 月，北京认定了 10 家"枢纽型"社会组织，"首批认定的 10 家市级'枢纽型'社会组织是：市总工会、团市委、市妇联、市科协、市残联、市侨联、市文联、市社科联、市红十字会、市法学会，分别负责职工类、青少年类、妇女儿童类、科学技术类、残障服务类、涉侨类、文学艺术类、社会科学类、医疗救助类、法学类社会组织的联系、服务和管理"。① 广东模式是以社会组织为主体构建"枢纽型"社会组织。2014 年 5 月，广州市社会工作委员会"发布了广州市第一批枢纽型社会组织名单，并向广州商业总会等 16 家社会组织（分别是市志愿者联合会、市商业总会、市软件行业协会、市科技类社会组织服务中心、市医学会、市建筑业联合会、市康园工疗站服务中心、市民间文艺家协会、市民营企业商会、广州环卫行业协会、市创意经济促进会、市青宫社会组织发展服务中心、广州地区饮食行业协会、广州地区酒店行业协会、市巾帼社会工作服务中心、市职工文化体育协会）颁发了广州市枢纽型社会组织牌匾"。② 贵阳模式是以人民团体与社会组织混合构建的"枢纽型"社会组织。2014 年 7 月，贵阳认定首批市级枢纽型社会组织，"按'7+4'模式组建。即以市总工会、团市委、市妇联、市科协、市残联、市文联、市红十字会 7 家人民团体为主要力量，以市志愿者协会、和谐贵阳促进会、市慈善总会、市体育总会 4 家社会组织为补充"。③ 在认定主体的设计上，不唯上也不唯下，克服政府主导型或者民间自发型的单向认定行为，"应由政府相关部门、本领域的专家学者和社会组织代表共同完成"④。

---

① 张旭：《北京市认定首批 10 家市级"枢纽型"社会组织》，http：//www. bj. xinhuanet. com/bjpd_ sdzx/2009-04/14/content_ 16250238. htm。

② 冯芸清：《广州首批 16 家枢纽型社会组织名单公布》，http：//gd. people. com. cn/n/2014/0508/c123932-21168115. html。

③ 骆明、常青：《贵阳认定首批市级枢纽型社会组织》，《贵阳日报》2014 年 7 月 5 日。

④ 石晓天：《我国枢纽型社会组织的功能特征、建设现状及发展趋势——文献综述的视角》，《理论导刊》2015 年第 5 期，第 85 页。

在认定时最好选择第三方评审机构，增强认定结果的信度和效度。在认定程序的设计上，环节应合理全面（评选过程应由发布公告、自主申报、联名推荐、资格审核、专家推荐、综合评审、社会公示、公布确认等构成），而且要民主公正、公开透明，反对"暗箱操作"或者"近亲繁殖"（把官办组织顺势认定为枢纽型社会组织）。在日常管理的设计上，要强化对枢纽型社会组织的社会监督和专项评估制度，建立动态的进入与退出机制。切实克服其在承接政府转移社会组织管理职能过程中的"行政化风险"或者"二政府"现象，着力遏制工作过程中的玩忽职守行为和牟取私利的垄断现象。

"一个'枢纽型'社会组织如同针线，能把分散的'珍珠'串起来，带动一大批社会组织共同发展，成为政府和社会组织之间沟通的桥梁，也可以是公益慈善供需双方的纽带。"① 但愿，美好的桥梁和纽带早日矗立在陇原大地，充分发挥其强大的沟通协作功能。

4. 高度重视农村社会组织的培植和发展

甘肃省农村社会组织数量已经占到了社会组织总量的一半以上，从数量上看，已经达到了一定的规模，而且由于大量农村社会组织的成立，把全省每万人拥有的社会组织数提到了 10.62 个，这个数字已经远远超过了全国平均水平（5.06 个），甚至超过了东南沿海等发达地区的数据。这个数字说明了一个统计方面的重要问题：甘肃省的统计数据应该是真实的，因为各市（州）严格贯彻国家相关政策（如《关于加强农村专业经济协会培育发展和登记管理工作的指导意见》），大力发展农村社会组织。但我们的统计标准是有问题的，因为我们的农村社会组织中存在大量的有名无实或名不副实的"空壳"社会组织、久不运转的"僵尸"社会组织和多重注册的"影子"社会组织。目前，各市（州）政府应高度重视农村社会组织发展中的这种不正常现象，并应采取有效措施加以解决。

（1）对现有农村社会组织进行一次集中"体检"，全面透视、科学诊断

各市（州）社会组织管理领导小组（或委员会）要高度重视本区域内

① 邓泳秋、肖冠乔：《中山建基地"孵化"草根社会组织》，《南方日报》2012 年 12 月 28 日。

农村社会组织的发展问题，在协同单位（民政、发改委、教育、公安、国安、监察、财政、人社、卫生、审计、外事、国税、地税、工商、新闻出版、人民银行等相关职能部门）抽调人员组建一支政策水平高、业务能力强的监督检查队伍，对各县（区）所有登记注册的农村社会组织进行一次集中"体检"，全面透视其存在的严重问题，深入诊断引起问题的"病因"，同时要对照病症提出有针对性、个性化的解决办法。对有生存价值且病情可控的社会组织应着力抢救；对没有生存意义且病入膏肓的社会组织应当机立断地予以注销。当然，也必须对处于健康和亚健康的农村社会组织提出保健措施，进一步维护或提高其健康状态。在集中"体检"过程中，不但要为除注销以外的每一个农村社会组织建立健康档案，而且要建立定期检查和维护保养的管理制度。

（2）强力推进农村社会组织能力建设，使其成为名副其实的社会组织

农村社会组织能力建设既是社会组织自身的责任，也是政府职能部门的职责。甘肃省农村社会组织尚处于发展的初级阶段，在其本身发展弱小的关键时期，政府职能部门应积极承担更多的引导、扶持、规范、监督、维护和整合的功能，帮助农村社会组织沿着正确的方向健康发展。

①帮助农村社会组织准确定位，明确发展方向。农村社会组织发起人或负责人的文化教育程度相对较低，所掌握的业务领域的理论知识较少，对社会组织管理的理论和经验均达不到社会组织良性发展的需要。因此，登记管理机关应积极承担起引导和帮扶责任，通过抽调、指派工作人员"一对一"帮助指导，从国家大政方针和社会组织管理角度指方向、把关口。通过聘请专家学者或枢纽型社会组织、优秀社会组织管理人员开展"手拉手"的顶层设计活动，帮助农村社会组织制定战略规划、明确发展目标、精准服务面向、培植服务特色。

②科学制定、及时出台适宜农村社会组织发展的扶持政策。影响农村社会组织发展的因素是多方面的，因此，扶持农村社会组织发展的政策也应该包括各个方面的内容。目前应采取由点到面、重点突破的办法抓好以下各方面的工作：一是各市（州）制定农村社会组织发展规划。"政府各相关部门要围绕本行业特点，制定本行业社会组织发展规划，积极鼓励和支持社会急需的公益服务类社会组织发展。要降低准入门槛，简化程序，

大力扶持农村社会组织健康发展。"① 发展规划应由总体规划和分类规划构成，支持的原则是"民办、民管、民受益"，扶持的重点是"'面向农村、服务农民、推动农业'的'服务三农'型社会组织"②。二是建立农村社会组织经费保障机制。应尽快建立公共财政对农村社会组织的资助和奖励机制，社会力量支持农村社会组织发展的经费捐赠机制，以专项项目为导向的政府购买服务机制，以及"制定税收、工资、保障等支持农村社会组织的发展配置政策，特别是尽快建立健全农村社会组织税收政策体系"③。三是落实国家关于公益性社团和基金会享受捐赠税前扣除的政策。"允许农村经济性的行业协会或者技术协会参与一定的经营活动，并提供相应的税收减免政策，增强社会组织的生命力。财政、税务部门要尽快落实国家关于公益性社团和基金会享受捐赠税前扣除的政策，鼓励企业和企业家为公益事业多做贡献、回报社会。对公益慈善组织的捐赠税收优惠实行普惠制，简化税收减免程序，鼓励个人对公益组织的捐赠，扩大社会组织税收优惠种类和范围。在财产税、商品税、房产税、车船使用税、城镇土地使用税等方面给予社会组织税收优惠。建立税收优惠配套措施和民政部门、财政部门及税务部门的沟通协调机制。"④

③加大对农村社会组织从业人员的培训力度。农村社会组织"从业人员多为兼职，人员总体素质不高，管理和服务理念滞后，工作技巧和能力亟待提高，特别是缺少有创造力、有活动力和有远见的领导人"⑤。因此，对从业人员的培训极其重要。2008 年 6 月 12 日，国家民间组织管理局印发的《关于加强社会组织培训工作的通知》中明确提出："将社会组织培训工作作为登记管理工作的一项重要内容，使社会组织培训工作制度化、规范化。"文件中对社会组织培训内容、培训对象提出明确要求，同时要求"社会组织人员培训工作实行任职培训制度"，按照 2008 年民政部印发的《关于加强社

---

① 唐建平、张国祥、高青：《农村社会组织建设对策研究》，《湖北社会科学》2010 年第 12 期，第 37 页。

② 张云英：《农村社会组织：农村社会管理创新的基础》，《湖南农业大学学报》2011 年第 6 期，第 4 页。

③ 郭锐：《关于农村社会组织发展的调查与思考》，《科技视界》2015 年第 12 期，第 193 页。

④ 唐建平、张国祥、高青：《农村社会组织建设对策研究》，《湖北社会科学》2010 年第 12 期，第 37 页。

⑤ 郭锐：《关于农村社会组织发展的调查与思考》，《科技视界》2015 年第 12 期，第 193 页。

组织培训工作的通知》、2015 年民政部印发的《关于加强和改进社会组织教育培训工作的指导意见》，加强社会组织人员培训，提高社会组织负责人、秘书长、财务等专职人员的综合素质和能力。在培训方面，广东省东莞市的做法有很好的借鉴意义，他们把"能力建设培训"作为服务型枢纽组织的核心项目，并纳入公益创投活动之中，由市社会组织服务中心统一进行项目运作。建立培训师资"人才库"，根据需要有选择地邀请这些老师授课，"课程形式是'三菜一汤'，'三菜'即讲座、实操和小型沙龙，'一汤'是外出考察活动。……2012 年至今，社会组织能力建设培训项目共开展 17 期，主题涵盖了东莞市社会组织政策解读、团队的激励与管理、社会组织活动策划与实施、非营利机构税收政策及免税资格认定等，近 1500 家社会组织的 3000 多名工作人员参与了培训"。[①] 通过培训重点提升农村社会组织负责人的规范管理能力、项目运作能力和社会服务能力。

④改革农村社会组织监管形式。监管是农村社会组织规范发展的前提，监管的依据是国家已经出台的相关法规和地方性社会组织管理办法，但在操作过程中应注意"将监管重心从事前审批转变为事后监督，强化民间组织的自律和社会监督，并建立起行政监管、财务审计、社会监督和自我监督为主的'四位一体'的监管体系"[②]。通过强有力的监管保证农村社会组织内部治理规范、财务收支运行合法、社会监督和自我监督机制健全，切实增强农村社会组织自身能力。

⑤注重对农村社会组织的宣传。通过广泛宣传，一方面提高广大民众对农村社会组织的认知度、支持率和影响力，因为"得到农村和农民的认可，是农村社会组织可持续发展的关键要素"[③]。另一方面增强农村社会组织的荣誉感、自信心和加强组织能力建设的自觉性。

（三）赋予权力——使社会组织自觉行动、主动作为

为社会组织赋权，能够增强社会组织行动的合法性和自觉性，促使社

① 梁瑞娴：《"能力建设培训"提升社会组织素质》，《东莞时报》2013 年 12 月 4 日。
② 黄辉祥、刘宁：《农村社会组织：生长逻辑、治理功能和发展路径》，《江汉论坛》2016 年第 11 期，第 65 页。
③ 王义：《对农村社会组织成长问题之思考》，《中共山西省直机关党校学报》2010 年第 2 期，第 37 页。

会组织有效参与社会治理和提供公共服务。依据赋权理论及学者们的观点，"赋权"主体既包括国家（通过立法）也包括政府（通过职能转移）。"赋权"对象为无权、弱权、失权的弱势群体。此处所论述的赋权指通过国家立法和政府职能转移的方式将政府的部分权力让渡于社会组织，给社会组织明确职权范围和职责所在，使其在职权范围内有相应的自主权和独立性。政府通过赋权有利于推动社会组织成长和能力建设，从而使社会组织能够独立地自主地与政府合作来满足社会需求。

1. 明确为社会组织赋予何种权力

要明确应该赋予社会组织何种权力，即对权力属性、内容和范围要有明确的界定。现阶段，无论是国家层面还是省级层面，应该赋予社会组织的基本权力包括自治权、公共事务参与权、公益诉讼的主体资格等。"没有政府的让步和容忍，非政府组织获取更多自治权的努力在第一时间将不会完全有效"。[1] 通过赋予自治权激励社会组织依法自治，"社会组织的依法自治，基本要求是社会组织内部治理要法治化，通过法律规制，使社会组织内部的权力机关（社团总会）、决策机关（理事会）、执行机关（执行长、秘书长）和监察机关（监事会）之间形成权责明确、互相制约、良性运转和科学决策的一整套制度化的统一机制"。[2] 社会组织是自治组织，在其内部治理中政府相关部门不应干预，政府部门的工作人员也不能参与，更不能远程遥控。通过简政放权使社会组织承担应有的公共事务权，社会组织承担相应的公共事务权，是社会组织参与社会治理主体资格的一种体现。公共事务权也叫公共事务参与权，是指公民自愿民主地参加决定和管理经济、社会和文化发展的公共事务，并分享其利益的权利。公共事务参与权除了具体提供一定范围的公共服务外，还包括参政议政，即参与国家或地方发展战略的协商和决策，公共事务的管理，对国家方针、政策、法律、法令执行情况的检查和监督等。1979 年以来，联合国大会、经济及社会理事会以及联合国人权委员会多次重申，参与公共生活的各个领域是推动社会经济发展、维护人类尊严的一个重要的因素。1975 年，经济

① LU Y. Non-Governmental Organizations in China：TheRise of Dependent Autonomy ［M］. London and NewYork：Rouledge，2009.
② 张清：《非政府组织的法治空间：一种硬法规制的视角》，知识产权出版社 2010 年版，第242 页。

及社会理事会将公共事务参与权定义为人民自愿且民主地：①致力于社会经济的发展；②平等地分享由此产生的利益；③参与决定确定目标、制定政策、计划和执行经济及社会发展纲要事务。经济及社会理事会建议各国，"鼓励个人和本国非政府性组织（如贸易联合体和青年、妇女组织）参与决定确定目标、制定政策和执行计划事务"。公益诉讼应有广义和狭义之分。广义的公益诉讼泛指一切为维护公共利益而提起的诉讼，它既包括国家机关代表国家以自己的名义提起的为维护公共利益的诉讼，也包括公民、法人和一切非法人组织以自己的名义提起的为维护公共利益的诉讼。而狭义的公益诉讼则仅指国家机关代表国家以国家名义提起的为维护公共利益的诉讼。就目前中国的司法实践来看，仅存在一定程度上的狭义公益诉讼，即：检察机关代表国家对犯罪嫌疑人提起的公诉。为了更好地保护国家、社会公共利益，弥补狭义公益诉讼主体单一的缺陷，应倡导广义公益诉讼，赋予社会组织公益诉讼主体资格。使社会组织获得公益诉讼的主体资格，在我国经历了比较漫长的过程，从全国范围看，截至目前，在环境保护领域，较少的社会组织拥有环境保护公益诉讼的主体资格，而在其他领域，社会组织还没有公益诉讼的主体资格。现行《民事诉讼法》第55条规定："对污染环境、侵害众多消费者合法权益等损害社会公共利益的行为，法律规定的机关和有关组织可以向人民法院提起诉讼。"新《环境保护法》第58条规定了环境民事公益诉讼的主体资格，即"依法在设区的市级以上人民政府民政部门登记，专门从事环境保护公益活动连续五年以上且无违法记录的社会组织"①。《民事诉讼法》修正案草案，也首次赋予社会团体提起公益诉讼的资格。使社会组织获得公益诉讼主体资格，社会组织正在以原告、支持起诉方或资金支持方等角色参与到环境公

① 最高人民法院《关于审理环境民事公益诉讼案件适用法律若干问题的解释》中，对上述已有规定做了细化的司法解释。对《民事诉讼法》第55条中规定的"有关组织"界定为依照法律法规的规定，在民政部门登记的社会团体、民办非企业单位以及基金会等社会组织。设区的市、自治州、盟、地区，不设区的地级市，直辖市的区、县以上人民政府民政部门，可以认定为"设区的市级以上人民政府民政部门"。社会组织成立五年以上，章程确定的宗旨和主要业务范围是维护社会公共利益，且从事环境保护公益活动的，可以认定为"专门从事环境保护公益活动连续五年以上"。社会组织提起的诉讼涉及的社会公共利益，应与其宗旨和业务范围具有关联性。社会组织在提起诉讼前五年内未因违反法律、行政法规受到行政、刑事处罚的，可以认定为"无违法记录"。

益诉讼中。① 全国人大常委会严以新委员指出："对损害社会公共利益的行为，检察机关与有关机关、社会团体可以作为共同诉讼人向人民法院提起诉讼。"②

2. 明确为社会组织赋权的方式

政府给社会组织让渡的权力或者赋予社会组织应有的权力明晰以后，必须通过权威的机构或公认的程序和形式来传达和固化。社会组织的自治权、公益诉讼的主体权属于其本身应有权利与义务，必须通过国家立法机关的立法来实现，因此，我们期待《社会组织法》的早日面世，以法律形式赋予其应有的权力。社会组织的公共事务参与权属于从政府部门来让渡的行政权，在法律规定的基础上，具体通过政策的形式来表达。

有学者指出"社会组织被赋权的方式多种多样，按照不同的分类标准，可以有多种类型"③。具体包括：①以是否带有约束性条件为标准，分为有条件赋权和无条件赋权。所谓有条件赋权是指社会组织必须具备一定的资质和水准之后，才能获得政府让渡权力，如果不具备相应的条件，就无法获得政府赋权。在现有的环境下，有条件赋权构成社会组织承接政府权力的主要形式。无条件赋权是指社会组织只要一成立，就相应地获得某些权力，如由政府部门成立的协助其履行部分职能的"准政府组织"就属于这种情况。②以是否具有主动性为标准，分为强制性赋权和自愿赋权。强制性赋权是以行政命令的方式规定政府部门必须向社会组织让渡某些权力，如温州市政府规定，政府部门必须向社会让渡不少于 1~2 项职能，就属于典型的强制性赋权。对于政府部门来说，强制性赋权属于被动赋权，一般都是由一级政府提出目标和具体任务，政府各个部门申报、统一核准后，发布职能转移目录，集中推进。自愿赋权是指有些政府部门，虽然上级没有统一部署和规定，但能够根据国家改革的总要求，进行自主性探索，尝试将某些权力赋予社会组织，如有的地方政府部门将社会组织人才培训职权交付给有资质的社会组织。强制性赋权有助于解决政府部门在放

---

① 《2015 年仅 9 家社会组织成为环境公益诉讼原告》，http：//www.ce.cn/xwzx/gnsz/gdxw/201603/22/t20160322_9677958.shtml，2016 年 3 月 22 日。
② 王亦君：《谁有权提起公益诉讼》，《中国青年报》2012 年 4 月 28 日。
③ 王义：《"赋权增能"：社会组织成长路径的逻辑解析》，《行政论坛》2016 年第 6 期，第 63~64 页。

权方面的天然惰性，但容易导致"一刀切"。自愿赋权的优点在于，政府部门追求自我变革，有较强的内生动力，不足的是难以形成规模效应。显然，两种方式各有利弊。③以是否实现权力转移为标准，分为直接赋权和间接赋权。直接赋权就是政府部门将部分权力让渡给社会组织，自身不再承担相应权责的这样一种行为。间接赋权是在政府组织保留原有权力不变的前提下，通过购买社会组织服务等替代方式履行权责。直接赋权一次性地完成权力由政府组织到社会组织的转移，间接赋权则通过政府组织和社会组织的角色定位，重塑行政权力的运行模式。

从甘肃省各地目前的实际情况来看，公共事务权力的让渡在借鉴上述学者提出的观点和方法的基础上，一方面要研究制定相关政策，以制度的形式明确赋予的具体权力。这方面浙江省温州市的经验值得学习。如，"温州早在 2010 年就开始开展试点。从 2010 年开始，先后出台了《关于开展政府技术性服务性职能向行业协会商会转移试点的实施意见》（2010年）、《关于政府购买社会组织服务工作的实施细则》（2012 年）、《温州市推进政府向社会组织转移职能工作总体方案》（2014 年）等文件，对政府职能如何转移和政府如何向社会组织购买公共服务进行了明确和细化"。①另一方面，要强力落实政府购买方面的相关规定，如《甘肃省人民政府办公厅关于政府向社会力量购买服务的实施意见》（2014 年）、《甘肃省民政厅关于确定具备承接政府职能转移和购买服务资质的社会组织目录的指导意见》（2014 年）、甘肃省民政厅、甘肃省财政厅《关于印发政府购买社会工作服务实施办法（试行）的通知》（2013 年），以及各市（州）出台的相关意见，使政府职能转移真正落到实处，把相关权力真正赋予社会组织。

社会组织参政议政权的赋予与落实，是实现国家政治民主，创新社会治理方式，提高政府科学决策的重要体现。参政议政权既是一种政治权，也是社会组织履行行政权的关键所在。参政议政权的最好表达方式就是要让社会组织成员在党代表、人大代表、政协委员中应有一席之地，并占一定的比例。在调研走访的社会组织中，仅仅白银市助残协会的负责人是第九届白银区政协委员、天水社会矛盾化解工作室的法律顾问是麦积区的政

---

① 王健：《双向赋权：社会治理创新的逻辑与路径——以温州为例》，《四川文理学院学报》2016 年第 1 期，第 61 页。

协委员。当然，调研中收集到的这些数据虽然不全面、不精准，但从某种程度上说明我们在这方面存在一定的差距。在这方面各市（州）应该学习深圳市的做法，2015年"在刚刚出炉深圳市党代表、人大代表、政协委员名单中，深圳共有13名社会工作界人士当选，其中党代表2名、人大代表5名，政协委员6名，人数为历年之最"①。另外，云南省的做法也可以复制，2016年中共云南省委出台的《关于大力培育社会组织加快推进现代化社会组织体制建设若干意见》中指出"要增加社会组织代表在党代表、人大代表、政协委员中的比例，探索在政协中设立社会组织界别。建立重大决策征询相关社会组织意见制度"②。增加社会组织在党代表、人大代表、政协委员中的界别和比例，既能满足社会组织参政议政的意愿，也符合党和国家治国理政和民主政治建设的要求。2015年李克强总理在《政府工作报告》中明确提出要"支持群团组织依法参与社会治理，发展专业社会工作、志愿服务和慈善事业"。

（四）监督评估——使社会组织事半功倍、健康发展

社会组织健康有序发展，除了政府部门的政治引领、业务指导、专项服务、孵化培育外，有效的监督评估是不可或缺的管理要素。监督评估是政府宏观管理社会组织的核心内容，也是吸纳社会对社会组织监督的重要途径。既是提升社会组织能力的必由之路，也是扩大社会组织声誉的重要举措。为增强甘肃省各市（州）对社会组织监督评估工作的力度和效度，推进社会组织健康有序发展，我们认为应着力强化以下工作。

1. 依据国家相关法律法规，加强政府对社会组织的监督评估

政府是规范社会组织履行公益宗旨、开展公共服务的法定主体，"政府的制约措施主要包括政府立法和政府规制"③。通过国家立法和政府规制，不但给政府相关部门赋予监督管理社会组织的法定权力，而且也使社会组织充分认同相关部门监督管理其行为的法定地位。不但为政府相关部门提供了监督社会组织活动行为的基本标准，而且也给社会组织提供了判

---

① 深圳市社会工作处：《深圳13名社会工作界人士当选党代表、人大代表、政协委员》，社会工作网，2015年6月10日。
② 张文凌：《在政协增设"草根组织"界别》，《中国青年报》2014年2月20日，第1版。
③ 马庆钰：《非政府组织管理教程》，中共中央党校出版社2005年版，第156页。

断其行为正当性的指标体系。通过国家立法来约束、规范社会组织，基本是世界各国通用的做法，各国几乎都从法律上对社会组织给予了相关规定。如俄罗斯的《社会团体法》、韩国的《非营利机构成立与运作法案》、日本的《促进特定非营利活动法》、新加坡的《社团法》、美国的宪法修正案中对非政府组织的规定等。政府的规制约束包括社会组织的注册登记制度、财政优惠制度、财务制度、投资活动制度等等。

在 2013 年全国两会特别专题中，民政部就"保障基本民生，发展社会服务"答记者问时，中国日报网记者刘笑萍问道："民政部门对社会组织如何监管？"民政部原部长李立国回答说："在实行管理制度改革后，怎样加强对社会组织的监管，在认真依法履行登记审查职责的基础上，民政部门主要通过三方面来加强依法监管：一是修订涉及社会组织的三个行政法规，把社会组织的资金、活动、行为都纳入到监管之中。二是促进社会组织活动的公开透明，增强行业自律，增强透明度和公信力。三是加强信息平台建设，把民政部门实行的登记、年度检查、执法、评估的情况和社会各方面对社会组织的反映、评价及时反映在信息平台上，以利于加强社会监督、舆论监督，共同促进社会组织健康有序发展，发挥积极作用。"①

我国目前虽然还没有出台高位阶的《社会组织法》，但国家立法机关已经启动此项立法工作。相信它的面世将会为促进社会组织的监督评估与健康发展提供坚实的法律保障。《社会团体登记管理条例》《民办非企业单位登记管理暂行条例》《基金会管理条例》三个行政法规，明确提出对社会组织负有专门监督职能的是登记管理机关和业务主管单位。登记管理机关履行的监督管理职责是：①负责社会团体的成立、变更、注销的登记或者备案；②对社会团体实施年度检查；③对社会团体违反本条例的问题进行监督检查，对社会团体违反本条例的行为给予行政处罚。业务主管单位履行的监督管理职责是：①负责社会团体筹备申请、成立登记、变更登记、注销登记前的审查；②监督、指导社会团体遵守宪法、法律、法规和国家政策，依据其章程开展活动；③负责社会团体年度检查的初审；④协助登记管理机关和其他有关部门查处社会团体的违法行为；⑤会同有关机

① 罗沙、安蓓：《民政部就"保障基本民生，发展社会服务"答记者问》，新华网，2013 年 3 月 13 日。

关指导社会团体的清算事宜。业务主管单位还要负责社会组织党建工作。另外，《事业单位、社会团体、民办非企业单位企业所得税征收管理办法》《中华人民共和国公益事业捐赠法》《民间非营利组织会计制度》等财务税收管理制度为政府相关部门提供了监管社会组织的配套制度。

　　上述政府规制尽管为监督管理社会组织提供了积极的制度环境和保障，但是，由于制度出台的时代背景、法制环境和社会组织发展状况等客观原因致使规制本身存在许多不可避免的缺陷，而且有些内容已经无法满足对现阶段社会组织监督管理的需要。因此，甘肃省各级政府及其相关部门在监督管理社会组织时，一方面要严格依照现有行政法规履职尽责，竭尽全力地监督管理好社会组织。另一方面，要牢固树立问题意识、创新意识，切实解决在社会组织监督评估中存在的主要问题。结合地方社会组织发展实际，制定有针对性的监督管理实施办法。值得注意的是在制定本地管理规定时一定要贯彻国家的相关政策，保证规定的一致性和一贯性，同时还要借鉴兄弟省份的经验，如湖南省长沙市制定的《社会组织登记和监督管理办法（试行）》等，以不断完善符合本地实际的评估管理办法。

　　2. 建立"多元共治、协作监管"的综合监督管理体系，保证对社会组织的监管取得实效性

　　对社会组织的监督管理也是一项复杂的系统工程。从监督管理的主体上讲，包括民政部门、业务主管单位、财政部门、税务部门、公安部门、物价部门、人力资源和社会保障部门等，以及社会监督和社会组织的自我管理等。从监督管理的内容上讲，包括登记审查（成立、变更、注销）、日常管理（业务活动的监管、经济活动的监督、政治活动的监管等）、年度检查（执法和遵守章程情况、开展业务活动情况、财务管理和经费收支情况、机构设置情况、负责人和工作人员情况等）、专项评估、执法检察、违规处理等内容。从监督管理的方式和程序上讲，包括公开信息（社会组织向主管机关、税务机关、许可机构、捐赠者、公众和内部主动报告、政府相关部门向社会公开社会组织应该公开的内容）、政府相关部门按各自职能和工作计划开展监督管理、奖励惩罚等。可见，对社会组织的监管是一件比较复杂的事情，为了使复杂的工作系统化、精细化、规范化，并获得更大效用，必须建立"多元共治、协作监管"的综合监督管理体系。

（1）明确监管主体职责，力争达到"人人都管事、事事有人管"的境界

2016 年，中办、国办印发的《关于改革社会组织管理制度促进社会组织健康有序发展的意见》中，比较明确地规定了政府各监管部门对社会组织开展日常性监管的内容。

①加强对社会组织负责人的管理。对社会组织负责人的管理由民政部门负责，相关部门配合，管理的主要内容涉及社会组织负责人任职、约谈、警告、责令撤换、从业禁止等日常管理，对法定代表人离任审计，对负责人不良行为记录，负责人过错责任追究，对社会组织负责人任职前公示，组织法定代表人述职。

②加强对社会组织资金的监管。资金管理由民政部门牵头，财政、税务、审计、金融、公安等部门参加，相关部门共享执法信息，加强对社会组织资金管理的风险评估、预警。民政、财政部门应联合执行国家有关财务会计制度和票据管理使用制度，推行社会组织财务信息公开和注册会计师审计制度。财政部门的主要职责是对社会组织财政、财务、会计等政策执行情况加强监督检查，发现问题依法处罚并及时通报民政部门。税务部门的主要职责是推动社会组织依法进行税务登记，加强对社会组织的税务检查及对违法违规开展营利性活动的治理，核查非营利组织享受税收优惠政策的条件，落实非营利性收入免税申报和经营性收入依法纳税制度。审计机关的主要职责是对社会组织的财务收支情况、国有资产管理使用情况审计监督。金融管理部门加强对社会组织账户的监管、对资金往来特别是大额现金支付的监测，防范和打击洗钱和恐怖融资等违法犯罪活动。

③加强对社会组织活动的管理。社会组织活动管理的主要内容包括对社会组织内部治理、业务活动、对外交往的管理。民政部门的主要职责是通过检查、评估等手段依法监督社会组织负责人、资金、活动、信息公开、章程履行等情况。同时，民政部门要会同有关部门建立联合执法制度，严厉查处违法违规行为，依法取缔未经登记的各类非法社会组织。业务主管单位的职责是加强登记审查、业务指导和行业监管，对所主管社会组织的思想政治工作、党的建设、财务和人事管理、研讨活动、对外交往、接受境外捐赠资助、按章程开展活动等事项的监管，协助登记管理机关和相关部门对本领域社会组织非法活动和非法社会组织进行查处。外交、公安、物价、人力资源社会保障等部门应主动履行对社会组织涉及本领域事项事务的监管职责，依

法查处违法违规行为并及时向民政部门通报。

④规范管理直接登记的社会组织。参照《行业协会商会与行政机关脱钩总体方案》及配套政策，坚持"谁主管谁负责"的原则，对直接登记的行业协会商会类、科技类、公益慈善类、城乡社区服务类社会组织的综合监管以及党建、外事、人力资源服务等事项进行监管。对已经成立的科技类、公益慈善类、城乡社区服务类社会组织，本着审慎推进、稳步过渡的原则，按照民政部试点要求，逐步落实直接登记社会组织的管理方式。

（2）建立"多元共治、协作监管"的综合监督管理体系

①建立由分管市（县）领导负责，民政部门牵头，财政、税务、工商、审计、金融、人力资源与社会保障、公安等部门参与的联席会议制度。通过联席会议制度密切各部门间的协作关系，提高民主决策、科学决策的能力，增强成员单位的管理责任和工作积极性。2010 年 11 月 24 日，甘肃省人民政府办公厅印发了《甘肃省加强社会组织执法监察工作意见》，并组建了由分管副省长为总召集人的联席会议成员。为强化此项工作，各市（州）也应建立相应制度，组建相关机构，严格按照《社会团体登记管理条例》《基金会管理条例》《民办非企业单位登记管理暂行条例》《取缔民间非法组织暂行办法》等法规、规章中的要求，以及《甘肃省加强社会组织执法监察工作意见》中提出的 13 项执法监察内容对所属社会组织采取日常监管、年度检查、随机抽查、执法监察相结合的监督监察形式。

②建立健全信息处理平台和信息发布制度。在社会组织登记管理机关建立功能齐备的信息收集、处理、发布平台，如接待室、意见箱、举报电话、电子邮箱、专门网站、微信平台等。通过信息平台全面收集举报人的举报意见，及时回应群众的合理诉求，准确发布民政部门对社会组织的登记、年检、评估、执法的情况，以及社会各方面对社会组织的评价和反映。

③建立责任倒查和责任追究机制。通过责任倒查和责任追究机制，增强相关单位的责任意识和工作效率"对于工作中不负责任、敷衍塞责、互相推诿，导致纠纷久拖不决甚至由小事拖成了大事的单位和人员，要进行责任倒查，根据其造成的后果给予相应的处罚"。① 严厉打击履行职责过程

---

① 毛丹：《新型政社关系下地方政府对社会组织的监管风险控制》，《中共乐山市委党校学报》2015 年第 6 期，第 74 页。

中发生的失误、失职、渎职行为，甚至决策失误行为，保证政令畅通、恪尽职守、各项监管任务顺利完成。《中共中央关于全面推进依法治国若干重大问题的决定》中明确提出："建立重大决策终身责任追究制度及责任倒查机制，对决策严重失误或者依法应该及时做出决策但久拖不决造成重大损失、恶劣影响的，严格追究行政首长、负有责任的其他领导人员和相关责任人员的法律责任。"

（3）形成"日常监管和专项督查相结合""政府监管、自我监管和社会监管相结合""准入与退出相结合"的监督管理机制

①建立"日常监管和专项督查相结合"的监督管理机制。在我国，社会组织日常管理和年度检查的管理主体是民政部门，因此，各级民政部门应切实履行好这一职责。专项督查属非例行性事务，但它是监管社会组织的一项至关重要的工作，专项督查可根据国家的政策、社会组织活动过程出现的突发性事件或严重性问题所进行的具有很强针对性的监督检查工作，其监管主体根据监管内容由管理责任主体部门牵头，联合相关部门人员或专家协同进行。

②建立"政府监管、自我监管和社会监管相结合"的监督管理机制。"根据国际经验，科学合理的社会组织管理体制是政府监管、社会监督和行业自律的有机结合"①。政府监管是社会组织监管的重要主体，在整个社会组织监管体系中具有引领和规范社会监督和行业自律的龙头作用。社会监督是监管社会组织、规范其行为的外部力量，它不但对社会组织具有强大的约束力，而且对政府行为也有一定的监督作用。自我监管是社会组织发展的非常必要的内驱力，也是综合监管体系发挥作用的关键要素。因此，三者必须有机结合，才能形成强大而高效的监管合力。可惜的是，甘肃省乃至全国的社会组织自我监管和社会对社会组织的监管任重而道远，最大的问题是社会公众的监督意识淡漠、监督渠道不畅通，社会组织的自我监管意识弱化、行业自律机制不健全。目前，政府相关部门在加强政府监管职能的基础上，应采取强有力的管理措施推动社会监督和行业自律。从行业自律或自我监管方面，一是强制要求社会组织建立信息公开制度，为社会监督奠定基础。"社会组织必须定期向组织成员公布财务状况、重

---

① 李树海、丁渠：《论对社会组织的社会监督》，《河北法学》2013年第8期，第42页。

大活动、工作报告等信息，向社会公布章程、登记信息、组织机构、服务内容、收费标准、接受捐赠的情况和接受政府职能转移或政府购买服务的情况、受赠财产的使用以及管理情况、年度工作报告等，主动接受社会监督。公开的信息应当准确、真实、及时且便于获取，不得有误导性陈述、虚假记载或者重大遗漏"。① 二是完善内部法人治理结构。法人治理（又称公司治理）是现代企业制度中最重要的组织架构。狭义的公司治理主要是指公司内部股东、董事、监事及经理层之间的关系，广义的公司治理还包括与利益相关者（如员工、客户、存款人和社会公众等）之间的关系。建立以章程为核心的法人治理结构，是依法规范社会组织依法自治的关键所在，也是促使社会组织实现自我管理、自我服务、自我教育、自我发展，成为独立的法人主体，推动其健康有序发展的关键所在。《关于改革社会组织管理制度促进社会组织健康有序发展的意见》明确提出："社会组织要依照法规政策和章程建立健全法人治理结构和运行机制以及党组织参与社会组织重大问题决策等制度安排，完善会员大会（会员代表大会）、理事会、监事会制度，落实民主选举、民主决策和民主管理，健全内部监督机制，成为权责明确、运转协调、制衡有效的法人主体，独立承担法律责任。推动社会组织建立健全内部纠纷解决机制，推行社会组织人民调解制度，引导当事人通过司法途径依法解决纠纷。""加快形成分权制衡的运行机制。加强社会组织内部博弈的制度化、程序化建设，增强社会组织自身内部博弈功能，吸收社会组织服务对象代表、职工代表、管理机关代表、项目赞助方代表等参加理事会、监事会并行使权力，探索向社会组织委派独立理事、独立监事。"② 建议全省各级政府学习天津市的做法（天津市于2016年6月7日发布了《天津市社会组织法人治理结构准则》），制定了《甘肃省社会组织法人治理结构准则》，规范社会组织法人治理。从社会监督方面，一是政府要大力宣传，鼓励社会公众参与社会组织的监督管理，必要时建立社会监督的激励机制，对积极参与社会监督、效果突出的个人或机构给予一定的奖励。二是构筑社会公众监督社会组织的良好途径，除

---

① 毛丹：《新型政社关系下地方政府对社会组织的监管风险控制》，《中共乐山市委党校学报》2015年第6期，第73页。
② 王锡忠、顾建龙：《社会组织内部治理的危机与出路》，《中国社会组织》2016年第11期，第27页。

设置接待室、意见箱、举报电话、电子邮箱、专门网站、微信平台外，还应"完善社会公众监督，要充分发挥传统公众监督方式的作用。按照宪法和有关法律法规的规定，各级党委、人大、政府、政协、法院、检察院等机关设置的信访机构，可以受理公民对于社会组织的检举控告；各级纪检、监察机关、审计机关可以受理公民对于国有社会组织的检举控告；各级社会组织主管部门可以受理公民对于社会组织的检举控告；各级法院可以受理公民对社会组织提起的诉讼"①。三是充分发挥新闻监督。"新闻监督是社会组织的社会监督体系的重要组成部分。新闻监督是通过报刊、广播、电视、网络等新闻媒体反映民众的意见和要求，监督社会组织的各项活动。在西方国家，新闻监督已经成为社会监督的重要形式，被称为与立法权、司法权和行政权相并列的'第四权力'，能够影响社会组织获取资源的能力"。② 四是建立健全独立的第三方评估制度。2010 年 12 月 20 日，民政部印发了《社会组织评估管理办法》，全面开启了全国各地的社会组织评估。《社会组织评估管理办法》中提出："社会团体、基金会实行综合评估，评估内容包括基础条件、内部治理、工作绩效和社会评价。民办非企业单位实行规范化建设评估，评估内容包括基础条件、内部治理、业务活动和诚信建设、社会评价。"同时，还提出："各级人民政府民政部门设立相应的社会组织评估委员会和社会组织评估复核委员会，并负责对本级评估委员会和复核委员会的组织协调和监督管理。"《社会组织评估管理办法》不仅明确了对社会组织的评估对象和内容、评估机构和职责，还确定了评估流程和方法、回避与复核、评估等级管理等重要内容。2015 年 5 月 13 日，民政部发布了《关于探索建立社会组织第三方评估机制的指导意见》，明确了建立社会组织第三方评估的总体思路、基本原则、政策措施和组织领导。2016 年，中办、国办印发的《关于改革社会组织管理制度促进社会组织健康有序发展的意见》中进一步提出要"探索建立专业化、社会化的第三方监督机制，建立健全社会组织第三方评估机制，确保评估信息公开、程序公平、结果公正"。

2016 年，甘肃省民政厅社会组织管理局已经启动了第三方评估机制，

---

① 李树海、丁渠：《论对社会组织的社会监督》，《河北法学》2013 年第 8 期，第 45 页。

② 李树海、丁渠：《论对社会组织的社会监督》，第 45 页。

将152家省级社会组织通过政府购买服务的方式交由甘肃政法学院、西北师范大学、甘肃省社会组织促进会来评估。但是，14个市（州）还没有开启第三方评估。因此，各地应切实采取强力措施推行第三方评估。首先，要充分认识第三方评估的意义，积极培育和规范社会组织第三方评估机构。民政部原民间组织管理局局长、民间组织服务中心主任詹成付强调："建立第三方评估机制有利于政府转变职能，淡化社会组织评估的行政色彩；有利于加强对社会组织的事中事后监管；有利于社会力量参与监督，增加社会评估工作公信力。"① 在充分认识第三方评估意义的同时，应充分利用现有资源，大力发展民办非企业单位、社会团体、市场中介机构和事业单位等形式多样的专业评估机构。其次，要建立社会组织第三方评估资金保障机制（积极争取财政部门的支持，将第三方评估经费纳入社会组织管理工作经费。有条件的地方也可以将社会组织评估纳入政府购买服务目录）。最后，要推进社会组织第三方评估信息公开和结果运用。民政部门要定期汇总社会组织第三方评估信息，及时公布社会组织评估机构、评估方案、评估标准、评估程序和评估结果，提高评估工作透明度。加快建立社会组织评估结果综合利用机制，扩大评估结果运用范围。同时，各地要制定与评估结果挂钩的激励政策，提倡把评估结果作为社会组织承接政府转移职能、接受政府购买服务、享受税收优惠、参与协商民主、优化年检程序、参加表彰奖励的参考条件，鼓励把评估结果作为社会组织信用体系建设的重要内容。

④建立"准入与退出相结合"的监督管理机制。一是要适当放宽政策，降低社会组织准入的"门槛"。在这方面，国家层级政策措施已经取得了明显成效。2013年出台的《国务院机构改革和职能转变方案》中明确规定："重点培育、优先发展行业协会商会类、科技类、公益慈善类、城乡社区服务类社会组织。成立这些社会组织，直接向民政部门依法申请登记，不再需要业务主管单位审查同意。民政部门要依法加强登记审查和监督管理，切实履行责任。"2016年出台的《关于改革社会组织管理制度促进社会组织健康有序发展的意见》中也明确提出："对在城乡社区开展为民服务、养老照护、公益慈善、促进和谐、文体娱乐和农村生产技术服务

---

① 王勇：《社会组织第三方评估机构迎来春天》，《公益时报》2015年5月27日。

等活动的社区社会组织，采取降低准入门槛的办法，支持鼓励发展。对符合登记条件的社区社会组织，优化服务，加快审核办理程序，并简化登记程序。对达不到登记条件的社区社会组织，按照不同规模、业务范围、成员构成和服务对象，由街道办事处（乡镇政府）实施管理，加强分类指导和业务指导。鼓励在街道（乡镇）成立社区社会组织联合会，发挥管理服务协调作用。"国家的大政方针为我们提供了权威性的和方向性的指导，甘肃省各级政府应进一步细化社会组织准入制度，把降低门槛和简化程序的文章做足做好，保证降低门槛不降低责任，简化程序不简化职能，使符合登记条件的社会组织顺利入门的同时，绝不允许任何一个非法组织蒙混过关。《关于改革社会组织管理制度促进社会组织健康有序发展的意见》中还同时规定，要"稳妥推进直接登记、完善业务主管单位前置审查、严格民政部门登记审查、强化社会组织发起人责任"，特别强调要"规范社会组织涉外活动、加强社会组织自身建设"。二是要严格社会组织监管，实行社会组织"退出"制度，形成"能进能出"的法律政策环境。我国《社会团体登记管理条例》等3个行政法规对于社会组织退出设置了三种方式：一是注销登记。发生原因一般为合法存在的社会组织的宗旨已经完成，或自愿解散，或合并、分立等。二是撤销登记。发生原因一般为合法存在的社会组织因为从事某种违法行为而被登记机关撤销其资格。三是取缔。发生原因一般是民政部门通过行使执法权强制解散非法存在的社会组织。尽管行政法规中涉及了社会组织的退出问题，不论是在技术层面，还是在实践层面，总体效果不尽理想。2015年12月，民政部办公厅在其门户网站上发布了关于《民政部关于健全社会组织退出机制的意见（征求意见稿）》公开征求意见的通知，征求意见稿比较明确地提出了社会组织主动退出的情形、退出程序、补充制度，撤销登记情形、撤销登记程序，社会组织退出的清算制度等内容。意见虽然尚未印发，但已经吹响了建立社会组织退出机制的号角。《关于改革社会组织管理制度促进社会组织健康有序发展的意见》强调："健全社会组织退出机制。对严重违反国家有关法律法规的社会组织，要依法吊销其登记证书；对弄虚作假骗取登记的社会组织，依法撤销登记；对未经许可擅自以社会组织名义开展活动的非法社会组织，依法予以取缔。完善社会组织清算、注销制度，确保社会组织资产不被侵占、私分或者挪用。"

因此，甘肃省各级政府应该在降低社会组织准入的"门槛"，落实四类社会组织直接登记的同时，应主动探索建立社会组织退出机制。通过实行社会组织退出机制，促进社会组织健康有序发展，提高社会组织的内部治理能力和服务社会建设的能力。

二　内部治理：依法治理、顶层设计、能力为本、服务至上

（一）依法治理——用法治的思维和法治的方式办组织做公益

1. 健全法人治理结构、规范内部管理

健全社会组织的法人治理结构和内部管理机制是加强社会组织自身建设的重要内容，是社会组织自我约束、自我管理和自我发展的基础工作，也是社会组织发展壮大、履行职责、发挥作用的前提和保证。中办、国办印发的《关于改革社会组织管理制度促进社会组织健康有序发展的意见》指出："社会组织要依照法规政策和章程建立健全法人治理结构和运行机制以及党组织参与社会组织重大问题决策等制度安排，完善会员（代表）大会、理事会、监事会制度，落实民主选举、民主决策和民主管理，健全内部监督机制，成为权责明确、运转协调、制衡有效的法人主体，独立承担法律责任。"为此，甘肃省各地社会组织应做好以下工作：一是健全组织机构。按照相关法规和章程要求，健全会员（代表）大会、理事会（理事人数在 50 人以上的，可设立常务理事会）、监事会、秘书处、党组织（党委、总支、支部）。特别要高度重视监事会建设，充分发挥监事会职能，加大对组织重大决策过程监督、财务运行状况监督、岗位职责履行情况监督、公益活动合法性监督，保证组织的各项工作在章程框架下和法律法规的规定下运行，强化组织及其从业者法制意识、章程意识、自律意识和诚信意识。同时，应加强秘书处建设，健全秘书处内设办事机构（如办公室、会员服务部等）、分支机构（如专业委员会、工作委员会等）和代表机构（如办事处、代表处、联络处等），强化社会组织日常管理工作，提高社会组织的管理效率。另外，基金会、民办非企业单位的组织机构没有会员，不设会员（代表）大会。部分民办非企业单位如民办学校，设立董事会的，则不再设理事会。二是健全运行机制和业务流程。运行机制和

业务流程是社会组织规范运行、高效服务的保障，也是推动法人内部治理良性运行的关键所在。在运行机制上，社会组织首先应建立清晰的管理层级关系，明确各机构各岗位的职责边界，保证指挥统一、执行通畅，使每一位工作人员各司其职、各负其责。同时，要规范社会组织会议制度，保证会员（代表）大会、理事会、监事会等按章程规定和组织发展需要及时召开。其次应完善以章程为统领的各项规章制度，用科学的规章制度规范社会组织中每一个工作人员的言行，在自觉接受政府相关部门的监督和指导的前提下，实现自我约束、自我管理和自我发展。在业务流程方面，社会组织应该以项目管理为核心，建立项目管理体系和管理模式，依照项目操作流程规范化运行，按照项目进度配置资源，在规范运行的基础上适时创新方式方法，提高项目执行效果。在项目执行过程中应高度重视专业督导的作用，想方设法培养一支专业化的督导队伍，借助专业督导增强工作的专业性、有序性和有效性。三是加强党组织在社会组织中的领导地位。首先在章程中要旗帜鲜明地确立党组织在社会组织中的地位、职责和权限。其次要保证党组织应参与社会组织内部重大事项的决策，发挥党组织的领导和监督作用。四是建立民主决策机制，全面落实民主决策制度，充分发挥会员（代表）大会的、理事会、常务理事会的功用，遏制会长（理事长）搞"一言堂"现象。

健全法人治理结构必须着力解决社会组织负责人综合素质参差不齐的问题。一是在社会组织登记注册时设立一定的前置条件，提高发起人、负责人的专业化程度；规范负责人来源及产生方式，严格遴选负责人，防止对社会组织一知半解的人或动机不纯的人介入；通过强化培训提高负责人的专业化水平。二是积极鼓励社会学、社会工作等专业的大学毕业生介入社会组织创业，动员高校相关专业教师加盟社会组织或举办社会组织，一方面提高社会组织的专业化程度，另一方面改变负责人年龄存在两极化的现象。三是社会组织登记管理部门牵头，严查、惩治负责人"脚踩多只船"现象，确保负责人把精力投入到一个社会组织。四是把既懂专业又懂管理的优秀人才选拔到社会组织领导班子里，克服领导班子结构不合理以及社会组织管理效率低下的问题。

2. 完善内部管理制度

内部管理制度是社会组织法人治理的核心内容，俗话说没有规矩不成方圆。完善内部管理制度是社会组织健康发展的保证，是推动内部法人治理的前提，是规范社会组织及其工作人员的行为准绳。完善社会组织制度应按照社会组织内部管理的基本内容来展开。一般来说，社会组织内部管理的基本内容主要包括以下七个方面：①人力资源管理。应建立健全专职工作人员进出、升降、考勤、奖惩、岗位职责、工资福利、思想教育等制度，建立社会组织负责人（会长、副会长、秘书长）任职资格、任前公示、过错追究等制度，以及法定代表人述职制度、离任审计制度等。②财务管理。在严格落实《民间非营利组织会计制度》的基础上，建立健全内部财务会计制度，确保资金收入合法、依法纳税、资金使用合理、记账规范、票据使用规范、科目设置规范、审批手续完善。同时，建立固定资产管理办法，保证公共资产不流失。在财务管理方面，各地社会组织还应极力解决会计人员不专职、会计与出纳不分离或设置不齐全的问题。③活动管理。各地社会组织应以章程为核心，建立系统的各环节管理制度，严格按章程和制度开展活动，落实重大活动、涉外活动、重要会议、评选表彰、发布重要新闻信息等重大事项事前报告制度，确保各项业务活动依法依规开展。④分支（代表）机构管理。凡是设立了分支（代表）机构的社会组织必须依法依规建立分支（代表）机构管理办法，确保分支（代表）机构按照相关制度和相应的职权开展活动，严禁发生违法违规行为。⑤会议管理。会议是社会组织协商讨论、审议决议活动事务的主要途径和管理方式，对其科学管理意义重大。因此，社会组织应制定不同层级、不同类型的会议制度和相关规程。促使社会组织本着节约、高效、科学的原则确保会议按时召开、决议合法有效、并形成会议纪要。⑥文件档案管理。文件档案是社会组织管理活动的标志，也是社会组织发展的历史见证，社会组织的科学管理不能缺少完整的文件档案。建立档案管理制度，确保专人管理，分门别类，妥善保管。有条件的社会组织应建立档案室。⑦会员（工作人员）管理。会员或工作人员是社会组织最重要的人力资源，科学管理会员或工作人员是社会组织重要的管理内容，制定会员（工作人员）管理办法，提出会员（工作人员）履行章程规定的义务、遵守行规行约、开展诚信自律活动、履行社会责任等规定。

社会组织管理制度的完善还应根据外部环境和工作情况的变化，及时进行修订，保证管理制度的科学性和时效性，同时还应着力加强制度执行的监督检查，强化制度的执行力度。

3. 建立信息公开和责任追究机制

信息公开制度是保证政府部门、社会公众有效监督社会组织公益活动的重要制度，也是维护监督主体履行其监督权的法制依据。责任追究机制是切实落实信息公开制度、强化社会监督的重要保障。信息公开和责任追究机制的建立也是促进社会组织健康有序发展的重要手段。《关于改革社会组织管理制度促进社会组织健康有序发展的意见》明确规定："民政部要会同有关部门制定实施各类社会组织信息公开办法，探索建立社会组织年度报告制度，规范公开内容、机制和方式，提高透明度，同时通过纸媒、网站、微信、微博及时公布机构资金与物资信息，增强社会组织公信力；探索建立专业化、社会化的第三方监督机制，建立健全社会组织第三方评估机制，确保评估信息公开、程序公平、结果公正；建立对社会组织违法违规行为及非法社会组织投诉举报受理和奖励机制，依法向社会公告行政处罚和取缔情况。"同时，文件还规定"对严重违反国家有关法律法规的社会组织，要依法吊销其登记证书；对弄虚作假骗取登记的社会组织，依法撤销登记；对未经许可擅自以社会组织名义开展活动的非法社会组织，依法予以取缔。完善社会组织清算、注销制度，确保社会组织资产不被侵占、私分或者挪用"。"民政部门会同有关部门建立社会组织负责人任职、约谈、警告、责令撤换、从业禁止等管理制度，落实法定代表人离任审计制度。建立负责人不良行为记录档案，强化社会组织负责人过错责任追究，对严重违法违规的，责令撤换并依法依规追究责任"。因此，各地社会组织登记管理部门应积极制定详细的落实方案，建立信息公开和责任追究机制，促进社会组织公开相关信息接受社会监督，对违反相关规定的行为实施责任追究。如上述问题中提到的"无固定的住所"而举办社会组织的行为、"多块牌子一套人马"现象等。

另外，社会组织也应积极建立信息披露制度，主动公开内部财务状况、开展的重大公益活动、社会捐赠及其使用情况等，自觉接受政府部门、社会公众的监督。同时，充分发挥监事会的内部监督作用，建立科学的奖惩制度，奖优罚劣，严惩不作为、乱作为行为。

4. 开展社会组织党建工作

针对社会组织党建工作存在的主要问题，目前各地社会组织应从以下方面着力加强党建工作：一是社会组织负责人一定要提高对党建工作的思想认识。首先要深入学习党和国家的相关文件精神，全面领会党对社会组织全面领导的重大意义，充分利用各种媒体和会议积极宣传相关文件精神，营造有利于社会组织党建发展的社会氛围，使每一个社会组织的负责人及工作人员明确认识"在社会组织加强党建工作是党和国家的重大战略决策"，加强社会组织党建工作，是促进社会组织健康发展的根本保证，是创新社会治理加强基层建设的必然要求，是夯实基层党建、巩固党的执政基础的必然要求。二是创新党组织的组建方式，提高党组织覆盖率。扎实落实"按单位建立党组织、按行业建立党组织、按区域建立党组织"的要求，推行"独立式、联合式、挂靠式、委派式"四种管理模式，本着"应建尽建"的原则，加大党组织组建力度，实现全领域覆盖。通过"推优"等措施，培养入党积极分子，壮大党员队伍，为成立社会组织党组织创造条件。三是规范组织生活。积极推动基层党组织认真执行"三会一课"制度，按规定召开党员组织生活会和党员民主生活会，定期开展批评与自我批评、民主评议党员和党组织负责人活动，保证党的组织生活健康有序开展。扎实开展各项主题实践活动，选好主题、用活载体、制定活动方案，每年都要开展丰富多彩的主题实践活动并要保证次数、保证内容、保证效果。四是规范档案资料。认真抓好党建工作档案建设和资料管理工作，健全"五簿六册"，即：党委或支委会议记录簿、党员大会记录簿、党员教育培训记录簿、组织生活会记录簿、党组织活动记录簿；党员花名册、入党积极分子花名册、流动党员登记册、组织生活考勤册、党费收缴册、党组织工作制度汇总册。做到基础资料齐全、制度健全、目录统一、存放整齐。五是紧密结合社会组织特点和社会组织战略发展开展党建工作，把党建工作与社会组织业务工作有机结合起来，用党的先进理念指引社会组织的发展方向、指导社会组织的发展战略，用社会组织的鲜活实践丰富党建设内容、夯实党建设工作。

（二）顶层设计——用先进的理念和科学的规划办组织做公益

1. 凝练务实的发展宗旨、使命、愿景

社会组织的顶层设计就是要明确组织的发展宗旨、使命与愿景，并且

要使每一个工作人员深入领会、积极践行。社会组织的存在的重大意义在于弘扬志愿精神、彰显公益价值、提供贴心的专业服务，而不是赚取利润或哗众取宠。社会组织的发展宗旨、使命与愿景既体现其存在价值和本质特征，也是其策略行动的指导方针，对组织的健康发展和组织成员的价值取向、奋斗目标至关重要，凝练务实的发展宗旨、使命、愿景是一个优秀负责人领导能力的主要体现。因此，社会组织负责人一定要高度重视发展宗旨、使命与愿景的凝练与宣传。一是要紧密结合社会组织的本质属性、服务领域、服务对象、服务宗旨、发展目标进行科学设计、提炼，并用蕴涵丰富、意义深远、简练易记的词语或句子加以表达。二是在设计凝练时一定要广泛征求各方面的意见和建议，集思广益、博采众议、千锤百炼，用大家的智慧凝练社会组织的发展宗旨、使命与愿景。三是加强宣传与内化。一方面，要把组织的发展宗旨、使命与愿景通过教育的方式使组织成员内化于心、外化于行。另一方面，使社会公众对组织的发展宗旨、使命与愿景能够耳熟能详，提升社会组织的知名度和影响力。四是使其物化、制度化。一方面通过组织标识、徽章、歌曲及建造相应的硬件设施，使其成为物化的组织文化精神。另一方面把其核心价值与精神渗透在组织的制度建设中，进而规范员工的服务行为。

2. 制定科学的发展规划

社会组织发展规划是对社会组织的战略定位，是社会组织发展计划的路线和原则、灵魂与纲领。社会组织战略发展规划是指为了形成和维持社会组织的竞争优势，谋求社会组织的长期生存与发展，在综合分析外部环境和内部影响因素的基础上，以正确的指导思想为导向对社会组织的主要发展目标和达到目标的途径以及实施的具体程序进行全面谋划。一是要注重发展规划的制定。社会组织负责人一定要提高对规划的认识，增强战略规划意识，改变盲目办社会组织、无序开展公益活动的状态，克服内部管理的随意性、无序性倾向。二是注重规划过程的参与度和整合性。建立富于开放性、有利于集聚各个层面智慧的规划编制组织形态，组建专门的规划编制领导小组和工作小组，集聚、整合各方智慧，形成有共识、有远见、有操作性目标任务体系。防止由负责人制造的"长官型规划"或相关人员简单组合而成的"拼凑型规划"。另外，创新发展规划编制的运行机制，可以尝试建立规划编制专项课题招标制,依靠专业机构和专业人员编制。三是形成近中远发展规划体系。根据社会组织的宗旨、使命和愿景,制定 5~10 年的远期发展规划,保证组织目标管理的稳定性和长足发展的持续性。根据国家和地方经济社会发展的宏观政策、外部环境编制 3~5 年的中期发展规划,保证组织长远目标的实现。根据区域内公益事业发展需求及组织当前发展现状,制定年度工作计划,满足政府要求、群众诉求和组织发展需求。

在制定科学的发展规划时,一定把要人力资源管理,特别是人才发展作为规划的重要内容,科学谋划、精心部署、创新机制、广聚人才,强力解决社会组织专业人才匮乏的严重问题和不利局面。

(三) 能力为本——用专业的技能和过硬的本领办组织做公益

1. 加强社会组织领导的能力建设,明确组织的使命与责任,用先进的组织文化引领组织发展方向

社会组织从事的是公益慈善事业,肩负着参与公共服务、社区建设和社区治理的职能,毫无疑问社会组织及其从业人员具有弘扬志愿精神、践行公益价值、提供专业服务、引领社会风尚的社会责任。因此,组织负责人及从业者必须对社会组织的本质属性和功用有深彻的认知,对公益事业有崇高的信仰、有强烈的使命感、有较高的道德标准和严格的行为约束。社会组织负责人必须要高度重视组织的顶层设计,凝练务实的发展宗旨、使命、愿景,引导广大从业者树立明确的组织使命、发展愿景和核心价值观。组织使命、发展愿景和核心价值观是组织文化建设的重要内容,是组织软实力的核心要素。组织文化是社会组织发展的灵魂,也是社会组织发展的指导思想,它不仅对锻造负责人强大的领导力有重大意义,也对培育员工能力、集聚员工智慧和力量、塑造公益品牌具有潜移默化的引领作用。因此,社会组织必须高度重视文化建设,用优良的组织文化助推社会组织的长足发展。一要强化以组织宗旨和使命为核心的价值观念体系建设。在凝练组织的发展宗旨、使命、愿景的基础上,经常组织从业人员深入学习、领会组织的使命、目标、愿景、战略规划和规章制度等核心内容,并将其内涵镌刻或悬挂在组织的办公场所,或者制作成宣传册人手一本,使其牢记于心、付诸实际工作之中。同时,要注重加强思想道德标准

体系建设和进行理念体系建设。要把社会主义核心价值观贯穿于社会组织能力建设的始终，把社会工作的专业理念、职业伦理和道德标准根植于每一个从业人员的心灵深处。二要加强组织的形象识别体系建设。注重社会组织会徽、会旗、工作服等形象识别体系设计、宣传与运用。形象识别是组织价值观念的具体化，对每个从业者和社会公众有强烈的冲击力和感染作用。三要加强制度体系建设。通过科学的工作制度、责任制度、特殊风俗和行为规范，加强从业者行为约束，形成良好的行为习惯。四要培育、提炼组织在长期的公益实践中形成的特色和亮点，形成人无我有、人有我优、人优我特的品牌文化。注重树立标杆榜样，引领更多的从业者走向优秀，为品牌文化增添浓墨重彩。总之，以观念层、制度层、形象层为主要内容加强组织文化体系建设，更进一步地激发、强化社会组织及其广大从业者的使命感、责任心与担当精神。北京青基会在组织文化建设中的做法值得借鉴，他们"重点从树立'以人为本'的管理思想，'团结协作'的团队精神，'信用至上'的机构形象，'终身学习'的学习型组织入手，发挥党组织战斗堡垒作用和共产党员的先锋模范作用，建立'开拓进取，奋发向上，团结协作，努力学习'的机构文化，不断提升机构发展的内动力、凝聚力、公信力、创新力，实现机构和员工的和谐发展，最终强化了组织的能力"①。因此，社会组织的领导人要重视对管理理论的学习，掌握组织文化建设和组织变革的关键知识和核心技术。同时应注重学习借鉴优秀社会组织的做法。

2. 加强社会组织的项目策划和执行、财务管理、公共关系与人际交往能力建设，提升组织的综合能力，为组织获得更多的发展机会和资源

随着我国机构和行政体制改革的深入推进，政府转变职能，简政放权将不断深化，政府提供的公共服务将主要通过购买社会组织服务的形式来实现。尽管甘肃各市（州）政府购买服务项目还不多，但是政府购买服务将会成为不可阻挡的发展趋势，通过购买服务获取发展资金也将成为社会组织经费来源的主渠道。社会组织能否抓住历史机遇，获得服务项目、筹集发展资金，接住接好政府下放的职权，提供社会公众满意的公共服务，

① 亚纪英：《精心搭建服务青少年健康成长的公益平台——谈北京青少年发展基金会如何加强能力建设》，《社团管理研究》2008 年第 9 期，第 56 页。

与社会组织的项目策划和执行能力、财务管理能力、公共关系与人际交往能力的高低有着直接而密切的关系。然而，在调研走访时发现，甘肃各地社会组织的此三项能力有待大力加强。根据存在的主要问题，我们以为应采取有针对性办法积极建设。在公共关系与人际交往能力建设方面：一是要增强社会组织负责人和工作人员的自信心。社会组织负责人及工作人员的人际感受和人际理解能力不强与其信心不足呈正相关，不自信的主要原因是对政府部门和社会组织间的关系存在认知偏差的缘故。因此，各社会组织应组织机构成员深入学习国家相关文件精神，准确理解社会组织的性质、地位和作用，重塑对社会组织及其与政府关系的认识论和价值观，与政府、企业建立良好的合作伙伴关系，增强工作人员自信心、人际感受能力、人际理解能力和人际想象能力。二是加强社会组织负责人和工作人员表达能力的训练。通过专业培训、主题演讲、实用文写作等方式，强化组织负责人和工作人员口头语言表达能力、文字语言表达能力、体态语言表达能力，提高与公众有效沟通的基本素质，增强通过传播沟通与公众建立良好关系的能力。三是主动与政府、企业和社会组织建立密切的合作关系。美国人际关系大师戴尔·卡内基曾说过："一个人事业的成功，只有百分之十五是由于他的专业技术，另外的八十五要靠人际关系和处世技巧。"公共关系就是要为组织广结良缘，广交朋友，构建良好的人脉环境。因此，社会组织要本着服务他人、发展自我的心态，组织公关人员学习交往技巧、艺术和原则，积极主动地真诚地与政府、企业和社会组织建立伙伴关系，与它们联合开展公益活动，共同提供公共产品和服务，或者争取他们的全方位支持助力公益事业，实现相互帮互助、互惠互利的目的。在项目策划和执行能力建设方面：一是社会组织要重视组织相关人员深入学习财政部等部门印发的《政府购买服务管理办法（暂行）》，甘肃省民政厅、财政厅联合下发的《政府购买社会工作服务实施办法》，甘肃省人民政府办公厅印发的《关于政府向社会力量购买服务的实施意见》，甘肃省财政厅、甘肃省机构编制委员会办公室印发的《甘肃省事业单位政府购买服务改革工作实施方案》，甘肃省财政厅、甘肃省民政厅印发的《关于通过政府购买服务支持社会组织培育发展的实施意见》，甘肃省民政厅印发的《关于确定具备承接政府职能转移和购买服务资质的社会组织目录的指导意见》，甘肃省民政厅印发的《关于全省性社会组织申报承接政府职能转移和购买服务资质的通知》等文件精神，准确把握政策内容，为项目策划和设计奠定基础。二是全面掌握公开招标、邀请招标、竞争性谈判、单一来源采购、竞争性磋商的规制和要求，熟悉各种购买服务形式的程序和要领，并认真学习各种类型的标书制作规范、投标细节和技巧，提高中标的概率。在财务管理能力建设方面：一是认真贯彻落实《民间非营利组织会计制度》，严格会计核算，规范会计记账，合法合规地填制会计凭证、登记会计账簿、管理会计档案等，加强资产（流动资产、长期投资、固定资产、无形资产和受托代理资产等）、负债（流动负债、长期负债和受托代理负债等）、净资产、收入（捐赠收入、会费收入、提供服务收入、政府补助收入、投资收益、商品销售收入等主要业务活动收入和其他收入等）、费用管理，准确编制财务会计报告。二是建立社会组织内部会计制度。在不违反《民间非营利组织会计制度》的前提下，结合其具体情况，制定会计核算办法，强力规范财务管理，为项目运作和圆满完成保驾护航。

3. 强化社会组织的自律意识，建立多样化的监督形式，着力推动组织的信息披露工作，助力组织的健康发展

全面推进依法治国，要求全民守法。社会组织要提高公信力，赢得社会的认可和支持，更应该树立法治意识，做遵纪守法的模范，自觉遵守法律法规和章程。在模范遵守法律法规的同时，要强化社会组织的自律意识，建立多样化的监督形式，着力推动组织的信息披露工作，助力组织的健康发展。多样化的监督形式是实现有效监督社会组织的坦途，也是保证社会组织健康发展和激发公众参与公益的良方。"如何赢得公众对社会组织的信任、支持和追随，最有效的办法就是：信息的公开透明，采取多种形式的监督。"[1]因此，各地应发挥利益相关者的主体作用，加强多种形式的监督。一是加强多部门监督。要充分发挥登记管理部门、主管单位、联合执法部门对社会组织的监督作用，注重枢纽型社会组织、行业协会等自治组织对其成员的监督功能。社会组织应主动接受他们的管理、检查、督导和评估。二是加强审计监督（财务监督）。要强化政府审计部门或者社

---

[1] 亚纪英：《精心搭建服务青少年健康成长的公益平台——谈北京青少年发展基金会如何加强能力建设》，《社团管理研究》2008年第9期，第57页。

会审计机构对社会组织财务运行状况进行审计，对法人代表离任时、重大救灾捐赠活动后进行专项审计的监督责任。三是加强捐赠者监督。社会组织对接受的捐赠情况，捐赠落实情况以及其他方面的工作要主动向捐赠人通报，以便接受捐赠人的监督，保证社会组织与捐赠者之间的信息对称，消除捐赠者的猜测和不信任。在此方面北京青基会的做法可资借鉴，他们将捐款者与受益人建立 1 对 1 关系，捐赠者通过与受益者通信联系，可以了解捐款的落实时间、落实金额以及受益人的家庭状况。四是加强公众（媒体）监督。社会组织应与新闻媒体密切合作，搭建监督平台，充分保障广大公众的知情权和质询权。五是加强自我监督。自我监督是一种高度的自觉行为，只要有严格的自我监督，其他主体的监督才会通畅、顺利。社会组织的自我监督必须加强监事会建设，充分发挥监事的能动性和监督权；同时还应依靠党组织，发挥党组织的监督功能。另外，社会组织的每一位从业人员也是不可或缺的监督力量，社会组织通过意见箱、网络平台、负责人信箱、座谈会等形式，广泛收集从业人员的意见和建议，发挥好他们的监督作用。

另外，组织监督、审计监督（即财务监督）、捐赠人监督、公众监督和自我监督的实现有赖于科学完善的信息披露机制，因此，各地社会组织登记管理机关及社会组织内部必须紧扣监督工作需要，建立健全信息披露机制和信息发布平台，保持畅通的信息发布渠道，做到组织信息公开透明，保证及时向监督主体提供真实、客观、有效和多样的相关信息。

4. 树立经营理念，打造公益品牌，提升社会组织的社会声誉和公信力

社会组织的健康有序发展如同企业的健康有序发展一样，需要管理者的精心经营，精心经营需要树立先进的经营理念。经营理念是系统的、根本的管理思想，不论是政府部门、企事业单位，还是社会组织，都需要一套先进的经营理念。社会组织的经营理念包括社会组织的使命和宗旨，战略目标，以及为践行使命、实现目标的制度规范和发展方略等。社会组织如何树立先进的经营理念，推动社会组织的健康有序发展。第一，要高度重视顶层设计，明确组织的发展宗旨、使命、愿景和发展目标。运用目标管理落实发展目标，调动组织每一位员工的积极性和潜力，共同经营组织。第二，论证、设计独特的公益品牌。坚持需求性、可行性、简洁性、

个性化、社会化的原则，选择差异化发展道路，注重设计、培植公益特色，打造公益品牌，走出一条"人无我有、人有我优、人优我特"的个性化的、独特的和社会认同的公益道路。公益品牌不仅代表社会组织有形的服务，也代表着社会组织无形的价值，是社会组织与捐赠者、受益者和支持者之间的相互认可、相互融合的重要载体。社会组织的公益品牌主要指项目品牌，如：希望工程、春蕾计划、夕阳工程、学子阳光、希望之星等。这些公益品牌家喻户晓，影响力非常大。甘肃各地社会组织应加强学习成功经验，根据自己的服务领域，从开展的公益项目中积极培植公益品牌，提升项目的参与度、有效性和影响力。中国青少年发展基金会的做法值得学习，他们通过市场调查研究、公益广告宣传、现场宣传、开展公益活动打造形成我国著名的"希望工程"公益品牌，筹集资金、建立希望学校、资助失学儿童。通过对公益慈善品牌的营销，赢得了社会各界的赞誉和大力支持。另外，甘肃本土社会组织——甘肃鸿泽社会工作服务中心，长期倾心于农村寄宿制学校留守儿童关爱项目，借助项目极力培育"社工妈妈"公益品牌，通过公益品牌三年内获得 10 万余元爱心捐赠，先后开展服务达 10 次，受益人数达万人之多。第三，注重对已经形成的公益品牌的不断维护和建设。一是加强品牌宣传。在社会组织自己的网站开辟专栏或通过微信平台宣传项目宗旨、项目内容、活动细节、捐赠方式、服务对象等，借助电视、报纸和政府门户网站大力宣传组织的公益项目，提高公众对项目的知晓率和参与度。二是联合商业品牌，开展公益慈善，打造公益品牌。如 RED 慈善品牌（红色计划）的运行机制就是与全球知名商业品牌合作，开发公益产品，筹集资金，开展公益活动。此品牌不属于任何一个企业所有，参与红色计划的企业只能根据授权，进行贴牌生产、销售红色商品。该产品利润的一部分将被捐给与艾滋病、肺结核及疟疾斗争的全球基金，以资助非洲的患病妇女和儿童购买抵抗艾滋病的药物。同时，红色计划也为加入 RED 的品牌创造可观的销售额，实现了"双赢"。

通过打造公益项目品牌，创立机构品牌，增强社会组织的美誉度。机构要依据章程开展公益活动，活动必须依靠一定的项目，把项目培育成公益品牌，机构也就自然而然地成为品牌了，品牌效应就会为社会组织的发展赢得更多更好的发展机遇和资源。在品牌打造上，北京青少年发展基金会的经验也有很强的复制性和推广价值。他们"重点实施'希望工程'品

牌再生产，努力推动希望工程的本地化，先后推出了'北京市希望之星
(1+1)奖学金'、'学子阳光——首都高校家庭经济困难优秀大学生扶助工
作'、'希望电脑教室'、'希望阅览室'等教育资助项目"成功地打造了
'北京希望工程'品牌，实现了由公益项目品牌向机构品牌的转化，扩大
了机构的社会认知度和号召力"[①]。

（四）服务至上——用无私的爱心和上乘的服务办组织做公益

1. 以政府购买服务项目为依托，全力服务政府

政府与社会组织既是管理与被管理的关系，更是重要的合作伙伴关
系。不论从哪层关系来讲，服务都蕴涵其中，优质、高效、满意的服务也
是深化和密切双方关系非常重要的元素。有人说："二十一世纪是强调服
务、关注客户的时代，因为服务是营销的基础，是连接产品和市场的真正
桥梁和纽带。"这句话主要是针对企业而言的，但它对政府和社会组织都
有很强的警示意义，尤其对新生的正处于成长壮大阶段的社会组织来讲启
迪意义更大。服务政府既是社会组织作为被管理对象应尽的义务（这里的
服务不是仆人对主人的服侍），也是密切与政府的关系、树立自身形象、
提升自身能力和影响力、充分发挥第三部门社会功能、更好地服务社会公
众的必然选择。社会组织如何服务政府？我们认为，首先，应以政府购买
服务项目为依托，全力服务政府。2013年《国务院机构改革和职能转变方
案》发布，提出"简政放权"，要理顺政府与社会的关系，将原来政府包
揽了大量的社会事务，现在要向社会下放权力，还权于民。政府购买服务
就是简政放权、还权于民的一种重要形式，是通过发挥市场机制作用，把
政府直接提供的一部分公共服务事项以及政府履职所需服务事项，按照一
定的方式和程序，交由具备条件的社会力量和事业单位承担，并由政府根
据合同约定向其支付费用。因此，积极承接政府购买服务，减轻政府责
任，做好公共服务就是对政府的最好服务。当前，甘肃省属社会组织和各
地区社会组织应苦练内功、提高效能，积极承接政府购买服务项目。其
次，要围绕党和政府的中心工作，社会组织应积极动员机构工作人员和广

---

① 亚纪英：《精心搭建服务青少年健康成长的公益平台——谈北京青少年发展基金会如何加
强能力建设》，《社团管理研究》2008年第9期，第57页。

大会员开展配合、协助工作，服务政府部门。也可通过积极建言献策，开展服务，如"参与涉及相关领域的立法、决策、行业规范和标准制订的论证咨询，发挥智囊团、思想库的作用"[①]。最后，参与行业管理，当好政府部门的助手。行业协会组织、枢纽性社会组织有规范行业协会、会员单位和本领域内社会组织行为的职能，创造性、高效率地完成行业管理工作，协助社会组织登记机关推进社会组织健康发展。第四，做好政府与社会公众间的桥梁和纽带，积极开展上情下达和下情上传工作。社会组织有着贴近民众的优势和广泛的群众基础，能够直接、经常地接触社会各个群体，能够了解到民众的真实意愿、态度与需求。社会组织是政府的合作伙伴，又具有较强的信息整合和沟通能力。因此，充分发挥桥梁和纽带作用，为创新社会治理及构建社会主义和谐社会贡献力量，也是全力服务政府的最好体现。

2. 以"三社联动"为契机，竭诚服务社区居民

从社会组织产生发展的历史来看，它既是人道主义价值观和博爱思想的产物，更是经济发展后着力解决因经济发展而引发的社会问题的产物。不论是英美早期的慈善组织会社，还是英美"社区睦邻运动"中诞生的"汤因比馆"和"霍尔馆"，其宗旨都是改良社区、服务居民。因此，服务社区居民是社会组织的天职。在调研中发现，甘肃各地的社会组织一经成立便投入到社区开展各种类型的社区服务，如为老服务、流动留守儿童服务、残疾人服务、特困人群服务、社区矫正服务等等。可以说他们在欠发达的甘肃省内城乡社区如星星之火，正以燎原之势发挥着积极的作用，通过自身的不懈努力，也正在改变着自己的地位和处境，社区居民从不认识、不信任、不接触逐渐到了解、熟知和参与，许多受益者甚至不愿离开社会组织的工作人员。尽管如此，甘肃省社会组织的专业水平和服务质量与政府的要求和居民的期待尚有较大的差距。那么，如何扬长补短，提升服务社区居民的质量和效益？我们以为甘肃省社会组织，应以"三社联动""三区项目"为契机，借助外力、发挥自身潜能是当下比较理想的选择。2013 年 11 月民政部、财政部印发了《关于加快推进社区社会工作服

---

① 叶秀仁、张元醒、周惠明：《服务会员服务公众协助政府：广东省发挥社会组织功能作用调查》，《社团管理研究》2008 年第 9 期，第 11 页。

务的意见》，要求"建立健全社区、社会组织和社会工作专业人才联动服务机制"。按照"政府扶持、社会承接、专业支撑、项目运作"的思路，探索建立以社区为平台、社会组织为载体、社会工作专业人才为支撑的新型社区服务管理机制。"三社联动""三区项目"有利于"三社"之间实现功能互补、合作共赢，特别是有利于社会组织有效地介入社区服务居民。目前，甘肃各地社会组织应积极参与"三社联动"，竭诚服务社区居民。一是积极争取甘肃省"三社联动"项目。2016年6月，省民政厅印发《甘肃省开展"三社联动"试点方案》，计划确定100个城乡社区、200个"三社联动"试点项目，探索"三社联动"工作机制。2017年1月，《关于推进"三社联动"试点工作的通知》，在兰州、金昌、嘉峪关、张掖、白银、天水确定了20个社区进行试点，每个试点社区投入50万元供社会组织开展活动。2018年5月，省民政厅印发《2018年省级福利彩票公益金支持"三社联动"试点项目实施方案》，计划再投入1000万元进行试点。二是积极争取各市（州）"三社联动"项目。《甘肃省开展"三社联动"试点方案》中要求嘉峪关市、金昌市2个试点市和17个试点县（市、区）要根据当地社会经济发展水平和居民需求，围绕扶老救孤、助残助学、精神卫生、社区矫正、心理疏导、人文关怀、流动人口管理服务、"三留守"人员关爱、环境保护等重点领域，选择3至5个城乡社区开展试点，为推进"三社联动"工作积累经验。可见，在市（州）层面将大力开展"三社联动"，社会组织一定要抓住机遇，争取项目服务社区居民。三是积极申请民政部"三区项目"，选派社会工作专业人才，赴甘肃省贫困线开展专业服务。

社会组织除了向社区居民提供援助类、便民类专业服务外，还要高度重视并参与社区建设和社区治理，运用专业方法广泛动员、组织社区居民积极参与社区建设和社区治理，努力实现"共建共治共享的社会治理"目标。

3. 以实现会员共同意愿为目标，精心服务会员

社会团体是中国公民自愿组成，为实现会员共同意愿，按照其章程开展活动的非营利性社会组织。因此，社会团体为会员服务是其最重要的目标。2006年，民政部为规范社会组织的统计和管理，把社会组织（社会团

体、民办非企业单位、基金会）划分为经济、科学研究、社会事业、慈善和综合 5 大类，工商服务业、农业及农村发展、科学研究、教育、卫生、文化、体育、生态环境、社会服务、法律、宗教、职业及从业者组织、国际及涉外组织、其他 14 门类。甘肃省有社会团体 22335 家，占社会组织总数的 80.59%，社会组织类别已经基本涵盖了 14 个门类。由此可见，甘肃省社会团体服务会员的任务比较重。各地社会团体应积极担当、主动作为。一是牢固树立"会员利益至上"的观念，严格遵照社会团体章程，认真履行社会团体的职责，全力保障每一个个体会员和团体会员应该享有的合法权利。二是省民政厅制定社会团体条例，进一步强化社会团体服务会员的宗旨意识和服务行为。如广东省 2005 年出台的《广东省行业协会条例》，明确规定"行业协会的宗旨是为会员提供服务，维护行业、会员的合法权益和共同经济利益；维护市场秩序和公平竞争，沟通会员与政府、社会之间的关系，发挥其促进社会公共利益的作用"。三是各社会团体应依据章程，构筑服务平台，把服务会员的宗旨落到实处。①构筑宣传推介平台。创办内部刊物、编印宣传材料、借助各种宣传媒介、举办会展、组织参与博览会等对社会团体自身及会员和会员单位进行全面宣传，提高社会声誉和外部影响力。②构筑学习提高的平台。能力建设是社会团体和会员发展的永恒主题，社会团体通过开展专题学习会、研讨会、讲座和业务培训等形式，宣传本行业的法律法规和政策，增强会员的法治思想和政策水平；讲授行业新技术、新工艺、新设备、新思想等，提高会员的专业水平和综合能力。③构筑同行交流平台。社会团体应建立经常性的交流沟通机制，采取联谊会、交流会、通风会、组团外出考察学习、行业调研等形式，加强社会团体与会员、会员与会员间的密切交往与沟通，促进会员互鉴互学、取长补短，实现抱团发展。④构筑自律诚信平台。诚信是社会团体及行业、企业的生命线，行业协会应高度重视自律工作，积极维护会员单位的良好形象。通过制定行业协会公约、组织会员单位开展优质服务和质量信得过活动、开展文明经营诚信经营活动、组织质量内部检查、主动打击违法违纪行为、评选先进等，内强素质修品质、外树形象正行风。⑤构筑诉求反映平台。为会员服务就要关注他们的诉求和期望，随着经济社会的发展，以及市场化的不断完善，社会团体的会员会经常遇到新的问题、不断出现新的需求、甚至会员的合法权益有时受到侵害。为此，社会团体应积极与有关政府部门就相关事宜进行沟通协商，及时解决问题，必要时拿起法律"武器"维护会员的合法权益。另外，对处于发展困境的会员单位想方设法进行人力、财力和物力方面的援助，实现真正意义上的互益性。

三　社会支持：宣传助力、网络健全、多方参与、社会监督

社会组织发展需要社会支持，从社会力量对社会组织的支持角度来看，促进社会组织发展需要多措并举，如宣传助力、网络健全、多方参与和社会监督。

（一）宣传助力——以真实的宣传和良好的舆论赢得社会支持

媒体宣传能够扩大社会组织的影响力，提高社会组织的知名度，对于促进社会组织发展、赢得社会支持具有积极的作用。作为对社会组织的支持，宣传报道的主体比较多，可利用的媒介也比较多，如传统媒体与网络媒体，政府宣传与个人宣传等。传统媒体是相对于网络媒体而言的，主要是通过特定的机械装置向社会公众传播信息的媒体，一般包括报纸、杂志、电视、广播、户外广告等。传统媒体的优势在于其拥有强大的人力和物力资源、丰富的采编经验，权威性和深刻性都比较强。传统媒体一般都与政府关系密切，也是政府工作宣传的主要渠道。社会组织要重视传统媒体的宣传作用，尤其是具有官方背景的传统媒体，增强其社会影响力。在媒体对社会组织的宣传方面，应该坚持四个立足：立足于"新"、立足于"实"、立足于"活"、立足于"专"，平面媒体要做社会组织发展的好帮手和"助力器"。从宣传客体来看，主要有综合宣传、项目宣传、特色宣传、人物宣传等。综合宣传是指在具体某一次宣传中，宣传内容涵盖本组织的各个方面，如理念、活动、人员等，具有综合性，但很难实现深度宣传。项目宣传或者活动宣传，操作性较强，主要以具体的活动或项目为客体，介绍其开展目的、基本过程、受益效果等。特色宣传是比较有深度的宣传，要精选本组织的核心活动或项目，并提炼项目主题、目标意义、组织方式等方面的特色之处。人物宣传是通过对本组织的负责人或者优秀工

作者进行宣传，不但可以有效调动组织成员的工作积极性，而且也是宣传社会组织的一种简捷方式。

1. 重视广播电视媒体的宣传

广播电视是典型的传统媒体，尤其是电视，在宣传方面具有更大的权威性，广播电视的社会影响力是巨大的，由于它们本身所具有的先天优势，是现代社会获取可靠信息的主要渠道，不但具有新闻传播和舆论引导的功能，同时，广播电视还承担着弘扬主旋律、提倡多样化的文化建设职能，承担着为思想建设和政治建设服务的使命。作为权威性的宣传媒介，不能忽视其"喉舌"作用。社会组织与广播电视媒体具有互动关系，一方面，体现为广播电视媒体对社会组织的宣传报道，这类宣传报道是电视媒体日常信息传送的一个组成部分，媒体善于从社会组织的活动中挖掘典型，提升社会组织的影响力，同时，也是电视媒体重新定位角色的举措之一，即电视媒体介入慈善公益。另一方面，则是社会组织与广播电视媒体合作开展活动，"NGO需要利用传媒的广泛性和公共性来发布有关信息，影响社会大众的某些观念，从而做出促进组织发展的行动；而大众传媒则需要公益组织所提供的有益信息，凸显媒体的公信力和美誉度，展现媒介的社会责任感"。[1] 电视媒体社会责任的嬗变是时代的要求，也是社会组织不断发展壮大的需要，清华大学陆地教授指出："这种责任正是媒介功能的回归。作为社会公器的媒介，它的利益必须以公共利益为体现。媒体强化公益慈善的责任，也有助于强化公民的公益慈善意识"。[2] 社会组织与广播电视媒体的合作与互动在国内外已经有比较典型的案例。如2004年，绿眼睛[3]与温州广播电台开展合作，双方长期共同主持环保节目"绿眼睛——青年的榜样"，并于每周三晚20：00—20：45在温广经济台播出，

① 袁端端：《公益组织与媒体合作的创新——以无国界医生组织参与拍摄的纪录片〈Invisibles/看见不看见〉为例》，《青年记者》2010年第3期，第59~60页。
② 李君娜：《首届"慈善公益与媒体责任"高峰论坛在沪举行》，《解放日报》2008年3月4日。
③ 绿眼睛的全称是中国绿眼睛保护组织，2000年创建于温州。组织使命是"保护动物打击犯罪和促进公众参与环境运动"。旗下共有三家在民政部门正式注册的法人机构：中国温州绿眼睛环境文化中心、浙江苍南绿眼睛青少年环境文化中心、福建福鼎绿眼睛环保志愿者协会。主要项目包括青少年环境教育、野生动物保护、发展教育、水环境保护等。项目促进公众尤其是青少年自主参与，并实践自助自强的团队精神。

通过空中之声将环保信息传进千家万户。同时，绿眼睛与温州电视台两次合作，拍摄环保纪录片《绿眼睛环保心》与《绿眼睛环保情》。另外，如中央电视台的《春暖 2007》和《慈善 1+1》、东方卫视的《闪电星感动》、湖南卫视的《勇往直前》、安徽卫视的《幸福密码》、南京电视台的《日子》等等，都是社会组织与电视媒体合作的有益尝试，双方合作拍摄纪录片，实现了双赢的效果。复旦大学孟建教授认为："国内公益节目比重的加大，体现着一种全新的社会价值观的形成。这种价值观具体到个人，是每个人对弱势群体生存状态的关注提升；具体到媒体，则意味着'慈善公益'不仅仅只是一种媒体精神，而是越来越内化为一种媒体责任。"① 由此可见，社会组织充分利用电视媒体的权威性和广泛性，合作拍摄纪录片，以此来传播公益组织的形象和组织的理念和行为，可以起到意想不到的传播效果，能够形象地、全面地反映社会组织的发展历程和主要活动，值得提倡和尝试。

在甘肃省 14 个市（州）的走访调研中，还没有发现社会组织参与纪录片拍摄的案例，而上述案例的成功经验值得借鉴。当社会组织的发展和宣传处于初级阶段的时候，宣传目标是扩大影响力、提高知名度、赢得社会公众支持、实现公益动员的目的，从媒体角度看，社会组织的公益动员可以通过媒体放大的"行为表演"实现情感感染和舆论动员，这一阶段的宣传，社会组织是媒体的宣传客体，主动性和能动性都较弱。当社会组织建设上升到一个新的台阶时，宣传的目标是品牌活动、治理机制、导向作用，利用媒体宣传的主要任务和目标则有所变化，可选择与媒体合作，如拍摄纪录片，这一阶段，社会组织与媒体是合作关系，合作中需要不断地互动和协商，因此，社会组织的主动性和能动性能有较大的发挥，尤其在素材提供方面更具优势。

2. 注重期刊报纸的宣传

2013 年创刊的《中国社会组织》，"是民政部主管、中国社会组织促进会主办的面向全国社会组织的唯一专业杂志，以社会组织从业人员和社会组织负责人为主要读者，兼顾社会组织登记与管理部门工作者与研究

---

① 李君娜：《首届"慈善公益与媒体责任"高峰论坛在沪举行》，《解放日报》2008 年 3 月 4 日。

者，突出实用性、权威性、前瞻性、可读性"。① 作为全国社会组织的唯一专业杂志，三年来，《中国社会组织》在社会组织理论研究、经验推广、典型宣传、政策解读方面不断探索和创新，在发挥舆论宣传、引导和促进社会组织发展方面起到了积极作用。以 2016 年第 1 期为例，开设的栏目主要包括：微观点·数字，如《2015 年社会组织十件大事》；特别策划，如《"李鬼社团"畅行其道的奥秘：一条神奇的"信任链"》等以社团合法性为主题的 6 篇文章；热点关注，如《民政部关于进一步加强基金会专项基金管理工作的通知》；党建，如《围绕公益抓党建 争做群众贴心人》；管理，如《杭州市下城区：新常态下社会组织诚信体系建设的探索与思考》；发展，《洪泽湖畔的"春蕾"——记江苏省淮安市淮阴区赵集镇春蕾义工服务协会》等基层社会组织发展的 4 篇文章；资讯·动态，如《焦作市举办社会组织管理工作培训班》等基层社会组织管理机构以及社会组织等方面的动态信息 23 条。《中国社会报》是由国家民政部主办主管的，从每一期的内容看，将近 35% 的内容涉及社会组织的发展，同时，还开设有《中国社会报·社会组织周刊》，是进行社会组织宣传工作的子报纸；《公益时报》2001 年创办，是由民政部主管、中国社会工作协会主办的第一份全国性、综合性公益类报纸，是中国基金会管理信息披露指定媒体，也是中国福利彩票发行管理中心指定媒体。《中国社会组织》的目标读者是研究社会组织的专家学者、社会组织管理部门的领导及工作人员、社会组织的工作人员等。《中国社会报》和《公益时报》的目标读者包括政府高层管理者、民政系统工作人员、社会组织负责人及其工作人员，参与社团活动的大学生领袖、关心公益事业的广大民众。从上述期刊报纸的栏目设置以及刊登文章可以发现，其对社会组织管理、项目及活动的宣传力度比较大。甘肃省的社会组织在民族性公益活动和扶贫性公益活动方面都有比较好的创新，应积极提供相关资料，争取在各类期刊和报纸上刊登，也是社会组织报刊宣传的一个重要方式和途径。

甘肃省、市级相关报纸、刊物应设置宣传本地社会组织的专栏，大力宣传报道社会组织所开展的公益活动，一方面宣传社会组织的成就，支持

---

① http://www.mca.gov.cn/article/zwgk/mzyw/201301/20130100412814.shtml，2013 年 1 月 28 日。

社会组织的发展；另一方面倡导更多的人关注、支持社会组织。

3. 强化网络媒体的宣传

"中国互联网发展的 20 年，也是中国网络媒体从弱到强、从边缘到主流的 20 年。这并非只是一个媒体的壮大过程，它也是一个网络媒体向网络社会扩展的过程"。[①] 网络媒体相比较传统媒体，具有较为明显的特征，即宣传的时效性、整合性、移动性和互动性等。强化网络媒体对社会组织的宣传，一方面，要调动网络媒体的积极性，鼓励网络媒体主动、有效地对社会组织所开展的活动以及执行的项目进行宣传报道，如开设社会组织专栏，可提供"豆腐块式"的快捷报道，也可进行深度报道或系列报道。另一方面，强化网络媒体宣传社会组织的专业性及唯一性，如依托《公益时报》所创建的公益时报网（www.gongyishibao.com），线上线下同时对公益活动进行宣传。公益时报网积极与国内的基金会、社团等开展合作，发布公益项目的动态信息，为社会组织和受助群体搭建了一个公益互助平台，如民生要闻、企业公民、社会工作、明星慈善、爱心人物、国际视点、公益手册、互助平台等。

4. 夯实政府部门的宣传

在宣传工作方面政府部门有完备、强大的宣传阵地，有广泛的受众群体，有无与伦比的宣传效度与信度。因此，社会组织管理部门在社会组织的宣传工作方面一定要发挥优势、有所作为。第一，利用现有信息平台，对社会组织的特色活动进行广泛宣传，省级层面，如甘肃社会组织网、民政厅网站等，都设有社会组织板块，但其中的内容更新慢，涉及社会组织开展活动的内容较少。以甘肃社会组织网中的"社会组织动态"板块为例，将其打造成省级层面宣传社会组织活动和项目的重要窗口之一，与其对应的各市（州）的社会组织网或者民政局网站，都应完善"社会组织动态"板块的信息和内容，并以季度或者年度为时间点进行信息报送统计，将其纳入各级社会组织管理考核之中，鼓励社会组织管理部门重视对社会组织的宣传。第二，创新宣传方式，增强宣传效果。如酒泉市民间组织管理局创办了社会组织管理方面的期刊，是 14 个市（州）中唯一创办期刊

[①] 彭兰：《从网络媒体到网络社会——中国互联网 20 年的渐进与扩张》，《新闻记者》2014年第 4 期，第 15~21 页。

的，主要针对本市的社会组织管理工作、日常活动等进行宣传。

5. 促进社会组织之间相互宣传

社会组织之间相互宣传，是社会组织相互支持的主要措施之一，主要可以分为两个方面，第一，枢纽型社会组织对本区域内其他社会组织的宣传。此类宣传以挖掘典型、树立榜样为主，利用枢纽型社会组织的自办期刊、简报以及网站和微信公众平台等方式，对其所支持的社会组织进行相关的宣传报道，为特定领域其他社会组织的成长壮大提供可参考的经验。如枢纽型社会组织可对其孵化培育的小型社会组织进行推介报道，扩大其影响力。第二，同一区域内的社会组织相互宣传。此类宣传主要以社会组织开展的活动或者执行的项目为主，在社会组织自办的内部刊物中，设立"他山之石""典型项目"等栏目，对其他社会组织在某一领域的先进做法进行推广。这种做法不但能提高其他社会组织的影响力，也能促进内部员工通过学习其他社会组织的先进经验，不断改进自身工作方法，促进社会组织自身能力建设。

6. 鼓励公众个人对社会组织进行宣传

随着互联网技术以及移动终端的发展，自媒体成为公众社会生活的重要组成部分，自媒体是指"传播者通过互联网这一信息技术平台，以点对点或点对面的形式，将自主采集或把关过滤的内容传递给他人的个性化传播渠道，又称个人媒体或私媒体"。[1] 自媒体时代，人人都是信息传播者，也同时是信息接收者，这为公众个体宣传社会组织提供了基础条件，宋全成认为，自媒体具有"个体化、自主性、信息内容的多样性、传播途径的圈群化和传播的高速性"[2] 特征，尤其是自媒体传播的圈群化和高速性在公众个体对社会组织的宣传中体现得更加明显。以社交媒体微信和微博为例，公众个体对社会组织的宣传虽然是碎片化的，只对自己参与的某一项志愿服务活动或者接受的公益服务活动进行记录和宣传，但这一宣传在特定个体的圈群中会形成一定的影响力，加之其圈群中其他人的转发，也会起到连锁效应。充分发掘社会公众的个体化宣传，不但能降低宣传成本，

---

① 申金霞：《自媒体的信息传播特点探析》，《今传媒》2012 年第 9 期，第 94~96 页。

② 宋全成：《论自媒体的特征、挑战及其综合管制问题》，《南京社会科学》2015 年第 3 期，第 112~119 页。

而且能有效提高社会组织的影响力。

（二）网络健全——以完善的网络和透明的捐资赢得社会支持

在促进社会组织发展方面，以完善的网络和透明的捐资赢得社会支持，主要目标是健全社会支持网络，从主体角度，要营造良好的社会支持文化氛围，不断完善联合性与动态性的社会支持体系，构建四大社会支持网络；从社会捐资角度，要完善包括激励制度和捐赠信息公开制度在内的社会捐赠制度，高度重视互联网+公益的网络捐赠，不断创新捐赠方式。

1. 营造社会支持的文化氛围，完善社会支持网络

（1）营造良好的社会支持氛围

首先，增强公众对社会组织的认可度。社会组织已经成为社会治理的一个主要参与者，也是社会治理的主体之一，是政府职能转移的主要承接者，在公共服务领域发挥着不可忽视的作用。在社会转型期，公众对社会组织的认识也需要转型，一方面要强化社会公众意识中"公"的概念，即通过学校教育、媒体宣传、职业教育等方式，使公众认识到能够行使公共服务职能的除了政府之外，还包括社会组织。另一方面，强化社会组织在社会建设、社会治理中的作用。公众对社会组织的认可和接纳，是一个潜移默化的过程，尤其是受传统行政文化的影响，要改变公众对政府的依赖而认可和接纳社会组织，也是一个漫长的过程，社会组织"有为"是公众在心理上为社会组织"留位"的基本前提。其次，完善与社会组织相关的制度。要重视历史元素和文化积淀对于社会支持氛围形成的重要性，但同时也不能忽视社会制度的安排对于社会支持氛围形成的有效促进作用，如对社会支持的激励制度、税收优惠制度等，通过制度的外力作用，激励和引导社会公众对社会组织发展的不断支持，通过制度安排，使得公众对社会组织的支持具有"国家意志"的倾向，这种倾向有利于社会支持氛围的形成。当然，完善相关制度，对于规范社会组织发展，鼓励公众参与等方面都有促进作用，可以实现"一箭双雕"的效果。最后，重视公民精神的培养。公民精神的核心包括参与、平等、责任、民主等内容，在社会治理领域，公民精神是实现善治的主要资本。社会组织的发展有利于推动公民精神的培养。作为社会资本的公民精神，是社会多元化发展的时代要求，

同时也是实现社会治理目标的主要推动力量，社会组织的迅速发展本身就是公民精神的一种体现，因此，培养社会公众参与社会组织活动，支持社会组织发展的公民精神，是更广泛意义上的公民精神培养。同时，公民精神的培育，不能一蹴而就，需要较长的发展和完善过程，这一过程的实现，有两方面的工作需要重视：一是健全法治制度与民主制度，二是不断发展和提高公民综合素质。

（2）完善联合性与动态性的社会支持体系

联合性的社会支持体系的特点是"点线面"相结合，主要是从社会支持主体的角度进行"点""线""面"的网格组合。社会支持体系既需要"点"的支持，也需要"线"的支持，"点"支持是指单个社会个体，"线"支持是指以职业或者团队为主的支持主体。社会组织的活动由于内容、范围等大小不同，需要不同的支持主体。现阶段，个体的社会支持发展较快，但是需要加强的是职业或者团队支持，在鼓励和支持以职业为主的团队支持的同时，要强化不同职业团队之间的合作与整合，形成发展合力。在此基础上，形成"点线"的有机组合，进而形成"面"的支持，既关注每一个节点上的个体，又关注点与点之间的线性团队，众多的"点线"相结合，形成了网格化的支持体系。动态性支持体系是指社会支持的事前、事中、事后体系，即社会支持的"一体化"体系。事前支持体系是指社会组织的社会动员过程，社会组织在社会动员中，要善于使用动员策略，如情感动员策略，绝大多数社会组织的活动领域都与民生有关，如教育、医疗、助残等，社会组织在动员中，善于以情动人，以情感人，一般而言，社会公众基于人道主义和同情心理，大部分公众会形成情感共鸣，进而支持社会组织的活动。要善于使用媒体策略，在动员媒介方面，多种媒体相结合，线上线下相呼应，充分利用新媒体传播的广泛性，使更多的公众能够触及社会组织的动员信息。事中支持体系是指具体的支持过程，从时间跨度看，可分为连续性支持和偶然性支持，连续性社会支持的前提是对社会组织的信任度较高，可从行为、思想、物力、资金等各个方面进行长效性支持，从社会组织的现有发展状况看，连续性支持的比例较低。偶然性支持与现代社会的发展特点有关，支持主体可能基于偶然的信息获取或者情感共鸣而对社会组织的某项活动或项目进行支持，如偶然性的捐款或者参与志愿活动等。事后支持体系是指社会支持反馈，要重视社会支持反馈的时效性、真实性和针对性，一部分反馈需要面向公众，但更多的社会支持反馈应该具有针对性，即面向支持者进行反馈。同时，反馈要及时，这是增强支持者对社会组织提高信任感的有力举措。真实性是指反馈的内容是支持者所关心的核心内容，而且与实际相符。

（3）构建完善的社会支持网络

社会组织的社会支持网络主要包括政策支持网络、人才支持网络、志愿支持网络、互助支持网络、宣传支持网络、企业支持网络、理论支持网络。其中宣传支持网络在"宣传助力"部分已经有较为详细的论述，企业支持网络在"捐资角度"部分有所论述，志愿支持网络在"多方参与"部分进行了论述。

第一，政策支持网络。政策支持的主体是政府，政策支持网络建设需要打好政策"组合拳"，政府支持社会组织发展的"组合拳"主要包括以下内容：首先要营造良好的社会氛围。一方面，培育法治文化，塑造公民意识，为社会组织的法治化管理提供软环境。另一方面，社会组织的知晓度、认可度等都有待提高，应引导社会公众充分认识社会组织的重要作用，逐步提高社会公众对社会组织的认可度。其次应提供具体的政策进行支持。受地域发展的影响，不同地区社会组织的成长发育差别比较大，需要因地制宜的支持性政策，可以以转变政府职能为契机，大胆尝试，在不同领域向社会组织进行公共服务购买。再者应该创新资金扶持方式。社会组织的发展壮大需要一定的资金支持，尤其是草根社会组织的成长更需要帮扶，可以借鉴小微企业小额贷款的方式，由政府担保，向业绩突出、社会信誉良好的社会组织提供小额贷款，促进其发展。

第二，人才支持网络。《关于改革社会组织管理制度促进社会组织健康有序发展的意见》中指出："要建立社会组织负责人培训制度，积极向国际组织推荐具备国际视野的社会组织人才。有关部门和群团组织要将社会组织及其从业人员纳入有关表彰奖励推荐范围。民政部、人力资源社会保障部要会同有关部门研究制定加强社会组织人才工作的意见。"[1] 同时要注重人才培养，社会组织的发展需要专业化的人才，现阶段我国的一些高

---

[1] 《关于改革社会组织管理制度促进社会组织健康有序发展的意见》，新华网，http：//news. xinhuanet. com/politics/2016-08/21/c_ 1119428034. htm，2016 年 8 月 21 日。

校已经设立相关的专业，但是高校培养与社会组织的需求之间存在不对称性，可以尝试建立双向的"校社联合"培养方式，即高校相关专业的学生在校学习相应的理论知识后，可以在社会组织进行一定期限的实习；同时，社会组织现有的工作人员，可以在高校进行再学习，以此实现社会组织人才队伍的专业化。在就业保障方面，"强调要将社会组织人才工作纳入国家人才工作体系，对社会组织的专业技术人员执行与相关行业相同的职业资格、注册考核、职称评定政策，对符合条件的社会组织专门人才给予相关补贴，将社会组织人才纳入国家专业技术人才知识更新工程"。① 人才培养和就业保障方面的政策重在落实，从某种意义上讲，落实政策比制定政策更为重要。

第三，互助支持网络。互助支持网络是指社会组织、社区、枢纽型社会组织之间的相互支持，社会组织之间的互助是行业之间、领域之间的合作共赢，可以实现资源的有效利用，并且抱团取暖对于初创期的社会组织而言，对于各方的发展壮大都有积极作用，社会组织之间的合作和相互支持，首先要建立信息沟通机制，通过信息共享平台、研讨会等进行广泛的交流，共享信息，互换意见。其次要建立合作机制，本着互助共赢的理念进行合作，合作是多方面的，既可以是资源方面的合作，也可以是项目方面的合作。社会组织与社区的合作主要是通过"三社联动"来实现，在社区公共服务提供方面充分发挥社会组织的能动性。枢纽型社会组织对普通社会组织而言，起到的是"助力"作用，同时，也是政府的"帮手"。因此，要加强对枢纽型社会组织的建设，枢纽型社会组织最大优势在于，作为服务型导向的联合性平台，它补齐了"社会协调、公众参与不足"的社会治理短板，并且为政府服务外包、合同外包等现代社会治理方式的运用和拓展提供组织基础，从而能够提高社会治理的组织效率，同时对其他社会组织，尤其是初创期的社会组织，有较强的指导和促进作用，如帮助初创期的社会组织建立发展规划、进行志愿者培训、提供资金支持和项目督导等。

第四，理论支持网络。完善社会组织的理论研究支持网络，目的是实

---

① 《关于改革社会组织管理制度促进社会组织健康有序发展的意见》，新华网，http://news.xinhuanet.com/politics/2016-08/21/c_ 1119428034.htm，2016 年 8 月 21 日。

现理论对于实践的指导作用。从已有资料看，现阶段我国公益类理论研究机构主要有中山大学的公益研究院、清华大学的公益慈善研究院、中国公益研究院、明德公益研究院、深圳公益研究院、海南亚洲公益研究院等。这些研究机构中有的是高校自己成立的，有的是高校与政府合作成立的，有的是社会组织与高校合作成立的，也有社会组织独自成立的。公益研究机构基本上是以慈善文化、公益领域跨部门合作、公益部门治理为主要研究方向，旨在通过学术研究、人才培养、实践咨询、社会倡导和决策参与等方式，成为公益研究的领导者和公益创新的发动机。公益研究机构的主要成员是高校的专家学者，他们除了对社会组织的相关理论进行研究之外，许多专家学者还用其研究成果指导社会组织发展实践。因此，他们不仅是社会组织的理论研究者而且是理论的践行者，同时还是引导公众参与公益事业的倡导者。可见，促进社会组织的发展，要善于利用这些研究机构的研究成果，用理论指导实践。

2. 不断完善社会捐赠制度，促进社会捐赠多元化发展

社会捐资是社会组织发展资金的主要来源之一，社会捐资也是社会支持的一个重要维度，从捐资角度看，要健全社会组织的支持网络，主要包括以下内容：完善社会捐赠制度、重视网络捐赠、创新捐赠方式。

（1）完善社会捐赠制度，打破社会捐赠的制度壁垒

社会捐赠制度包括社会捐赠税收优惠制度、票据制度、信息公示反馈制度等。"公益性捐赠活动属于市场活动和政府活动之外的'第三域'。大力发展公益性捐赠活动，对于调节贫富差距、增强社会凝聚力、缓解社会矛盾，以及顺利实现经济社会转型等将起到'稳定器'作用。由此，在我国，它还享有了'第三次分配'的美誉"。[①] 在《慈善法》中，关于公益捐赠税收优惠的相关条款总体上都是原则性的，只有第七十九条规定"慈善组织及其取得的收入依法享受税收优惠"，第八十条规定"自然人、法人和其他组织捐赠财产用于慈善活动的，依法享受税收优惠。企业慈善捐赠支出超过法律规定的准予在计算企业所得税应纳税所得额时当年扣除的部分，允许结转以后三年内在计算应纳税所得额时扣除"，而各项优惠政策

---

① 杨孟：《应加大公益性捐赠减免税力度》，人民网，http://www.js.xinhuanet.com/2015-03/05/c_1114534834.htm，2015年3月5日。

的细化措施和实施流程都还有待完善。杨孟著认为，在社会捐赠方面，应该删除一些限制性条款，并提出了具体的修改建议，如"对企业法人和个体经营户公益性捐赠支出，实行所得税全额税前扣除政策；对于个人以货币资金或实物物资进行的公益性捐赠支出，按其货币资金数额或实物物资评估价值，实行个税基数全额抵扣或相应税收全额减免政策；慈善资金累积余额用于购买国债、股票等投资性权益资产的，对其交易与投资收益分配环节相关税收实行优惠税率或全额减免政策"。① 在票据制度方面，尽管《公益事业捐赠票据使用管理暂行办法》早已出台，但是在实际运作中，各级财政部门在社会组织申领票据方面，依然有较多的限制。2016 年 5 月 3 日，财政部和民政部联合印发了《关于进一步明确公益性社会组织申领公益事业捐赠票据有关问题的通知》，这个《通知》被认为是解决社会组织接受捐赠"最后一公里"问题的重要举措。对于甘肃省以及各市（州）而言，需要民政部门与财政部门相互合作，制定本区域社会组织申领公益捐赠票据的具体措施和流程，在全省范围内，解决公益捐赠的票据问题。在信息公示反馈制度方面，2011 年 7 月 8 日，民政部在《中国慈善事业发展指导纲要》中指出："要推行慈善信息公开透明制度，完善捐赠款物使用的追踪、反馈和公示制度；建立健全慈善行业信息统计制度，完善慈善公益信息统计平台，及时发布慈善数据，定期发布慈善事业发展报告。"② 2016 年 10 月 13 日，民政部发布《关于邀请开发全国慈善信息公开网站（一期）的公告》，拟建全国慈善信息公开网站，网站的基本功能为："为全国县级以上（含县级）民政部门提供信息发布服务；为慈善组织用户提供信息发布服务；为慈善信托受托人提供信息发布服务。实现上述基本功能的同时，可增设具有想象力与创新性的技术应用"。③ 基层社会组织管理部门应该在信息公示和反馈方面有所创新，一方面，完善甘肃省慈善总会官网的相关数据，发布动态的捐赠信息，同时，各社会组织以季度或者年

① 杨孟：《应加大公益性捐赠减免税力度》，人民网，http：//www.js.xinhuanet.com/2015-03/05/c_1114534834.htm，2015 年 3 月 5 日。
② 《中国慈善事业发展指导纲要（2011—2015 年）》，民政部网站，http：//www.mca.gov.cn/article/zwgk/mzyw/201107/20110700167556.shtml，2011 年 7 月 8 日。
③ 《关于邀请开发全国慈善信息公开网站（一期）的公告》，民政部网站，http：//www.mca.gov.cn/article/zwgk/tzl/201610/20161000002093.shtml，2016 年 10 月 13 日。

度为单位，采取合理的方式进行社会捐赠信息的公布，如在登记部门的官网上进行公示。另一方面，通过民政部门的年度工作报告进行说明，或者进行专门的社会捐赠统计并形成报告。

（2）发挥互联网优势，开展网络捐赠

网络募捐是实时通信工具和互联网经济蓬勃发展所催生出来的一种新型募捐形式，它可以通过各类求助信息借助公众号、朋友圈等平台，汇集爱心与正能量，具有成本低、传播快、效率高的优点。2014年，"新浪微公益、腾讯公益和支付宝E公益三大公益平台和淘宝公益店铺共募集善款4.28亿元，较上年增加42.7%。其中通过微博和微信捐赠的人数占68%，捐赠金额占61%，远超传统的电脑捐赠，标志着我国网络捐款正式进入'无线'时代"。[①]

中国互联网发展基金会理事长马利在接受记者采访时说："公益开始从传统公益模式向新型公益模式发生转变。互联网为公益的发展创造了一个全新的空间，让公益资金筹集变得简单便捷，让公益组织的执行变得公开透明。如今的公益借助互联网便逐步实现了大众化、开放化和高效化。"[②] 互联网+公益的发展，其特征明显，表面上看，各个社会组织和网络平台各自为政，实际上，所有的网络捐赠资源正在相互融合，如：捐赠平台由互联网企业提供，基金会在这个平台上发布大型项目，各领域的社会组织积极参与到平台募捐中。实现了不同领域的主体在公益发力方面的融合。作为社交工具的微信，因其在2015年年初推出了"微信红包"的支付功能，让网络捐赠更加活跃，为"微捐赠"创造了更易生长的土壤。以移动支付为主的"指尖公益"移动捐赠为公众进行社会捐赠提供了便捷渠道。

2015年12月，好未来公益基金会与友成常青基金的联手，通过"互联网+教育"的形式，开展为期一年的优质教育资源捐赠及贫困学校帮扶项目……政府相关部门和媒体平台也不断试水公益淘宝式的网

---

① 《中国慈善发展报告》（2015），网易新闻，http：//news.sina.com.cn/o/2015-09-20/doc-ifxhxzxp4746601.shtml，2015年9月20日。

② 《2015年度中国慈善公益盘点：网络颠覆公益时代》，新华网，http：//news.xinhuanet.com/gongyi/2016-01/08/c_128609898.htm，2016年1月8日。

络"公益集市"……自 2015 年 9 月 7 日零时至 9 月 9 日 24 时，通过腾讯公益平台，99 公益日爱心网友捐款 1.279 亿元，共有 205 万人次参与捐款，捐赠全额、参与人数均创下国内互联网的募捐纪录，同时也见证了"指尖上的公益"所迸发出的强大力量。①

在网络捐赠盛行的当下，各地在充分发挥其优势的同时，要加强真伪信息的辨别，防止诈捐现象，因此需要做好以下几方面的工作：公益要学会"借势"，公益要善于借技术之势、借网络之势，提高公益捐赠的便捷性；网络捐赠要辨别真伪，尤其是对网络募捐项目的辨别，要仔细查阅项目的基本信息；网络捐赠要避免被"绑架"，网络捐赠会通过社交媒体进入公众的社交圈，在熟人圈子里，要避免和防止"绑架"性捐赠，避免网络捐赠的"广场效应"问题；注重网络募捐平台建设，2016 年，民政部组织开展了首批慈善组织互联网募捐信息平台遴选工作，并于 2016 年 8 月 31 日公布了首批 13 家慈善组织互联网募捐信息平台，对于网络募捐平台进行了合法性规定，并不是所有的网络平台都可以进行募捐和捐赠，因此，在民政部指定的网站上进行社会捐赠，可靠性更高。

表 4-2　首批 13 家慈善组织互联网募捐信息平台

单位	平台名称
腾讯公益慈善基金会	腾讯公益网络募捐平台
浙江淘宝网络有限公司	淘宝公益
浙江蚂蚁小微金融服务集团有限公司	蚂蚁金服公益平台
北京微梦创科网络技术有限公司	新浪微公益
中国慈善联合会	中国慈善信息平台
网银在线（北京）科技有限公司	京东公益互联网募捐信息平台
北京恩玖非营利组织发展研究中心	基金会中心网
百度在线网络技术（北京）有限公司	百度慈善捐助平台
北京厚普聚益科技有限公司	公益宝
新华网股份有限公司	新华公益服务平台

---

① 《2015 年度中国慈善公益盘点：网络颠覆公益时代》，新华网，http://news.xinhuanet.com/gongyi/2016-01/08/c_128609898.htm，2016 年 1 月 8 日。

续表

单位	平台名称
北京轻松筹网络科技有限公司	轻松筹
上海联劝公益基金会	联劝网
广州市慈善会	广州市慈善会慈善信息平台

资料来源：《民政部关于指定首批慈善组织互联网募捐信息平台的公告》。

（3）创新捐赠模式，开辟多元捐赠渠道

捐赠方式直接影响人们的捐赠行为和捐赠效果，为解决传统捐资渠道形式单一、程序复杂，新兴捐资模式开发利用不足等弊端，建议甘肃省各地创新社会捐赠方式。

第一，探索新型捐赠模式，拓宽捐赠渠道。充分利用现代信息技术，利用网络媒介，建立便捷、安全、高效的捐赠渠道。如山东省提出的"引入移动客户端、网络支付工具、金融服务平台等新技术和新渠道，发展微信慈善、新浪微公益、淘宝公益等，降低募捐成本，提升募捐成效，引导社会公众尤其是年轻人走进慈善、参与慈善"[1]。天津慈善协会"创新募捐方式，开通微信捐赠通道"[2] 中国光华科技基金会联合爱心企业共同打造的"一点公益"技术平台，"市民在'一点公益'商业联盟的商家消费，商家将按比例捐赠消费款用于帮助有需要的人"[3] 这些创新性的做法值得甘肃省各地深入学习，并加以应用。另外，2014 年，在国务院印发的《关于促进慈善事业健康发展的指导意见》中明确指出："探索捐赠知识产权收益、技术、股权、有价证券等新型捐赠方式，鼓励设立慈善信托，抓紧制定政策措施，积极推进有条件的地方开展试点。"[4] 因此，甘肃省也应积极探索、运用股权捐赠、服务捐赠、保险捐赠、慈善信托等新型的捐赠方式。

---

[1] 赵君：《山东发文创新互各类慈善方式 建立起困难群众数据库》，大众网，2016 年 9 月 27 日。

[2] 李晶：《天津慈善协会将创新募捐方式 开通微信捐赠通道》，今晚网，2016 年 3 月 24 日。

[3] 罗莉琼：《"互联网+公益"创新捐赠模式》，《深圳特区报》2016 年 5 月 31 日。

[4] 《探索捐赠股权有价证券等新型捐赠方式》，中国青年网，http://news. youth. cn/jsxw/201412/t20141219_ 6301506. htm，2014 年 12 月 19 日。

服务捐赠①是指企业或者公众在灾害救助和帮扶济困活动中，提供公益医疗服务、通信服务、交通服务、心理健康服务等。

保险捐赠是一种新兴并且十分具有发展潜力的捐助形式，如 2016 年 10 月，中国人民保险集团（PICC）健康保险股份有限公司承保的内蒙古贫困地区职工子女（学生）大病医疗公益保险，在承保期内确诊为恶性肿瘤、白血病等 12 种重大疾病，即可申请赔付每份 10 万元的大病医疗保险金。同时，阳光保险于 2011 年开始实施专属意外险——"阳光志愿者关爱计划"，2016 年 9 月阳光保险向中国民间志愿服务联盟 40 家机构捐赠了 2 万份"阳光志愿者关爱计划"保险卡。

股权捐赠经过了长期的探索，在《慈善法》通过之前，股权捐赠的增值所得税居高不下，典型案例是 2011 年，"福耀玻璃董事长曹德旺向河仁慈善基金会捐赠价值 35.49 亿元的 3 亿股福耀玻璃股份，但是此次捐赠产生了 7 亿多元税收，引发了'不捐赠不纳税，巨额捐赠反而要缴巨额税款'的争议"。②但是，这种状况于 2016 年在《慈善法》立法通过后有了较大的改善，关于企业公益性股权捐赠的新规率先实施，尤其是减免了捐赠人此前需缴纳的股票增值部分的所得税。如 2016 年 1 月，上海慈善基金会获赠贝格数据 5% 股权；2016 年 9 月，北京理工大学接受了 7 位校友的股权捐赠。目前，股权捐赠的主要障碍是所得税较高，严重影响捐赠人的积极性，未来的努力方向是通过法律或政策规定，尽可能降低企业和个人捐赠的所得税，使慈善免受税收阻碍。

慈善信托③是委托人依法将其财产委托给受托人，由受托人按照委托人意愿以受托人名义进行管理和处分，开展慈善活动的行为。2016 年 9 月 1 日《慈善法》正式生效后，国投泰康信托、平安信托等 9 家信托公司公

---

① 2008 年，在汶川地震紧急救援和恢复阶段，各类企业就提供了交通运输、通信、保险等价值约 44.36 亿元的免费服务。

② 《公益性股权捐赠政策落地》，新华网，http://news.xinhuanet.com/gongyi/2016-05/17/c_128985997.htm，2016 年 5 月 17 日。

③ 慈善信托可以分为四类：济贫信托、推广宗教信托、推广教育信托、惠及社会的其他用途信托。

布了 10 个慈善信托项目，国投泰康信托首先推出了慈善信托项目①。在慈善信托迅速发展的同时，民政部与中国银行业监督管理委员会联合下发关于慈善信托备案的有关通知，要求民政部门要履行好备案职责，同时，要强化慈善信托的风险防控意识。但是，从全国和各地的情况来看，尽管《慈善法》规定信托公司和慈善组织都可以是受托人，但是目前的受托人只能是信托公司，因为慈善组织无法在银行开设信托账户，因此，法规中的条款还不具备实施的可能性。需要努力的方向是，通过其他法律法规的补充，为慈善组织拥有慈善受托人资格，真正实施慈善信托创造条件。

第二，创新实物捐赠方式，提高捐赠效益。以城乡社区服务中心、企事业单位、社会福利机构、慈善超市、救灾物资储备中心为依托，在社区、学校、政府机关、企事业单位、公共场所等地广泛设立社会捐助站点，建立慈善捐助网络。除采用传统的现场捐赠、直接捐赠外，可以在捐助站设置实物捐助箱、设立慈善超市等。河北省秦皇岛设立"爱心墙"的做法值得借鉴，"秦皇岛某商场内，有一面高 3 米、长 6 米，写满文字却挂着衣物的'特殊墙体'，被当地民众称为'爱心墙'。其功能是让市民把闲置的衣物挂在上面，让有需要的人拿走。这面'爱心墙'打破了以往'捐赠'的概念，不需要的可以挂在这里，需要就可以带走。据'爱心墙'发起人称，这是 2016 年参照国外的做法设立的，'取'和'挂'不需要任何登记，'这里没有穷富的界限，只有需要与不需要，是资源的再利用。''爱心墙'设立的 400 余天内，约有逾 4000 件衣服源源不断地为需要的人们传递着温暖"。② 2015 年 8 月，甘肃省政府计划在城乡社区设立慈善超市和社会捐助站（点），方便居民经常性捐赠以及捐赠家庭闲置物品。截至目前，在兰州市、嘉峪关市、酒泉市，社区慈善超市已经开始运营，慈善超市也成为接受实物捐赠的主要渠道。另外，中民社会捐助发展中心也在捐赠废旧衣物的再利用和再生利用方面，研究开发废旧纺织品的再加工设备及产品，形成实物捐赠循环产业链，该中心还开展了丰富多样的实物捐赠活

---

① 首批慈善信托分别是"国投泰康信托 2016 年国投慈善 1 号慈善信托""国投泰康信托 2016 年真爱梦想 1 号教育慈善信托"，分别与国家开发投资公司、上海真爱梦想公益基金会合作，在"创新扶贫模式，引导社会资金投向"方面发挥了积极作用。

② 肖光明、王天译：《河北秦皇岛爱心墙：400 余天为需求者提供逾 4000 件衣物》，中国新闻网，2017 年 8 月 7 日。

动，如"旧衣零抛弃——品牌服装企业旧衣回收"活动、"爱心与节俭同行，捐旧奉献行善养德"活动等。从甘肃省的情况看，目前要积极创新实物捐赠的方式，尤其是衣物、书籍、设备等捐赠，通过与企业联合，解决实物捐赠的高成本问题。另外，在公益性的实物捐赠中，应严格落实税收优惠政策，鼓励支持社会公众，特别是企业的捐赠行为。《中华人民共和国企业所得税法》第九条规定，企业发生的公益性捐赠支出，在年度利润总额12%以内的部分，准予在计算应纳税所得额时扣除；超过年度利润总额12%的部分，准予结转以后三年内在计算应纳税所得额时扣除。另外，社会组织或慈善组织应及时向社会反馈接受捐赠情况。河南省政府出台《关于促进慈善事业健康发展的实施意见》，规定"慈善组织要及时公开款物募集情况及慈善项目运作、受赠款物使用情况，募捐周期及项目运行大于6个月的，应当每3个月向社会公开一次，募捐活动及项目结束后3个月内应当全面公开"①。

（三）多方参与——以优良的平台和畅通的渠道赢得社会支持

多方参与支持社会组织，是促进社会组织自身健康发展和提升社会组织公益活动效益的重要保证。目前，应着力培养公众的参与意识、搭建多方参与的平台、扩大参与队伍、完善培训机制、提供参与保障、强化参与激励。

1. 培养公众参与意识，激发志愿精神

培养公众的志愿参与意识，重在培养志愿精神。志愿精神培育的内容包括志愿精神的价值体系、志愿精神的要素、社会责任感。志愿精神的价值体系在继承传统文化的基础上，要与时俱进，即继承和发扬传统文化的真善美，同时，认识到中国从熟人社会向陌生人社会转变的现实，因此，志愿精神的价值体系也应该是普世性的，是无种族、肤色、国界和性别限制的。志愿精神的具体要素比较丰富，如关怀理念、自愿精神、奉献精神、友爱精神、互助精神、尊重精神。中国青年志愿者协会将中国志愿精神概括为"奉献、友爱、互助、进步"四个方面。志愿精神的社会责任

---

① 赵文静、李娜：《河南探索新型捐赠方式 完善嘉许回馈制度》，《郑州日报》2016年2月18日。

感，是指社会成员将志愿精神内化为一种行动力的过程，公众的社会责任感体现在社会角色的扮演和社会责任的担当中，前者是从自身出发，后者是针对他人而言。从志愿意识到志愿文化，也是一个从虚到实的过程，一旦形成志愿文化，则社会公众会具有强烈的志愿意识，志愿文化主要包括志愿精神、志愿行为、志愿制度和志愿实体。参与意识和志愿精神的培养，需要关注以下内容：首先，明确培养原则。参与意识与志愿精神的培养要坚持自愿原则、普遍原则、实践原则和创新原则。自愿原则是指社会公众参与志愿服务活动应该是自主、自愿的，而非"被志愿"，近年来，社会各个领域"被志愿"的现象比较突出，严重影响了整个社会的志愿服务文化氛围的形成。要想调动社会公众参与志愿服务的积极性和主动性，就要淡化摊派性的志愿服务活动，而是采用倡导、鼓励的方式引导公众形成参与志愿服务活动的意识。普遍原则，是指参与意识与志愿精神的培养不能只针对个别群体，而应该是面向全社会的，在更大范围内进行志愿精神的推广和传播。实践原则是指在培养中注重结合实践，而非单一的说教模式，通过丰富多样的社会实践培养公民的志愿服务精神。创新原则是指社会和时代在变化，志愿精神的培养也要紧跟时代的要求，创新培养方式，在培育形式、培育过程和培育手段上下功夫，用新颖有效的培育吸引社会公众。其次，拓宽培养途径。要不断拓宽志愿服务参与意识和精神的培养途径，通过系统的规划，形成家庭培养、学校培养和社会培养的综合性培养模式，但需要注意的是，这三个主体的培养目标要一致，培养要义要一致，确保三个主体的培养是相互衔接的，不能出现断层，家庭教育以传统文化美德为主要内容，学校培养以公民精神为主要内容，社会培养以实践参与为主要内容。

2. 搭建参与平台，扩大志愿者队伍

公众参与社会组织的公益活动，必须要建立良好的参与通道或平台，保证公众顺利地参与其中开展志愿服务。一是充分利用全国志愿服务信息平台和甘肃省青年志愿者网等，积极开展志愿活动的信息发布、志愿者招募、志愿者注册、志愿服务记录等工作。二是在敬老院、福利院等福利机构建立志愿服务基地，为公众开展志愿服务活动搭建良好的平台。三是设计志愿服务项目，强化志愿服务活动。"要建立健全志愿服务项目化运作机制。鼓励各地立足实际，紧贴民生需求，自主开发灵活多样、社会认同度高的志愿服务项目"。①即开发志愿服务的项目平台，为社会公众提供多样化的、"菜单式"的志愿服务。从参与方式的角度看，可通过各种义演、义拍、义卖、义展、义诊、义赛等方式进行志愿服务活动。

通过平台建设，扩大志愿者队伍。努力实现《中国社会服务志愿者队伍建设指导纲要（2013-2020年）》中提出的"要不断优化志愿者队伍结构，要让社会服务志愿者群体覆盖社会各类人群，社会服务志愿者队伍的区域结构、城乡结构、领域结构、专业结构和年龄结构不断优化"②的奋斗目标，调动各行各业工作人员的积极性，建立专业的志愿服务团队，增强社会组织公益服务的专业性和有效性。第一，调动各行各业工作人员的积极性，建立专业的志愿服务团队，增强社会组织公益服务的专业性和有效性。如建立心理志愿者团队，依托甘肃省现有的、以心理服务为主的社会组织，并联合各高校、中小学的心理学教师、各高校的心理学专业学生，组建心理志愿者团队，心理志愿者团队可以是以市（州）为单位组建的，团队也可以是虚拟性的，一般情况下，定期开展相关的心理服务活动，如心理学知识的科普活动等，或者借助于大学生心理健康节等进行心理咨询服务活动，为本区域提供专业化、系统化、常态化的心理志愿服务。在突发事件救援中提供心理救援与危机干预服务，在重大活动中发挥心理志愿者的心理保障作用。第二，激发不同年龄阶段公众的志愿服务意识，建立不同年龄层次的志愿服务团队。从全省注册志愿者的总体情况看，主要以青年志愿者为主，其次是老年志愿者，而中年志愿者的人数非常少，这与不同年龄段的社会公众的关注度、热情度等因素有关，因此，在未来的志愿者工作中，要注重引导中年人加入志愿者服务的队伍。此外，作为志愿服务意识培养的一个重要举措，志愿服务要从"娃娃抓起"，善于引导儿童参与志愿服务活动，儿童可以在父母、教师等的陪同下进行力所能及的志愿服务活动。扩大志愿者队伍规模。志愿者队伍规模扩大化主要是指增加注册志愿者人数，注册志愿者人数占居民人口比例是衡量社

① 《中国社会服务志愿者队伍建设指导纲要（2013—2020年）》，民政部网站，http：//www.mca.gov.cn/article/zwgk/fvfg/shgz/201401/20140100573025.shtml，2014年1月6日。
② 《中国社会服务志愿者队伍建设指导纲要（2013—2020年）》，民政部网站，http：//www.mca.gov.cn/article/zwgk/fvfg/shgz/201401/20140100573025.shtml，2014年1月6日。

会发展和文明进步的重要指标之一，十二五时期，我国志愿者队伍不断发展壮大，全国注册志愿者已达到 6600 多万。在十三五时期，计划将注册志愿者人数占居民人口比例提高到 13%。从全球来看，这一比例仍然较低，随着社会的发展，仍有可提高的空间。要进一步规范志愿者招募注册，明确注册条件，组织机构和程序，提高志愿者注册信息的准确性和真实度。同时，要加强政府机关志愿者队伍建设，各市（州）的政府机关工作人员在本区域占有较大比重，但是，从现有的志愿者群体看，政府机关的志愿者数量相当少，大力倡导全社会参与志愿服务活动，但不能将政府机关除外，否则，对公众进行志愿精神的培养则是一句空话。在壮大政府机关志愿者队伍方面，首先要盘活存量，整合政府机关内部的人力资源，以市（州）或者县区为单位，可以将政府机关的志愿者纳入本区域原有的志愿者组织中，也可以组建新的志愿者团队，发挥政府机关志愿者的资源优势。除政府机关之外，也可以将广大的社区工作者充实到志愿服务队伍中，形成政府机关、企事业单位的工作人员以及其他社会公众积极参与、协调发展的志愿者队伍，从各个层面上扩大志愿者队伍。宁波市探索出四种模式，着力打造规范化的志愿者队伍，四种模式分别是："平台"模式、"直通车"模式、"工作室"模式、"党群中心"模式，每一种模式都有可借鉴之处。

3. 完善培训机制，加强志愿者能力建设

志愿者培训是一项系统性的工程，建立健全志愿者培训体系，是提高志愿者服务水平的主要举措，志愿者培训体系主要包括以下内容：首先，建设志愿者培训的基础工程和配套工程。在《中国社会服务志愿者队伍建设指导纲要（2013-2020 年）》中指出："要不断加强志愿者培训的基础建设，支持各地依托高等院校和相关培训机构，建立社会服务志愿者培训基地，研究开发社会服务志愿者培训课程与教材，建设专兼职相结合、理论型与实务型相结合的师资队伍，不断创新培训方式，加强培训质量评估，提升培训效果。"[①] 志愿者培训的基础性和配套性工程是指志愿者的培训法律法规的完善，培训教材与课程的开发，培训基地的建立，培训流程

---

① 《中国社会服务志愿者队伍建设指导纲要（2013—2020 年）》，http：//www. mca. gov. cn/article/zwgk/fvfg/shgz/201401/20140100573025. shtml，2014 年 1 月 6 日。

的确定等，这些硬件和软件工程都是保障志愿者培训目标实现的前提条件。其次，确定志愿者培训的主要内容。志愿者的培训内容一般包括三个方面：第一，志愿服务理念的培训，尽管注册志愿者或者是参与志愿服务活动和项目的志愿者具有一定的服务理念，但是，缺乏对志愿服务理念内涵的深入理解和把握，因此，通过培训，使志愿者对所从事的志愿服务工作有更高的认同度。第二，志愿服务权利义务等的培训，任何志愿服务活动中，对于志愿者和被帮扶对象而言，都存在相应的权利和义务，通过培训来确保志愿服务工作向正确的方向发展。第三，志愿服务技能的培训，技能培训主要围绕志愿服务重点领域，设定相关的服务规范和标准，教授有关基础知识、服务技巧和礼仪，制定紧急情况的处理预案等。再次，组建志愿者培训的师资队伍。志愿者培训的师资队伍主要由以下几个方面的人员构成：第一，聘请高校相关专业的教师作为培训讲师，培训主要以理论为主，进行系统的、规范的培训；第二，招募资深志愿者作为培训讲师，资深志愿者一般都具有比较丰富的实践经验，因此，培训主要以实践操作为主，运用案例教学的方法完成；第三，从本组织培养培训讲师，来自本组织的培训师更接地气，互动性更强。最后，完善志愿者培训的方式方法。"要深化教育培训，建立健全基础培训，特定技能培训等多层次培训体系"。[1] 创新培训方式方法，开展志愿者初次培训、阶段性培训和临时性培训相衔接的培训活动，逐步建立健全志愿者分级分类培训体系。"鼓励志愿服务组织利用自身优势，针对当前社会急需和群众急盼，重点加大为老服务、扶幼助残、扶贫帮困、减灾救灾、社区服务等领域志愿者培训力度，逐步提高志愿者专业服务水平"。[2] 具体的方法如网络培训法、活动现场培训法、面对面培训法等，具体方法的应用要根据所开展的志愿服务活动的内容而定。

4. 提供应有保障，消除志愿服务隐忧

公众参与社会组织志愿服务必须要提供相应的保障，如安全医疗保障、交通保障、工具保障、权利义务保障、服务记录证明、吃住行的基本

---

① 《中国社会服务志愿者队伍建设指导纲要（2013-2020年）》，http://www.mca.gov.cn/article/zwgk/fvfg/shgz/201401/20140100573025.shtml，2014年1月6日。

② 同上。

保障、志愿服务活动的应急预案等，通过强有力的保障维护志愿者的合法权益，使志愿者无忧无虑中为他人提供志愿服务。这些保障应以法律法规的形式来规制。虽然志愿者参与志愿活动是不获取物质报酬的，但是，并不等于志愿者不需要其他的保障措施。安全医疗保障主要是指志愿活动的组织方要为参与服务的志愿者提供基本的人身安全保险和活动中的医疗保险。交通保障主要是指为志愿者提供统一的交通工具或者是统一购票等，避免志愿者长期自掏腰包的情况出现。工具保障是指在一些特定的志愿服务活动中，组织方要为志愿者提供基本的工具，如义务理发中要提供理发器等。权利义务保障是指要有具体的法律法规来明确志愿者的基本权利和义务，使志愿者的合法权益受到保障，同时确保志愿服务活动的有效性。服务记录证明是对志愿者工作的一种认可和认证，只要志愿服务时间达到事先协定的标准，就应该为其提供服务证明。吃住行的基本保障是所有保障中最基本的措施，但是，现阶段这种基本保障也难以实现，志愿服务在某种程度上增加了志愿者的负担，因此，社会组织在组织和招募志愿者的时候，应该尽可能地为志愿者提供基本的吃住行保障。志愿服务活动的应急预案要有可操作性，同时，避免多项活动使用一套应急预案。

5. 制定志愿者激励制度，增强公众的参与率

在志愿者激励方面，"十三五"时期的主要任务是"加强记录管理，将志愿服务记录与志愿者使用、培训、评价、保障、奖励挂钩，完善志愿服务记录运用机制，推动志愿服务信息化发展，建设全国志愿服务信息系统，尽快实现各地各类信息系统与全国志愿服务信息系统的连接交换互联互通"。[1] 从全国各地的情况看，部分省市出台了志愿者激励的相关政策，如河北的志愿服务激励办法中明确规定志愿者星级认证[2]每年进行一次，同时规定，对于三星级以上的志愿者在全省各种评优活动中可被优先推

---

[1] 《注册志愿者人数占居民人口比例达13%》，http://news.163.com/16/0808/09/BTUHGP3N00014JB5.html，2016年8月8日。

[2] 参加志愿服务时间累计达到100小时的，可认证为"一星志愿者"；累计达到300小时的，认证为"二星志愿者"；累计达到600小时的，认证为"三星志愿者"；累计达到1000小时的，认证为"四星志愿者"；累计达到1500小时的，认证为"五星志愿者"。自认证为"五星志愿者"后，参加志愿服务时间累计达到500小时、1000小时、1500小时的，将分别由所在县（市、区）志愿服务联合会、所在市志愿服务联合会、省志愿服务联合会授予奖章。

荐，也鼓励各单位在内部的评优中将志愿服务作为一个重要的参考条件，在发展党员和团员时，将志愿服务时间长短作为重要的考察条件。2016 年 7 月 1 日，《武汉市志愿服务条例》开始施行，在具体的激励条款方面，如规定企事业单位招考招生可优先录用星级志愿者、资助志愿服务依法可享受税费减免等。同时将志愿者工程纳入武汉市文明城市建设十大工程 2016 年行动计划。教育部 2015 年 3 月 31 日发布《学生志愿服务管理暂行办法》，提出学校应负责做好学生志愿服务认定记录，建立学生志愿服务记录档案。从国家层面上看，2015 年 8 月，中央文明办、民政部、教育部、共青团中央四部门联合下发了《关于规范志愿服务记录证明工作的指导意见》，对志愿服务记录证明开具主体的资格、证明的用途、证明的具体要素以及真实性进行了说明；2015 年 9 月，民政部发布了《志愿服务信息系统基本规范》，尤其是对志愿者信息管理、志愿团体信息管理、志愿服务项目信息管理、培训信息管理、表彰奖励信息管理、志愿服务时间信息管理、评价投诉信息管理、志愿服务证书信息管理、审核信息管理 9 类数据①进行了规范；2016 年 9 月 7 日，媒体信息显示，全国志愿服务信息系统已经升级改造完成。甘肃省在志愿者激励方面，除了认真落实上述国家层面上的相关规定外，还应该借鉴上述省份的做法制定符合本省实际的志愿者激励措施，尤其是制定服务记录统一登记制度、志愿服务星级认证制度、参与志愿服务优先晋升制度等。同时，各地在评选各类先进活动时，应把优秀志愿者纳入其中，如"陇原娇子""兰州好人"的评选工作等。

（四）社会监督——以谦逊的心态和发展的眼光赢得社会支持

社会监督是加强社会组织管理的重要内容，也是社会组织健康有序发展的必要条件，根据国际经验，"科学合理的社会组织管理体制是政府监管、社会监督和行业自律三者的有机结合。加强对社会组织的社会监督，对于保障我国社会组织健康发展具有重要意义"。② 因此，社会组织应本着开放合作、开拓进取的原则，主动接受社会监督，以谦逊的心态和发展的

---

① 《志愿服务信息系统基本规范》，http://www.mca.gov.cn/article/zwgk/jd/201509/20150900874346.shtml，2015 年 9 月 14 日。
② 李树海、丁渠：《论对社会组织的社会监督》，《河北法学》2013 年第 8 期，第 41 页。

眼光赢得社会支持。

1. 社会组织社会监督的理论依据

经济人假设：社会组织的核心目标是开展公共服务，实现公共利益，促进社会建设，但是从社会组织本身来说，其具有追求社会地位、管理权力以及社会名誉等动机。"同时社会组织中的个体是由自然人组成的，因此，其具有'经济人'的属性，他们为了满足自身生存、享受、发展的需要，必然会自觉或不自觉地追求各种各样的利益。在利益动机的驱动下，他们会追逐更多的经济利益、荣誉、权力或者其他有效用的稀缺物品"。[①]

委托代理理论：从经济学的委托代理理论可以发现，社会组织中也存在委托代理关系，主要表现在以下几个方面：第一，政府与社会组织的关系；第二，捐赠者与社会组织的关系；第三，社会组织与公众的关系。鉴于上述三个方面的关系以及委托代理理论的主要特性，且社会组织与其他几个主体之间存在信息不对称。因此社会组织可能存在效率低下或者其负责人进行权力寻租的一些负面事件。

公共责任理论：一方面，社会组织承担着公共服务的职能，尤其是政府向社会组织购买公共服务的政策实施之后，大量的公共服务事项由社会组织来承担，这说明社会组织是政府之外代理行使公权力的主要机构，因此其要向社会负责；另一方面，社会组织会接受社会公众的捐赠，而社会公众的捐赠也是社会公共财产的一部分，因此社会组织只是这些公共财产的使用者，其对财产的使用情况，有必要向捐赠者负责。

经济人假设、委托代理理论、公共责任理论都是许多管理学家在长期的管理实践中通过反复论证、广泛实践和深入研究的基础上得出的，具有普遍的实用性和利用价值，对社会组织的监督管理也有着极强的借鉴意义和指导作用。

2. 社会组织社会监督的主要举措

（1）构建多元化的社会监督主体

《关于改革社会组织管理制度促进社会组织健康有序发展的意见》提出要"加强社会监督。鼓励支持新闻媒体、社会公众对社会组织进行监

---

① 陈晓春、赵晋湘：《非营利组织失灵与治理之探讨》，《财经理论与实践》2003年第3期，第84页。

督。民政部要会同有关部门制定实施各类社会组织信息公开办法，探索建立社会组织年度报告制度，规范公开内容、机制和方式，提高透明度；探索建立专业化、社会化的第三方监督机制，建立健全社会组织第三方评估机制，确保评估信息公开、程序公平、结果公正"。① 可见，社会组织的社会监督主体主要由四部分组成，分别是媒体监督、公众监督、第三方监督、合作主体监督。第一，媒体监督。媒体监督也称为舆论监督，是指报纸、刊物、广播、电视等大众传媒对各种违法违纪行为所进行的揭露、报道、评论或抨击。媒体监督社会组织应该做好以下工作：一是要处理好舆论监督与舆论导向的关系。媒体在揭露、报道、评论或抨击违法违纪行为的同时，要谨记新闻舆论在任何时候都不能偏离正确的舆论导向，媒体监督要坚持以正面宣传为主，弘扬正能量。二是要坚持真实性原则。媒体监督必须完全真实，这是媒体监督的基础。在报道时要直面问题，但具体事实必须真实、准确，事实发生的时间、地点、人物、事件、原因等要准确无误，事实中人们的所行、所言、所思、所感要真实可信，不能道听途说、不能添油加醋、不能捏造事实。三是要注意方式与方法。媒体监督要注重方式方法，媒体监督的形式多种多样，要根据内容选择形式，一定要做到内容和形式的统一，动机和效果的统一，谨防适得其反。第二，公众监督。公众监督即社会大众对社会组织的公益项目运作过程、活动结果与效益、对其章程的履行情况等进行监督和质询，公众监督也包括捐赠者监督，社会组织的捐赠人，借助不同的手段和渠道对社会组织捐赠接收情况，捐赠落实情况以及其他方面工作有权进行监督。全国政协委员、中国红十字会副会长郭长江在接受《新快报》独家专访时指出："公众对公益慈善组织的关注不仅是公众监督意识的觉醒，也表明其对公益慈善事业的积极参与。这种监督的觉醒和对慈善事业的积极参与，对公益慈善事业的健康发展有着非常重要的意义。对于愿意适应社会发展进程、向健康良好方向发展的公益慈善组织来说，是一件幸事。"② 要把幸事办实必须为公众有效监督营造良好的环境，一是社会组织必须遵守公开性和透明性原则，

① 《关于改革社会组织管理制度促进社会组织健康有序发展的意见》，新华网，http：//news. xinhuanet. com/politics/2016-08/21/c_ 1119428034. htm，2016 年 8 月 21 日。
② 陈杨：《公众监督对公益慈善组织是件幸事》［EB/OL］，金羊网-新快报，2014 年 3 月 7日。

将其应该公开的内容及时向社会公布，保证社会公众能够顺畅、全面地了解其有关信息内容。二是通过立法的形式，赋予公众履行监督的特权。如"任何公民都可以去慈善机构查阅其账目，赋予我国公民对慈善组织违规操作的原告人主体资格，当案件胜诉或是相关部门介入证明慈善组织却存在违规操作，给予'举报人'不等量的补偿"①。第三，第三方监督（评估）。第三方监督是一种专业性监督，一般由具有法定权威的中间组织来承担。如中国红十字会社会监督委员会、广州市社会组织社会监督委员会，前者是某一个社会组织的第三方监督机构，后者是区域性社会组织的第三方监督机构，是对多个社会组织进行监督。通过第三方评估机构来监督社会组织已经成为世界各国的共识和通用做法，2015 年 5 月 13 日，民政部印发《关于探索建立社会组织第三方评估机制的指导意见》，标志着我国也已全面推行具有专业性的第三方监督。目前，甘肃省各地应"建立专业化的民间监督组织和评估体系，负责收集、整理、发布非营利组织的运作信息，建立评估的标准和评估指标，包括治理结构、资金使用与运作，筹资行为，组织所得是否用于成员分红等方面，并对非营利组织进行评估，向社会公布评估的结果"②。第四，合作主体监督。社会组织的合作主体比较广泛，从社会监督的角度看，如物资捐赠人、项目受益人、志愿者、其他社会组织等，这类监督属于参与性监督，也属于利益相关方的监督，即监督主体以不同的身份参与社会组织的活动，主要是提供资金、实物、场地、志愿服务、智力指导等，合作主体监督是最直接的监督。合作主体监督对社会组织的发展全关重要，关系到社会组织有效开展活动的人、财、物、信息等重要资源。因此，社会组织一定将服务项目、服务标准、收费情况、经费使用情况等应该公开的事项必须向利益相关者主动通报，自觉接受他们的监督，增进合作主体的理解与信任。

（2）设计全面化的社会监督内容

对社会组织进行监督，要注重监督内容的全面化，主要包括以下几个方面的内容。第一，常规监督内容。对社会组织的常规化监督主要包含社

---

① 靳玉：《美国"吹哨人"制度对我国公众监督慈善组织的启示》，《中国社会报》2016 年 6 月 22 日。

② 周蓉：《对完善我国非营利组织外部监督体系的探索》，《工会论坛》2011 年第 1 期。

会组织执法监察中的诸多内容，社会组织执法监察工作的主要形式包括日常监管、年度检查、执法监察等，一般由民政部门组织实施，2010 年甘肃省人民政府办公厅印发了《甘肃省加强社会组织执法监察工作意见的通知》，其中对日常检查、年度检查和执法监察均做了详细的规定，其中日常检查应包括对"社会组织违法、违规问题进行监督检查"①，要将年度检查"作为加强社会组织执法监察工作的重要内容，重点检查社会组织依法开展业务活动、制度建设和资产管理等方面的情况"②。执法监察包括"专项执法监察和联合执法监察。专项执法监察指对社会组织某一领域或管理工作中存在的某一突出问题进行的执法监察"③。由此可见，社会组织对章程的执行、项目经费的使用情况、重大活动是否报备、是否存在违法乱纪行为等均属于常规监督。第二，对"离岸社团"和"山寨社团"的监督。从 2016 年 3 月开始，民政部社会组织管理局在其主管的中国社会组织网"离岸社团"和"山寨社团"曝光台曝光了首批 213 家"离岸社团"和"山寨社团"，截至 2016 年 10 月 12 日，共公布了 13 批"离岸社团"和"山寨社团"，总计 1290 家。这些"离岸社团"和"山寨社团"都是经社会公众举报和监督，并向民政部社会组织管理局提供相关信息，民政部门在核查后，一旦情况属实，将纳入"黑名单"。各省市都在相关网站对其管辖区域内的"离岸社团"和"山寨社团"进行了相应的曝光。第三，公益腐败问题的监督。公益腐败是指社会组织中各种各样的违规违法现象，在《关于改革社会组织管理制度促进社会组织健康有序发展的意见》中提出："要建立对社会组织违法违规行为及非法社会组织投诉举报受理和奖励机制，依法向社会公告行政处罚和取缔情况。"④ 对社会组织的公益腐败问题的监督，不但要强化投诉举报的奖励机制，还要对核实的违法违规问题的处理情况及时向社会公布。公益腐败最受公众关注的是社会组织对捐赠款物的管理和使用情况，如是否对捐赠款物进行违规投资，是否将捐赠款物挪作他用，是否贪污捐赠款物等。第四，对赠予协议（合同）内容执

① 《甘肃省加强社会组织执法监察工作意见的通知》。
② 《甘肃省加强社会组织执法监察工作意见的通知》。
③ 同上。
④ 《关于改革社会组织管理制度促进社会组织健康有序发展的意见》，新华网，http://news. xinhuanet.com/politics/2016-08/21/c_1119428034.htm，2016 年 8 月 21 日。

行情况的监督。随着社会捐赠参与人数、企业的增长，捐赠总量也逐年增长，部分大额捐赠签有赠予协议（合同），协议（合同）中明确规定了赠予人与受赠人的权利与义务，这部分内容不但是赠予人与受赠人相互监督的主要内容，更是社会公众监督的重点之一。

（3）养成包容性的社会监督心态

包容性的社会监督心态主要是指作为被监督对象，社会组织要以包容和谦逊的心态接受社会监督。首先，社会组织要正确认识和理解社会监督的重大意义，自觉接受社会监督。社会监督不仅是对社会组织行为规范的督导，而且是对社会组织健康有序发展的促进；不仅是对社会组织违规违法行为的检举和匡正，而且是对社会组织卓越绩效的发现与公信力的张扬；不仅是社会公众和利益相关者关注社会组织的体现，也是社会公众和利益相关者认知、参与社会公益事业的反映。其次，社会组织要主动公开相关信息。主动公开信息必须建立公开透明的信息披露机制，信息披露要坚持真实原则、长期原则、广泛原则、有效原则和多样原则。信息披露不能以偏概全，必须客观真实；不能时有时无，必须建立长效机制；不能面向少数，必须接受社会广泛监督；不能方法简单形式单一，必须创建多样化、多渠道的信息发布机制。可以采取常规发布与专项发布相结合，主动发布与接受质询相结合，机构网站与新闻媒体相结合。要做到三个保障，即有一个规范的信息发布制度做保障，一个常规的信息发布平台做保障，一支具有专业水平、热心公益的监督者队伍做保障。

（4）建立网络化的社会监督渠道

21世纪是信息化世纪，信息化是当今时代发展的大趋势，代表着先进生产力。信息科学技术广泛地渗透到社会生活的各个领域，并深刻地影响和改变着全球的经济结构以及人们的生产生活方式。因此，利用信息技术、搭建网络平台，积极拓展社会监督渠道，是提升社会监督效果，促进社会组织发展的必然选择。首先，建立科学的网络监督平台。甘肃省在省级层面建立了"甘肃省社会组织网"，网页设有"信息公开平台""社会组织执法监察"栏目，建议在此网页上设置"社会监督平台"，为公众监督开辟通畅便捷的渠道。同时，各地各级社会组织登记管理部门也应建立相应的网络平台，为社会监督奠定基础。另外，社会组织也应积极建立自己的网站，为社会监督提供便利的条件。其次，增强网络监督效果。一是提高公众监督能力和综合素质。网络知识与技能的掌握是公众实施监督的前提重要条件，公众的道德水平是有效实施监督的关键要素。诚然，增强网络监督效果，一定"要通过多种方式进行引导，不断提高网民的基本素质，网民是网络监督的主体，网民的文化素养和道德水平直接关系到网络监督的效果"。[①] 现代社会，网络道德是社会公德的重要组成部分，日常生活中的道德素养会直接体现在网络监督中，影响社会监督的质量和效果。因此，提高公众监督能力和综合素质，充分利用网络平台，倡导文明上网，开展民主监督，实施客观评价，增强监督效果，是当前和今后一段时期实现有效社会监督长抓不懈的工作。二是及时回应公众关切。对于网络监督一定要及时回应和反馈社会公众的关切和质疑，否则会影响社会监督的效果，小则会遏制社会公众的参与社会监督的积极性，大则可能会引起公共危机事件。回应和反馈的主体包括社会组织和相关政府部门，网络事件一般发酵比较快，传播范围和影响人群比较大，因此，社会组织及其登记管理部门和业务主管单位要有网络舆论的敏感性以及觉察性，尤其是社会组织，对于网络监督事项和质疑，要及时回应，较高的回应性对于处理网络监督中的一部分事件具有较好的矛盾化解效应。同时，对于网络监督事件要进行总结，对事件的起因、过程以及处理结果也要进行公布。三是合力监督。网络监督不能单兵作战，要与其他监督措施相结合，如网络监督要与传统媒体监督相结合，网络监督具有即时性和高效性，传统媒体监督则具有深度性和权威性，二者相结合，使媒体监督更加有效。网络监督与制度监督相结合，网络监督是社会监督的一个组成部分，而制度监督则是正式监督的主要组成部分，"网络监督最终要通过相应的监督制度来处理，如对于违规事件的处罚等都要借助于实际的规章制度，网络监督不能产生直接的法律效力，只有通过与纪检监察等部门的监督相结合才能最终达到监督效果"[②]，上述两种监督的合作，有利于形成合力监督，发挥监督的最大效应。

---

① 李树海、丁渠：《论对社会组织的社会监督》，《河北法学》2013 年第 8 期，第 47 页。
② 陈党：《网络监督的独特优势与有效利用》，《中共天津市委党校学报》2010 年第 5 期，第 55 页。

第五章　典型篇

"典型"在汉语中原指模范或模型，后来引申为最具代表性的人或事物。东汉许慎在《说文·土部》中解释："型，铸器之法也。"清朝文学家段玉裁解释说："以木为之曰模，以竹曰范，以土曰型，引申之为典型。"先进典型是一个集体的表率和楷模。希腊谚语告诉人们"模范比教训更有力量"，英国谚语道"优良的示范是最好的说服"，科·达勒维耶指出："榜样的力量是无穷的。"社会组织发展中涌现出典型就是一种标杆、一个榜样，它们的内部治理、团队建设、组织建构、资源链接、公益服务的所作所为就是很好的示范，其他社会组织应该虚心学习，取人之长补己之短。

甘肃省地处我国西部欠发达地区，自然条件艰苦、资源环境不佳、经济发展水平落后，社会组织总体而言起步晚且发展缓慢。尽管如此，由于国家促进社会组织健康有序发展的相关政策制度的相继出台，政府简政放权、政府购买服务项目的实施，社会治理与社区服务活动的推行，境内外优秀社会组织的引导与支持，甘肃省社会组织得到了突飞猛进地发展，数量在不断扩大、质量在有序提升。虽然，整体水平与国内发达地区的社会组织不可比拟，但是个别社会组织经过近年来大量实践历练和理论学习，已经呈现出生机勃勃、欣欣向荣的喜人局面。

在现场调研考察中，我们在每个市均发现了一些发展相对良好的社会组织，他们的成长与发展经历、实践与创新经验均有较强的代表性、借鉴意义和推广价值。当然，这些社会组织并非尽善尽美，他们还存在许多不足之处，还有很大的发展空间，甚至还存在一些致命的弱点需要竭力改善和变革。这些问题和不足也是宝贵的经验，对正在发展中的社会组织均有警示和启迪作用。因此，我们从全省选取了15家社会组织（包括5家社会团体、9家民办非企业单位和1家基金会），从"基本情况""组织建设和主要活动""获奖情况""SWOT分析""改进建议"等五个方面进行撰写和编辑，以期对该社会组织和其他社会组织的健康发展有所帮助。

一　社会团体

《社会团体登记管理条例》中指出："社会团体是指中国公民自愿组成，为实现会员共同意愿，按照其章程开展活动的非营利性社会组织。国家机关以外的组织可以作为单位会员加入社会团体。"社会团体不论从国家层面，还是从地方层面来看，发展较早、数量甚多。据统计，甘肃省正式注册登记的社会团体有2.2万多家，但从我们的实地考察、调研的情况来看，非常优秀的比较少，但以下5家社会团体的做法特色明显。

阳光路上　你我同行

——庆阳市阳光志愿者协会

一　基本情况

庆阳市阳光志愿者协会（以下简称"阳光协会"）于2012年7月21日正式在庆阳市民政局注册登记，业务主管单位为共青团庆阳市委员会。阳光协会是在2010年3月创立的"西部爱心联盟志愿者服务工作站"基础上，由广大社会青年自愿组建成立的非营利性民间社团组织。协会现有正式会员338名，理事会成员14名，专职工作人员1名，会员单位17家。协会设立人事部、财务部、外宣部、活动部、学工部、秘书处、艺术团、爱心车队8个部门。其活动经费主要来源于社会捐赠和会员会费。

阳光协会秉承"助残扶弱，传递爱心，阳光生活，服务社会"的服务宗旨，大力倡导"奉献、友爱、互助、进步"的志愿者精神，传承"送人玫瑰，手有余香"的互助理念。坚持服务在身边，服务进社区、服务下农村，帮助社会弱势群体，关注社会特殊人群。积极开展扶贫、帮困、助残、助学、敬老、环保等公益活动及市级重大活动的服务工作。为规范协会及会员行为，更好地服务社会，从一开始协会就注意总结并借鉴其他公益组织的做法，注意建章立制，用实际行动去赢得社会各界的信赖和尊重，取得了较好的社会效果。

2017 年被庆阳市民政局评为"AAAA 级社会组织"。

二　组织建设及主要活动

（一）组织建设

1. 加强学习，提高组织的专业化水平

学习是一个组织不断发展壮大的原动力。阳光协会自成立以来，积极争取机会派遣会员和志愿者外出学习。先后有 30 多名会员赴北京、兰州参与了各类培训会，学习掌握志愿服务知识和技能，学习社会组织能力建设知识，以及项目管理知识等。为了提高协会管理层的管理水平，增强内部治理能力，推进协会各项事业长足发展，2013 年 8 月，阳光协会组织了 8 名理事会成员利用假期，自费赴陕西省汉中市汉中爱心义工协会进行了历时三天的学习交流，学习他们的先进理念和管理协会的成功经验，探讨目前社会组织发展的机遇与挑战，实地考察观摩了他们的志愿服务活动。在外出学习考察的同时，协会也积极邀请学者专家和发展早发展好的社会组织负责人来机构传经送宝，组织会员和志愿者进行团队建设及能力拓展交流学习活动。

2. 注重宣传、提升协会影响力

为了扩大协会自身的影响力，提高政府部门和公众对协会的认同度，吸引更多的人加入到志愿服务的队伍中来，增强协会的志愿服务力量和效益，阳光协会高度重视对外宣传。一是建立协会官方网站、QQ 群等平台，并借助百度贴吧、微信公众平台等现代媒体手段，宣传志愿精神、协会宗旨、协会开展的特色活动、协会涌现出来的先进人物、志愿者风采、弱势人群的服务需求、被服务人员的感言等。二是在相关平台上建立监督通道，及时向理事会成员、会员、志愿者和登记管理机关、业务主管单位汇

报、公布协会的经费募捐、捐赠和财务运行状况、重大活动的开展情况等，主动接受管理部门和社会公众的监督。

（二）开展的公益活动

1. 开展"阳光助学"，关爱贫困留守学童

为有效帮助贫困留守学童，阳光协会于 2013 年 11 月 2 日在西峰区东湖广场举行"阳光助学"活动。"阳光助学"启动后协会一方面千方百计联系爱心人士，募集资金，组织志愿者进行义务支教，同时在庆阳市各区县教育部门提供的优秀贫困学童名单的基础上，扎扎实实开展入户走访。仅西峰区各乡（镇）提供的名单显示就有 154 名贫困学童，宁县、镇原、环县、正宁等地也提供了留守儿童、贫困家庭的名单。由于居住分散，协会或是由协会会员义务提供车辆，或是向社会招募爱心车辆逐家逐户对名单上的每一位学童进行走访评定救助等级，车辆到不了的就靠步行。累计走访 228 户，共计行程 2 万余公里，有 370 人次参加了走访，现已一对一资助留守贫困学生 136 人次，发放助学金 17 万元。

由于阳光协会助学活动成绩显著，引起了壹基金的关注，经过接洽，双方进行了密切合作。2013 年壹基金委托协会在庆阳市投放价值 6200 元的温暖包 17 套；2014 年投放了价值 50735 元温暖包 139 套，共惠及贫困学生 139 名；2015 年协会作为壹基金温暖包项目的庆阳市总协调机构，申请了 400 个温暖包，发放至华池县、合水县、宁县、正宁县、西峰区的贫困留守学童手中。2014 年为庆城县、环县农村学校募集图书 12000 册建立了爱心图书室；2014 年协会积极联系市外公益组织为贫困学区的学生募集了1266 只健康水杯，并将水杯送到了环县偏远缺水的多所乡村学校寄宿学生手中；2015 年衔接南京航空航天大学手拉手义务支教团队 12 名成员，对肖金镇上刘小学进行为期 21 天的义务支教。

2. 开展"阳光风采"志愿行动，服务大型活动，回应社会关切，弘扬正能量

连续三年高考期间，阳光协会联合各界爱心人士策划并组织了"爱心助考，圆梦学子"志愿者服务活动，仅 2014 年 6 月就组织联系了 200 多辆爱心车辆免费接送考生，赢得了广大考生和社会各界的称赞以及本地媒体

的极大关注。

2013 年 7 月甘肃省定西发生地震灾害，受灾状况严重，灾区人民的安危牵动着全国人民的心。阳光协会第一时间开展"情系定西、奉献爱心"大型公益募捐活动，现场募捐了大米、方便面、食油、饮用水、帐篷、衣物、蜡烛、卫生纸、手电筒、奶粉等灾区必需品，并及时送往灾区。同时，选派参与过汶川地震救援的两位志愿者赴定西开展抗震救灾志愿服务及义务支教工作。

2014 年 12 月 5 日志愿者日，阳光协会在圣鼎国际南广场组织了公益文艺演出及现场义卖活动，将贫困学生拓明宽家中积压的 100 多斤柿子顺利销完，并将获得的销售款送到他的家中。

3. 开展"邻里守望、情暖社区"活动，参与社区服务

以春节期间的"邻里守望、情暖社区"集中送温暖活动为契机，阳光协会和西峰区九龙路东湖社区、华宇名城社区确立了共建关系。协会多次组织志愿者进入社区，开展清理卫生、铲雪、节目表演、慰问孤寡老人等活动。参与组织了庆阳市首届"全国社区网络春晚"，被全国社区网络春晚总会评为"最佳组织奖"及"个人突出贡献奖"。定期前往社会福利院及特殊学校为那里的老人们、孩子们洗头、剪指甲，交流沟通、文艺表演等。2014 年 11 月参与组织育才路社区 56 名退休老党员免费前往南梁红色革命根据地进行参观学习。2014 年 10 月开始，阳光协会将西峰区后官寨镇孔家原村李凤琴、肖金张庄村吴白学、肖金纸坊村脱步杰、董志镇孙积升和郭恒华 5 位孤寡老人列为长期帮扶对象，悬挂"庆阳市阳光志愿者协会帮扶点"牌匾，持续向老人家中送一些急需的生活用品等。

4. 与其他公益机构开展合作，实现资源共享，共同成长

为实现资源共享，促进共同成长，增强志愿服务力量，阳光协会与庆阳市雨润环江爱心协会、全国性公益组织大爱清尘庆阳站、庆城县志愿者协会等公益组织开展不同层次的合作。协会利用甘肃伊山伊水环境与社会发展中心提供的公益组织孵化基金举办了庆阳市首届民间公益论坛，传播公益发展理念和知识、交流服务实践经验和感想、研究瓶颈问题和解决方案、探究协作互助的方式方法等。2014 年协会被甘肃公益救灾联盟确定为

234 // 困境与出路：甘肃省社会组织发展研究

伙伴成长计划培训公益机构，并先后获得成长基金 15000 元，用于协会项目建设和项目运作能力的培养。

三 获奖情况

2012 年被庆阳市文明办评为全市"优秀志愿服务组织"；

2014 年被壹基金、甘肃公益救灾联盟评为温暖包发放"最佳行动奖"；

2014 年被阿里公益、兰州晚报社评为"最美志愿者团队"，3 名志愿者被评为"最美志愿者"；

2012~2014 年连续三年被庆阳市文明办评为市级"优秀志愿者服务组织"，5 名志愿者被评为市级"优秀志愿者"；

2015 年被庆阳市民政局评为市级"优秀社会组织"；

2015~2016 年度被壹基金评为"温暖包项目优秀合作伙伴"；

2016 年被庆阳市文明办、庆阳市志愿服务联合会评为全市"志愿服务工作先进集体"；

2016 年被甘肃省残联、团省委评为全省"志愿助残阳光团队"；

2016 年协会会长苟平荣获庆阳市"第五届道德模范荣誉称号"、"甘肃省百名优秀志愿者"。

四 SWOT 分析

S（优势）： 阳光协会负责人精明能干； 阳光协会有强烈的联盟意识，与其他社会组织合作交流比较多； 制度比较完善，重视对外宣传； 注重志愿者能力培养； 志愿服务有一定的影响，并受到相关部门的表彰。	W（劣势）： 阳光协会专职人员严重不足，兼职过多，缺乏专业的专职人员； 没有自己的固定办公场所，办公地点为临时借用； 活动经费主要来源于社会募捐、会员会费，缺乏开展大型公益活动的经费。
O（机会）： 辖区内实施政府购买公益岗位的政策逐步实施，专职人员有望获得补充； 中央财政支持社会组织发展项目、省级福利彩票支持社会组织发展项目等，是机构争取发展经费的重要途径。	T（威胁）： 同类组织的发展，与该机构形成竞争； 接受社会捐助时无法提供捐赠发票，影响了社会捐助的持续性； 业务主管单位对协会的支持和关注度不够。

五　改进建议

（一）应高度重视协会专职人员和专业队伍建设

近年来，阳光协会虽然取得了可观成绩，在公众中建立起了良好的印象。但是，专职和专业人员匮乏是制约协会发展的最大障碍。因此，协会负责人应高度重视协会专职人员和专业队伍建设，想方设法、抓住机会、克服一切困难，把人才队伍建设作为协会建设的重中之重。一是要聘任专职秘书长，提升协会的执行力；二是聘任专职财会人员，加强协会的经费管理；三是积极向政府争取购买公益性岗位的方式，解决专职人员紧缺的问题；四是引进社会工作专业人才，招募专业性志愿者，加强志愿者培训，提高协会志愿服务的专业化水平。

（二）扬长避短，促进协会的长足发展

从阳光协会的发展现状、工作成绩和 SWOT 分析来看，协会成立以来，负责人恪尽职守，开拓创新，带领志愿者做了大量卓有成效的工作，也积累了较为丰富的工作经验，与政府部门、基金会及其他公益组织建立良好的合作关系。协会发展的优势比较明显，发展机会也会不断增加。但在此方面还需要精益求精，在巩固成果的同时，应不断发扬光大。同时，协会的劣势和威胁也很明显，且很致命。协会负责人不可掉以轻心。应采取积极有效的措施加以补救和完善，特别是人才队伍建设、志愿者队伍管理、项目设计和运作、财务管理、与同类组织的联盟发展、志愿者精神的秉持和弘扬，以及争取主管单位的支持等。

助残康复　增能发展

——白银市社会助残协会

一　基本情况

白银市社会助残协会（以下简称"助残协会"）成立于 2012 年 10

月，是经白银市民政局依法核准登记成立的社会团体，业务主管单位是白银市残疾人联合会。助残协会的前身是一个自愿为残障人提供无偿法律服务的志愿者团队，最初团队主要是由 6 名律师及法务工作者发起成立，其中包括 1 名视力残障人员。目前，这名视力残障人员也成长为助残协会的秘书长，负责机构的全面工作。

助残协会定位为平台支持型机构，其发展大致经历了三个阶段。第一阶段为"向多元群体提供法律服务"，即 2012 年至 2014 年主要面向社会所有边缘群体提供法律咨询、法律援助服务，目的是比较好地保护边缘群体的合法权益。第二阶段为"向残疾人提供专业服务"，即 2014 年至 2015 年为残疾人提供法律援助的同时，主要为残疾人提供肢体、听力、言语、视力等方面的康复服务，目的是保障残疾人的身体健康和基本生活水平。第三阶段为"向残疾人提供社区融入服务"，2015 年以来，助残协会引入社会工作价值、理念和技能为残疾人提供专业化的深层次服务，在提供以康复为主的身体健康服务的基础上，着力解决残疾人的心理健康服务，增强残疾人的自助能力，通过赋权增能使他们融入社区，自强自立，并反哺社会。

2015 年被白银市民政局评为"AAAA 级社会组织"。

二 组织建设及主要活动

（一）组织建设

1. 注重顶层设计，并形成了自己的发展思路

助残协会正式登记注册后，负责人组织团队经过研究论证确定了自己的顶层设计和发展思路。即形成了"尊重、理解、帮助、支持"的发展理念，"为残障人提供帮助，传播助残新观念，倡导残障人平等参与融入社会，促进全社会尊重、理解残障人，创建集调研、倡导、行动和服务的公共平台"的助残协会使命，以及"推动形成一个适合残障人发展的多元社会"的助残协会愿景。

2. 注重团队建设，合理设置工作机构

助残协会根据工作需要设有志愿者管理部、项目部、保障部三个主要部门，协会决策机构由 5 人（其中视力障碍 1 人、听力障碍 1 人、肢体障碍 2 人、非残障 1 人）组成。目前有专职工作人员 6 人（其中 3 人

获得初级社会工作师资格），兼职工作人员 15 人。另外，助残协会还建立了一支强大的志愿者队伍，目前志愿者总人数为 443 人（其中，律师和法务工作者 18 人、法医 2 人、高校法律专业教师 1 人、社会工作师 8 人、高校社会工作专业教师 1 人、执业医师 23 人、社会志愿者 173 人、高校志愿者 217 人）。同时，还建立高校助残志愿者联络站 1 个，在全市建立以残障人为决策者的自我管理、自我决策的志愿者组织 4 个。

（二）开展的主要活动

1. 法律服务

助残协会始终秉持"为残障人提供无偿法律服务"的初心，把法律服务作为自己的重要服务领域，全心全意地维护残障人员的合法权益。自成立以来，团队共计提供婚姻家庭纠纷案件咨询 23 起，代理 6 起；财产继承案件咨询及代理 1 起；合同纠纷案件咨询及代理 2 起，为被援助人挽回经济损失 35 万元；交通事故致残案件咨询及代理 4 起，为受害人追回赔偿 23 万元；涉及残障人航空出行侵权案件 1 起（目前正在审理）。

自 2010 年 10 月至今，法律服务团队一直为白银市残疾人法律救助工作站提供法律志愿服务；2012 年至 2014 年，为白银区残疾人法律救助工作站提供法律救助志愿服务 3 年。

2. 社区康复

在市残联的支持下，助残协会大力开展社区残疾人康复活动。据不完全统计，自成立以来共计为辖区 616 名听力、言语、视力、肢体以及多重残障人开展了包括发放辅助器具、家庭康复巡回指导等。其中，开展家庭康复训练指导 114 人，发放轮椅 76 台、助行器 76 台、腋拐 100 副、单筒望远镜 38 只、电子助视器 38 台、盲杖 38 支、电子沟通板 100 台、闪光门铃 150 台，共计投入资金 27 万元。251 名志愿者（包括 4 名专业社工、12 名各类专业医师、非专业志愿者 235 人）坚持开展社区康复活动，为社区残疾人康复工作倾心尽力。

3. 志愿助残

为积极贯彻落实中央文明办、民政部、司法部、解放军总政治部、团中央、全国妇联、全国老龄办、中国残联《关于加强志愿助残工作的意见》，以及甘肃省相关办法，助残协会组织志愿者采取多种形式开展较为丰富的志愿助残活动。一是以助残日为契机，开展助残活动。如2013年10月15日国际盲人节，助残协会组织40名志愿者一对一地为40名盲人开展了盲人观影活动。通过活动使盲人感受到了社会的关爱与温暖，使志愿者了解了盲人以及如何为盲人提供专业支持。在2015年国际盲人节当天，助残协会开展了"社会有爱·阅读无碍"的视障人读书活动，为50名视障伙伴分别发放了听书设备，至今共组织70名志愿者为视障人翻译电子书籍220本。在全国助残日期间，组织志愿者义务为残疾人做家务、生活照料等。二是帮助残疾人提升能力。组织志愿者对残疾人进行技术知识培训、指导，使其掌握一技之长，增强残疾人脱贫致富的能力；组织志愿者宣传残疾人保障法等法律知识，提高残疾人的自我保护能力，切实维护残疾人的合法权。

4. 能力提升

为更专业、更好地为残疾人提供服务，助残协会高度重视志愿者的能力建设，经常开展有针对性的专业培训工作。如，为提高残障人群法律意识及志愿者法律意识，举办了3期法律知识培训，60人参加学习。为提高志愿者专业服务能力，助残协会于2013年1月选派工作人员和志愿者参加由南都基金会、惠普公司资助、北京惠泽人咨询服务中心主办的"西北NGO能力建设项目——专业志愿者管理培训活动"。2013年5月，选派工作人员和志愿者参加由美国律师协会法治项目资助、中国国际民间组织合作促进会主办、陕西省西部发展基金会承办的"残障人士服务机构法律意识培训暨案例分析"研讨会。2015年8月邀请陕西、兰州等地专业机构及人员，举办"甘肃省孤独症人士服务者论坛"，94人参加了研讨。2015年9月助残协会又邀请中国康复研究会、兰州大学第二附属医院等机构的康复医学专家、甘肃政法学院等高等院校的社工教师到协会办讲座，介绍专业知识和经验，同时与白银市专业康复机构、残障自组织负责人举办了有134人参加的"甘肃残障人社区康复论坛"。

2015 年 11 月，助残协会组织了 35 名来自陕西以及省内的残障伙伴，开展了旨在提升残障自组织服务能力的训练营，并邀请北京一加一培训师、甘肃政法学院教授为大家讲授项目管理、社工服务等方面的专业知识。2014 年，为迎接甘肃省第九届残疾人运动会，助残协会邀请北京惠泽仁专业志愿者培训师开展专业助残志愿服务培训，共计 90 人参加，通过培训使志愿者深入领会志愿精神，以及精准掌握如何为不同残障类别的残障人提供良好支持的能力。

5. 公众倡导

公众倡导是每一个社会组织的使命，助残协会作为一家以志愿服务残疾人事业的社会助残协会，在全力组织专业人员和志愿者队伍开展助残活动，服务残疾人朋友的同时，始终把公众倡导作为一项重要工作之一常抓不懈。一方面通过宣传材料、网络平台、论坛等方式在社区内开展关爱残疾人方面的政策和事迹宣传，让广大民众对残疾人有新的认识，并志愿参与助残工作。2012 年，助残协会参与协办了"甘肃省第一届民间公益慈善年会"，并在会上分享了主题为"残障人参与志愿服务"的实践经验，通过分享使社会大众认识残障人的能力，促进残障人更多地参与志愿服务。另一方面积极参与政策引导，强力维护残疾人的合法权益。2015 年 11 月，助残协会参与修改东方航空关于公司员工服务手册中残障人员旅客服务条款以及手机 APP、网站等线上线下无障碍支持环境的相关制度，并于 12 月前往上海为东航总部的 90 人开展为期 1 天的服务残障人员的相关专业培训，2016 年与东航签订专项协议，在东航内部开展一次约 1400 名员工服务残障旅客的意识调查，针对调查结果设计专门的培训课件，为其员工进行残障旅客服务进行专门培训，培训内容已经成为公司常规化培训的一部分重要内容。

三 获奖情况

2015 年在全国 145 家社会组织联合开展的中国残障发声月活动中，秘书长段宏波获得"野心勃勃"奖；

2016 年被甘肃省残联、团省委授予"全省志愿助残阳光团队"，同时秘书长段宏波被授予甘肃省志愿助残阳光使者；

2016 年被白银市委宣传部、市文明办、市民政局、团市委、市妇联、市残联评为"最佳志愿服务组织""最佳服务项目"，秘书长段宏波获"白银市最美志愿者"；

2016 年秘书长段宏波被推选为第九届白银区政协委员、第七届白银市政协委员。

四　SWOT 分析

S（优势）： 顶层设计较好，有明确的定位、愿景及使命； 开展了比较多的志愿助残活动，积累了大量的工作经验； 已经建立起基本满足工作需要的、相对专业的志愿者队伍； 负责人具有较强的学习、合作和联盟意识。	W（劣势）： 无固定经费来源； 专职工作队伍的数量和专业化有待加强； 没有成立监事会； 缺乏专业督导。
O（机会）： 国家出台一系列帮助残疾人康复、残疾人发展，以及支持社会组织健康发展的政策，可为助残协会的发展提供政策支持； 中央、省级财政均有支持残疾人事业发展的项目，可通过获取项目的办法获得发展经费。	T（威胁）： 公众对社会组织的偏见及不信任； 公众对残疾人的歧视心理； 残疾人自身存在的不思进取、等靠要思想。

五　改进建议

（一）进一步加强组织建设，扩大社会影响力

"打铁还需自身硬"，不断加强社会组织自身建设，积极扩大社会影响力，赢得广大残疾人朋友和社会公众的认可和支持，对社会组织的可持续发展而言至关重要。就助残协会来说，首先要加强领导班子建设。建成一支由会长、副会长、秘书长组成的数量充足、结构合理、能力过硬、专兼结合的协会领导集团。其次要加强专职工作人员团队建设。目前应着力提升现有 6 名专职工作人员的综合素质，重点加强他们的办文、办会、策划、组织、宣传、外交和执行能力。再次要成立监事会，加强对助残协会各项

工作的监督管理，提高工作效率。最后要加强志愿者队伍建设。一方面，要继续扩大志愿者的数量，吸引更多的社会公众加入到助残协会的志愿者队伍，激发更多的人参与残疾人帮扶工作。另一方面，要提升志愿者工作能力。目前的 443 名志愿者中，具有法律、心理、社会工作、医学等专业知识的人只占了 11% 左右，因此，对现有志愿者的专业化教育与培训是助残协会当下应着力加强的工作，采取切实措施分批次、分类别地加强专业培训，有效提高他们的专业服务水平。

（二）找准定位、创新模式，打造独具特色的服务品牌

助残协会成立五年来，认真遵守协会章程，积极履行既定的宗旨、使命和愿景，在管理机构和主管单位的支持下，带领广大志愿者开拓进取、奋力拼搏，在法律服务、社区康复、志愿助残、能力建设、公众倡导等方面做了大量行之有效的工作，也得到广大残疾人朋友和相关部门的肯定与表彰。但是，助残协会的服务工作仍然存在需进一步改进的地方。一是找准主攻方向，避免贪多求广、多点开花，应在 1~2 个服务领域集中开展助残服务，理论联系实际，系统地、持续地、深入地提供优质服务，力争做强做大，形成"人无我有、人有我优、人优我特"的服务品质和品牌。二是创新服务模式，提高服务效果，增强服务对象的满意度。社会组织开展助残服务是一项新型服务活动，助残协会应避免传统思维和行为的影响，大胆探索，积极尝试"社会工作者+执业医师+律师+志愿者"多元主体融合服务、"身体康复+心理矫正+物质救助+增权赋能"多层次服务内容的专业助残服务模式，提高助残服务质量和效果，以及助残协会的社会声誉和影响力。

绿色家园　生态河州
——临夏州生态环境保护协会

一　基本情况

临夏州生态环境保护协会（以下简称"环保协会"）是 2014 年 7 月在临夏州民政局登记注册的一家社会团体，业务主管单位是临夏州环保

局。目前共有会员 320 人，会员单位 48 家，志愿者 1000 多人。秘书处下设办公室、生态公益部、环境保护部、规划财务部、宣传联络部、野生动物保护部和现代学院工作站等机构。环保协会现有 49200 亩环保基地，共计 5900 人及单位向协会捐款以扩大其规模，其中包括热心生态环境保护事业的机关单位、企业、民间人士等。协会自成立以来，做了大量环境保护方面的公益活动并得到了州环保局的一致好评。

环保协会的宗旨是"以保护生态环境与推动社会公益事业发展为己任，关注黄河流域少数民族聚居地的生态环境问题，倡导绿色环保理念，普及环保科技文化知识，促进临夏生态环境和社会公益事业可持续健康发展"。

环保协会的愿景是"绿色河州，生态家园"，环保使命为"创建多元化的民族生态社区"，主要服务对象包括生态脆弱区（水、植被、贫困等）的农户、小学生、妇女、社区关键人物以及相关利益群体。为了促进组织的长足发展，环保协会制定了自己的发展目标，即，"将国家生态文明建设的法律和制度与临夏州各民族的生态自然观相结合，探索一条创新型的环境教育与保护模式；创建以社区为本、具有民族特色的生态村，让农村社区共享生态文明与经济繁荣的成果；通过五年的发展，使协会成为临夏地区最具影响力的民间环保公益组织之一"。

二 组织建设及主要活动

（一）组织建设

1. 两支队伍建设初见成效

环保协会的专业人才建设（专业社工师队伍）和志愿者队伍建设均取得了较好的效果。会员中有 2 名兼职博士，分别来自西北民族大学和甘肃省社会科学院；有 15 名兼职硕士，都拥有初级和中级社工师证。具有社会工作师资格的会员在环保协会发展中起到了举足轻重的作用，在协会开展的多项活动中，专业社工将理论知识与临夏州的实际相结合，指导协会的其他会员及志愿者开展专业的环境保护活动。志愿者有学生、农民和机关干部，来源较广且数量充足。在志愿者招募方面，积极将弱势群体纳入志愿者队伍中，倡导基层群众参与环境保护，志愿者每学期在积石山县多所小学开展东乡族环保教育知识小课堂活动。同时，积极吸收小学生参与环保志愿活动，每年评选"环保小卫士"。截至目前，共评选"环保小卫士"100名，并颁发奖状和奖品。同时，协会对东乡族妇女开展一对一的环保教育活动，鼓励其参与到环境保护活动中来，主要举措是组织志愿者进村入户宣传垃圾分类知识，对垃圾分类做得好的妇女进行生活用品的奖励，并邀请环保专家开展禁止焚烧秸秆的专题讲座，由专家现场指导并传授秸秆堆肥技术，在积极参与的妇女中吸纳环保志愿者。通过各种活动将妇女和儿童纳入环保志愿者行列，真正做到环保从我做起，人人争当环保主力军。

2. 借助外力促发展

环保协会在发展中比较注重组织的顶层设计和战略规划，2015年11月，协会邀请兰州大学丁文广教授、甘肃伊山伊水秘书长虎晓珺、项目执行官马会玲参加了战略规划会议，聘请丁文广教授为协会名誉顾问，确定发展目标，明确愿景和今后的发展方向，提出了2016~2018年发展规划。为了促进协会的发展，近年来，先后派出15名工作人员赴兰州、西安和北京等地进行培训。同时，积极与其他地区的环保社会组织进行合作，结合临夏州生态环境治理的具体问题，广泛拓展合作领域，如在临夏州生态环境风险预防、生态环境法治建设、社会主体生态环境素养提升等方面合作较多，主要的合作方式是召开研讨会、项目参与以及协会公益培训等。

3. 重视自身建设，不断完善各项规章制度

自协会发起筹备以来，严格按照国家和省、州社会团体管理有关政策法规开展工作，在报备协会《章程》的基础上，根据工作需要，制定出台了《财务管理制定》《信息披露制度》《重大活动备案报告制度》《会员管理办法》等规章制度。同时协会在新浪网开通了微博（绿色河州），对协会的活动进行宣传和推广。2015年拍摄年会暨纪录片《生态河州》，在总结自身发展的基础上，全面展示临夏州生态环境保护成绩及未来发展方向。

（二）开展的主要活动

1. 关注生态安全，连续组织开展了"保护母亲河、共建公益林"植树造林活动

自2010年3月开始，先后与河州义仓、临夏火麒麟摩托车俱乐部等民

间公益组织合作，在积石山县大河家镇、小关乡，临夏县营滩乡，东乡县河滩镇等组织开展了7次"保护母亲河、共建公益林"植树造林活动，种植云杉、油松、旱柳、白榆等树苗2万多株，植树面积达到600多亩，成活率在85%以上，参与志愿者超过3500人次。此项活动已经成为协会最重要的品牌活动之一，2015年被团中央、环保部、国家林业局等评为全国100个优秀志愿服务项目之一。

2. 倡导低碳生活，成功举办自行车公益骑行比赛

从2014年开始，先后与和政县爱心公益社、临夏市自行车协会共同举办了4次自行车挑战赛。来自兰州、甘南、白银、陇西、定西、临洮以及州内的1000多名自行车骑行爱好者参加了比赛。2016年5月份举办的"海涛"杯环大夏河自行车挑战赛，参赛人员达到220多人，甘肃广播电台等进行了现场直播，成为近年来临夏地区参赛人员最多、群众参与规模最大、最具有平民化的自行车赛事，以实际行动倡导了"公益骑行、生态环保"的健康出行理念。

3. 普及环保知识，扎实开展各种环保教育实践活动

在世界环境日期间，多次举办了"绿色河州、生态家园"青少年美文书画摄影展，共征集到各类作品950多件，入围620多件，先后在临夏市新华广场、广河县新月广场等地成功展出。举办的"新环保法知识大奖赛实况"和协会组织拍摄的纪录片《生态河州》先后在临夏电视台等媒体播出后，产生了很好的宣传效果。组织创作完成的反映临夏独特生态环境和少数民族自然观的24幅水彩画，以《阿依莎的美丽生活》为题编印成册，分别在临夏市红园广场、新华小学等公共场所和学校免费赠送，受到广大群众和中小学生的喜爱和好评。

4. 传递爱心力量，积极参与慈善公益活动

自2012年开始，连续3年在积石山县、临夏县贫困山区学校发放"壹基金"温暖包357个，价值共计13万元；2013年与陕西妇源汇性别发展培训中心合作，在积石山县韩陕家小学组织实施了"壹基金"儿童平安计划；2015年与甘肃伊山伊水合作，在积石山县大河家地区实施了环保教育进学校活动，协助兰州大学、复旦大学开展了少数民族地区自然生态观考察调研活动，产生了良好的社会效益。

5. 倡导开展无痕山林，助力全域旅游无垃圾示范州建设

通过临夏印象等媒体，在全州发出《关于开展文明浪山践行"无痕山林"的倡议书》，认真组织实施"倡导无痕山林、助力临夏州全域旅游无垃圾活动项目"，在和政牙塘水库成功举行了 2017 年临夏州无痕山林活动启动仪式，先后得到了捡拾中国、冬冬车行等组织的积极响应，分别在康乐麻山峡、临洮疾家河等开展活动，清理垃圾 150 多吨，参与志愿者近千人次，得到了社会各界的充分肯定。

6. 推进古树名木保护，全面启动临夏古树名木拯救保护工作

充分发挥协会林业专家较多、志愿者分布各地的优势，专门成立了临夏古树名木拯救保护寻访小组，在协会宣传平台开设"临夏古树名木保护在行动"栏目，共搜集古树保护信息 350 多条，组织开展古树寻访考察活动 16 次，对东乡县、和政县、临夏市、积石山县的百年古柳、核桃树、杏树、国槐、牡丹、云杉等进行了树龄测试、标本采集、施肥浇水、病虫害防治等工作。特别是对临夏市折桥镇祁牟村文化广场的冯家台 517 年绦柳，通过清理干枝、嫁接支架、开挖水泥地、拍摄全村合影、举办摄影展等措施，进行全面抢救性保护，激发群众自觉保护热情，目前古树长势旺盛。

7. 开展国际交流，引进国外智力把脉水保工作

在省外专局、州人社局指导下，通过申请国家外专局 2015 年引进国外技术项目，邀请法国专家组成员德茹·克劳德先生到临夏州进行为期 15 天的水土保持状况考察，详细了解临夏州水土流失情况及在水土保持工作方面的主要做法，与州种苗站、东乡县林业局、州水保实验站、龙川特种生态养殖场等负责人进行了现场交流，邀请有关单位、企业和民间环保人士80 多人与会交流讨论，达到了交流经验、开阔视野、增进共识的目的。

8. 搭建交流互动平台，成功举办临夏经济与环境保护公益沙龙

先后携手临夏民淘网公司等举办了 2 届临夏经济与环境保护公益沙龙，40 多名与会人员进行了热烈讨论，达成了 11 项共识。特别是在州新华书店隆重举办的《中国穆斯林生态自然观研究》临夏首发式暨研讨交流会，参会人员达到 100 多人，现场向州图书馆等捐赠著作。

三 获奖情况

2015 年在临夏州生态环境保护协会组织发起的"保护母亲河、共建公益林"植树造林志愿者服务活动中，入选中共中央宣传部、组织部、中央文明办联合推选的全国志愿服务"四个 100"先进典型活动——"最佳志愿服务项目"候选名单。

2016 年被临夏州文明办、团州委、民政局评为"临夏州优秀青年社会组织"；

2016 年在甘肃省首届公益创投大赛中被评为"优秀公益机构"，并给予项目经费资助。

四 SWOT 分析

S（优势）： 承办多项大型公益性活动，积累了丰富的工作经验； 有健全的财务管理制度，公信度好； 有较强的会员和志愿者队伍，专业化程度较高； 有微博、微信等网络平台。	W（劣势）： 专职人员少，仅有 2 位； 没有专门的办公场所； 人员流动性大； 由于自身发展时间短，没有参与等级评定； 党建工作有待加强。
O（机会）： 政府大力支持社会组织发展的政策，为协会的发展带来机遇； 互联网的飞速发展使得协会在利用互联网这一平台时，可以得到众多机会； 国际慈善机构与国内的对接，为协会带来众多国际项目； 地方政府对协会的工作给予高度评价和大力支持。	T（威胁）： 公民对社会组织的认可程度低； 很多社会工作专业学生，不愿从事社会工作职业。

五 改进建议

（一）高度重视党建工作，以党建促发展

环保协会应以当前民政系统针对社会组织党建工作发展的指导性文件为依据，凝聚思想共识，不断增强抓好党建工作的积极性和主动性，按照

上级部门的要求，首先要积极建立党组织，为发挥党员作为奠定组织保障。其次要建立健全"三会一课"制度、党建工作例会制度以及日常管理制度，为发挥党组织的战斗堡垒作用和党员先锋模范作用提供制度保障。再次要注重党员发展工作，把思想政治素质高、业务水平强、有积极向党组织靠拢愿望的同志发展到党员队伍中来，不断壮大党员队伍。最后要积极开展党的建设工作，通过各种形式的学习教育活动不断提高党员的党性修养、综合素质及其用党的理论知识指导、引领协会发展的能力。

（二）加大宣传力度，动员社会力量参与环保活动

借助互联网，以及协会已经建立起来的平台，进一步加强协会的宣传工作，使更多的群众了解环境保护和生态文明的重要性，使更多的群众积极参加到环境保护和生态文明建设的行列中来，让环保公益意识在全社会普及，壮大环境保护队伍，增强环境保护效果。环保协会特别要注重发掘企业组织在环境保护和生态文明建设中的重要作用，一方面使企业生产高度重视环境保护，防止企业生产造成的生态污染与破坏；另一方面要激发企业主动参与环境保护的意识，积极提供人、财、物等方面的支持，助推环境保护和生态文明建设事业，彰显企业的社会责任。

（三）拓宽合作渠道，加强区域内外的合作交流

抓住当前机遇，组织开展中国环保 NGO 调研工作，与国内外环保NGO 组织建立广泛联合，多渠道筹集资金，促进 NGO 组织的能力建设和健康发展。组织参加双边、多边与环保相关的国际民间交流与合作，维护临夏州良好的环境保护国际形象。积极开展环境保护民间外交，努力发挥中国民间环保组织对外交往的特色和优势，拓宽交流渠道，与联合国机构、驻华使领馆、外国政府相关部门、国际组织和跨国企业等开展各种国际交流与合作项目。作为临夏州优秀的社会组织，应号召起来，加强与其他社会组织的沟通交流，学习区域外其他协会的先进之处，同时也可组织起各协会之间的培训项目，作为先进单位传授经验，带动整个州的社会组织发展。

修渠引水　助众前行

——平凉市众益农村社区发展协会

一　基本情况

平凉市众益农村社区发展协会（以下简称"众益"）是 2014 年 9 月在平凉市民政局注册登记的一家社会团体。众益的使命是"弘扬社会博爱理念，推动农村社区发展"，众益愿景为"绿色和谐社区，健康幸福家园"。

目前，协会设有名誉会长、会长、副会长、秘书长等职，所有副会长均为兼职，协会有专职工作人员 4 人，志愿者近 400 人。协会与深圳壹基金公益基金会、海外中国教育基金会、伟鸿高端教育基金、甘肃伊山伊水环境与社会发展中心、甘肃兴邦社会工作服务中心、甘肃社会组织促进会、陕西妇源汇性别发展培训中心、本土企业建立了密切的合作关系，并得到他们的大力支持。

众益自成立以来，认真贯彻党的路线方针，严格执行国家关于社会组织健康有序发展的政策措施，认真履行社会组织职能，在平凉市广泛开展志愿者招募、培训，积极参与农村社区建设、环境保护、科普教育、扶贫开发、扶老助残、抢险救灾等工作。先后在平凉市崆峒区、工业园区、静宁县、庄浪县、泾川县部分社区发放爱心物资、扶贫助困，传播志愿者精神、集聚志愿力量、惠及更多的弱势人群，加强与其他公益组织的联系，辅导带动县级公益机构规范发展。

2017 年被平凉市民政局评为"AAAA 级社会组织"。

二　组织建设及主要活动

（一）组织建设

1. 加强党组织建设，发挥党员的先锋模范作用

2015 年 12 月，由平凉市社会组织党工委批准正式成立平凉众益农村社区发展协会党支部（现有 18 名党员），认真贯彻落实"社会组织党的组

织和党的工作有效覆盖"的要求和目标。党支部成立后，为实现党的工作有效覆盖，协会做了积极努力。一是通过党员大会选举出党性修养好、政治理论水平高、组织原则性强、群众基础好的支部书记和支部成员。二是建立、执行"三会一课"制度。每月至少召开党小组会议一次，每季度召开党支部会议一次，每半年召开党员大会一次，适时上党课，开展党员学习教育。三是紧扣党的大政方针，积极开展党建工作和党员活动，如"三严三实"专题教育活动、"两学一做"学习教育活动等。四是围绕社会组织健康发展、贴近职工群众需求开展党组织活动。协会党支部适时召开党员大会讨论协会的顶层设计、发展目标、年度重大活动的开展等重要内容，把握协会发展的正确方向，规范协会的执业活动、日常管理、文化建设；党支部书记和支部领导带领协会员工和会员进社区，深入了解、密切关注职工群众思想状况和实际需求，创新思想政治教育方式，组织开展群众欢迎的活动，提供群众期盼的服务，加强人文关怀和心理疏导，积极为群众排忧解难，坚持党建带群建、群建促党建，注重发挥党员先锋模范作用。协会成立以来，党员干部身先士卒为协会无偿服务，先后有多名党员荣获市区级奖励，如文明家庭奖、崆峒好人奖、崆峒区文明市民等。为此，协会被平凉市民政局列为市级"党建示范点"。

2. 建章立制，强化管理，提升服务水平

为促进组织的健康有序发展，协会成立伊始就着手制度建设。一是制定协会的章程、战略规划和工作规程，保障协会发展方向的正确性、持续性和有效性。二是制定了明确的职务说明书。如会长、副会长、秘书长职责和分工，党支部书记、组织委员、宣传委员职责，志愿者团队分工及职责等。三是制定了较为全面的协会日常管理制度。如志愿者及会员管理制度、协会工作人员聘用制度、财务管理制度、档案管理制度、协会信息公开制度、协会项目管理制度、志愿者年终考核制度等。通过科学的制度规范协会的内部治理，提升协会的规范化运作程度和服务社会的专业化水平。

（二）开展的主要活动

1. 灾害救助、校园建设

众益自成立以来，积极参与灾害救助工作，为灾区和受灾群众伸出援助之手，提供力所能及的帮助。2014～2015 年，承担并实施"壹基金岷县灾后重建项目"，利用壹基金、甘肃公益救灾联盟、甘肃伊山伊水环境与社会发展中心出资的 40 万元支持，在岷县中寨镇小寨九年制学校开展公益活动。①实施净水计划，安装净水机 2 台，进行安全饮水健康倡导活动；②参与多功能运动场建设 1 处，举行减灾运动会 1 次；③安装音乐教室 1 间，举行儿童音乐活动 1 次；④开展儿童游乐场建设，安装儿童游乐场 1 处。受益人数达 1200 人。通过对小寨九年制学校灾后重建项目的执行，音乐、运动、游乐设施、净水设备的安装和倡导，改善学校教学设备的落后状况，为孩子们营造了一个良好的学习、运动、游乐的环境。2015 年，承担并实施"壹基金净水计划"，利用壹基金、北川羌魂社会工作服务中心、甘肃伊山伊水环境与社会发展中心出资的 40 万元支持，在平凉市崆峒区北部及南部山区农村的 10 所中心小学开展活动。为 10 所学校安装大型碧水源净水机 10 台，发放水杯 1900 只，并在每所学校开展安全饮水及卫生健康倡导活动，受益人数达 2300 人。通过本次"净水计划"项目的全面实施，有效地改善了学校学生的饮水问题，也使学生养成了良好的饮水习惯。

2. 生态养殖、环境保护

加强环境保护，助力生态养殖是众益高度重视并极力开展的工作。2014～2015 年，承担并实施由 SEE 基金会、甘肃伊山伊水环境与社会发展中心出资 40 万元的"生态养殖、绿色环境项目"在平凉市崆峒区大寨回族乡老庄洼村柳树洼社开展柳树洼社养殖业和社区环境建设活动。重点支持 20 户村民开展生态养殖，通过科学指导、大力支持，20 户村民通过养殖每户每年平均增加 4000～5000 元的收益。同时，由养殖带动村民多种地，不但确保收入也确保养牛饲料充沛。另外还倡导村民保持环境，爱护森林，创建绿色家园，在项目实施后，全村环境卫生方面有很大的改善。2015 年实施"绿色进社区、进学校项目"，利用 SEE 基金会、甘肃伊山伊水环境与社会发展中心出资的 2 万元支持，在平凉市崆峒区大寨回族乡大寨村马洼社、大寨中心小学开展环境保护活动。项目内容包括：①社区植树。与村民共植树 10 亩；②在社区开展村民健康与环境卫生倡导活动；③美化校园。组织学生在校园开展植树活动；④在校园开展学生饮食健康与环保倡导活动。通过本次绿色进社区、进校园活动，不仅提高了村民和学生们对环境保护重要性的认识，而且还增强了自觉开展环境保护的意识和积极性。

3. 图书捐赠助学活动

众益注重教育公益，不仅助力校园基础设施建设，而且倾心于助学活动。2015 年，承担了由海外中国教育基金会出资 15 万元予以支持的"图书捐助项目"，在平凉市 13 所农村学校开展图书捐助。一是给每所学校捐助价值 1 万元左右的图书，加强学校的图书室建设；二是指导、督促学校推动儿童读书活动，推荐、支持受捐学校的教师参加专业名师阅读培训活动。2015~2016 年，实施了由协会组织、爱心人士支持的"助学项目"，在平凉市崆峒区选择 8 名贫困学生进行资助。一是向 4 名学生一次性捐助每人 1000 元助学金，并帮助受益人与资助人建立长期的一对一直接对接支持关系；二是与出资人达成协议，给 2 名学生每年资助 1000 元助学金，直至大学毕业；三是为克服现金资助的弊端，采取以发展家庭产业的方式资助 2 名学生完成学习。

4. 大型志愿服务活动

2015~2016 年由众益组织在平凉市崆峒区开展了三次比较大型的志愿服务活动：2015 年 7 月 25 日~8 月 5 日首届（国际）崆峒武术节召开期间，组织 100 多名志愿者精心开展了全程志愿服务活动，为武术节的顺利召开做了大量服务性工作。2015 年 12 月 29 日平凉举行"宏达国盛杯"环城马拉松比赛，活动期间众益选调优秀志愿者开展培训，然后由他们组织若干名志愿者为比赛进行了扎实有效的志愿服务。2016 年 1 月 1 日平凉市举办首届"公益广场舞"大赛，众益组织志愿者为本次大赛开展了志愿服务。上述志愿服务活动不但赢得了相关组织单位和社会的一致好评，而且，在某种程度锻炼了队伍，增强了协会志愿服务的信心和能力。

截至 2016 年底，众益发起、执行各类公益活动近 200 次，受益人数 40000 人次。特别是 2015 年，协会执行公益项目较多，执行项目总价值 400 万元左右。众益的项目活动在省市级媒体上被报道了十余次，网络媒体报道项目活动百余次。同时，众益优秀的团队和出色的执行能力，多次受到壹基金、甘肃伊山伊水、甘肃兴邦、甘肃社促会等多家公益机构的一致好评，也多次受到甘肃公益救灾联盟及政府部门的奖励。

三　获奖情况

2013 年被甘肃公益救灾联盟评为壹基金温暖包爱心行动"参与机构"；

2014 年被甘肃伊山伊水环境与社会发展中心评为岷县壹乐园儿童服务站"金牌服务机构"；

2014 年被甘肃公益救灾联盟评为壹基金净水计划"优秀公益机构"；

2014 年被深圳壹基金公益基金会、陕西妇源汇性别发展培训中心评为"图片故事贡献奖"，表彰协会在壹基金儿童平安—减灾小课堂（2014 年）项目评比过程中所做的贡献；

2014 年被甘肃公益救灾联盟评为壹基金温暖包爱心行动"行动奖"；

2015 年被深圳壹基金公益基金会评为壹基金净水计划"最佳宣传奖"；

2015 年被深圳壹基金公益基金会评为壹基金儿童平安—减灾小课堂"最佳拓展奖"；

2015 年被平凉国际崆峒武术节组委会评为"优秀组织奖"和"最佳服务奖"；

2015 年被深圳壹基金公益基金会评为壹基金温暖包"优秀执行团队"；

2016 年被平凉市红十字会评为"爱心单位"；

2016 年被深圳壹基金公益基金会评为壹乐园"优秀执行伙伴"。

同时，众益成立以来平凉市崆峒区回族乡初级中学、上扬学区、大寨乡学区等单位给协会送来"爱心助学、真诚奉献""奉献爱心、情系教育""兴学助教、造福桑梓""情系教育、大爱无疆"等牌匾。

四　SWOT 分析

S（优势）： 有比较明确的顶层设计，如机构宗旨、使命和愿景等； 有较为集中的服务领域，主要围绕生态养殖、环境保护、净水、助学等方面，以社区和学校为服务对象集中开展服务活动； 注重党组织建设和党员先锋模范作用的发挥； 志愿者队伍比较稳定，且有一定的大型活动服务经验，获得了支持机构的表彰和受助单位的好评； 拥有机构自己的网站、微博等宣传平台。	W（劣势）： 专职队伍建设有待加强； 资金来源渠道狭窄，且不稳定； 志愿服务的专业化水平不太高； 协会有比较好的宣传平台，也开展了大量的服务活动，但工作人员文字功底不能满足宣传工作的需要。

O（机会）： 国家支持农村社区发展的宏观环境日益向好； 社区发展需求和服务对象的需求日益增多； 政府购买社会组织服务项目逐渐增多； 公民加入志愿者队伍开展志愿服务的意识增强； 基金会支持社会组织开展活动的项目越来越多。	T（威胁）： 缺乏自己创设的品牌活动； 没有社会工作专业人才的支持，专业化服务欠缺。

五 改进建议

（一）应高度重视专职队伍建设和专业人才的引进

人力资源是社会组织的重要资源，是当前制约社会组织发展的关键问题。众益尽管有4名专职工作人员，但是，现有人员远远不能满足协会持续发展的需要，也难以保证现有服务项目高质量、高效益的要求。因此，建议协会应把人才队伍建设作为协会发展的第一要务，一方面从现有的兼职人员中选拔有一定组织管理才能、热心社会组织发展的人作为协会的专职人员，或补充到协会的领导中；另一方面要与具有社会工作专业的高等院校加强合作，在引进社会工作专业毕业生的同时，在理论上、实务上争取学校的支持。

（二）创建、培植符合机构特点的特色和品牌活动

众益有自己的顶层设计、宗旨、使命、愿景和服务领域，协会成立以来，也开展了一系列活动，但协会缺乏稳定的、高品位的、具有广泛影响力的特色和品牌活动。建议在以下方面予以思考和努力：一是紧紧围绕社区建设、社区服务和社区治理，寻找协会发展的机会，创建自己的特色和品牌活动。在做好社区服务的基础上，要把目光投放在社区建设和社区治理上来。二是在社区服务方面应注重社区居民的需求调查和评估，在需求评估的基础上，设计服务项目、争取经费、链接资源、实施项目、注重督导、追求实效。

微光萤火虫　大爱暖甘州

——张掖市萤火虫公益志愿者协会

一　基本情况

2008 年春天，因为救助一位被大火严重烧伤的小女孩，一群爱心志愿者自发地走到了一起，组成了张掖市第一家民间公益组织——萤火虫公益志愿者协会，以公益助学助教为主要服务内容，开展了大量公益活动。2014 年 6 月，在张掖市、甘州区两级党委政府的亲切关怀和大力支持下，张掖市萤火虫公益志愿者协会（以下简称"萤火虫公益"）在张掖市民政局正式注册登记，成为张掖市首家大型民间公益性社会团体。由发起人张掖市皇瀚广告有限责任公司总经理黄克斌担任法人代表兼理事长，张兴志、陈剑锋等 6 名爱心人士担任副理事长，其中李明山兼任秘书长。从此萤火虫公益有了更为广阔的舞台供张掖爱心人士传播爱分享爱，也有更多需要帮助的人或家庭多了一份拥抱明天的希望。

二　组织建设及主要活动

（一）组织建设

1. 定位组织远景，明确发展方向

萤火虫公益作为张掖市首家正式注册登记的民间公益性社会团体，正式注册虽然不太早，但真正做公益的时间从 2008 年已经开始了。为了步入规范化、科学化的社会团体发展道路，一开始，理事会主要成员就在章程的基础上着手定位组织远景，明确发展方向。经过深思熟虑、反复研究、广泛征寻，形成了"以助学助教为主，让需要帮扶的人得到帮助，为构建和谐社会出一份力"的萤火虫公益宗旨，"帮助别人、快乐自己"的萤火虫公益理念，"爱在张掖，情暖九州，以萤火虫微弱之光，点燃爱的熊熊火焰"萤火虫公益口号。

2. 构建内部机构，加强队伍建设

萤火虫公益成立后，为了认真履行章程精神，积极践行组织宗旨，有效开展公益活动，他们在定位组织远景，明确发展方向的同时，及时构建内部机构，加强队伍建设。在组织架构方面，一是建立健全包括会员（代表）大会、理事会、秘书处等机构在内的治理架构，明确各自的职能。二是完善科学、民主的议事规则和决策程序，提高社会团体工作效率。三是明确会长、副会长、常务理事、理事、秘书长等社会团体管理人员的职责、职权。另外，在秘书处下设财务部、管理部、宣传部、组织策划部和后勤保障部等日常管理部门。在强队伍建设方面，内部架构及职责划分完成后，萤火虫公益以最早的 7 名发起人为基础，着力加强团队建设。在团队建设上，理事会有 9 名工作人员，均为兼职；有华龙证券张掖营业部、兰州银行张掖分行、张掖市浙江商会等十几家会员单位；拥有 400 多人的志愿者。

（二）开展的主要活动

萤火虫公益成立时就明确了自己的服务领域和主要方向，八年来，在助学助教、捐赠、无偿献血、扶贫济困、抚孤助残、环境治理、慈善救助等方面开展大量卓有成效的公益活动。

1. 点亮乡村图书室（角）行动

2010 年开始，张掖市萤火虫已经在星光小学、速展小学等六所学校初建了乡村开放式图书角，按照学生人数与书籍 1∶5 的比例配备了图书。为进一步深化活动，增强活动效果，提出了"点亮乡村图书室（角）2015 年行动计划"。主要内容是：点亮五所乡村小学图书角，每个教室有一个图书角，每个图书角配备 100 本书，图书角在班主任监管下学生自我管理，每学期更新一次；与被捐助学校签订协议（部分学校签订补充协议），协议中约定捐赠物资的使用办法和双方权责；为山丹县陈户小学补齐图书架和图书；招募志愿者负责图书角的建设，定点到项目学校推广读书活动；与其他公益组织合作建设图书角。重点是建立留守儿童和农民工子女的图书家园，建设留守儿童和农民工子女图书室，为留守儿童和农民工子女提供读书的场地，指导留守儿童读书，关注留守儿童和农民工子女的精神世界，请专家团队的老师（心理咨询师、大学教授）给有问题的留守儿童做心理辅导和咨询。2015年共投入近10万元开展此项活动。另外，为了强化"点亮乡村图书室（角）行动"，相继策划实施了"一本书计划项目"，主要针对不需要物质资助的一些留守儿童，志愿者团队试图利用业余时间，通过送一本书、讲一个故事、做一个游戏、传递一份母爱（父爱）来关爱留守儿童。这些行动引起了许多媒体的广泛关注。

2. 暖冬计划

为了使务工子女、留守儿童和贫困家庭孩子在寒冷的冬天能够温暖地读书成长，萤火虫公益于2013年策划并实施了"暖冬计划"。此项活动的发起者是萤火虫公益组织的负责人之一、甘州区甘浚镇星光小学的教师李明山。这次公益行为是萤火虫公益继2012年为留守儿童征集128套棉衣后的又一次暖冬行动，由李明山老师在萤火虫公益网站发出倡议，经新浪微公益等公众平台进行转发，引起了很多网友和企业的关注。倡议发出后，萤火虫公益组织很快就收到了200多套新棉衣，萤火虫公益组织及时把棉衣送到学校并亲手为孩子们穿到身上，相信这一件棉衣会让留守儿童和贫困学生心存善念创未来。这样的行动萤火虫公益每年都在开展，活动真正实现了他们的初衷——有你，这个冬天不再"冷"。

3. 结对子帮扶行动

为了提升对特别困难家庭学生的帮扶力度和效果，萤火虫公益2014年推出"一对一""多对一"帮扶行动。由工作人员组织志愿者走访留守儿童家庭与学校，核实学生家庭真实信息及学生的学习情况，通过萤火虫平台，发布需要帮扶的学生信息，招募爱心人士，建立结对子帮扶关系，一对一实地走访贫困学生家庭，对救助学生进行物质或者资金资助。结对子帮扶行动推出后，取得了比较好的效果。萤火虫平台不断发布需要帮扶学生的信息，许多爱心人士逐步实现了帮扶心愿。如甘州区地税局黄建英将长期一对一资助留守儿童魏倩倩同学，紫怡花店陈总一对一资助失去父母的留守儿童王彬艳、特困单亲家庭的孩子夏苗，广州小白将一对一资助农二中留守儿童白洋洋。爱心人士静修先生、郭自林先生、许勇先生、区医院阿朱、嘉旭二手车交易（六组当当）、何文棋、肉夹馍张英、自在不自由老师、王宁、兰子等多对一资助因父母遭遇车祸而无力上学的赵海燕姐妹。8 年来萤火虫公益共资助了 300 多位困难家庭的学生。

2014 年萤火虫公益还推出"萤火虫助力起航行动",专为贫困留守儿童在高一、大学新入学时,一次性资助 1000~2000 元(其中高中学生每人 1000 元,大学生每人 2000 元),帮助他们顺利进入校园。三年来共资助 60 多名中学生和大学生。

另外,为了增强助学活动的持续性和有效性,萤火虫公益"1+1 关爱行动",即一名党员(团员)加一位爱心人士(或教师)关注、帮助一个贫困、留守儿童。这项活动得到爱心人士和民政部门的好评,也实实在在地提高了帮困扶贫助学的效果。

4. 关爱乡村教师行动

学生是祖国的希望,教师是呵护希望的园丁。萤火虫公益不仅倾心救助困境学生,而且还竭力帮助困难教师。2016 年,甘浚镇西洞学校年仅 38 岁的周成德老师因患重病,情况危急。当萤火虫公益得知周老师无力支付高额治疗费用时,第一时间在萤火虫平台上发布相关信息,发动会员、志愿者及广大社会爱心人士捐款救援。短短一天时间就有 100 多人慷慨解囊,伸出援助之手,筹集善款 10 多万元,并及时送给周老师家人。在萤火虫公益的推动下,捐款活动在更大范围进行,许多爱心人士不但捐款,而且在网络上发来慰问信,通过各种方式援助、支持周老师,以实际行动帮助周老师早日康复并重返讲台。2013 年在教育战线上默默奉献了 38 年的沙河学区张爱香老师深受病魔折磨时,张老师的女儿向萤火虫公益发出求救信后,萤火虫公益又立即行动了,他们一面在萤火虫平台上发布求助信息告知更多的好心人,一面组织会员和志愿者着手捐款。短短两天时间,100 位好心人捐款 2 万多元。卡卡健身吴永明经理(铁杆志愿者)在微博发起号召:"小吴恳请各位张掖的大佬伸出援助之手帮助兰妈妈(张爱香老师)!为表示感谢您捐助现金超过 100 元,我送您价值 298 元健身卡一张!"在这场捐款行动中,萤火虫公益率领会员、志愿者和社会好心人用他们的实际行动共筑爱的大堤,帮助张爱香老师撑起了一片蔚蓝的天。

5. 湿地公益植树活动

萤火虫公益在大力开展助学助教活动的同时,还推进种草种树、保护环境活动。2016 年他们发起的"多彩张掖·大美甘州——我们在行动"湿地公益植树活动，带领农村留守儿童参加公益植树活动，萤火虫志愿者自费、自愿购买树苗，亲手栽下爱心新苗，为公园的绿化、美化尽一份绵薄之力。通过公益活动不但激发了爱心市民投身湿地公益事业的热情，也唤醒了市民关注湿地，保护自然的生态文明意识。

除此之外，他们还经常举行公益慈善晚会、福利院捐赠慰问、清洁母亲河、关爱环卫工人、帮助残疾人等活动。

三　获奖情况

1. 2014 年被张掖市委宣传部、市文明办、共青团张掖市委授予"张掖市志愿服务工作先进集体"荣誉称号；

2. 2015 年在中共中央宣传部、组织部、中央文明办、民政部、环保部、共青团中央、全国妇联、中国文联、中国残联、人民日报社、光明日报社、中央人民广播电台、中央电视台联合开展志愿服务"四个100"先进典型推选活动中，获得"最佳志愿服务组织"称号；

3. 2016 年被甘肃省残联、共青团甘肃省委评为"全省志愿助残阳光团队"。

四　SWOT 分析

S（优势）： 有比较明确的宗旨、理念和宣传口号； 有比较坚强的领导及领导团队； 有明确的行动计划和较强的执行力； 有一定规模和相对稳定的志愿者队伍； 拥有机构自己的网站、信息发布平台，利用率高。	W（劣势）： 专职队伍建设有待加强； 因成立时间不太长，各项行动计划的持续性有待加强； 活动经费紧张； 没有专职工作人员。
O（机会）： 国家支持社会组织发展的政策、精准扶贫政策、促进教育发展的政策、环境保护政策，志愿服务条例的出台，以及政府简政放权、购买服务等方面的措施等，都会给萤火虫公益发展带来很多机遇。	T（威胁）： 区域内成立许多爱心公益组织，都开展了许许多多的公益活动，因为各种原因，现在发动爱心捐赠活动困难重重； 没有社会工作专业人才的支持，专业化服务欠缺。

五　改进建议

（一）高度重视专职队伍建设

作为一家新型公益性社会团体，经过大家的共同努力，近年来取得了显著成绩，其展现出的优势十分突出。但如果审慎分析，其潜在的危险也不可忽视。萤火虫公益的领导层有比较强的策划能力、组织能力、执行能力和影响公众的能力，但是他们都是兼职人员，都有自己的专职工作，很难全身心地经营萤火虫公益。理事会下设了相关职能部门，但依然没有专职工作人员，正如他们所说："所有工作都是发动志愿者利用休息时间完成。"因此，希望会员大会、理事会、理事长要高度重视。如果没有一支专门化的工作团队和领导集体，组织的宗旨和目标难以实现。建议萤火虫公益从组织高层入手，强力推行专职化，首先要选拔一位专职秘书长，使其专门从事组织的日常管理工作；其次要保证理事会下设的职能部门工作人员的专职化。依靠专职化的领导和工作人员贯彻落实组织的宗旨和目标，精心打造活动品牌，保证各项行动计划的持续性和有效性，以及广泛而持久的社会影响力。另外，建议成立监事会，遴选监事，加强组织监督。

（二）广开财源渠道，保证日常办公及紧急救援经费

通过调研得知，萤火虫公益"没有资金来源、没有办公经费"。他们有很强的发动和号召能力，虽然不是一呼百应，但在上述活动中有那么多的爱心人士支持他们的行动计划，发出了很强的募捐能力。因此，建议萤火虫公益首先要客观、乐观，向前观、向远观。其次要想方设法，广开财源。一是从理事单位、会员单位和会员中收取一定的会费；二是有自己企业的负责人应主动向萤火虫公益投入一些活动资金；三是向效益好的当地企业募集一些资金；四是积极申请中央、地方财政支持社会组织服务的项目，通过购买服务获得经费；五是积极争取境内外基金会的各类发展项目。

（三）加强志愿者管理

萤火虫公益有一定规模和相对稳定的志愿者队伍，许多行动计划都是

在志愿者积极参与和鼎力协助下完成的，强大的志愿者队伍是萤火虫公益获得成功的法宝，因此，扩大志愿者队伍是萤火虫公益永恒的主题，管理好志愿者是萤火虫公益持续向好的关键。从管理方面讲，一是加强分类管理，按照志愿者专业和特长划分类别，建立档案。二是加强专业培训，制定分类、分级、分段培训计划，提高志愿者服务水平。三是完善志愿服务记录管理办法和记录标准，规范志愿服务记录实施过程，统一志愿服务时间计算、质量评价标准等。四是提高志愿服务活动信息化水平，建立志愿服务记录查询机制。利用计算机技术和网络系统，提高志愿服务活动信息化水平，建设好志愿者队伍服务信息系统，逐步实现志愿服务信息的网上录入、储存、查询和共享。同时，自觉接受社会各界的监督。

二　民办非企业

《民办非企业单位登记管理暂行条例》中明确界定："民办非企业单位是指企业事业单位、社会团体和其他社会力量以及公民个人利用非国有资产举办的，从事非营利性社会服务活动的社会组织。"近年来，国家相继出台了一系列促进民办非企业单位发展的政策，如国务院《关于鼓励和引导民间投资健康发展的若干意见》、教育部《关于鼓励和引导民间资金进入教育领域促进民办教育健康发展的实施意见》等，因此，民办非企业单位在教育、卫生、文化、科技、体育、民政、法律等领域得到迅速发展。从甘肃省社会组织的发展情况来看，民办非企业单位占有较高的比重，并涌现出了部分发展良好、成绩优异的组织。

携手同道　公益兴邦

——甘肃兴邦社会工作服务中心基本情况

一　基本情况

甘肃兴邦社会工作服务中心（以下简称"兴邦"）始创于 2005 年，原服务机构名称是"兰州兴邦文化咨询服务中心"，是一家集公益组织能力建设、城乡社区发展、教育扶贫为一体的综合性社会服务组织。兴邦以少数民族地区驻校社工和少数民族地区贫困大学生综合支持项目为特色，充分发挥支持型、平台型社会组织枢纽功能，积极促进省内初创社会组织的成长和发展。自成立以来，链接获得基金会、民政部门和社会组织 1000 多万元的资金支持，实施了 70 多个公益项目，取得了良好的社会效益，得到社会各界的好评。

2013 年 1 月，顺应甘肃省社会工作发展的需求，在甘肃省民政厅以"甘肃兴邦社会工作服务中心"的名称注册为民办非企业单位。

2014 年被甘肃省民政厅评为"AAA 级社会组织"。

二　组织建设及主要活动

(一) 组织建设

兴邦自成立以来，高度重视组织建设和内部治理，严格贯彻落实《民办非企业单位登记管理暂行条例》和兴邦章程精神，实行理事会领导下的主任负责制，注重发挥会员大会、会员代表大会的决策作用，监事会监督作用，法律顾问的法律指导作用。理事会下设行政部、能力建设部、社区发展部、助学贷款部、财务部 5 个部门，具体负责兴邦的各项日常管理和服务工作。2014 年成立了党支部，有正式党员 5 名。目前有专兼职人员 26 名（专职工作人员 20 名，11 人具有社会工作师资格证，其中中级 3 人，初级 8 人），固定志愿者 30 余名。

在加强组织机构和团队建设的同时，兴邦还积极加强顶层设计，科学规划组织的长远发展和未来愿景。经过科学研究和广泛讨论，确立了"携手同道，公益兴邦"的组织使命，"责任　信用　严谨　高效　创新"的组织价值观和"实现一个平等互助、文化多元的美好社会"的组织愿景。在此基础上，兴邦还注重规章制度建设，用科学完善的制度约束规范工作人员的工作行为，保证高效优质的社会工作服务。目前，已经制定了《甘肃兴邦行政管理制度》《甘肃兴邦项目管理制度》《甘肃兴邦员工手册》等规章制度，形成了以章程为统领的相对完备的制度体系。

另外，兴邦非常重视与高校、社会组织之间的联盟与合作，目前，与全省 300 多家社会组织、20 所高校建立了工作联系，与德国米苏尔社会发展基金会、香港成长希望基金会、中国扶贫基金会、无锡灵山慈善基金会、深圳壹基金公益基金会、爱德基金会、南都公益基金会、施永青基金会等 8 家基金会建立了稳定的合作关系。2017 年成立了"甘肃兴邦益加益学院"，着力培养本土公益讲师，助力甘肃公益事业。

(二) 开展的主要活动

1. 发挥枢纽功能，积极承担公益组织能力建设

兴邦虽然在甘肃省民政厅正式注册社会工作机构的时间不长，但他们

在 2005 年就开始公益行动，而且一开始就注重自身及同类组织的能力建设。2013 年以来，通过基金会和相关部门的支持，承担了许多公益组织能力建设项目，做了大量卓有成效的工作。如，2013 年 10 月至 2014 年 2 月，执行由加拿大基金资助的"少数民族女校幼儿园领导人能力提升项目"，为甘肃省临夏市的民办女校幼儿园领导人开展 4 期 40 多人的能力建设培训。2014 年 4 月至 2017 年 12 月，执行由日内瓦国际基金会——上海舜益公益咨询服务公司资助的"甘肃草根 NGO 能力建设项目"，为甘肃省初创的 NGO 组织开展了 3 轮 90 多人的能力建设培训，并为部分组织提供 5000 元小额种子基金支持。2014 年 12 月，执行由中国国际民间组织促进会资助的促进社会组织专业化建设培训项目，为甘肃、青海、宁夏、陕西四省区的枢纽型公益组织提供组织建设专业化培训，50 人参与了培训。2015 年 1 月至 2017 年 12 月，执行由德国米苏尔基金会资助的"甘肃省少数民族地区及灾区 NGO 发展与公民社会建设项目"，为甘肃省少数民族及灾区的 100 家 NGO 提供能力建设培训。2015 年 12 月，承办了由南都公益基金会、施永青基金会和宁夏义工联合会支持的"西部论坛"，200 多家社会组织负责人参会，并就社会组织能力建设等方面的议题进行讨论与分享。2016 年、2017 年连续两年举办了由中国国际民间组织合作促进会、施永青基金会支持的"甘肃省公益慈善年会"，聚集省内社会组织加强交流，促进共同发展。

2. 争取各类支持项目，主动参与社区服务

社区服务与建设是我国创新社会治理的重点领域和重要内容，也是兴邦建立伊始就确立的服务领域。2013 年以来，兴邦争取中国扶贫基金会、香港乐施会、深圳壹基金公益基金会、中国妇女发展基金会、中央财政的支持与资金，实施定西市岷县梅川镇抗震房技术培训项目，对梅川镇 3 个村的村民开展地震灾区抗震房技术培训；执行会宁县芦岔村生计发展项目，为芦岔村 164 户村民开展养殖培训，帮助成立合作社，提供小额贷款、改造厕所、解决村民吃水困难等问题；实施岷县梅川镇白阳坡村社区减防灾项目，在岷县梅川镇白阳坡村小学和社区开展两期减防灾知识教育培训；执行由中央财政支持社会组织示范项目——东乡县大树乡黄家村养殖脱贫示范项目，为村民配发小尾寒羊、提供养殖技术，

帮助其脱贫。另外，2016 年、2017 年连续两年中央财政支持的"三区"社会工作人才支持计划项目，共获得项目经费 92 万元。2017 年又承接了甘肃省"三社联动"试点项目（即在张掖市民乐县团结巷社区实施项目），获得 50 万元的资助，通过购买社工岗位、委托运行、人才培养、组织孵化的方式，为辖区特殊困难群体、老年人群体、儿童青少年等群体开展专业化、个性化服务，直接参与到社区服务与建设当中，并取得了显著成绩。

3. 履行社会责任，大力开展教育公益活动

教育是最重要的民生项目，也是甘肃省各界最为关心的事情。兴邦积极履行社会责任，想方设法开展了一系列教育公益活动。2013 年以来，积极承接由民政部、李嘉诚基金会、腾讯公益基金会和无锡灵山慈善基金会、中国扶贫基金会、壹基金、成长希望基金会、爱德基金会、中国滋根乡村教育与发展促进会等机构的支持，实施"大爱之行——全国贫困人群社工服务及能力建设项目"、腾讯众筹"春夏秋冬一双棉鞋"项目、腾讯众筹"他们用塑料瓶当水杯"项目、"甘肃东乡县大树学区基础设施建设"项目、"甘肃东乡族自治县大树学区留守儿童驻校社工"项目。为东乡县大树学区黄家小学、古都小学的 90 余名小学生开展正面成长教育；为东乡县大树学区黄家小学、古都小学留守儿童购买爱心背包、运动鞋；为东乡县大树学区 1098 名学生购买爱心保温杯，改善学生饮用水情况；为大树学区中心小学开展校园体育场硬化和校园硬化、蓄水池新建以及厕所修建；为杨家小学开展校园硬化、蓄水池修建以及围墙修建；为团结小学修缮教室、办公室屋顶；为郑家小学修建蓄水池；为黄家小学、古都小学配备驻校社工，提供学生心理辅导服务及课外活动。实施腾讯众筹"流动儿童的读书梦"项目，为兰州市七里河区流动儿童托护点的图书室配备书架、电脑等基础设施。实施"东乡少年行知之旅"项目，资助甘肃省东乡族自治县高山乡洒勒村洒勒学校 7 名师生，到南京、上海开展为期一周的交流、学习体验活动，让他们真实感知那些原本只在课本中出现的外部世界。实施"大学生小额无息助学贷款"项目，为甘肃省少数民族地区贫困大学生提供小额无息助学贷款，助其完成学业。

三 获奖情况

2007 年兴邦执行的中国发展市场项目被国务院扶贫办、民政部和世界银行联合评选为九个成功案例之一；

2009 年获南都公益基金会"5·12 汶川地震灾后重建合作纪念奖"；

2010 年获"壹基金典范工程潜力典范创新奖"；

2010 年被招商局慈善基金会授予"扶贫创新行动奖"；

2014 年在深圳慈展会上，参展项目入围实施类项目"一百强"；

2015 年被《中国社工时报》评选为"2015 中国社工界'最佳雇主'"；

2016 年被中国社工时报社和国家开放大学评选为 2015 年度"全国百强社工机构"；

2017 年在临夏回族自治州实施的"共筑少数民族社区的幸福家园"系列项目获得民政部脱贫攻坚志愿服务项目优秀案例。

四 SWOT 分析

S（优势）： 有比较明确的组织使命、价值观、愿景和服务领域； 与多家高校、同类社工机构，特别是基金会建立了密切的合作关系； 有较强的资源链接能力； 积累了较为丰富的在相关领域服务的工作经验； 注重党建工作和党员先锋模范作用的发挥。	W（劣势）： 志愿者队伍有待壮大； 专职工作人员的写作能力有待提高； 党员队伍有待加强； 制度建设、组织规划有待完善。
O（机会）： 国家支持农村社区发展的宏观环境日益向好； 社区发展需求日益增多，社会治理离不开社会力量的参与； 政府购买社会组织服务项目逐渐增多； 基金会支持社会组织开展活动的项目越来越多。	T（威胁）： 政府购买项目的短期性与不稳定性； 兴邦能力建设提供以课程培训为主，但甘肃的公益伙伴更希望提供资源和资金支持，借给与需求存在差距。

五　改进建议

(一)　加强理论学习，构建符合本地实际的枢纽型社会组织

社会组织发展在甘肃省起步晚、发展慢，也没有成功的模式可循。兴邦成立伊始就着力打造支持型、平台型社会组织，致力于发挥枢纽功能，促进区域内其他社会组织的发展。近年来，做了大量工作，取得了显著成绩。但为了进一步精准发力，发挥更好作用，建议加强自身建设，构建符合本地实际的枢纽型社会组织。一是认真学习枢纽型社会组织的相关理论知识，明确枢纽型社会组织职责和工作体系，用科学的理论武装自己，用科学的理论指导实践，充分发挥"枢纽"功能，着力做好宗旨和理念枢纽（即引导其他社会组织树立主流价值和意识）、公信力枢纽（即通过弘扬公益服务的理念，引领其他社会组织参与公益活动，提供公益服务）、执行力枢纽（即通过本组织健全的组织系统和完备的执行力，进而发动和指导其他众多组织，提高它们的组织化程度及执行力）、项目枢纽（即通过动员及整合众多社会组织和公众参与服务项目，并分享项目资源）、资源枢纽（即在发掘整合本组织资源的同时，发掘、整合其他众多组织的资源，实现众多组织、群体和个体的资源共享），重点为其他社会组织提供孵化培育、业务指导、协调沟通、自治自律、项目统筹、资金扶助、人才支持、党团管理、资质评估等综合性服务，促进本地区社会组织共同发展。

(二)　注重工作总结，探索、推广更为有效的社会工作服务模式

兴邦在公益组织能力建设、参与社区服务和开展教育公益活动方面，通过申请、连接政府和社会资源，承接、实施了大量的计划项目，积累了丰富的工作经验，其中一定有成功的喜悦，也会有失败的教训，坚信每一个兴邦人在每一个项目的实施过程中都会有自己的感受和思考，同时也会在不同的场合与或多或少的同伴分享过自己"乐"与"悲"。不管是成功与失败，无论是欢乐与哀怨，都一定会是其他社会组织学习与成长的必修课和教科书。因此，建议兴邦注重工作总结，探索、推广更为有效的社会工作服务模式。作为枢纽型社会组织，不仅要孵化培育，

促进新生社会组织的数量，而且要加强能力建设，促进新生社会组织健康成长；不仅帮助其链接资源、承接项目，而且要加强业务指导，提高其服务水平。目前，兴邦应对自己多年来的工作进行全面梳理、客观总结，评析成功的缘由和失败的症结，分门别类地提炼、概括各类工作有效服务的模式供其他社会组织借鉴学习。同时采取研讨会、论坛、培训等多方式定期或不定期地与其他社会组织进行分享，推动共同成长、协同发展。另外，建议兴邦创办内部刊物，构筑交流载体，提升交流与学习的有效性。

鸿雁于飞　集于中泽

——甘肃鸿泽社会工作服务中心

一　基本情况

甘肃鸿泽社会工作服务中心（以下简称"鸿泽"），前身为 2003 年建立的甘肃省社会工作驿站，2009 年开始从事甘肃省社会工作本土化、专业化倡导。2014 年 9 月在甘肃省民政厅注册登记，是甘肃第一家省级农村社会工作服务中心，属民办非企业单位。鸿泽团队共有专职工作人员 6 人，兼职工作人员 10 人（以高校社会学、社会工作教师为主），长期志愿者 20 名，志愿者 100 名。

鸿泽注重顶层设计，成立后便确立了"为农村需求者撑起一座社工的大伞，为农村社工建造一所实践小屋"的组织使命，"和谐社会建设不仅仅需要社会管理，更需要社会服务，用社工理念及实践精神构建一个更为幸福的社会"的发展理念，"贫苦人地，他人用口，我们用手；社工前沿，他人用手，我们用心"的组织文化，"以农村地区为主，在减灾救灾、社会救助、社会福利、社区发展等方面提供专业社会工作服务"的工作方向。

自成立以来，先后获得政府部门、基金会、社会捐赠资金 500 余万元，实施项目 20 余项，形成了较强的社会公信力和公益品牌美誉度。

二　组织建设及主要活动

（一）组织建设

鸿泽成立伊始，就设立了理事会决策机制，依据《甘肃鸿泽社会工作服务中心章程》确定理事会决策下的主任负责制。设立监事会，全面监督机构的各项活动。理事会下设"一室、四部、四中心"，一室即办公室，"四部"指培训部、筹资部、财务部、项目部，"四中心"指社区服务中心、农村扶贫中心、社会调查中心、评估督导中心。为了加强党对社会组织的领导，鸿泽与甘肃沁塬社会工作服务中心、甘肃沐润社会工作服务中心、甘肃新星公益慈善中心、甘肃甘露社会工作服务中心五家公益机构成立联合党小组。

机构成立后，为了提高管理工作的规范化水平和工作效率，先后制定出台了一系列管理制度，如《甘肃鸿泽社会工作服务中心财务管理制度》《甘肃鸿泽社会工作服务中心薪酬管理制度》《甘肃鸿泽社会工作服务中心聘用制度》《甘肃鸿泽社会工作服务中心项目管理制度》《甘肃鸿泽社会工作服务中心物资采购制度》《甘肃鸿泽社会工作服务中心预算审批制度》《甘肃鸿泽社会工作服务中心志愿者管理制度（试行）》《甘肃鸿泽社会工作服务中心实习生管理制度（试行）》等。

另外，鸿泽先后与北京师范大学、北华航空航天学院、西北师范大学、甘肃政法学院、河西学院5所高校加强合作，并成为5所学校社会工作专业的校外实习基地，参与社会工作专业人才培养。

（二）开展的主要活动

经过数十年的积极探索与强力实践，鸿泽在农村可持续发展类、儿童平安教育类、社工服务类与社会紧急救援类四个方面取得了显著成果，并形成相应的公益品牌项目。

1. 农村可持续发展类活动

2014年8月至2016年1月，获得香港乐施会32.1万元、张家窑村农户自筹10万元、龙泉乡政府配套2.6万元，共计44.7万元的资金支持，实施了"甘肃省榆中县龙泉乡张家窑综合发展项目"，项目旨在通过支持村民养殖多胎羊、修建部分通社道路、开展养殖培训等活动改善村民生活条件和提高收入。通过推动社区文化活动和建立张家窑村爱心互助基金，促进社区团结和村民的互帮互助。通过开展健康卫生知识培训，改善妇女生活卫生习惯和健康状况。通过近两年的项目实施，累计服务受益村民500人次。

2015年6月至2016年6月，获得施永清基金会15.5万元的资金支持，实施了"甘肃省榆中县杨家咀村综合发展项目"，项目旨在通过专业技能培训，实现杨家咀村农村经济收入增长；通过文化娱乐器材配套、广场舞比赛举办提升农村业余文化活动；通过健康、环保知识讲座，提升村民卫生健康意识、环保意识；通过举办农村发展沙龙，提高甘肃省内社会组织农村发展工作的工作理念和能力，项目累计服务受益村民400人次。

2017年又获得了香港嘉道理基金会支持项目资金275万元，准备实施"甘肃省榆中县马坡乡白家堡村生态旅游与生态农业项目"，由于涉及道路改建等问题，项目正在筹措协商中。

为实现2020年全面建成小康社会，打赢脱贫攻坚战，甘肃鸿泽通过参与式工作手法在农村发展工作中的应用，逐渐形成了专业的扶贫济困思路和模式。

2. 儿童平安教育与慈善帮扶类活动

2013年11月至2018年2月，鸿泽通过前期筹备与申请获批壹基金儿童平安计划之"减灾教育系列"项目，共面向甘肃省榆中县23所小学儿童开展"减灾小课堂"项目。该项目共开展活动5期，共筹集资金30万元，项目旨在通过认识灾害、了解环境、识别风险、设计行动、实践演练课程让儿童学会规避风险，项目累计受益人数2000人次。

2014~2017年，鸿泽通过多方筹措、链接资源，动员志愿者持续开展了温暖包发放活动。一是为张掖市甘州区沙井小学和小河小学孤儿发放价值4000多元的温暖包11个。二是向兰州市榆中县农村小学的残疾、孤儿、特困等80名弱势儿童发放温暖包，助力孩子们度过冬天。三是为榆中县城关镇、高崖镇、小康营镇、金崖镇、清水驿乡、贡井乡、夏官营乡的53名留守的贫困儿童送去了价值2万元的温暖包。同时，还发起开展了"甘肃女童读书计划"，通过志愿者入户调查筛选，建立资助女童电子档案，链接资助者直接对接。2014 年成功对接 1 名女童予以资助，2015 年成功对接 2 名女童予以资助，2016 年成功对接 6 名女童予以资助，鸿泽负责监督监护人将资金全部用于女童学习与生活方面。

2015~2017 年，鸿泽与昆山昱庭基金会合作，选择在甘肃省国家级贫困县榆中县文成小学（直接受益对象 2516 人）、高墩营小学（直接受益对象 185 人）、一吾小学（直接受益对象 2516 人）同时实施厕纸项目，通过网络众筹及家长捐款共筹款 3.2 万元。旨在通过项目的实施唤起大众对儿童如厕的关注，同时希望通过大众的参与将这个社会文明标志的如厕文化和难登大雅之堂的问题予以解决。

3. 社工服务类活动

鸿泽积极参与社区服务和社区建设，2017 年通过政府购买服务方式承接了张掖市甘州区南街泰安社区的"三社联动"项目，获得近 50 万元的资金支持。充分发挥社会工作者的专业特长，组织社区居民开展固定党日活动 6 次，十九大精神专题学习 3 次，书法、象棋等老年服务类的小组活动 2 个，服务老年人 70 人次，青少年寒假冬令营小组活动 1 个，服务青少年 40 人次，开展专题教育类的讲座 3 次，服务人群累计 200 人次，组织社区文化队伍、群团组织开展大型文艺会演 5 场，服务 750 人次。通过这些丰富多彩的活动，丰富居民生活，实现居民在社区内的自助互助，达到社区自治的目的。另外，先后链接甘肃甘霖工程公司、甘肃德生堂科技有限公司、甘肃惠宇家政服务公司的资源为辖区居民提供物品、义诊、家政等便捷服务。

2017 年鸿泽参与白银市"三社联动"项目的督导评估，旨在指导一线社工通过开展专业居民服务，从需求评估、项目策划、活动实施、社会组织孵化、社区治理等方面给予智力支持，形成每月一次的督导机制，服务一线社工 20 人次。

2013 年，鸿泽自主设计执行的"农村寄宿制学校留守儿童陪伴成长——社工妈妈"项目，先后得到米公益基金会、施永青基金会、中国儿童福利基金会的支持，以"一督三工"（社工督导+社工、义工、校工）专业团队为基础，综合运用儿童社会工作方法陪伴农村寄宿制学校儿童成长，并以个案、小组、团体等活动形式促进留守儿童"生、心、社、智"全面发展。通过社工专业服务对乡村教师及志愿者的服务为引领和示范，使项目成果实现乘数效应，在项目实施中探索"一督三工"的贫困地区农村寄宿制学校留守儿童陪伴与服务新模式。此项活动持续开展，目前已开展7期，服务人次达到500多名学生，该品牌项目已经被甘肃省内2家社工机构认同，在全省开展示范推广。

4. 社会紧急救援类活动

2013年7月14日，甘肃省陇东地区发生特大暴雨山洪灾害，庆阳市环县受灾严重，部分村民房屋窑洞倒塌，农作物及经济苗木大面积被冲毁。得知灾情后，鸿泽第一时间向香港乐施会申请项目资金32万元，为215户948名受灾村民发放帐篷96顶，彩条布461块，折叠床430张，解决了受灾群众燃眉之急，缓解了强暴雨对村民造成的损害，增强了村民战胜灾害的信心。

2017年8月，兰州市榆中太子营村遭受特大冰雹灾害后，鸿泽向香港乐施会申请到救援项目资金17万元，为全村191户受灾居民捐赠54.6吨的化肥，帮助村民通过补种自救，降低灾害损失，从而恢复了正常生产生活。

同年9月，为了增强社会工作机构及社会工作者的救灾能力，在兰州市为陕、甘两省20家机构的25名公益伙伴开展了以《人道主义核心标准》《人道主义行动中儿童保护的最低标准》为内容的能力建设培训。同时，与陕甘宁青公益组织联合编写了《西北社会组织救灾手册》，供大家学习。

三　获奖情况

2013年被壹基金、甘肃公益救灾联盟、甘肃伊山伊水环境与社会发展中心授予"救灾行动奖"，表彰其在"7·22岷县、漳县地震救援"行动所做出的贡献；

2015年获得壹基金儿童平安计划"减灾小课堂"最佳故事奖；

2015年被甘肃省公益救灾联盟授予壹基金温暖包参与机构；

2015年被共青团中央、中央文明办、民政部、中国残疾人联合会、中国志愿者服务联合会授予第二届中国青年志愿服务项目大赛银奖；

2015年被《城市与减灾》杂志社、"城市与减灾"杯防灾减灾作品大赛组委会评为"组织推荐奖"；

2015 年在"点赞中国人"暨"寻找最美甘肃人"大型公益活动中被兰州晚报社、阿里公益天天正能量评为三等奖；

2015 年在壹基金儿童平安—减灾小课堂（2014 年）项目评比中被深圳壹基金公益基金会、陕西妇源汇性别发展培训中心评为"图片故事贡献奖"；

2016 年被共青团甘肃省委、甘肃青年志愿者协会授予"甘肃省青年志愿服务优秀团队"称号，并获得"甘肃省青年志愿服务优秀项目奖"；

2016 年在"儿童平安—减灾小课堂（2015 年）"项目评比中被壹基金授予"项目创新奖"；

2016 年申报的"留守儿童陪伴成长之'社工妈妈'项目"入围由甘肃省青年志愿者协会、甘肃伊山伊水环境与社会发展中心组织实施的"甘肃公益组织陪伴成长计划"，并获得 10000 元奖金；

2016 年申报的"兰州市榆中县清水驿小学留守儿童陪伴成长"项目在陕西首届公益创客大赛中荣获一等奖，并获得 20000 元奖金；

2016 年申报的"天祝县朵什镇石沟村老年人剧场"项目在陕西首届公益创客大赛中被评为公益创意金点子；

2016 年申报的"关爱留守的'母亲们'"项目在陕西省第二届公益创客大赛中荣获三等奖。

四　SWOT 分析

S（优势）： 理事长、理事从事社工研究与教学，专业性强； 形成了稳定的基金会合作伙伴； 有明确的业务范围，即农村生计发展与社会工作服务； 开展了一系列有较大影响的活动，公众口碑好。	W（劣势）： 工作人员数量与稳定性不足； 与政府沟通、协调能力弱，公关能力有待提高； 没有机构网站，宣传力度受到影响； 志愿者管理不足，流动性大。
O（机会）： 政府日益重视发展社工机构； 精准扶贫战略实施，利于促进农村社会组织发展； 专业公益人才培养初具规模； 民众对社会工作机构的认同感提高； 政府购买服务数量、额度增加。	T（威胁）： 境外基金会资源减少； 甘肃省内社会工作数量增加、同质性强，竞争趋恶； 基层政府工作人员意识保守，介入难。

五　改进建议

（一）依托专业优势，再塑专业特色社工组织

鸿泽自成立起，就与高校建立了密切的合作关系，依托高校社工专业，加强团队建设（包括社工督导、专职队伍和志愿者队伍建设。目前10名督导中均为省内高校社会学、社会工作教师；6名专职工作人员，多为社会工作专业毕业，具有2年以上项目策划和执行的经验，有较高的专业价值认同感；有相对稳定的20名志愿者），参与政策倡议、开展课题研究，在相关领域做出显著成绩。但是，社会工作机构的发展与社会治理的需求还有很大的差距，完善与发展的空间还很大。就鸿泽而言，一是深化与5所高校的合作，必要时扩大合作院校数量，积极依托专业力量，提升鸿泽的服务水平和对外影响力。二是组织研究团队，探索"督导+社工+义工的专业服务模式"。以鸿泽多年开展的社工服务活动为基础，总结成功经验、反思不成功的地方，借鉴汲取发达地区社工服务模式，总结提炼一套符合地方发展的、可复制的本土化专业社工服务模式，打造服务品牌，塑造特色社工组织。

（二）扬长补短，趋利避害，促进组织长足发展

鸿泽的优势突出、劣势明显、威胁与机遇同在，面对复杂的形势，如何扬长补短、趋利避害、化险为夷，促进组织长足发展，对鸿泽来说是一个非常严峻的考验。作为研究者我们建议：一是充分发挥机构中社会工作专业人才的作用，带动各项工作上台阶。理事长和个别理事从事社工研究与教学，具有较强的专业性，在内部治理、组织建设、团队建设、专业建设等方面应发挥更大的作用，高度重视组织变革，悉心经营好组织。二是全面透析组织存在的各种问题，按照轻重缓急、主次顺序加强整改。其中，首先要特别关注人力资源管理，建设一支专业化程度高、相对稳定、数量充足的工作队伍。其次要注重加强与相关政府部门的联系，建立良好的政社关系，不仅有利于政府实施社会治理，更有利于组织长足发展。再次要尽快建立自己的网站，通过网站加强各种信息交流，加大机构的宣传力度，提升资源链接能力，扩大机构的社会影响力。三是积极申请、

争取各级各类政府购买服务项目，一方面构筑相对稳定的经费来源渠道，另一方面提高团队的项目执行能力。四是保持与相关基金会的合作关系，获取更多的活动资金，持续开展已有的服务项目（如"社工妈妈"项目等）。五是打造服务品牌，走差异化发展的道路，避免与同类社会组织的恶性竞争。

寓养于乐　助老爱老

——天水市秦州区仁瑞福老年日间照料中心

一　基本情况

天水市秦州区仁瑞福老年日间照料中心（以下简称"照料中心"）成立于 2012 年 7 月，是在秦州区民政局登记的民办非企业单位，采取公建民营的运营管理模式。照料中心的服务对象主要是全区内需要帮助的老年人（高龄健康的老人和半自理能力的老人），服务项目包括日间生活照料、医疗保健、康复护理、紧急救援、心理咨询、体育健身、文化娱乐及精神慰藉等。

照料中心地处名胜风景区——玉泉观公园附近，空气清新、鸟语花香、环境优美、景色宜人。照料中心建筑面积 618.9 平方米，设床位 30 张，内部设老年人休息室、图书阅览室、文体活动室、医疗保健室和自助厨房等生活服务设施，配备老年人专用健身器材 40 多件，日常娱乐器材 60 多件，能够较好地满足辖区内老年人日间照料的需要。

二　组织建设及主要活动

（一）组织建设

照料中心成立后，负责人雒勇非常重视组织建设与发展，主要在以下方面加强建设。

1. 加强专职工作队伍建设

通过积极引进和招聘，现有专职管理人员 4 名，养老护理人员 10 名。

目前，专职工作队伍相对稳定，并且都热爱老年人照料工作，能够全身心地投入为老服务工作。

2. 构建良好的服务平台。

照料中心积极贯彻国家、甘肃省和天水市关于养老服务方面的政策，利用所处的地理优势、挖掘自身潜力，链接相关资源，打造机构的服务平台，丰富机构的服务内容。一是成立各类老年文化艺术团，聘请社区内的艺术能手和专家，先后成立了民乐、声乐、舞蹈、老年空竹表演、老年模特表演等文化艺术团队。二是创办《藉河画苑》。经常刊印老年画家、机构服务对象的书画作品，为展示老年人的才艺提供了良好的平台。三是有针对性地创办一些专题活动，丰富老年人的日常生活。如：举办心理疏导、养生知识讲座、游园活动、大合唱、诗书画才艺展示、医疗卫生讲座、健康咨询、敬老助老服务等活动。

3. 注重联盟与协同服务

近年来，照料中心相继与天水师范学院、甘肃林业职业学院、天水市心理咨询师协会建立了合作关系，并成为两所高校大学生社会实践教育基地和相关专业的实习基地，成为天水市心理咨询师协会的会员单位。近年来，与他们一道开展了大量卓有成效的为老敬老服务活动。

（二）开展的主要活动

1. 开展"迎新年、度佳节"活动

每当中华民族的传统节日来临时，照料中心都会精心策划一系列相关活动，组织工作人员、志愿者等慰问老年人，或者组织老年人共同欢度节日。一是近年来连续举办"迎新年联谊会""冬至节包饺子活动""九九重阳节活动""端午佳节包粽子比赛"，以及"纪念抗战胜利70周年歌友会"等。通过这些活动不仅给老人们送去温暖和心灵的慰藉，把快乐传递给每一位老人，而且把老年人组织起来让他们参与到活动中来，用自己的行动与大家共同庆祝节日，增加他们的自信心。同时，通过活动激发社会各界弘扬尊老敬老的社会风尚。

2. 开展"关爱老人"文娱活动

为了活跃、丰富老年人的日常生活，使他们愉快幸福地度过每一天，照料中心经常设计、组织开展"关爱老人"文娱活动。一是组织"春游"活动。每当春暖花开、春风和煦、万物复苏的季节，照料中心每年都组织身体健康的老人赴当地的名胜风景区观光旅游。如2016年4月，组织百余位老人前往甘谷大象山开展春游活动，为老年朋友提供了亲近大自然的机会，让他们走进大自然，感受春天的温暖。二是组织"参观"活动。照料中心经常选择到附近纪念馆、博物馆等地参观学习。如，2015年10月，组织百余位老人走进"邓宝山将军纪念馆"参观学习。2016年6月，照料中心举办"文明序曲——大地湾遗址考古成果展"，以图版的形式将大地湾遗址悠久的历史和博物馆的精品文物展现给老人们，了解大地湾遗址悠久的历史、丰富的遗存和深厚的文化内涵。三是组织开展"文艺演出"活动，为大力弘扬"尊老、敬老、爱老、助老"的传统美德，不断丰富老年人文化活动和老年人精神世界，照料中心链接各种资源开展丰富多彩的文艺活动。如2016年6月，携手天水市师范学院、甘肃省林业职业技术学院、天水市心理咨询师协会组织开展了"敬老从心开始，助老从我做起"的文艺演出活动。2014～2016年盛夏，在玉泉观广场举办"关爱老人，从我做起"大型公益纳凉晚会。另外，照料中心还经常组织老人们开展书法、绘画、下象棋、打乒乓球、演唱等活动。

3. 开展"为爱助老"公益活动

为加强对老年人身心健康的关爱和帮助，照料中心策划并持续开展"为爱助老"公益活动。一是举办"快乐伴你行"心理健康知识讲座。从高校或心理咨询类社会组织邀请专家来照料中心举办心理健康知识讲座，向老人们介绍心理健康知识、心理疾病症状及其危害性、心理疾病患者个案、心理疾病预防及矫治知识等，让老人们对心理健康有了新的认识，教会他们在今后的生活中要适时地调节自己、保健自己。二是开展免费体检、健康咨询活动。链接辖区内医院资源，开展"开心体检健康同行"活动，为照料中心老年人进行免费体检、健康咨询活动，通过体检除了检查老年人的身体健康状况，同时还帮助提高老年人对疾病预防、药物使用等方面的知识。三是举办"老年权益保障法"知识讲座。邀请辖区内法律实务部门的专业人才，开展"老年权益保障法"知识讲座，让老年人了解国家法治动态，学习法律常识，增强法律意识，促进老年朋友知法、守法、懂法、用法，同时向老人们介绍各类形形色色的社会诈骗案件，提醒老年朋友日常生活中谨防上当受骗。四是开展志愿服务活动。联合市内各大中专院校，天水师院、甘肃林学院等发展壮大了一支以大学生为主力军的助老志愿者服务队伍，定期为社区的高龄、孤寡、空巢、残疾的老年人进行长期志愿者帮扶活动，服务形式从基本的生活照料延伸到医疗康复、精神慰藉、文体娱乐、权益保障、家政服务等各个方面。

三　获奖情况

2014 年在中共天水市委宣传部、市委老干部工作局、市文化和旅游局、市老龄工作委员会办公室、市广播电视台联合举办的"秦州合行杯"天水首届中老年才艺大赛中获"团体一等奖"；

2016 年被甘肃省民政厅评为"甘肃省示范社区老年日间照料中心"；

2016 年被中共天水市委宣传部评为"最美天水人"；

2017 年照料中心主任雒勇荣获第六届建行杯"奉献天水·十大人物"提名奖；

2017 年照料中心主任雒勇荣获甘肃省"十佳敬老模范"提名奖；

2017 年被中共天水市秦州区委、天水市秦州区人民政府评为 2017 年度"奉献秦州人"。

四　SWOT 分析

S（优势）： 负责人有极强的尊老敬老孝心，且受到了社会各界的好评； 照料中心创办以来做了大量的为老服务活动，积累了丰富的工作经验； 具有较强的链接资源、利用资源的能力； 服务周到，管理得当，多年来无事故。	W（劣势）： 专职管理人员不足、专业性不强； 养老护理人员流动性大，专业护理人员缺乏； 办公及服务场所使用面积不足，发展空间受限。
O（机会）： 老龄化程度的加剧，服务需求旺盛； 国家养老扶持政策向好； 政府购买活动较多； 中央、省级均有财政项目支持。	T（威胁）： 秦州区其他同类机构竞争激烈； 宣传不够到位，许多市民心理障碍难以消除； 入住率不高，运营成本高。

五　改进建议

（一）加强内部机构建设，提升内部治理水平

照料中心尽管重视组织建设，并且形成了相对稳定的管理队伍，但是，他们没有建立起法人治理结构，也没有成立负责日常管理的内部职能机构。所以，照料中心负责人必须正视问题的严重性和需要解决的急迫性。一是要尽快成立会员大会（代表大会）、理事会、监事会，并立即配齐相关人员，积极履行相关职责和义务，切实加强内部法人治理。二是在理事会或常务理事会下，按照服务需要成立日常管理机构，如办公室、财务部、对外联络部、宣传部等组织管理机构。通过这些机构的成立使照料中心的服务精细化、专门化，把负责人从烦琐的日常事务中解脱出来，把工作重心放在机构的战略发展上来。三是加强专职人员的引进和稳定工作。一方面，要从医学类院校或社区医院着力引进养老护理人员，提高机构的护理水平，增强老人的满意度。另一方面，从大学生引进社会工作专业毕业生，把社会工作的理念、理论和技能引入老年人服务中来，提高机构的管理与服务质量。同时，想方设法，通过多种途径提高工作人员工资待遇和社会保障水平，用感情和事业留住他们。四是注重对各类工作人员的职业培训，加强人员能力建设，特别要注重管理人员的能力建设，以高水平、高素质的管理人员促进其他人员的能力建设。五是建议民政部门加强对机构的检查与指导，督促帮助照料中心提升内部治理水平和服务质量。六是要抓紧成立党支部，认真落实"三会一课"制度，深入学习党的基本知识、基本理论和国家的大政方针政策，用党的思想引领照料中心的发展方向，用党理论指导照料中心的工作实践。

（二）深入挖掘社区各种资源，提高为老服务的有效性

我国已经步入老龄化社会，养老问题已成为政府和社会广泛关注并急需解决的重大社会问题。照料中心的成立及近年来在为老服务领域所做贡献，充分证明了负责人职业选择的正确性，也充分说明了照料中心所有工作人员对养老事业的执着精神。养老为老服务是全社会的事，只有动员更

多的人、链接更多的资源才能提高为老服务的有效性。因此，建议照料中心深入挖掘社区各种资源，积极服务养老事业。一是与社区居委会建立良好的合作关系，争取居委会在人、财、物等方面能够大力支持照料中心的工作，特别在活动场所方面希望能够得到居委会的帮助。二是与社区内企事业单位、其他各类经济组织和社会组织建立密切的合作关系，积极引导、带动他们投入养老为老服务，要着力募集更多资金解决照料中心服务经费紧缺的问题。三是在社区内广泛宣传养老事业，动员更多的社区居民加入为老服务志愿者行列，充分发挥志愿者的潜力助力养老为老服务工作，解决照料中心人力资源不足的缺陷。

（三）高度重视与专业院校的合作，增强服务的专业性

照料中心成立以来，已经与本地两所高校建立了合作关系，并邀请学校师生共同开展了一些慰问老年人的文艺演出活动。虽然这些活动也得到了老年人的欢迎和好评，但是合作的广度和深度还有待进一步提升。建议照料中心与省内外专业院校（具有社会工作、临床医学、护理等本科专业或硕士学位授予的院校）加强合作，大力吸引专业院校的师生介入养老为老服务，增强工作的专业性，弥补专业人员不足和专业性不强的弊端。

另外，建议照料中心应积极参与社会组织评估工作，向3A级以上评估等级奋斗，力争获取政府购买服务资格，为争取充足的活动经费奠定基础。

诚信办学 职教先锋
——平凉市亚东职业学校

一 基本情况

平凉市亚东职业学校（以下简称"亚东学校"）创建于2003年，是集高等教育学历教育（联合办学，开设国防教育专业专科和本科）、中等职业教育、职业技能培训为一体的综合性的教育类民办非企业单位。学校占地面积37亩，教学体系健全，拥有独立的教学楼、多媒体实验室，有专供学生实习的现代化实习基地，是平凉市职业技术教育和"阳光扶贫培训

工程"的重点基地。

亚东学校现有专兼职教职工 40 多名，其中，专职教师占 70%，具有高级职称的教师占 30%，"双师型"教师占 25%，在校生 300 多人，有 9 个教学班。学校设职业技能培训部、联合办学办公室、扶贫培训办公室、农民工培训办公室、招生就业指导中心，开设数控加工、电脑绘图、电子技术、模具、旅游与酒店服务、机电一体化、计算机、医药制造、汽车维修与运用、火车司机（轨道车司机）、铁道供电、铁路乘务、电信、民航服务、护理等专业，形成了以职业技术教育与普通高等教育并重，职业中专教育与技能培训教育兼有，优秀传统专业与定向委培专业相结合的学科专业体系。

建校以来，培养合格的毕业生 2000 余名，分别在西安、兰州、银川、宝鸡、苏州、青岛、上海、北京、深圳等地的企事业单位就业（如西安中富集团、胜利机械厂、西安杨森制药厂、西北农科报社、南京大学图书馆、均豪精密制造厂、锦州精密制造厂、西安电视台、航空航天部西京电器总公司、偏转集团、上海达丰集团、永安保险、西安铁路局等）。

亚东学校自创办以来，以全新的办学理念、独特的管理模式、高质量的教学、可靠的就业安置，受到当地政府主管部门的表彰和社会的广泛赞誉。2013 年被平凉市民政局评为"AAAA 级社会组织"。

二 组织建设及主要活动

（一）组织建设

1. 树立先进的教学理念，狠抓教学质量

亚东学校树立"以提高学生综合素质为核心，以培养高技能型人才为根本"的教学理念，在加强师资队伍建设的同时，以严格的教学管理保证教学质量，实施军事化封闭式管理规范教学秩序，坚持定期或不定期的教学检查、教学评估和教学观摩，加强教学督导；注重教学研究，深化教学改革，构建理论和实践相结合，以实践为主的教学运行模式，促进学生的理论知识、专业技能、社会实践能力和综合素质的有效提升；注重立德树人，大力加强对学生的思想品德教育、良好习惯养成教育和职业道德教育；严明校规校纪，增强师生的规矩意识和自我管理的能力，强力培植良

好的教风、学风和校风。

2. 注重师资队伍、专业及教学设施建设

师资队伍建设、专业建设和教学设施建设是提高教学质量，赢得社会认可的重要基础，从亚东学校十多年的发展和所取得的成绩来看，他们高度重视上述方面的建设，并取得了可观成绩。在师资队伍建设方面，专兼职结合、数量充足、结构合理、"双师型"教师队伍占较高的比例，能够满足专业人才培养需要。在专业建设方面，以现代信息技术、现代服务类为主，应用性强、需求旺盛，发展前景好。在教学设施方面，学校占地37亩，有6000平方米的教学楼、2000平方米的学生公寓楼、4359.5平方米综合楼、844.5平方米的实习车间，7133平方米的操场，477.75平方米的学生食堂。有满足教学用的计算机室、钳工实习室、车床实习车间、电工电子实验室、图书馆和驾驶员培训设备。

3. 高度重视学生的就业安置

亚东学校始终把毕业生的就业安置放在首位，并纳入学校整体发展规划，而且采取了行之有效的工作措施。一是在经济发达的沿海城市专门设立毕业生就业安置服务中心，竭力开展毕业生就业市场的开辟、调研和服务工作。二是学校领导亲自挂帅，在全国范围内开展广泛调研，选择与本校专业对口的企事业单位进行考察、协商，签订协议实行委托培养、订单教育。三是加强职业规划教育和就业宣传，采取学生入学后签订由市公证处公证的《教学就业双保合同》，保障学生毕业后能够顺利就业。同时，对就业后的学生实行跟踪服务，持续关注学生就业的稳定性和成就率，并对学生提供终生免费进修的服务。

（二）开展的主要活动

1. 注重实践教学、着力开展技能教育，突显学校的办学特色

亚东学校紧紧围绕工作目标，遵循"服务为宗旨、就业为导向"的职业教育方针，主抓技能培训。首先，加强课程体系及内容建设，实施教学计划、教材和教学内容的有机结合和统一。以技能培养为纲，以就业为导向，深化教材和教学内容改革和建设，着力体现教学内容的科学性、实用性和针对性。其次，积极推动教学方法改革，采用任务驱动法、实践教学

法，并逐步形成一套行之有效的教学方法，同时，加大专业教学实践力度，把课堂教学搬进实验室和实训基地，重点培养学生的动手操作能力。最后，组织开展校内专业技能大赛（如计算机专业的汉字录入、LFASH动画制作、电子技能、电工技能、电拖技能和汽修技能大赛活动），为学生构筑展示技能、切磋技艺、增强信心的舞台，为学校质量管理构建教学成果的检验平台。

2. 发挥资源优势，开展校外技能培训，彰显学校的公益属性

亚东学校在加强校内全日制学生技能教育的同时，还积极与其他机构合作，主动承担校外技能培训工作，大力开拓学校的教育市场，充分发挥学校资源优势，彰显学校的公益属性和机构宗旨。学校自成立以来，一方面加强外联工作，积极建立校外技能培训基地，先后被平凉市武警支队确定为现役军人技能培训合作机构，被天坤集团、竞华集团、奥德胜集团等授予农村剩余劳动力培训和输转培训基地。另一方面，积极争取校外培训项目，以项目形式，大力开展人才培养，主动为社会贡献学校力量。2011年、2012年学校承接了"全省劳务品牌项目培训"；2012年学校承接了平凉市"联村联户、为民富民"技能培训；2013年项目培训1860名，农村剩余劳动力转移培训2800人，完成了全省劳务品牌项目培训任务600人；2014年培训农民工3160人次，完成了全省劳务品牌项目培训任务550人；2015年完成了全省劳务品牌项目培训任务700人，2015年全年进行精准扶贫培训2700人，技能培训3000多人；2016年全年开展各种技能培训4170多人次。学校年培训学员4000人（次）左右。

3. 开展"我们是一家人"活动，免费接收舟曲受灾学生入学

天灾无情人有情，2010年8月7日22时左右，甘南藏族自治州舟曲县城东北部山区突降特大暴雨，引发三眼峪、罗家峪等4条沟系特大山洪地质灾害，泥石流长约5千米，平均宽度300米，平均厚度5米，总体积750万立方米，流经区域被夷为平地。在此次灾难中1557人遇难，284人失踪。

为响应平凉市委、市政府救援灾区民众，彰显学校的公益精神，学校积极开展"我们是一家人"活动，助力灾区学生免费入学接受教育。一是学校及时向平凉市委、市政府递交了免费接收灾区孩子入学的申请，自愿

承担助学活动，申请递交后得到了市委、市政府的高度关注和大力支持。二是在平凉市人力资源和社会保障局的协调下，平凉市就业服务局与甘南藏族自治州人力资源和社会保障局、舟曲县政府取得联系，就相关事宜达成协议，受灾学生在舟曲县人力资源和社会保障局报名，然后赴亚东学校入学。2010 年至 2012 年学校先后免费接收援助舟曲受灾的 104 名中学生接受职业教育。三是学校与合作单位——深圳竞华公司达成共同资助灾区学生学习的协议，对这些学生进行长期的支持和援助，待学生完成职业教育获得毕业证后，可安排在公司就业。同时，公司当年为学生捐赠了总计 10 万余元的爱心善款和棉衣等。四是为使受灾学生尽快融入校园大家庭愉快学习、健康成长，学校免除学生的全部学费、住宿费、教材费等费用，每月为其补助生活费 200 元；聘请、委派心理辅导老师开展心理测量、心理矫治工作；为了让受灾学生多一些快乐和自信，学校号召高年级学生与受灾学生"结对子"，开展"双休日采风""每周开展一次主题班会"等系列支持活动。

三　获奖情况

2004 年被共青团平凉市委员会评为"优秀团总支"和"五四红旗团总支"；

2006 年校长龚福被平凉市委市政府授予"平凉市职业教育先进个人"称号及"全市引领小康示范岗"称号；

2008 年被平凉市人力资源和社会保障局授予平凉市民办职业培训"诚信达标单位"称号；

2009 年被平凉市人力资源和社会保障局授予"职业技能定点培训机构"；

2015 年校长龚福被平凉市先锋引领行动协调推进领导小组授予全市先锋引领行动"优秀共产党员"称号；

2016 年被中共崆峒区委、崆峒区人民政府评为崆峒区"聚焦精准扶贫、爱心圆梦大学"助学活动"爱心企业"；

2008 年武警平凉支队赠给学校"发挥职能优势，培养军地人才"的牌匾。

四　SWOT 分析

S（优势）： 学校办学思路明确，基础设施和基本条件较好； 教学管理比较规范，注重技能培养、职业教育和学生的就业安置，办学有特色； 与企业和社会组织建立了比较良好的关系，不仅为学生的实践教学和技能培养创造了条件，而且也为助学和学生就业奠定了基础； 学校在帮助灾区学生方面的成绩可观。	W（劣势）： 受学校所在地影响，生源质量一般； 高水平师资，特别是"双师型"师资紧缺，不能很好地满足教学需要； 懂教学、会管理的专业管理人才匮乏； 随着招生规模的增大，校舍问题日渐突出。
O（机会）： 国家大力发展职业教育的政策及相关法律法规的出台，是发展中等职业教育的政策和制度基础，如"把职业教育纳入经济社会发展和产业发展规划，促使职业教育规模、专业设置与经济社会发展需求相适应""健全多渠道投入机制，加大职业教育投入""中等职业教育免费"等，为学校的发展提供政策支持； 制造业中蓝领工人缺口大，为人才的培养提供就业市场。	T（威胁）： 民办教育与公办教育各种待遇不尽公平； 完善的民办职业教育管理体制和机制尚不健全； 社会公众对民办中等职业教育的认同不高； 民办中等职业教育的学生就业渠道狭窄、社会地位不高。

五　改进建议

（一）培植办学特色，打造民办职业教育品牌

办学特色与品牌是学校持续发展的关键所在，是抓住机遇、克服威胁、迎接挑战的压舱石和保险杠。亚东学校办学比较早，办学思路明确，基础设施和基本条件较好，在教学管理、技能培训、学生安置、助学帮扶等方面具有一定的优势。但作为一个发展中的民办非企业单位，其存在的劣势与威胁也显而易见。为此，建议学校高度重视办学特色的培植和教育品牌的打造。一是应加强顶层设计。在现有思路的基础上，邀请专家深入论证、广泛征求学校员工、合作单位，甚至同行们的意见，进一步明确学校类型定位、层次定位、学科专业结构定位、培养目标定位、服务面向定位。二是制定发展规划。发展规划是践行学校

使命，实践学校发展目标的重要内容。学校应在教育事业发展、学科专业建设、师资队伍建设、校园建设等方面做科学的分项规划。在制定发展规划时一定要严格贯彻国家关于民办中等职业教育的大政方针政策，同时要紧密结合区域内职业教育发展的需要和学校办学实际。三是注重提炼培育办学特色。在落实顶层设计、执行发展规划的同时，学校管理层应重视对每个阶段工作的总结，在总结中积累成绩、校正问题、凝练培育办学特色，打造民办职业教育品牌，争取成为区域内中等职业教育的示范学校。

（二）建立教学质量监控体系，把提高人才培养质量作为永恒的主题

人才培养质量是学校的生命线，也是学校教育事业发展的永恒主题。尽管亚东学校早就认识到了质量的重要性，也采取了诸如"实施军事化封闭式管理""实施定期不定期的教学检查、教学评估和教学观摩"等教学管理活动，但学校严格、完善的教学质量监控体系尚未建立起来。因此，建议学校在以下方面有所作为。一是树立"向管理要质量"的思想。质量一定是管理出来的，优秀教师、优秀学生、良好的课堂教学和实践教学是提高质量的基础，但是科学、规范、严格的管理才是提高质量的保证。二是建立科学完善的教学质量监控体系。主要包括目标体系（由人才培养目标、专业质量标准、课程质量标准和教学环节质量标准构成）、组织体系（由学校、教学系部、教研室三级管理者构成）、内容体系（由人才培养目标与方案监控、教学各环节过程监控、教学信息监控和教学管理监控组成）、方法体系（由教学检查与评估、教学质量考核、教学工作例会、评价反馈构成）、评价体系（领导评价、同行评价、学生评价、外部评价）、制度体系［一整套教学质量管理制度，在制度建设方面应贯彻落实教育部关于印发《职业院校管理水平提升行动计划（2015—2018年）》的通知精神］。在教学质量监控体系构建时必须认真执行教育部公布的《中等职业学校专业教学标准（试行）》，把各专业教学标准作为评估教育教学质量的主要标尺。三是加大执行力度，保证教学质量监控体系充分发挥作用。另外，要按照教育部办公厅《关于开展中等职业教育质量年度报告工作的通知》要求加强质量建设，并做好质量年

度报告事宜。

（三）加强合作办学，提升学校的办学实力和社会影响力

合作办学已经成为国际教育发展的趋势，也是我国政府政策倡导的主要方向。《国家中长期教育改革和发展规划纲要（2010—2020年）》中指出："建立健全政府主导、行业指导、企业参与的办学机制，制定促进校企合作办学法规，推进校企合作制度化。"因此，建议亚东学校进一步加强合作办学，不断提升学校的办学实力和社会影响力。首先，继续深化与平凉市武警支队、天坤集团、竞华集团、奥德胜集团合作，前提是必须与上述单位签订合作办学的战略性框架协议，密切与合作伙伴的关系，充分利用他们的人力、财力资源，发挥他们的办学优势（天坤投资集团有职业教育投资与办学的丰富资源和经验，奥德胜集团有"点燃希望之火，延展成功之路"助学爱心计划），使上述单位不仅成为学校学生实习和就业的基地，而且要变成办学的主体之一。其次，拓展合作办学单位，争取更多企业的加盟，以及政府主管部门的支持。一方面，应紧紧结合学校的专业和特色在省内外寻找资金雄厚、发展良好、有举办职业教育经验或联合办学意向的企业，并与之建立合作办学关系，增强联盟办学力量。另一方面，应在校外企事业单位建立稳定的、能够满足教学需要的实习实训基地，充分利用实习实训基地专业人才为实践教学服务。另外，学校要积极争取当地政府主管部门的指导和支持。

呵护小太阳　培育大栋梁

——武都区小太阳幼儿园

一　基本情况

武都区小太阳幼儿园（以下简称"小太阳幼儿园"）创办于2003年9月，是一所由武都区教育局主管，在武都区民政局注册登记的民办非企业单位。2008年为了满足区域内居民幼儿教育的需求，小太阳幼儿园积极申请扩大办学规模，区委、区政府大力支持小太阳幼儿园的发展

规划，并在钟楼新区划拨给小太阳幼儿园新建教学用地 2.64 亩，机构举办者焦胜利园长想方设法、多方筹资 500 多万元，新建教学楼 1500 多平方米，户外活动场地面积 1000 多平方米，并于 2013 年 9 月正式投入使用，现有教学班 13 个，在园幼儿 500 余名，教职工 36 名，其中专任教师 26 名，专职管理人员 4 名，后勤人员 6 名，教职工中党员 5 名。目前，学校师资力量充足，教学设施良好、功能齐全，教学环境优雅，安全管理措施严格。

二　组织建设及主要活动

（一）组织建设

小太阳幼儿园建园以来，十分重视组织建设，并做出了积极的努力。一是开展顶层设计。总结凝练出了"今朝小太阳、明天做栋梁"的办园宗旨，"一切为了孩子、为了孩子的一切"的办学理念，"让幼儿赢在健康快乐成长的起跑线上"的办园目标，"快乐、文明、自信、诚实"的园训，"爱幼、敬业、创新、向上"的教风。二是加强队伍建设。一方面，不断聘请有教育管理经验、热心幼儿教育管理的人员加盟，加强领导班子建设，配备副园长，增强管理高层的管理力量，提高教育管理水平和质量。另一方面，招聘管理人员组建园委会、保教室、宣传组、教研组、后勤组、治安组，成立专门组织，加强园内各方面各环节的管理工作。同时，还着力加强教职工的继续教育，不断提高人员综合素质。园内的教师、管理人员和工勤人员每年都要参与各种专业培训和学习，通过"走出去"的方式，积极创造或争取机会选派相关人员在市内外、省内外参加各层次的培训班和考察学习。外出培训的教师回来后要开展学习汇报或开展示范课，把学到的知识和经验传授给其他教师，达到共同进步的目的；通过"请进来"的办法，邀请知名幼儿教育专家和优秀幼儿教师来学校开展专题讲座或观摩教学，有效提高质量、管理水平和后勤保障能力。三是高度重视安全管理。安全重于泰山，小太阳幼儿园在安全方面严格执行国家相关规章制度和标准化要求。在安全保卫方面，始终坚持"安全第一、预防为主"的方针，在门卫值班、交接班、交接记录、来访登记、幼儿接送、设备安全、安全知识教育等方面建立了较为完备的制度，投入经费购买安保器材，园内安装电子监控设备，实现"人防、物防、技防"三位一体的目标。在饮食安全方面，在食堂工作人员的准入（持有效的健康证和卫生知识培训合格证）、执纪执规、食物采购与存放、室内卫生等方面严格规范。在药品管理、活动安全方面也有明确的规定和要求。四是注重制度建设。在人事管理、教学管理、门卫管理、食品管理、财务管理等方面制定了30多项规章制度，并严格执行。

（二）开展的主要活动

1. 加强幼儿教育基本环节的教育教学

幼儿园教育是基础教育的重要组成部分，是学校教育和终身教育的奠基阶段，更是素质教育的开端和重要基础环节。小太阳幼儿园本着尊重幼儿的人格和权利，尊重幼儿身心发展的规律和学习特点，以游戏为基本活动，保教并重，关注个别差异，力求促进每个幼儿富有个性的发展。因此，一直以来，学校高度重视、精心设计、重点开展"健康、语言、社会、科学、艺术五个领域"的教学内容。严格遵照教育部关于印发《幼儿园教育指导纲要（试行）》中规定的"目标、内容与要求、指导要点"，组织实施五个领域的教学内容，并通过督导和评价提高五个领域的教育教学质量。13年来向高一层次的学校培养输送了1000多名积极向上、健康活泼、习惯良好的学生。

2. 精心规划，积极开展主题活动

小太阳幼儿园在加强幼儿教育基本环节的教育教学的同时，坚持用特色活动培养个性化的幼儿，用个性化的幼儿教育打造高品位的学校，科学规划，精心组织，积极开展主题活动。如"庆'六一'文艺会演""亲子运动会""家长开放日""感恩教育""汉字室外游学""幼儿体操比赛""我是故事大王讲故事比赛""给我父母洗脚""每天户外活动2小时"等主题活动。通过这些有计划、有目的适合幼儿身心特点的各类活动，引导幼儿接触周围环境和生活中美好的人、事、物，丰富他们的感性经验和审美情趣，激发他们表现美、创造美的情趣。支持、鼓励幼儿积极参加各种艺术活动并大胆表现的同时，帮助他们提高表现的技能。这些活动让孩子们得到不同程度的锻炼和发展，让家长参与活动中来，引导家长掌握科学

的育儿观，形成统一的教育目标，促进家园共育。

3. 注重回馈社会，加强感恩教育

小太阳幼儿园属非营利性社会组织，其宗旨和使命就是服务社会，机构在创办、发展中还得到过政府和社会大众的支持和帮助。因此，回馈社会、为和谐社会构建贡献力量更是理所当然。学校成立小太阳幼儿园爱心协会，由园委会牵头，组织全体教职工参与，持续开展困难家庭幼儿和社会孤寡老人帮扶工作。如重阳节党员带头看望慰问孤寡老人，走访社会困难家庭，发放慰问资金；资助困难大学生；与武都区两水镇康乐幼儿园建立"结对帮扶"，通过幼教设备资助、教学研讨等活动，带动促进农村幼儿园的发展。制定了《武都区小太阳幼儿园关于免除特殊困难家庭幼儿保教费办法》，通过制度保证对特殊困难家庭幼儿的帮扶，近年来，对 10 多名孤儿、困难家庭幼儿免去全部保教费，帮助他们顺利完成幼儿教育。

三　获奖情况

2009 年在全国青少年电视才艺展示活动组委会、中华儿女报刊社、中国音乐学院音乐研究所、央视网络电视旅游频道（精彩中国）栏目组、中国世界民族文化交流促进会、香港海外华人演唱家协会 6 家单位组织的全国青少年电视才艺展示活动中获得"优秀组织奖"；

2015 年被中国教育学会学校文化研究会评为"案例教育十佳先进校园"；

2015 年被陇南日报社在"快乐之星"评选活动中评为"优秀组织奖"；

2016 年被陇南市广播电台在"梦起航·心飞扬"六一文艺活动中评为"优秀才艺幼儿园"；

2016 年被陇南市武都区教育局在 2014、2015 年度年检中评为"优秀单位"；

2017 年被陇南市武都区教育局评为"武都区示范幼儿园"；

2017 年被史丰收国际教育西北分部评为中国西北第五届史丰收速算法少儿邀请赛"卓越教学团队"。

四　SWOT 分析

S（优势）： 个人投资 400 多万元，幼儿园创办时间较早； 园长为男性，有思想、有激情、执行能力强； 幼儿园师资队伍基本满足幼儿教育需要； 各项制度基本健全，执行良好； 在辖区内有一定的知名度和社会影响力。	W（劣势）： 专职幼儿教师中职称结构不合理，基本没有高级职称教师； 专职管理人员较少，且专业化程度偏低。
O（机会）： 国家大力发展幼儿教育的政策和人民群众对优质教育的需求。如《国家中长期教育改革和发展规划纲要（2010—2020 年）》中指出："积极发展学前教育，到 2020 年，普及学前一年教育，基本普及学前两年教育，有条件的地区普及学前三年教育。重视 0~3 岁婴幼儿教育"，"建立政府主导、社会参与、公办民办并举的办园体制。大力发展公办幼儿园，积极扶持民办儿园。加大政府投入，完善成本合理分担机制，对家庭经济困难幼儿入园给予补助"等。	T（威胁）： 民办幼儿园的发展势头迅猛，数量激增，竞争异常激烈； 公办幼儿园在基础条件、规范管理、师资队伍、教学模式、教育经验、社会认同等方面的比较优势对民办幼儿园构成了巨大威胁。

五　改进建议

（一）重视管理队伍建设，进一步提高学校的管理质量和效益

唐代文学家韩愈在其力作《马说》中感叹："千里马常有，而伯乐不常有"，这里的"伯乐"专指知人善任、雄才大略的管理者。小太阳幼儿园的焦胜利园长在 2003 年时能筹资 400 多万元举办幼儿园，并经过十多年的发展幼儿园已具相当规模，成绩可观，足见其有思想、有激情、有较强的策划和执行能力。但是，作为一所民办的具有 500 多名学生的幼儿园，仅仅依靠一个人的能力是难以得到长足发展的。因此，建议小太阳幼儿园注重如下方面的工作：一是加强领导班子建设。重点要配备分管教育的副园长、分管行政的副园长、分管后勤保障的副园长，建立分工负责、分类管理、协同共进的管理机制，园长要从繁杂的日常事务中脱离出来，把主要精力投入到幼儿园的战略规划和对外交往中去，寻找、创造、抓住幼儿

园发展的重大机遇。二是成立幼儿园综合办公室，全面协调、办理内外部各方面事务性工作，承担机构的文秘文书、档案管理、制度建设、对外联络等工作。三是按幼儿教育活动类别成立教研组、按年级成立年级组，分类做好各方面教学、游戏和管理工作。四是加强各类管理人员的培训教育工作，及时更新管理知识和技能，不断提高管理水平和效益。另外，建议尽快成立党支部，积极落实党组织和党的工作的有效覆盖，依靠党组织和党员力量提升学校的管理水平。

（二）加强师资队伍建设，使规模、结构和质量协调发展

师资队伍是学校发展的基础，优秀的幼儿教育团队是幼儿园办出质量、办出特色的前提条件。小太阳幼儿园成立以来，尽管高度重视师资队伍建设，采取各种措施在师资队伍的招聘、培训等方面也取得了一定的成绩，但存在的问题不容忽视，建议应强力改善。第一，建立合理的人才引进和准入机制，合理补充师资，建设一支数量充足、梯队合理的师资队伍。第二，注重引进不同院校的专业毕业生，形成合理的学缘结构；关心教师的职业发展，鼓励教师参与职称评定，形成良好的职称结构；设置保育员、卫生保健员等专业人员岗位，使教师和教辅人员达到合理的比例。第三，以师德建设为核心，以提高教学质量为根本，以培养青年教师为突破口，实施名师工程、补短板工程、质量提升工程，建立合理的收入分配制度和奖惩制度，并引入适度的竞争机制，努力构建一支师德高尚、乐于奉献、有时代精神和创造能力、基本功硬和业务强的幼儿园教师队伍。第四，建立工会组织，开展创建丰富多彩的业余文化生活，为员工创造良好的人文环境和生活条件。

（三）科学制定学校的战略规划，打造鲜明的办学特色

学校规划是学校的顶层设计，是学校的行动指南，对学校的持续发展至关重要。许多社会组织成立后，由于受财务和人才状况、负责人思想认识和注重开展活动倾向的影响，一般不重视甚至不知道如何重视，于是在没有战略规划的指导下盲目地运作机构、随心所欲地开展活动。小太阳幼儿园建园初期，就着手顶层设计，凝练总结出了自己的办园宗旨、办学理

念、办园目标、园训和教风，彰显了自己的价值取向和使命追求，但其发展的战略规划还有待进一步完善。首先，应根据国家学前教育的方针政策、幼儿教育发展总体趋势、人民群众对幼儿教育的期待、本地区和本园实际，邀请知名专家对已形成的上述顶层设计做更进一步的论证，精准凝练、权威认定、广泛认同。其次，在上述价值观的基础上，按照目标管理的原则和要求，分阶段、分类别地制定幼儿教育事业战略发展规划。战略发展规划在遵循普遍性原理的基础上，必须坚持走差异化发展的道路，高度重视打造鲜明的办学特色，防止机构目前面临的重大威胁，为自己开辟一条光明而又饱受大众期盼的通途。

代群众之言　解政府之忧

——天水市和雨东社会矛盾化解工作室

一　基本情况

天水市和雨东社会矛盾化解工作室（以下简称"和雨东"）于 2013 年 8 月在天水市民政局正式注册登记，天水市社会治安综合治理委员会办公室为业务主管单位，是天水市第一家以民间力量化解社会矛盾的民办非企业单位。

和雨东始终坚持"为群众代言解困，为政府建言献策"的使命，遵循"尊重、中立、和解、自助"的服务原则。主要服务领域是"矛盾纠纷化解（包括医患纠纷、交通事故、信访案件等），困境人群权益维护（包括妇女儿童维权、社区房产经济维权等），社会关怀（包括社会救助、心理援助等）和政策倡导"。

和雨东自成立以来，坚守社会组织宗旨，秉持中国特色社会主义核心价值观，积极承担社会责任，每一个成员都践行"用生命影响生命"和"助人自助"的社会工作理念，采取"专业工作者和志愿者队伍相结合"的模式和以"陪伴、倾听、沟通、援助"的工作方式，与需要帮助的人群、单位和困境群众携手同行，为他们提供政策、行动和资源等方面的专业支持，帮助他们解决困难、脱离困境、重塑生活信心，积极乐观地回归现实生活。

2017 年被天水市民政局评定为"AAAA 级社会组织"。

二 组织建设及主要活动

（一）组织建设

1. 引培并举、专兼结合，逐步加强人才队伍建设

和雨东成立时只有 1 名工作人员，即现在和雨东的负责人，随着工作的需要和事业的发展，和雨东急需专职的、专业化的工作人员和团队。在社会组织发展初期，工作人员几乎没有社会地位，员工收入低下且无保证，社会保障没有着落的情境下，要组建一支满足工作需要的专职化、专业化的人才队伍真是"难于上青天"。面对如此不利的窘境，和雨东负责人知难而进，采取引培并举、专兼结合的办法，逐步加强人才队伍建设。在人才引进方面，根据工作需要，利用政府选拔大学生进企业的优惠政策，主要招聘社会工作、法学、心理学专业的大学生作为工作人员。和雨东为建立劳动关系的员工购买社会保险，并提供员工宿舍。在培训方面，和雨东采用岗前培训和就职后持续培训相结合的方式，每周一或周五都要进行工作总结、经验分享和相关专题培训，自 2015 年不断选派工作人员到兰州参加省级培训，提高员工的专业技能和服务水平。除此之外，和雨东将政策学习、行业信息搜集作为员工能力提升的重要方面，列入考核范围。同时激励员工考取社会工作师资格证，提高人员队伍的专业水平。目前和雨东有专职工作人员 10 名，其中心理咨询师 1 人，社会工作者 5 人，法学专业 3 人。和雨东在建立专业化专职队伍的基础上，根据工作需要积极招募医生、教师、律师、心理咨询师、社区干部等各行业人士及热心社会工作的大学生，组建起了一支相对稳定的志愿者队伍，其中核心志愿者20 名、调解员志愿者 50 多名、信息志愿者 200 多名（从网民中吸收，第一时间将发现的矛盾纠纷反馈给和雨东）。2015 年和雨东建立了党支部，目前有正式党员 3 名，预备党员 1 名。党支部按照市社会组织党工委的要求，深入学习党的政治理论和知识，认真开展党支部活动，积极发挥党组织和党员的先锋模范作用。

2. 建章立制，建立联盟，不断深化组织机构建设

为增强组织的战斗力和工作绩效，和雨东成立后，建章立制，建立联盟，不断深化组织机构建设。一是在内部设立行政部、财务部、项目部、

服务部、发展部、社会调查与监督部 6 个职能部门，建立各司其职、各负其责、分工协作的内部运行机制。二是制定工作服务流程及规范（形成接案手册、走访手册、化解矛盾手册、沟通手册等）、财务管理制度、会议制度、档案管理制度、人力资源管理制度以及部门职责及岗位职责规范等规章制度，并汇编成册。三是先后与甘肃兴邦社工服务中心、天水市陇右环境保佑协会、天水市心理咨询协会、麦积区甘泉科荣果品农业合作社、甘肃简公益发展中心等社会组织建立合作关系，发挥其他社会组织的比较优势，提升和雨东链接资源的能力和化解社会矛盾，以及扶弱济困的工作绩效。

（二）开展的主要活动

1. 与政府相关部门建立合作关系，增强服务的有效性

随着我国经济社会的迅猛发展，国家逐步进入到"经济发展的黄金期"和"社会矛盾的凸显期"，构建社会主义和谐社会的任务日趋加重，长期以来主要由政府相关部门承担的社会矛盾化解的模式，不论是任务的负荷，还是任务完成的效果，传统解决模式均难以适应社会的发展要求。和雨东的成立就是弥补这一不足的产物，成立初期，和雨东为了顺利承接相关工作，并有效完成承接的工作任务，以接到的个案为契机，与相关政府职能部门建立信息交流机制，互通有无、共享信息，分析矛盾冲突的原因，寻找矛盾化解的通道和办法，设计矛盾双方均能接受的具体方案，提出对弱势一方的救助措施，等等。目前，和雨东已经与纪委、信访、公安、卫生、社保、教育、街道办事处、群团组织等单位建立了较为密切的合作机制，与相关部门联合建立了"麦积区信访案件第三方调查评议机构"、"麦积区第三方医患纠纷调解机构"、"麦积区交通事故处理化解矛盾工作站"、"网络舆情引导中心"、"官民矛盾调处平台"、"麦积区妇女儿童帮扶工作站"和"青少年帮教中心"等矛盾调节化解平台。另外，与北道埠街道办事处联合建立了矛盾排查、矛盾化解对接机制。

2. 多管齐下，着力化解各类矛盾纠纷，提高各方的满意度

（1）发挥网络优势，引导舆情化解社会矛盾

依托互联网，开设和雨东公众微信、微博、QQ，建立信息员 QQ 群，

随时关注网络舆情动态，对网民反映的问题，有明确政策和法律依据的，引用政策、法律条文进行回复解答，争取群众信任。对群众反映问题介乎法律、政策边界，不能准确答复的，咨询相关职能部门后给予答复。对网络上出现的苗头性、倾向性问题，及时向相关政府职能部门提出舆情意见，防止舆情扩大。针对网民反映政府存在不作为、乱作为等问题，开展网下实地调查，全面准确掌握真实情况，如果存在网民对政府政策及有关政府行为的误解，和雨东立即组织人员撰文引导澄清，如果政府部门确实存在问题，和雨东代言提出改进意见和建议，推动政府与民众间建立良性互动机制。

（2）运用法治思维，引导群众依法化解矛盾

在社会转型的大背景下，土地纠纷、医患纠纷、小区纠纷、涉法涉诉信访等矛盾纠纷日益增加，许多当事人选择盲目上访，采取极端方式表达诉求。面对这一现象，和雨东综合运用人文关怀、情绪疏导等社会工作方式，以"陪伴、倾听、沟通、援助"的方式介入，坚持运用法治思维，协助他们走依法维权道路，一些当事人在和雨东的干预和帮助下，由上访转入法治轨道解决问题。近年来，承接市、区两级信访局、政法委委托的信访矛盾化解工作，为信访人员提供代言解困、情绪疏导、固定诉求、权利救济等服务，引导信访人合法合理反映诉求，参与重大信访案件的调查评议、沟通调解等工作。截至目前，和雨东累计化解信访纠纷234件，其中重大疑难案件23起。

（3）发挥第三方作用，民主协商化解矛盾

如果遇到一些涉及人数多、利益关系复杂，群众往往对政府有对抗性情绪的重大矛盾冲突案件，和雨东以第三方的身份积极介入，提供综合细致的法律服务和社会工作服务，开展双方情绪疏导、防止矛盾冲突升级、介入实情调查、分析冲突深层原因、维护群众合法权益、引导群众通过正当渠道、合法理性地表达诉求，民主协商，有理有据有礼地解决矛盾冲突，必要时协调相关单位搭建协商平台，利用多方力量，通过多元参与化解矛盾纠纷。防止一些不怀好意的组织或个人煽动民众、利用民众，颠倒黑白、扩大事态，制造影响社会稳定、破坏公共秩序和公共利益的群体性事件。三年来，和雨东累计化解各类矛盾纠纷275起，重点涉及一些容易引发群体性事件的医患纠纷、征地补偿、土地承包、物业纠纷、官民矛盾

以及邻里纠纷、家庭矛盾。这些矛盾都涉及群众的切身利益，处理不好，矛盾就可能升级，甚至酿成社会冲突，极易引发群体性事件，进而影响社会稳定。和雨东发挥社会组织桥梁纽带作用，站在第三方立场，运用法治思维和法治方式，采取民主协商形式，与相关政府部门平等对话，将一大批矛盾纠纷化解在萌芽状态，起到了为民解困、为政府分忧的作用，成为平安天水建设的一道防火墙。

3. 彰显社会组织的公益性，为困境人群排忧解难

（1）帮老助残护幼公益活动

工作站发起"和雨东阳光行动"，组织志愿者走进偏远农村，发现困境中的老残妇幼，带去社会的关怀。对于发现的困境个体及家庭，根据不同情况，做相关调查、核实情况，通过代办或者向政府建言寻求政府帮助，或者寻求社会力量救援，解决他们的实际问题，使其回归正常的生活。目前，共走访了麦积区的 46 个偏远农村，涉及失学、无户口、患病、无法享受低保等面临各种实际问题的困境人群 138 人，帮助 78 人解决了实际问题。

（2）妇女儿童维权公益活动

和雨东与社区、妇联、派出所等多个部门建立联动机制，调动医院、律师、志愿者、村委会等更多的社会资源支持，保护遭受家暴的妇女儿童老人。到目前为止，在 12 个村和 4 个社区开展了反家暴宣讲，个案服务 52 例，其中紧急干预 8 起。在家暴个案干预中以社工的柔性方式与派出所紧密配合，先行进行婚姻家庭关系调解，对施暴者普及《反家暴法》并签订"不再家暴保证书"。该做法被天水市妇联给予高度评价并在全市推广。

（3）青少年帮教公益活动

根据麦积区青少年存在的一些问题，工作站链接家庭、学校、司法、社会对青少年保护的有效资源，自主设计和开发青少年帮扶项目。一是非经济性失学儿童返校项目。工作人员通过电话、上门访谈、联系学校等方法了解失学的深层原因，给失学儿童提供心理援助、行为矫正，化解学生（家长）与老师（学校）之间的矛盾，促其返学。到目前为止发现失学儿童 70 多名，成功劝返 30 名。二是寻找失踪儿童回家项目。通过协调多方资源，查找失踪孩子。组织志愿者稳定家长情绪、整理报案线索、寻求公安部门帮助。孩子回归家庭后，派遣心理咨询师上门开展亲子心理疏导，矫治不良心理行

为，改善亲子关系，为孩子的健康成长构筑一方乐园，目前帮助 6 名失踪孩子回家。三是预防青少年犯罪项目。和雨东联合麦积区法院、麦积区教育局等单位在麦积区中小学开展了青少年模拟法庭，在辖区内为中小学生开展法制宣传、法制教育、心理辅导、行为矫正和帮扶工作。

三　获奖情况

2012 年被中共天水市麦积区区委、区政府授予社会组织矛盾纠纷调解"先进集体"称号；

2014 年被中共天水市麦积区区委、区政府授予"维稳先进单位"称号；

2016 年被中共天水市麦积区区委、区政府授予信访工作"先进集体"称号；

2017 年报送的"让家暴妇女不再沉默"项目在甘肃公益创投大赛中评为优秀项目；

2017 年党支部书记霍金满被天水市民政局评为"先进党务工作者"；

2017 年理事长霍金被中华全国妇女联合会授予"全国维护妇女儿童权益先进个人"荣誉称号。

四　SWOT 分析

S（优势）： 机构负责人有强烈的社会治理意识、公益情怀和良好的沟通协调能力； 机构有专职的专业社会工作者，能够运用社会工作理念和方法开展相关工作； 机构已与当地相关政府部门建立起了相互信任，并有利于工作开展的合作关系。	W（劣势）： 机构尚未形成文字性战略发展规划； 机构运行经费比较紧张，支持公益事业的力度受到一定程度的限制； 机构工作人员的数量、质量和结构不尽合理，特别缺乏中高层社工管理人才和社工督导； 机构的制度有待进一步完善。
O（机会）： "社会矛盾突发期"的到来、"社会主义和谐社会"的构建，为机构提供广阔的专业发展领域； 国家对社会组织健康有序发展的政策支持、政府职能的转移和政府购买社会组织服务制度的实施，给机构提供了良好的政策制度保障，也提供了良好的行动舞台和经费来源渠道。	T（威胁）： 机构工作人员的待遇不高、流动性较大，专业团队不稳定； 机构工作人员的法律知识和实务经验、社会工作知识和社会工作实务经验还不太强； 社工专业人才的招聘难，渠道不畅通、政策支持力度不够； 当地政府购买服务政策落实不理想。

五　改进建议

（一）加强三支队伍建设，汇集机构发展强大的人力资源

人才队伍是机构发展的基础，也是提高服务质量的保证。和雨东在队伍建设方面做了积极的努力，也取得了一定的成效。但我们认为，人才队伍依然是机构的最大劣势之一。因此，建议负责人加强三支队伍建设，汇集机构发展强大的人力资源。一是加强高层管理团队建设。认真遴选、配备懂管理、热心社会公益事业的人到机构的高层管理岗位上来，为负责人分担一定的管理工作。二是加强专职工作团队建设。积极争取、利用国家和地方大学生就业政策，强力引进或招聘社会工作专业、法学专业、管理学专业大学生加盟机构。三是密切结合机构的服务领域，广泛招募一定数量的专业志愿者，加强志愿者队伍建设，弥补专业团队不足的现状。

（二）注重组织发展规划，精准把握机构未来发展方向

和雨东成立以来，提出了自己的宗旨使命和服务原则，明确了主要服务领域，并且持之以恒地带领工作人员开展了大量工作，也得到政府相关部门、当事人和社会大众的广泛好评。但是，"机构尚未形成文字性战略发展规划""机构的制度还不健全、执行效果不理想"这两方面劣势的存在，对机构发展的制约不可轻视。建议机构负责人高度重视上述问题，邀请相关学者专家帮助机构进行论证，科学制定和雨东的战略发展规划，进一步明确发展方向、远中近期发展目标，以及与政府、社会组织间的战略合作框架等；重新审视现有规章制度的科学性、规范性和有效性，在完善已有制度的基础上，制定急需的规章制度，弥补制度空白和缺陷。

（三）积极与高校联盟，争取获得高校的智力支持

高校是人才培养、科学研究和社会服务的重地，高校有强大的人力资源和智力成果。建议和雨东与甘肃省设置社会工作专业、法学专业的普通高等院校建立联系，争取相关高校在和雨东建立实践教学基地。通过实践教学基地建设，密切双方的合作关系，争取获得高校的人力支持。一方面，通过专业学生的实习壮大机构工作人员不足的现状，也为机构引进人

才提供一个比较好的通道；另一方面，通过合作邀请高校的专业教师为机构的发展献计献策，通过与高校的合作获得更多的外部支持和发展的机会。

树行业标杆 创健康长城

——嘉峪关市红十字长城医院

一 基本情况

嘉峪关市红十字长城医院（以下简称"长城医院"）创建于 2004 年，是嘉峪关市唯一一家以眼科、妇科、内科（呼吸内科、内分泌糖尿病科）、中医理疗科、体检中心的医疗与救助为五大特色，融临床医疗、护理、预防保健、教学、科研为一体的民间综合性医院。2005 年长城医院在嘉峪关市民政局正式注册登记，属于民办非企业单位。

自创办以来，长城医院始终坚守"救死扶伤、治病救人"的神圣职责，一贯坚持"从患者的根本利益出发，简化看病手续，方便患者看病，降低医疗药品成本，千方百计让患者得到方便实惠"的治院方针，不断优化医疗服务流程，保障医疗安全，提高医疗质量，全心全意为患者服务。

长城医院设有眼科、妇科、呼吸内科、内分泌糖尿病科、中西医结合科、乳腺外科、泌尿外科、儿科、检验科、耳鼻喉科、放射科、影像科等临床科室。拥有床位 250 张，观察床 30 张，固定资产 800 多万元。拥有从德、意、美、日进口和国产先进的大型计算机 X 数字成像系统（CR）机、数码彩超、腹腔镜、宫腔镜、膀胱镜、前列腺电切镜、18 导联心电图机、电脑视野仪、白内障超声乳化仪、准分子激光近视治疗仪、全自动大型生化分析仪、多功能麻醉机、各种监护仪、胰岛素泵、糖尿病神经血管病变检查仪等大型医疗设备。

长城医院在市内还建有一个分院——朝阳分院。

2015 年被嘉峪关市民政局评定为"AAA 级社会组织"。

二 组织建设及主要活动

（一）组织建设

长城医院注重管理团队和医护团队建设。在管理团队方面，现有专职管理人员 5 名，院长 1 名，副院长（业务、行政）4 名，设办公室、医教处、护理部、门诊部、信息科、质量管理科等科室，各科室均配备科室负责人。在医护团队方面，现有专业技术人员 120 多名，中高级职称人员占专业技术人员的 47%，享受国务院特殊津贴专家 2 名，特邀全国著名眼科、内科专家 10 多名。目前能够满足辖区内医疗服务需求。长期与上海、西安、兰州各大医院联合开展眼科、糖尿病、中西医、腹腔外科等专科疑难病的诊疗服务。同时，多次举办高层次学术交流、临床教学、疑难病例研讨等活动。

长城医院注重文化建设，经深入研究论证逐步形成了"树行业标杆、创健康长城"的医院愿景，"以人为本、救死扶伤、为百姓提供高品质安全医疗服务"的服务理念，"以团队建设为核心、以硬件建设为基础、以先进的科技为先导、以优良的医德医术为保障"的发展理念，"励志照亮人生、创业改变命运"的核心价值观，"真诚、责任、精致、感恩、创新"的医院精神，"诚实做事、诚信做人"的工作作风，"员工富有、企业富强"的发展目标。

（二）开展的主要活动

1. 运用先进的医术治病救人

长城医院拥有本地区最先进的医疗技术，充分运用白内障人工晶体植入术、穿透性角膜移植术、白内障超声乳化术、青光眼白内障联合术、视网膜脱离直视下冷凝复位术、准分子激光近视手术、子宫输卵管造影术、宫腹腔镜联合检查及手术、中西医结合等规范诊疗不孕症技术、糖尿病强化治疗及老年病治疗技术、呼吸疾病治疗技术、腹腔镜胆囊摘除术、妇科乳腺治疗术和中医理疗技术等技术治病救人，为区域内广大病人提供优质的医疗服务。据不完全统计，长城医院年门诊可达 6 万人次，年住院病人可达 7000 人次，年手术量达 2500 多例。

2. 彰显社会组织宗旨开展爱心活动

长城医院秉承"人道、博爱、奉献"的中国红十字精神，彰显社会组织宗旨，在辖区内多次开展公益救助活动，为广大群众提供专业的、力所能及的公益服务。

（1）开展"节日义诊"活动

长城医院以迎接医疗卫生重大节日以及其他一些国际性和我国传统节日为契机，组织医护人员进社区，持续开展了大量的"节日义诊"活动。一是在"三八妇女节""六一儿童""九九重阳节"期间，为辖区内的老年人、妇女、儿童开展常见病咨询和诊断活动。二是在世界睡眠日、世界卫生日、世界红十字日、全国儿童预防接种宣传日、世界戒烟日、世界艾滋病日等节日，世界母乳喂养周、全国防治碘缺乏病宣传日来临之前，在社区、广场、公园、学校等公共场所开展主题宣传，传播健康知识，增强民众关心自己、关爱他人的意识。三是在世界糖尿病日、世界高血压日、世界心脏日、国际爱牙日、全国爱耳日、全国爱眼日等节日期间，开展专项诊治活动。如医生进社区为居民免费测量血压和血糖，做 B 超、心电图等检查等。为健康人群提供预防知识，为轻度患者提供免费治疗，为严重患者提出详细的治疗方案等。四是为辖区内居民提供医疗、保健方面的咨询、讲座和指导服务，帮助他们树立积极乐观的生活态度，教育他们养成健康的生活习惯，指导居民开展正确的疾病预防和自我保健。

（2）为特殊人群提供上门服务

在"节日义诊"的基础上，长城医院的医护人员还为辖区内卧病在床的病人、空巢老人及行动不便的老年人、婴幼儿、残疾人等特殊群体病人提供上门服务。如主动上门提供咨询、上门巡诊、打针输液、康复护理，为患者病后、术后、产后康复，提供诊前、诊中、诊后一站式上门服务等移动式医疗救助工作。

另外，长城医院还开展免费治疗活动。如中医针灸科为每天前 3 位就诊患者免治疗费 5 天，并指导功能锻炼及预防保健。每天前 3 名治疗脾胃病的患者，免挂号费、资料费、理疗费，由老中医亲自制定治疗方案、制定每天饮食方案，并配合以中医理疗手段，安排专职护士在疗程中管理每天用药、用餐，以治愈脾胃病。

三 获奖情况

2007年被嘉峪关市人民政府评为"全市卫生工作先进集体"；

2007年被嘉峪关市卫生局评为"嘉峪关市医疗文明先进集体"；

2008年被中共嘉峪关市委、嘉峪关市人民政府评为"嘉峪关市发展非公有制经济先进企事业单位"；

2011年被嘉峪关市科学技术协会评为"慈善献爱心公益捐赠先进单位"；

2012年被嘉峪关市红十字会评为"未成年人安全预防与自救"图书爱心捐赠先进单位；

2016年被甘肃省人力资源和社会保障厅、甘肃省红十字会评为"甘肃省红十字系统先进集体"；

2016年院长马东培被中共嘉峪关市委宣传部、市文明办、市总工会、嘉峪关市广播电视台、市卫生和计划生育委员会授予"雄关最美医生"荣誉称号。

四 SWOT 分析

S（优势）： 嘉峪关市最大的民营医院； 院内眼科在本区域知名度比较高； 开展形式多样的公益活动，积累了一定的公益服务经验； 住院可享受医保报销。	W（劣势）： 医护队伍流失比较严重； 专职管理队伍单薄，管理水平有待提高； 院长忙于应付院内外行政性事务，无力加强对业务的管理与研究。
O（机会）： 医疗体制改革为民营医院发展创造了条件； 社区发展对社区医院的需求增大。	T（威胁）： 公立医院的综合实力及在大众中的影响力对其造成了比较大的竞争压力； 全国民间医院层出不穷的一些负面报道也给长城医院的发展带来了不利的影响。

五 改进建议

（一）注重"三支"人才队伍建设

人力资源是一个组织兴旺发达的第一资源，是其在激烈的竞争中长盛不衰的关键要素。虽然，长城医院在人才队伍建设上做了大量工作，但是，人才队伍现状还不能很好地适应医院发展和居民就医的需要。因此，建议长城医院在人力资源管理方面高度重视"三支"队伍建设。一是注重管理队伍建设。在现有队伍中或在其他组织中聘用既精通管理又谙熟业务的人员，充实加强医院的管理队伍，提升医院的管理水平，把院长从繁忙的行政事务中解脱出来，保证其宏观思考、精心设计医院战略发展。二是加强医护专业人才建设。深入分析医院专业人才引进难、流失快的症结所在，提出有针对性的人才引进、培养和稳定的具体措施，着力建设一支数量充足、结构合理、医德高尚、医术精湛、服务周到的医护人员团队。三是重视后勤保障队伍建设。这支队伍虽然不是医院的主力军，但他们是保障医院各项事业发展、全心全意服务人民群众的不可或缺的辅助队伍。医院可根据实际情况精心谋划，建立一支人员精干、数量适中、保障有力的后勤人员队伍。

（二）加强医院诚信建设

民间医院生存的根本是获得民众的信任，尤其在社会信任危机肆虐的当下，长城医院要高度重视、大力加强诚信建设。一是发挥医院党组织、党员的战斗堡垒和模范带头作用。一方面，通过他们的模范作用带动全院医护人员践行医院宗旨、履行社会责任、服务国家医疗卫生事业；另一方面，通过党组织深入学习国家大政方针，充分利用国家关于促进民营医院发展的政策，把握好医院发展的方向，顺应社区发展和人民健康事业的要求，赢得政府和群众的好评。二是扬长补短、苦练内功、外树形象。在十多年的办院过程中，医院已经形成了一些特色，在某些领域内也已经打造出了自己的专长。建议医院强化这些方面的优势，扩大医院的知名度。同时，以此为契机寻找新的增长点，弥补一些弱项。另外，应注重通过良好的服务态度和服务水平，赢得患者的满意感；通过持续不断的公益服务赢得广大人民群众的口碑。三是加强宣传，提高医院影响力。建立科学的宣传制度，及时、真实、有效地把医院的发展思路、发展目标、改革方案、重大活动、公益项目向政府部门汇报、向民众宣传，甚至把医院偶发的一些问题及整改措施向群众主动告知，增强医院的影响力和民众的信任度。

创新模式　共同致富

——渭源县林业种苗技术协会

一　基本情况

20 世纪 90 年代初期，20 岁出头的李文平在外地边打工边思考致富的门路，育苗便成了他奋斗的方向，他认为自己的家乡高寒阴湿、土壤肥沃、资源丰富，植树造林、发家致富的前景一定非常广阔。1999 年，国家"退耕还林还草工程"在四川省、陕西省、甘肃省实行试点，大好政策的推行使矢志育苗的李文平如鱼得水、如沐春风。李文平通过申请，很快承包了村上一片 200 多亩的荒山，借了 4000 多元钱，购买了落叶松、云杉等树木种子，在当地林业技术人员的帮助下，开始育苗。经过精心培育，当年树苗收入 4 万多元。自此以后，他的干劲更大了，而且动员乡里乡亲都搞起了苗木培育。在县科协等有关单位的大力支持和帮助下，经过三年的筹备，2003 年 2 月，在渭源县民政局正式注册成立了渭源县林业种苗技术协会（以下简称"种苗协会"），属民办非企业单位。种苗协会把该区域内育苗户和林业种苗经销户联合起来，在退耕还林还草工程的市场需求中寻找机遇，带领当地农民致富奔小康。

种苗协会以服务会员、谋求全体会员的共同利益为宗旨，主要从事组织会员开展优良种苗的引进、试验、示范和推广工作，开展林业综合技术培训和经验交流活动、林业病虫害防治技术推广应用、荒山造林等工作。

近年来，种苗协会发展非常迅速，会员由起初的 10 余户发展到现在的 1100 多户，涉及本县的锹峪、五竹、会川等乡镇的 30 多个村，并辐射到陇西县、岷县等周边县域。种苗协会按照"协会+基地+农户"和"支部+协会"的模式，把千家万户的小生产与千变万化的大市场连接起来，充分发挥了会员和客商之间的桥梁和纽带作用，将小苗木变成大产业，产生了良好的经济、社会和生态效益。目前，协会建成育苗基地8处，总计种植面积3000多亩，会员育苗户种植面积6000多亩，现有云杉、油松、华北落叶松、日本落叶松、杜松、白皮松、沙棘、山杏、柠条、香花槐、白桦等苗木品种。种苗协会资产达到2000多万元，每年还解决250多人的就业问题。

二　组织建设及主要活动

（一）组织建设

种苗协会自成立以来，注重组织建设和人才培养。一是注重内部机构建设，设立会员大会、会员代表大会、理事会、常务理事会、监事会等管理部门，并明确了相互工作职责，加强内部治理。目前，种苗协会有专职工作人员12名，发展会员678户。二是在县内聘请了8名林业专家和技术人员，建立起了一支专业的兼职队伍。三是建立党组织。2007年5月，成立了种苗协会党支部，现有正式党员14名、预备党员1名。四是加强制度建设。如协会章程、财务管理制度、党支部管理制度等。另外，种苗协会还制定了《渭源县林业种苗技术协会科普工作规划（2015—2020年）》，提出了"到2020年，会员发展到1800户，联系育苗农户5300户，同时建立育苗业协作交流机制"的总体目标，"建立渭源县林业种苗技术培训中心，建立科普示范基地、林木育苗基地和繁育基地，建立试验示范园，开展市场咨询服务和各种形式的科普活动，实施'科普惠农兴村行动计划'"等具体目标和重点工作。

（二）开展的主要活动

1. 多措并举，加强对会员的技术培训，提高会员育苗能力

种苗协会本着"实际、实用、实效"的原则，把提高会员素质和开展技术服务作为组织建立以来全部工作的重中之重，通过多种措施，着力加强此方面的工作。一是经常邀请专家来种苗协会开展技术讲座，讲授育苗和田间管理的新技术、新成果。多年来，种苗协会邀请省市专家、县乡林业技术人员对会员和群众共举办技术讲座、科技培训40期，培训会员及周

围农民群众超过 1 万人次。二是组织会员及群众到林木育苗基地现场观摩育苗技术和管理过程，增强他们的实践能力。三是经常召开会员座谈会，开展技术实践和育苗心得交流，向会员提供疑难问题咨询和解答等。四是组织骨干或优秀会员赴省内外考察学习育苗、销售、管理等方面的新技术、新经验和新方法。五是印发宣传资料、利用黑板报和广播等形式向会员及时传播育种育苗、田间管理及病虫害防治等技术。

多措并举，不但切实提高了会员的育苗和管理能力，而且会长李文平同志也不断攻克技术难题。经过 5 年的试验研究，李文平攻克了白桦育苗技术的难点，解决了生根发芽、苗床管理等关键性技术，试验示范的 2 亩白桦苗 32 万株成功出圃，填补了甘肃省在白桦育苗上的空白。同时，积极试验、示范引进三倍体抗虫毛白杨、金丝垂柳、日本落叶松等优良树种，为协会发展注入了新的活力。

2. 开拓市场，促进苗木销售，增加会员收入

为了不断促进苗木销售，增加会员收入，扩大苗木再生产，种苗协会想方设法开拓销售市场。一是会长李文平同志独身一人或带领协会工作人员奔赴省内外苗木销售市场，调研行情、寻找商机、开辟销售渠道。二是在中国苗木网、中国花木网、今日苗木网等大型网络销售平台推介种苗协会的苗木，寻找销售渠道。三是与县科协联合，在"渭水源网站"建立自己的销售信息平台，把千家万户的小生产与千变万化的大市场联结起来，发挥了协会、会员和客商之间的桥梁和纽带作用。目前，种苗已销往青海、宁夏、内蒙古、河南等地，并与多家机构建立了相对稳定的合作关系和销售渠道。

种苗协会按照"协会+基地+农户"和"支部+协会"的发展模式，将分散的育苗户联系起来，形成合力和规模，共创市场，并积极落实订单协议，使林业育苗种植面积不断扩大。同时还建立了集林业育苗、旅游观光、休闲避暑为一体的科普旅游示范基地，把种苗产业和生态旅游有机地结合起来，进一步促进了种苗产业发展，增加了农民收入。2016 年协会出圃各种苗木 6550 万株，纯收入 120 多万元，会员户年纯收入 2 万元，比非会员户均纯收入高出 3000 多元。

3. 热心公益，积极承担社会责任

种苗协会自成立以来，在全心全意为会员服务的同时，始终不忘公益

事业，捐资、筹资兴建公共设施，积极承担社会责任，为当地的公共事业做出了积极贡献。一是先后捐资、筹资 500 多万元，帮助峡口村新建了465 平方米的村级组织活动场所、村级文化广场和中心舞台，硬化了天井峡网子厂旅游道路，修通了峡口村山湾到山寨沟的道路，修建了会川镇半阴坡村棉柳坪社的水泥道路、护坡和便民桥，极大地方便了群众。二是在田家河乡元古堆村投资 300 多万元，采取"协会投资树种和技术，农户投资土地和人工，效益对半分成"的办法，种植云杉等树种 300 多亩，涉及农户 100 多户，积极带动周边乡村农民致富奔小康。三是经常为贫困户免费发放种子、种苗、遮阴网等，帮助他们育苗脱贫。四是积极为灾区捐款捐物，为贫困孩子慷慨解囊，为村办活动赞助资金，等等。十余年来，累计捐款捐物 50 多万元。

三　获奖情况

2004 年会长李文平被渭源县团县委评为"全县优秀青年农民"；

2004 年会长李文平在定西市第一届科学技术大会上被评为"优秀农村星火骨干"；

2004 年被甘肃省科学技术协会评为"甘肃省五十强农村专业技术协会"；

2005 年被定西市委宣传部、市科学技术协会评为"定西市先进农村专业技术协会"；

2005 年会长李文平被甘肃省林业厅、甘肃省科技厅等 8 部门评为"第四届甘肃百优青年农民"；

2006 年会长李文平当选为定西市第二届人民代表大会代表；

2006 年会长李文平被定西市委宣传部、市科协评为"定西市科普工作先进个人"；

2007 年会长李文平被共青团定西市委评为"定西市十佳青年"；

2008 年会长李文平被县委、县政府授予"优秀科普工作者""优秀共产党员"；

2008 年被定西市委宣传部、市科学技术协会评为"定西市科普工作先进集体"；

2009 年被定西市委宣传部、市科学技术协会评为"定西市农村科普农村工作示范基地"，会长李文平被评为"全国科普惠农兴村先进个人"；

2010年被中国科协、财政部评为"全国科普惠农兴村先进集体"，并获得20万元奖补资金；

2013年8月，会长李文平代表种苗协会到北京参加中国农村专业技术协会主办的全国农村专业技术协会党建工作经验交流会，这是种苗协会的又一殊荣。

另外，会长李文平作为渭源县科普带头人，他的事迹被《甘肃日报》《甘肃农民报》《甘肃科技报》《甘肃林业》《生态文化》《定西日报》等媒体多次宣传报道。

四 SWOT 分析

S（优势）： 种苗协会起步早，发展方向明确； 种苗协会负责人精明强干，创新意识强； 种苗协会有强大的会员队伍； 种苗协会已经形成了比较良好的发展模式，也建立起了比较畅通的销售渠道。	W（劣势）： 种苗协会的专职队伍建设任重道远，紧缺林业专业、社会工作专业和文秘专业的高等专门人才； 种苗协会的管理制度仍存在不完备、不规范和不科学的地方。
O（机会）： 习近平总书记提出的"绿水青山就是金山银山"的科学论断，以及国家实施的生态文明建设政策； 国家精准扶贫提出相关政策，如发展林业生产、科技对接贫困户、生产风险保障、免费创业培训、创业扶持等； 国家促进社会组织健康有序发展的相关政策。	T（威胁）： 自主育苗的分散户日益增多； 市场苗木价格波动较大； 国内大型苗木基地的垄断； 银行贷款紧缩。

五 改进建议

（一）加强专职人员队伍建设

种苗协会突出的优势是有一个精明强干，创新意识强的负责人，但其明显的劣势是缺乏一个具有强大战斗力的领导团队及专职人员队伍。负责人必须高度重视问题的严重性，并采取切实有效的措施加强建设。建议在以下方面有所作为：一是加强高层领导团队建设。发挥好协会副会长们的作用，选拔培养懂专业、能策划、善管理、有激情的秘书长；支持脱产深造、加强专业培训，提高现有 12 名专职工作人员的综合素质；引进社会工作专业、林学专业、管理专业、文秘专业的大学毕业生强化专职管理队伍。二是在常务理事会内部建立相关机构（如办公室、人力资源管理部、培训部、督导部、公益部等），明确部门人员职数和职责，提高管理效率，增强种苗协会持续发展的能力。

（二）完善各项规章制度，加强规范化管理

制度是一个组织宗旨、使命和目标的具体化，也是践行宗旨、履行使命、实现目标的重要保证。种苗协会自成立以来虽然也比较重视制度建设，并制定了一些规章制度，但存在不完备、不规范和不科学的问题。建议注重以下内容：一是制定战略规划，做强主干业务、做稳销售网络、做大会员团队、做好公益事业，扬长避短、稳中求进。二是制定人力资源管理、会员管理、财务管理、薪酬管理、档案管理、党员管理等各个方面各个环节的管理办法，以及各项工作的运行流程，保证协会各项工作有章可循，有规可遵。

传承中医文化　　矢志铸造针魂

——武威针灸医院

一　基本情况

武威针灸医院（以下简称"针灸医院"）是省内唯一一家以针灸冠名的专科医院。该院前身是甘肃省名中医、针灸科主任医师王玉明院长于 1987 年创办的武威市育民针灸所，2005 年在武威市民政局正式注册登记为民办非企业单位，业务主管单位是武威市卫生局。经过 20 多年的发展历程，针灸医院已经发展为河西走廊有一定知名度的针灸专科医院。现为武威市城镇职工基本医疗保险、中国人寿保险公司武威分公司、武威市新型农村合作医疗、武威市社会保险事业管理中心定点医疗机构。医疗服务范围辐射河西地区及青海、新疆、内蒙古等相邻省区，多年来医院用精湛的医术为广大群众提供了优质的医疗服务。2009 年武威市卫生局组织考核全

市 8 家民营医疗机构，针灸医院名列第一；2010 年针灸科主任医师王玉明院长被聘为武威市中医药师教育市级指导老师；2010 年医院药房被武威市食品药品监督管理局定位规范药房；2012 年针灸医院被甘肃省针灸学会定为甘肃省穴位埋线基地。

医院的办院宗旨是：弘扬针灸文化、传播针灸知识、振兴针灸医学。管理理念是：内强素质、外树形象、强化职责、以人为本。

2012 年被武威市民政局评为"AAAA级"社会组织。

二 组织建设及主要活动

（一）组织建设

1. 完善科室设置，开展多种诊疗业务

医院设有中医针灸科、疼痛科、骨科、医学影像科、检验科、口腔科等业务科室。现有专业技术人员 25 人，其中针灸科主任医师 1 人，麻醉科副主任医师 1 人，医学影像科副主任医师 1 人，疼痛科主治医师 1 人，口腔科主治医师 1 人，麻醉科主治医师 1 人，主管护师 1 人，主管检验师 1 人，住院医师 3 人，职业药师 1 人，护师 3 人，护士 8 人，推拿按摩 2 人。医疗设备齐全，比较大型的设备有 C 形臂 X 光机、臭氧治疗仪、射频治疗仪、全自动生化分析仪、全自动血液细胞分析仪等。医院的主要业务范围包括中医针灸骨伤、颈肩腰腿痛、风湿骨病和疼痛诊疗等，医院设有病床 30 张。

2. 重视学术团队建设，注重医学科技研究

医院遵循"立足当下、着眼长远"的发展思路，大力引进与自主培养相结合的人才梯队建设，目前已形成以针灸科主任医师王玉明院长为带头人的学术团队，在推进针灸技术的科学化、规范化、标准化方面做了不懈努力，得到了学术界和广大患者的认可。近年来，在国家级、省级期刊发表学术论文 20 多篇，完成专著 2 部，获得省、市级科研成果奖 7 项，其中甘肃省科技进步奖 1 项，武威市科技进步奖 6 项。医院获批市级科研立项 2 项。由针灸科主任医师王玉明院长发明的"华佗夹脊新疗法"在治疗腰椎间盘突出症、颈椎病、神经系统疾病方面取得了显著疗效，曾荣获首届国际民族医药科技研讨会及展览会"国际三等奖"、第四届世界传统医学

大会"国际优秀成果奖"。《中国针灸》杂志社副主编刘炜宏教授对该发明给予了高度评价,她认为:"华佗夹脊新疗法填补了针灸治疗学上的空白,为发展针灸学理论作出了一定贡献。"

(二)开展的主要活动

1. 强化党建引领,创建"三型"医院

针灸医院党支部现有党员6名,均为医院专职工作人员。党支部成立以来,注重从政治、思想、组织上加强引导广大党员和医护人员,始终以党建引领医院发展。在党支部领导下,以"两学一做"学习教育为统领,紧紧围绕医院中心工作,以办人民满意的医院,做人民满意的医务工作者为目标,着力加强政治思想建设,着力规范职业行为操守,着力推进制度建设,着力解决存在的突出问题,不断增强医院广大党员、职工的政治意识、大局意识、核心意识和看齐意识。

始终坚持"弘扬针灸文化,传播针灸知识,振兴针灸医学"的办院宗旨,创建"学习型、服务型、平安型"医院,立足针灸临床,紧跟学术潮流,提高服务质量,改善诊疗环境,服务社区居民,赢得了业务主管单位肯定和社会认同。

为深入开展"两学一做"学习教育,充分发挥基层党组织的战斗堡垒作用和广大党员的模范先锋作用,针灸医院党支部经常开展主题党日活动,瞻仰革命圣地、缅怀革命先烈、传承革命精神、重温入党誓词,增强党员的党性修养,不忘初心,牢记使命,立足本职岗位,以实际行动践行红十字精神,履行医生职责和社会组织的公益使命,推动医院医疗事业科学发展。

2. 强化医德医风,打造诚信医院

针灸医院一贯注重诚信经营,让患者清清楚楚看病、明明白白消费。一是开展诚信诊疗。尊重病人知情权和隐私权,实事求是,能用普通检查明确诊断的,不用特殊检查,杜绝不必要的重复检查;坚持合理检查,因病施治、对症下药,提高医疗质量。二是坚持诚信用药。因病用药,不开大处方,能用国产药品的不用进口药;坚决杜绝假劣药品和过期失效药品。三是坚持诚信收费。严格执行国家核定的价格标准,杜绝乱收费。常

用药品、治疗项目收费价格实行公示。四是坚持诚信服务。关爱、尊重病人，热情服务，倡导以人为本的人性化服务，对病人一视同仁；推行首诊负责制，不推诿病人，践行"爱心、耐心、诚心、关心、责任心"，让患者带着希望而来，带着满意而归。

3. 积极回报社会，构建和谐医院

针灸医院作为一家民办非企业单位，始终履行社会组织责任，积极推动公益事业。一是实施多项措施利民惠民。对孤寡老人治疗费100%减免；对未参加城镇基本医疗保险的下岗职工、特困户、残疾人、烈军属治疗费优惠50%；对未参加新型农村合作医疗和新型农村合作医疗报销病种目录以外的特困户、残疾人治疗费优惠50%；经有关部门确认的其他医疗救助对象实行治疗费优惠50%。近年来，共减免医药费10余万元，减轻了广大患者负担，也为构建和谐的医患关系做出了积极努力。二是热心投身公益活动。坚持开展"送医、送药、送健康"的医疗服务"三下乡"活动，为广大农民送去医院的爱心和服务。在武威市广场、在城乡社区经常开展义诊活动，甘肃省名中医、针灸科主任医师、针灸医院院长王玉明等专家现场为群众进行健康咨询、诊治疾病，一方面为老百姓提供义务诊疗，另一方面也传播了针灸知识，促进针灸文化的发展。三是积极开展科普工作。先后投入科普经费数万元，印发科普资料6万份，制作科普光盘16张，发放科普知识读本1000多册，开展科普知识讲座，增强了群众的科普意识。针灸科主任医师王玉明多次为"全省基层中医实用技术培训"授课，得到业界一致好评。

三　获奖情况

2000年荣获武威市科技进步一等奖；

2001年荣获甘肃省科技进步三等奖；

2004年被评选为武威市文化科技"三下乡"先进单位；

2009年荣获武威市市直卫生系统庆祝中华人民共和国成立60周年文艺汇演优秀奖；

2011年荣获武威市市直卫生系统纪念5·12国际护士节护理知识竞赛优秀奖；

2011 年获得全省卫生系统文艺调演二等奖；

2010~2011 年连续 2 年被武威市卫生局党委评选为市直卫生系统优秀党支部；

2011 年被武威市卫生局党委评为市直卫生系统"为民服务创先争优"示范点；

2012 年被武威市卫生局党委评为市直卫生系统"创先争优"活动先进党支部；

2016 年被武威市社会组织党工委授予"先进基层党组织"荣誉称号。

四 SWOT 分析

S（优势）： 院内专家在针灸方面知名度高、专业性强； 医院为城镇职工基本医疗保险、新型农村合作医疗定点医疗机构； 拥有健全完善的党组织，党建活动取得了较好的成绩； 注重学术研究和学术团队建设。	W（劣势）： 人才流动性大，稳定性差； 医院办公场地有限，规模较小、床位少； 医院发展资金相对紧张，政府未给予补助（比如床位费补贴）。
O（机会）： 医疗体制改革为民营医院发展创造了条件； 生活方式的改变导致亚健康人群的规模越来越大，且职业病多发，采用中医针灸治疗的人越来越多； 国家重视中医传统文化的发展，为医院的发展提供了契机。	T（威胁）： 公立医院对民营医院威胁较大； 人们对民营医院的认识及偏见对其公信力、吸引力影响比较大。

五 改进建议

（一）加强人才队伍建设

高水平的医疗人才和队伍是医院发展的关键性因素，针灸医院尽管拥有以王玉明院长为代表的著名针灸医生，但高水平医生数量还不能满足医院发展的需要。因此，医院应加大建设力度。一是加大对现有人员的培养力度，通过进修、深造、培训等方式，提高现有医护人员的专业水平；创造条件鼓励他们多出成果，提高他们的专业技术职务。二是提高医护人员的薪酬标准，改善医院的工作环境和工作人员保障水平，吸引省内外的名老中医和更多的应届大学毕业生加入到医院的人才队伍中来。三是注重培养青年技术骨干，建立"导师制"，由院内专家结对帮扶和指导青年中医工作者，逐步形成人才梯队。四是加强对医护人员的人文关怀，用感情留住他们。五是扩大医院规模、创设更好的医疗平台，用事业留住他们。

（二）加强医疗诚信建设

民营医院生存的根本是获得民众的信任，尤其在社会信任危机肆虐的当下，民营医院更要医疗诚信建设。通过科学的规划保证医院的发展方向，通过完善的制度规范医院各环节的医疗行为，增加医院的透明度；通过严明的纪律保证每一位医护人员恪尽职守，通过无私的爱心公益活动激发医护人员的怜悯之心，建立良好的医患关系；通过提供高水平的医疗技术，吸引更多的患者、赢得群众的口碑；通过提供优质的医疗服务，赢得患者与群众的信赖，提升医院的美誉度和影响力。

三　基金会

《基金会管理条例》中规定："基金会，是指利用自然人、法人或者其他组织捐赠的财产，以从事公益事业为目的，按照本条例的规定成立的非营利性法人。"据报道："基金会取得成熟发展最早是在美国。美国基金会在 20 世纪后开始蓬勃发展。根据美国基金会中心的统计，在 160 万慈善组织当中有 9 万个可以认为是基金会。"1981 年，我国第一家基金会成立。之后，随着社会发展和政府政策的变化，我国基金会也获得了长足的发展。民政部《2016 年社会服务发展统计公报》报道："全国共有各类基金会 5559 个"，据甘肃省民政厅统计，全省共有各类基金会 77 个。显而易见，基金会发展相对滞后，但酒泉市春光爱心基金会的工作成绩可圈可点。

博施济众　助力公益
——酒泉市春光爱心基金会

一　基本情况

酒泉市春光爱心基金会（以下简称"爱心基金会"）成立于 2013 年 9 月 3 日，是酒泉市首家非公募基金会。爱心基金会由甘肃酒泉春光农产品集团有限公司和职工自筹资金 617 万元在市民政局登记注册的非公募基金会。

爱心基金会以扶贫济困，捐资助学，奖励见义勇为为宗旨，自成立以来，始终热心社会公益事业，帮助贫困群众、孤寡老人、失学儿童、学校、曾向汶川、玉树、舟曲等地震灾区灾民捐款捐物达 730 万元。其公益行为得到社会的广泛好评，"大火无情、春光有爱""心系民众、情暖人间"等数十面锦旗就是其公益善行的充分证明。

2017 年被酒泉市民政局评为"AAAA 级社会组织"。

二　组织建设及主要活动

（一）组织建设

1. 逐步加强人才队伍建设

爱心基金会成立初期，只有 1 名专职工作人员，尽管业务不多，但也难以满足日常管理工作需要，更难完成业务的拓展任务。为了解决这一难题，爱心基金会负责人向春光集团求援，向集团所属的子公司及社会招聘具有社会工作、法学、心理学、护理学等专业背景的人员补充到专职团队中来，通过不懈的努力，目前爱心基金会已有 10 名专职工作人员，其中 5 名具有社会工作师资格证、2 名具有心理咨询师资格证、3 名具有护理师资格证。10 名专职人员分布在行政部、财务部、项目部、服务部等职能部门。在加强专职团队建设的同时，爱心基金会发展了相对稳定的兼职工作队伍和志愿者队伍。在加强工作人员数量的基础上，爱心基金会高度重视工作人员的专业素质的提升，多次选派工作人员外出学习基金会管理知识、社会工作服务技能、志愿者管理理论、心理矫正和康复护理等专业知识，不断加强工作人员的专业化建设。

爱心基金会于 2013 年成立党支部，目前有正式党员 5 名，党支部按照社会组织党工委的要求，深入学习党的政治理论和知识，认真开展党支部活动，积极发挥党组织和党员的先锋模范作用。

2. 建章立制，建立联盟，不断深化组织机构建设

爱心基金会在加强专业化建设的同时，高度重视组织的规范化建设，以及与其他社会组织的联盟。在规范化建设上以规章制度的建立与完善为切入点，先后制定了各职能部门和负责人的岗位职责、各项工作的服务流程及规范、财务管理制度、会议制度、档案管理制度、志愿者服务流程和制度等，这些制度在组织的规范运行中发挥着至关重要的作用。爱心基金会成立以来，先后与春光市场商户、春光元顺小区、春光丽都小区、春光丽庭小区等组织建立合作关系，协力开展公益事业。为不断提升基金会工作水平，努力做善事、实事和好事，树立良好的社会形象，爱心基金会不断挖掘、发挥联盟单位的潜力和比较优势，提升爱心基金会的社会帮扶能力。

另外，爱心基金会还创办了《春光月刊》，加强基金会宗旨和理念、国家相关政策、志愿精神、好人好事、救助需求等内容的宣传报道。

（二）开展的主要活动

1. 发放爱心馒头，关爱弱势群体

春光爱心基金会自成立以来推出发放爱心馒头活动，设立 3 个爱心馒头发放点，每天向困难群众发放爱心馒头 700 个，寒来暑往从不中断，日复一日地为附近居民、环卫工人、困难群众发放爱心馒头，已累计发放 60 多万个。酒泉市委机关报《酒泉日报》在头版头条对此进行了多次报道。

2. 创办公益性"雨花斋"素食互助餐厅，传播优秀传统文化

看到居民每天排着长长的队伍领取爱心馒头的情景，前春光集团董事长李江元心动了，并受到启示，产生成立雨花斋免费素食自助餐厅的想法，因为成立雨花斋，能够有效帮助社区孤寡老人、需要吃素的人群以及经济不富裕需要帮助的人群；能促进友爱、互助、和谐，能倡导时尚、健康、低碳生活，保护环境；能依托平台壮大志愿者队伍传递爱心。2015 年 3 月，西北地区第一家雨花斋酒泉雨花斋春光丽都店应运而生。酒泉"雨花斋"春光丽都店是一家非营利性、无交易性的素食互助餐厅，以"恭敬生命，感恩吃素"为宗旨，以"拒绝杀戮，没有交易，只有感恩"为核心，倡导"健康养生，低碳环保，关爱生命，圆满心灵，和谐社会，保护地球，从我做起"的生活方式。大家有钱出钱，有力出力，携手奉献爱心，共同帮助需要帮助的人。服务团队由社会各界爱心人士自发组成的义工队伍担任。前来就餐的有素食主义者，有孤寡老人，有外来民工，有环卫工人，还有普通居民。来做义工的有机关干部、学校老师、企业职工、普通群众，还有不少小朋友。雨花斋运营一年多来，受到群众的关爱和多方面的支持，义工服务已达 1000 多人次，累计用餐已逾 10 万人次。同时，在"雨花斋"设立以社会主义核心价值观、中华传统文化为主题的文化墙，张挂至圣先师孔夫子画像，免费发放《弟子规》等国学书籍，前来就餐人员不但收获了物质食粮，还收获了精神食粮，所以深受民众喜爱。

3. 设立衣物"爱心墙"，温暖困难群众

受伊朗"爱心墙"的启示，爱心基金会在春光市场西门、北门及新城

区酒泉"雨花斋"春光丽都店等处设立了 6 面"爱心墙"。爱心墙上钉了衣架，来来往往的人们将不再需要的衣物挂上去，而困难的人们则按需取走。自从有了爱心墙，困难的人们泰然自若地前来，根据需要将衣物取走，而挂送衣物的慈善爱心人士，则一个接一个，一时间在微信朋友圈，爱心墙的图文被大量转载，网友称"这种形式的慈善值得点赞，有需要的人们不用上门乞讨就可以拿到需要的衣物，也保护了自己的尊严"，更多的人则对这一自发的爱心接力大加赞扬。爱心墙设立 8 个月以来，社会各界人士已捐赠衣物 2250 件，需要者取走 1960 件，爱心接力行动还在持续进行中。春光市场门口的收费员、宾馆的服务员都对爱心墙进行义务维护，根据天气冷暖调换衣物，不够的及时挂上去，多余的先保管好。

4. 开办春光"道德讲堂"，传播社会主义核心价值观

当前我国正处于大力弘扬社会主义核心价值观、弘扬优秀传统文化的热潮中，如何从传统文化中汲取丰富营养从而获得身心健康、家庭幸福、事业成功、人际关系和谐、社会风气改善，成为每个人的热切期盼。春光"道德讲堂"就是顺应人们这份期盼而产生的，通过春光"道德讲堂"传播传统优秀文化、传颂文明新风尚、宣传好人好事，加强社会公德、家庭美德和个人品德教育的做法在酒泉市已家喻户晓。2015 年 5 月以来，春光集团中止 1200 多平方米门店的经营，把"社会主义核心价值观"及《弟子规》等中华传统文化内容制作成文化墙，并开设春光"道德讲堂"，连续举办幸福人生公益讲座 14 期，参加活动的群众达 4000 人次。幸福人生公益讲座用群众喜闻乐见的方式传播感恩行孝、家庭和谐、身心和谐、健康养生，以健康文明的活动传递社会正能量，通过简单朴实、易为群众接受的宣传和交流方式，将思想道德建设融入民情民心，提高了群众对社会主义核心价值观及优秀传统文化的了解和认同，为家庭和谐、企业和谐、社会和谐、自然和谐做出了积极贡献，受到广泛欢迎与好评。

三 获奖情况

2013 年收到金塔县金塔镇金大村李成景、朱月华送来的"大火无情、春光有爱"的锦旗；

2014 年收到受助人桑发新送来的"人间自有真情在、爱心捐款暖人

心”的锦旗；

2014 年收到金塔县中学张世超送来的“情系家乡、惠及桑梓”的锦旗；

2015 年收到四坝村白血病患者家属冯吉明送来的“无私奉献、爱心永存”的锦旗；

2015 年收到苏玉霞、葛晶送来的“大爱无疆、善德永存”的锦旗；

2015 年收到丰乐乡中杰村景泽送来的“施援手情深似海、献爱心恩重如山”的锦旗；

2016 年收到肃州区西洞镇新西村刘录帮送来的“病魔无情人有情、春光爱心暖人心”的锦旗；

2016 年收到丰乐乡中杰村黄文发送来的“心系民众、情暖人间”的锦旗；

2017 年收到金塔县官营沟村张凯送来的“爱心捐助恩重如山、善行义举终身难忘”的锦旗。

爱心基金会自成立以来虽然没有获得政府部门、社会组织等部门评选颁发的获奖证书或荣誉称号，但上述锦旗的获得从另一个侧面反映他们的爱心行为，真是“金杯银杯不如老百姓的口碑”。

四　SWOT 分析

S（优势）： 集团公司资产雄厚，可有效支持其开展公益活动； 公益活动品牌效应明显； 专职人员比较多。	W（劣势）： 内部章程、管理制度不完善； 基金会存在内部治理有待加强； 没有参与相关评优评奖。
O（机会）： 社会转型期出现的社会问题为基金会的发展提供了需求动力； 在品牌效应下，可以争取其他企业的资金注入。	T（威胁）： 基金会受集团公司的影响较大，独立性较差； 基金会未能将基金用于支持其他社会组织开展公益事业。

五　改进建议

（一）建立透明公开的运作机制

信息是现代管理的重要手段和内容，作为管理内容的信息必须应公开透明。信息公开已经成为许多组织行使权力时必须履行的法律义务，也是公民在一定范围内享有的法律权利。《基金会管理条例》第五条规定："基金会依照章程从事公益活动，应当遵循公开、透明的原则。"因此，建议爱心基金会高度重视信息公开的重要性及信息公开制度建立的紧迫性。一是要深入学习《基金会管理条例》《基金会信息公布办法》《关于规范基金会行为的若干规定（试行）》的有关规定，明确应当向社会公开的信息内容（如基金会的年度工作报告，开展公益资助项目的信息，内部制度，基金会的发起人、主要捐赠人、理事主要来源单位、基金会投资的被投资方、其他与基金会存在控制或共同控制或重大影响关系的个人或组织、基金会与上述个人或组织发生的交易，等等）。二是要注重选择合适的时间和方式方法进行公开。《基金会信息公布办法》第五条明确规定："信息公布义务人应当在每年 3 月 31 日前，向登记管理机关报送上一年度的年度工作报告。登记管理机关审查通过后 30 日内，信息公布义务人按照统一的格式要求，在登记管理机关指定的媒体上公布年度工作报告的全文和摘要。信息公布义务人的财务会计报告未经审计不得对外公布。"当然，基金会公开的信息资料应当真实、准确、完整，不得有虚假记载、误导性陈述或重大遗漏。

（二）设计公益项目，提供资金支持社会组织开展公益事业

春光爱心基金会成立以来，组织员工和志愿者做了大量公益活动，且成效明显，但在支持社会组织发展方面还没有举措。因此，建议春光爱心基金会高度重视此方面的工作，充分发挥"基金"的作用。一是全面总结近年来"亲力亲为"的公益爱心活动，客观评估每一项活动的效果，认真分析活动中存在的影响活动效果的问题，并提出解决办法。二是转变观念，树立用"基金"撬动更动的社会组织和志愿者开展更广泛的公益活动，即通过设计公益项目，提供资金支持社会组织开展公益事业。

后　记

　　春回大地、春暖花开的季节，总让人春心荡漾、欣喜若狂。社会组织在我国大江南北的蓬勃发展犹如春风拂面，同样使人喜不自禁、兴高采烈。因为，构建社会主义和谐社会、创新社会治理、扶弱济困、满足人民日益增长的美好生活需要均离不开数量充足、发展良好的社会组织。

　　怀揣着惊喜、肩负着责任，我们一步步接近甘肃省的社会组织，又一天天走进甘肃省的社会组织。从省城到市州、从一家到多家、从不认识到认识、从认识到认知、从感性到理性，我们不断地在观察、在发现、在比较、在考问、在反思、在想方，试图用第三方的目光、观护者的心态、专业者的思维、批评家的言辞，为甘肃省社会组织的健康有序发展建言献策，尽一份自家人应尽的力量。

　　时间若白驹过隙。从2016年的课题论证到获得支持、从项目实施到全面总结再到理性思考，转眼间我们已经进入到"中国特色社会主义新时代"。国家层面及各级地方政府又推出了一系列利好各级各类社会组织发展的政策措施，社会组织的发展环境不断改善，社会组织的重要性日益凸显。虽然甘肃地处西部经济欠发达地区，但是2020年与全国一道进入全面小康社会的战略目标不会改变，而且一定能够实现。在"全面建成小康社会""基本实现社会主义现代化""建成富强民主文明和谐美丽的社会主义现代化强国"的道路上甘肃社会组织的力量不可或缺。因此，深入研究甘肃省社会组织的发展现状与问题，强力推进各级各类社会组织健康有序发展，对助力甘肃经济社会长足发展至关重要。

　　课题完成之际，著作付梓之时。和着轻柔的春风，踏着新时代的步伐，心中更是怡然自得。感谢时代滋生、哺育了社会组织，感谢甘肃省民政厅的关照使我们"零距离、无障碍"地接近各市（州）的社会组织，感谢甘肃省各市（州）民政局的帮助使我们无障碍地走进甘肃的社会组织，感谢各级各类社会组织的配合使我们较为深入地了解甘肃省的社会组织，感谢被列为"典型篇"中的15家社会组织中的相关负责人和工作人员为我们提供了较为丰富的基础材料，感谢课题组同仁的协同攻关使我们顺利地完成课题与著作。

古人云："纸上得来终觉浅，绝知此事要躬行。"通过奔赴省内各地，与12个市（州）的民政干部及其近200家社会组织的座谈、近80家社会组织的走访，我们深深感受到了"绝知此事要躬行"的意蕴，同时我们也切身体会到了"躬行"与"慎思"的不易。但在求索的路上我们得到了强有力的援助，从而度过了一段欣喜而又煎熬的历程。在此，我们要特别感谢甘肃省民政厅社会组织管理局柴晓军局长的鼎力支持，感谢甘肃政法学院公共管理学院张庆霞博士对相关调研数据的分析，感谢甘肃政法学院公共管理学院鲁晓妮老师，以及苟文勤、刘天天、王喜梅、周琴、滕云菲、张勇、曹佳佳、胡倩煜、马旭龙、闫龙兴、梁惠等社会工作硕士研究生在实地调研中的帮助与贡献。

本书由董志峰统筹策划、谋篇布局、组织调研，并撰写了"问题篇"中第一部分内容、第二部分的部分内容，"发展篇"中的第一部分内容、第二部分的部分内容，以及"典型篇"中的13家社会组织的内容，共计22.1万字。高克祥设计问卷调查表，并撰写了"导言篇"内容、"问题篇"中第二部分的部分内容、"发展篇"中的第二部分的部分内容，以及"典型篇"中的1家社会组织的内容，共计3.54万字。张举国组织调研，并撰写了"现状篇"内容，共计2.15万字。惠霞参与调研，并撰写了"问题篇"中的第三部分内容、"发展篇"中的第三部分内容、"典型篇"中的1家社会组织的内容，共计6.33万字。

"甘肃省社会组织发展研究"课题已经结项，著述即将面世，但是甘肃省社会组织发展的车轮正驶向快车道，快速发展的道路上还有许许多多急需解决的问题，有些甚至是潜在的关键性问题。因此，我们团队将一如既往地关注甘肃省的社会组织，持续不断地研究甘肃省的社会组织，为甘肃省社会组织快速度、高质量发展贡献力量。本次研究和著述只是一次初步的尝试，虽然研究时间持续了两年，但由于水平有限、经验不足，疏漏之处在所难免，恳请大家不吝赐教。我们将承载着各位的厚爱，秉持专业精神与社会责任，迎着和煦的春风与甘肃省社会组织一道继续前行，走过春夏秋冬，走向灿烂的明天。

董志峰

2018 年 3 月

图书在版编目（CIP）数据

困境与出路：甘肃省社会组织发展研究／董志峰等
著. -- 北京：社会科学文献出版社，2019.3
ISBN 978-7-5201-0255-1

Ⅰ.①困… Ⅱ.①董… Ⅲ.①社会组织-发展战略-
研究-甘肃 Ⅳ.①C912.2

中国版本图书馆 CIP 数据核字（2018）第 286930 号

困境与出路：甘肃省社会组织发展研究

著　　者／董志峰 等

出 版 人／谢寿光
项目统筹／王晓燕
责任编辑／孙以年

出　　版／社会科学文献出版社·人文分社（010）59367215
　　　　　地址：北京市北三环中路甲 29 号院华龙大厦　邮编：100029
　　　　　网址：www.ssap.com.cn
发　　行／市场营销中心（010）59367081　59367083
印　　装／三河市尚艺印装有限公司

规　　格／开　本：787mm×1092mm　1/16
　　　　　印　张：20.75　字　数：340 千字
版　　次／2019 年 3 月第 1 版　2019 年 3 月第 1 次印刷
书　　号／ISBN 978-7-5201-0255-1
定　　价／138.00 元

本书如有印装质量问题，请与读者服务中心（010-59367028）联系